Rechtswidrigkeit im Staatshaftungsrecht

POTSDAMER RECHTSWISSENSCHAFTLICHE REIHE

Herausgegeben von
Univ.-Prof. Dr. Dieter C. Umbach, VRLSG a.D.

Band 19

PETER LANG
Frankfurt am Main · Berlin · Bern · Bruxelles · New York · Oxford · Wien

Wolfgang Jakob

Rechtswidrigkeit im Staatshaftungsrecht

Die Bedeutung des Handlungsunrechts für die Begrenzung der Haftung bei verschuldensunabhängigen Tatbeständen

PETER LANG
Europäischer Verlag der Wissenschaften

Bibliografische Information Der Deutschen Bibliothek
Die Deutsche Bibliothek verzeichnet diese Publikation in der Deutschen Nationalbibliografie; detaillierte bibliografische Daten sind im Internet über <http://dnb.ddb.de> abrufbar.

Zugl.: Potsdam, Univ., Diss., 2003

Umschlaggestaltung:
Dipl. Des. Gabriele Kuhnke,
Karlsruhe/Ettlingen.

517
ISSN 1615-360X
ISBN 3-631-52483-8

www.peterlang.de

Vorwort

Die Arbeit lag im Sommersemester 2003 der Juristischen Fakultät der Universität Potsdam als Dissertation vor.

Mein besonderer und sehr herzlicher Dank gilt Frau Prof. Dr. Carola Schulze, deren gute und fördernde Betreuung mir die reibungslose und zügige Erstellung der Arbeit vor allem anderen ermöglicht hat. Insbesondere seien die zahlreichen Anregungen, die zeitnahe Korrektur und die schnelle Anfertigung des Gutachtens hervorgehoben. Für die Übernahme und gleichfalls zeitnahe Erstellung des Zweitgutachtens bin ich auch Herrn Prof. Dr. Stefan Chr. Saar zum größten Dank verpflichtet.

Darüber hinaus danke ich in ebenso besonderer Weise der Hanns-Seidel-Stiftung e.V., die mein Promotionsvorhaben in ideeller und materieller Weise förderte. Ohne die großzügige finanzielle Förderung wäre mir die Erstellung der Promotionsschrift nicht in derart zügiger Weise möglich gewesen.

Abschließend danke ich meiner Familie für ihren Rat, ihre Unterstützung und natürlich die Korrektur des Manuskripts.

Berlin, im Februar 2004 Wolfgang Jakob

Inhaltsverzeichnis

Abkürzungsverzeichnis 13

Einleitung 17

Erster Teil
Die Rechtswidrigkeit im Zivilrecht 19

A. Inhalt des Rechtswidrigkeitsurteils 19

I. Begriff der Rechtswidrigkeit 19
II. Gegenstand der Rechtswidrigkeit 20
III. Rechtswidrigkeit und Verschulden 20
IV. Rechtfertigungsgründe 21

V. Rechtswidrigkeitslehren 23
1. Die Lehre vom Erfolgsunrecht 23
a) Begriff 23
b) Einzelne Tatbestände 23
c) Erfolgsunrecht und Verschulden 25
d) Kritik am Erfolgsunrecht 26

2. Die Lehre vom Handlungsunrecht 27
a) Begriff 27
b) Einzelne Tatbestände 28
c) Handlungsunrecht und Verschulden 29
d) Kritik am Handlungsunrecht 30

VI. Verkehrspflichten 31
1. Bedeutung 31
2. Dogmatische Zuordnung 32
3. Inhalt und Standort der Verkehrspflichten 32

VII. Vermittelnde Ansichten 33
1. Abgrenzungskriterium 34
2. Lösung nach der Eingriffsqualität 35

VIII. Stellungnahme 36

B. Die Rechtsprechung des BGH zum Begriff der Rechtswidrigkeit 37

I. Indikationslösung als Grundsatz 37
1. Tatbestandlicher Erfolg als Anknüpfungspunkt 37

2. Ausnahmen 38
a) Die offenen Tatbestände des § 823 Abs. 1 BGB 38
b) Die Einleitung eines staatlichen, gesetzlich eingerichteten Verfahrens 40

II. Duldungspflicht aus Gründen gesellschaftlicher Rücksichtnahme 41
1. Mittelbare Eingriffe 41
2. Verkehrsrichtiges Verhalten 41
3. Das nachbarschaftliche Gemeinschaftsverhältnis 42

III. Stellungnahme 43

C. Haftungsfolgen und Haftungsbegrenzung 44

I. Haftungsfolgen 44
1. Haftungsbegründende und haftungsausfüllende Kausalität 44
2. Begriff des Schadens 45

3. Inhalt des Schadensersatzes 46
a) Grundsatz der Naturalrestitution 46
b) Ergänzende Regelungen 47

4. Der Äquivalenzgedanke 48
a) Kausalität als Grundlage der Haftung 48
b) Ausnahmen 49

5. Kausalität und Unterlassen 50

II. Haftungsbegrenzung 50
1. Kausalität und Zurechnung 50

2. Der Adäquanzgedanke 51
a) Begriff 51
b) Kritik 53

3. Lehre vom Schutzzweck der Norm 55
a) Begriff 55
b) Kritik 56

4. Adäquanz und Schutzzweck 57

III. Stellungnahme 59

Zweiter Teil
Der Begriff der Rechtswidrigkeit im Staatshaftungsrecht 61

A. Verfassungsrechtliche Anknüpfungspunkte 61

I. Das Sozialstaatsprinzip 61

II. Das Rechtsstaatsprinzip 61
1. Gesetzesbindung aller Staatsgewalten, Art. 20 Abs. 3 GG 62

2. Rechtsschutzgarantie, Art. 19 Abs. 4 GG 63
a) Primärer und sekundärer Rechtsschutz 63
b) Primärer Rechtsschutz und subjektives Recht 65

c) Bestimmung der subjektiven Rechte 67
d) Grundrechte und subjektive Rechte 69

3. Art. 34 S. 1 GG 71
a) Verankerung der Amtshaftung 71
b) Institutionelle Garantie der Staatshaftung 72
c) Inhalt der Gewährleistung 73

III. Stellungnahme 74

B. Reformbestrebungen in der Bundesrepublik Deutschland 75

I. Der Referentenentwurf aus dem Jahre 1967 75
II. Der Kommissionsentwurf von 1973 75
III. Die Referentenentwürfe von 1976 77
IV. Das Staatshaftungsgesetz vom 26. Juni 1981 79
V. Die Staatshaftungsmodelle von 1987 80
VI. Stellungnahme 80

C. Ersatzansprüche für hoheitliches Unrecht im deutschen Recht 82

I. Der Amtshaftungsanspruch gem. § 839 BGB, Art. 34 S. 1 GG 82
1. Begriff der drittbezogenen Amtspflicht 82
2. Amtspflichtwidrigkeit und Rechtswidrigkeit 83
3. Drittbezogenheit 84
4. Erfolgsbezogenheit der Verletzung drittgerichteter Amtspflichten 87
5. Stellungnahme 88

II. Der enteignungsgleiche Eingriff 88
1. Begriff und Entwicklung 88
2. Anspruchsvoraussetzungen und Fallgruppen 90
3. Rechtswidrigkeit und Sonderopfer 92
4. Handlungs- oder Erfolgsunrecht 94

5. Begrenzung der Haftung 95
a) Von Art. 14 Abs. 1 GG umfasste Rechtspositionen 95
b) Drittschützende Wirkung der verletzten Norm 95
c) Unmittelbarkeit des Eingriffs 96

6. Vergleichbare Regelungen 97
a) Aufopferungsanspruch im engeren Sinne 97
b) Staatshaftung im Polizei- und Ordnungsrecht 98

7. Stellungnahme 98

III. Der Folgenbeseitigungsanspruch 99

1. Begriff 99
2. Rechtsgrundlage 100
3. Anspruchsvoraussetzungen 101

4. Verletzung eines subjektiven Rechts und rechtswidriger Zustand 102
a) Erfolgsunrecht als Anknüpfung 102
b) Rechtswidrigkeit von Handlung und Zustand 103

5. Haftungsbegrenzende Elemente 105
a) Haftungsbegründende und haftungsausfüllende Kausalität 105
b) Die Unmittelbarkeit der Rechtsbeeinträchtigung 105
c) Anspruch „Dritter" auf Folgenbeseitigung 106

6. Stellungnahme 106

D. Haftung für hoheitliches Unrecht im europarechtlichen Kontext 107

I. Die außervertragliche Haftung der EG nach Art. 288 Abs. 2 EG 107
1. Einführung 107
2. Haftungsvoraussetzungen 108

3. Rechtswidrigkeit 110
a) Allgemeines 110
b) Schutznormverletzung 110
c) Verstoß gegen Gemeinschaftsrecht 112
d) Normatives Unrecht 113
e) Hinreichend qualifizierter Verstoß 115
f) Charakterisierung der Rechtswidrigkeit 117

4. Kausalität 118
5. Stellungnahme 118

II. Die mitgliedstaatliche Haftung 119
1. Begriff und Entwicklung 119
2. Rechtsgrundlagen 123
3. Rechtsnatur 123
4. Haftungsvoraussetzungen 124

5. Rechtswidrigkeit 126
a) Rechtsnorm, die bezweckt, dem Einzelnen Rechte zu verleihen 126
b) Verstoß gegen Gemeinschaftsrecht 128
c) Hinreichend qualifizierter Verstoß 130
d) Handlungsunrecht als Anknüpfungspunkt der mitgliedstaatlichen Haftung 132

6. Unmittelbarer Kausalzusammenhang 133
7. Stellungnahme 134

III. Staatshaftung wegen Verletzung der Europäischen Menschenrechtskonvention 135
1. Allgemeines 135
2. Die Haftung nach Art. 41 EMRK 135
3. Die Haftung nach Art. 5 Abs. 5 EMRK 136

Dritter Teil
Die Auslegung des Begriffs der Rechtswidrigkeit in § 1 Abs. 1 Bbg. StHG 139

A. Allgemeines 139

I. Methodischer Hinweis 139
II. Begriffsverständnis von Erfolgs- und Handlungsunrecht 140

B. Der Wortlaut des § 1 Abs. 1 Bbg. StHG 143

I. Textbefund 143
1. Allgemeines 143
2. Der Haftungstatbestand 144

II. Notwendigkeit haftungsbegrenzender Kriterien 145

III. Möglichkeiten der Haftungsbegrenzung nach dem Wortlaut der Vorschrift 146
1. Erhöhte Anforderungen an das Kausalitätserfordernis 146
2. Berücksichtigung von Sorgfaltsstandards 146
3. Haftungsausfüllende Kausalität 147

IV. Ergebnis 148

C. Historische Auslegung des § 1 Abs. 1 Bbg. StHG 149

I. Methodischer Hinweis 149
II. Das Staatshaftungsgesetz der DDR vom 12.05.1969 150

III. Die Übernahme des Staatshaftungsgesetzes der DDR im Einigungsvertrag 153
1. Die Änderungen des Haftungstatbestands 153
2. Schwächen der Modifizierung 154
3. Aspekte des Reformprozesses 156

IV. Ergebnis 158

D. Teleologische Auslegungskriterien 158

I. Methodischer Hinweis 158

II. Das Rechtsstaatsprinzip 159
1. Einschlägige Konkretisierungen 159
a) Grundsatz der Gesetzmäßigkeit der Verwaltung in Art. 20 Abs. 3 GG 160
b) Die Rechtsschutzgewährleistung in Art. 19 Abs. 4 GG 161
c) Art. 34 S. 1 GG 161

2. Ergebnis 163

III. § 1 Abs. 1 Bbg. StHG im „System“ der Haftung für hoheitliches Unrecht 164

1. Methodischer Hinweis 164

2. Der Amtshaftungsanspruch, § 839 BGB, Art. 34 GG 165
   a) Der Verschuldensmaßstab 165
   b) Das Kriterium des Vertrauensschutzes 168
   c) Ergebnis 170

3. Verschuldensunabhängige Haftung im Polizei- und Ordnungsrecht 171
4. Der enteignungsgleiche Eingriff 171
5. Haftung der EG und mitgliedstaatliche Haftung 173
6. Ergebnis 173

Vierter Teil
Zusammenfassender Überblick 175

Literaturverzeichnis 177

Abkürzungsverzeichnis

a. A.	anderer Ansicht, am Anfang
a. a. O.	am angegebenen Ort
abl.	ablehnend
Abs.	Absatz
abw.	abweichend
AcP	Archiv für die civilistische Praxis
a. E.	am Ende
ALR	Allgemeines Landrecht für die Preußischen Staaten
Alt.	Alternative
AöR	Archiv des öffentlichen Rechts
ausf.	ausführlich
BauGB	Baugesetzbuch
Bbg.	Brandenburg, brandenburgisch
Bd.	Band
Bearb.	Bearbeitung
BGB	Bürgerliches Gesetzbuch
BGBl.	Bundesgesetzblatt
BGH	Bundesgerichtshof
BGHZ	Amtliche Sammlung der Entscheidung des Bundesgerichtshofs in Zivilsachen
BK	Bonner Kommentar zum Grundgesetz
BMF	Bundesministerium der Finanzen
BNotO	Bundesnotarordnung
BSeuchG	Bundesseuchengesetz
BSG	Bundessozialgericht
BSGE	Amtliche Sammlung der Entscheidungen des Bundessozialgerichts
BT	Bundestag
BVerfG	Bundesverfassungsgericht
BVerfGE	Amtliche Sammlung der Entscheidungen des Bundesverfassungsgerichts
BVerwG	Bundesverwaltungsgericht

BVerwGE	Amtliche Sammlung der Entscheidungen des Bundesverwaltungsgerichts
DJT	Deutscher Juristentag
DÖV	Die öffentliche Verwaltung
Drs.	Drucksache
DVBl.	Deutsches Verwaltungsblatt
EAGV	Vertrag zur Gründung der Europäischen Atomgemeinschaften
EG	Europäische Gemeinschaft
EGKS	Europäische Gemeinschaft für Kohle und Stahl
EGKSV	Vertrag zur Gründung der EGKS
EGMR	Europäischer Gerichtshof für Menschenrechte
EGV	Vertrag zur Gründung der Europäischen Gemeinschaft
Einl.	Einleitung
EMRK	Konvention zum Schutze der Menschenrechte und Grundfreiheiten
EU	Europäische Union
EuG	Gericht erster Instanz der Europäischen Gemeinschaften
EuGH	Gerichtshof der Europäischen Gemeinschaften
EUV	Vertrag über die Europäische Union
EWG	Europäische Wirtschaftsgemeinschaft
f.	folgende
ff.	fortfolgende
FBA	Folgenbeseitigungsanspruch
FG	Festgabe
Fn.	Fußnote
FS	Festschrift
GBl.	Gesetzblatt
GG	Grundgesetz
GS	Großer Senat, Gesetzessammlung
Hdb.	Handbuch

h. L.	herrschende Lehre
h. M.	herrschende Meinung
Hrsg., hrsg.	Herausgeber, herausgegeben
HbStR	Handbuch des Staatsrechts
i. d. F.	in der Fassung
i. V. m.	in Verbindung mit
JA	Juristische Arbeitsblätter
JR	Juristische Rundschau
JuS	Juristische Schulung
JW	Juristische Wochenschrift
JZ	Juristenzeitung
KE	Kommissionsentwurf
LKV	Landes- und Kommunalverwaltung
LM	Lindenmaier-Möhring, Nachschlagwerk des BGH
MDR	Monatsschrift für Deutsches Recht
MüKo	Münchner Kommentar zum BGB
m. w. N.	mit weiteren Nachweisen
NJ	Neue Justiz
NJW	Neue Juristische Wochenschrift
NRW, NRW-	Nordrhein-Westfalen, nordrhein-westfälisch
NVwZ	Neue Zeitschrift für Verwaltungsrecht
OBG	Ordnungsbehördengesetz
Rn.	Randnummer(n)
RG	Reichsgericht
RGBl.	Reichsgesetzblatt
RGRK	Reichsgerichtsrätekommentar

RGZ	Amtliche Sammlung der Entscheidungen des Reichsgerichts in Zivilsachen
Rs.	Rechtssache
Rspr.	Rechtsprechung
SED	Sozialistische Einheitspartei Deutschlands
Slg.	Sammlung (der Rechtsprechung des EuGH und des Europäischen Gerichts erster Instanz)
st.	ständig
StHG	Staatshaftungsgesetz
Urt.	Urteil
VA	Verwaltungsakt
Verf.	Verfassung, Verfasser
VersR	Zeitschrift für Versicherungsrecht
VerwArch	Verwaltungsarchiv
VGH	Verwaltungsgerichtshof
Vorb.	Vorbemerkung
VVDStRL	Vierteljahresschrift des Verbandes Deutscher Staatsrechtslehrer
VwGO	Verwaltungsgerichtordnung
VwVfG	Verwaltungsverfahrensgesetz
WRV	Weimarer Reichsverfassung
ZGB	Zivilgesetzbuch der DDR
ZPO	Zivilprozessordnung
zit.	zitiert
ZS	Zivilsenat

Einleitung

Kern des Staatshaftungsrechts ist nach herkömmlichem Verständnis die Haftung des Staates für die Folgen hoheitlichen Unrechts.[1] Nach neuerer Erkenntnis fallen unter den Begriff des Staatshaftungsrechts nicht nur die auf Restitution oder Kompensation gerichteten Ansprüche des Sekundärrechtsschutzes, sondern auch die auf Unterlassung und Abwehr rechtswidriger hoheitlicher Maßnahmen gerichteten Ansprüche des Primärrechtsschutzes.[2] Dieser umfassende Begriff der Haftung für hoheitliches Unrecht legt die Frage nach einer präzisen Definition des zentralen Tatbestandsmerkmals der Rechtswidrigkeit nahe. Insbesondere stellt sich die Frage, ob dieser bei allen angesprochenen Ansprüchen identisch sein muss oder aufgrund funktionaler Differenzen variieren kann oder muss.

Diese Überlegungen zu Inhalt und Reichweite des Rechtswidrigkeitsurteils sollen exemplarisch anhand der Vorschrift des § 1 Abs. 1 Bbg. StHG erläutert werden. Dabei handelt es sich um die anspruchsbegründende Vorschrift des laut Einigungsvertrag[3] mit einigen rechtsstaatlich gebotenen, inhaltlichen Änderungen als brandenburgisches Landesrecht fortgeltenden Staatshaftungsgesetzes der DDR.[4] Die Auswahl dieser Vorschrift erfolgte nicht deshalb, weil sie in der Praxis eine überragende Rolle spielen würde. Die Rechtsprechung übt bei der Anwendung dieser etwas unvertraut klingenden Norm Zurückhaltung.[5] Zutreffend wurde darauf hingewiesen, dass der durch die Weitergeltung des DDR-StHG erhoffte Impuls für die Reformbestrebungen im deutschen Staatshaftungsrecht ausgeblieben ist.[6] Dessen ungeachtet, hat sich an der Richtigkeit der Feststellung, das Staatshaftungsgesetz der vormaligen DDR könne unter den geltenden Staatshaftungsnormierungen als das rigoroseste und fortschrittlichste bezeichnet werden, nichts geändert.[7] Die Grundkonzeption einer unmittelbaren, verschuldensunabhängigen Staatshaftung für rechtswidriges hoheitliches Handeln lag auch dem – durch Urteil des Bundesverfassungsgerichts vom 19.10.1982 für nichtig erklärten[8] – bundesrepublikanischen StHG von 1981[9] zugrunde.[10] Für die Frage nach dem Verständnis der Rechtswidrigkeit bietet sich § 1 Abs. 1 Bbg. StHG an, weil der Tatbestand auf weitere, die Haftung begrenzende Kriterien verzichtet, die Haftung mithin entscheidend durch die Reichweite des Rechtswidrigkeitsurteils bestimmt wird.

In der zivilrechtlichen Diskussion über den Inhalt des Rechtswidrigkeitsurteils, die im ersten Teil der Arbeit skizziert werden soll, sind zwei theoretische Ansätze von Bedeutung, die als Erfolgsunrecht und als Handlungsunrecht bezeichnet werden.[11] Diese Begrifflichkeiten sind dem öffentlichen Recht nicht fremd, werden dort allerdings in missverständlicher und fehlerhafter Weise verwandt. Die im Zivilrecht geführte Diskussion um die Begriffe Erfolgs- und Handlungsunrecht ist dem öffentlichen Recht größtenteils fremd, aber wegen der strukturellen

[1] Umstritten ist dagegen, ob auch all diejenigen Anspruchsinstitute unter den Begriff der Staatshaftung gefasst werden können, die kein rechtswidriges, hoheitliches Handeln voraussetzen wie Ansprüche aus Enteignung, Aufopferung oder aus Gefährdungshaftung. Dem steht richtigerweise nichts entgegen, da der Begriff Staatshaftung für eine so umfassende Definition offen ist, vgl. Ossenbühl, S. 1 f.

[2] Ossenbühl, in „50 Jahre BGH, Festgabe der Wissenschaft", S. 887, 889

[3] Anl. II Kap. III Sachbereich B Abschnitt III Nr. 1 zum EinigungsV, BGBl. 1990 II, 889, 1168

[4] s. hierzu im 3. Teil unter C, III, Ziff. 1

[5] aufschlussreich die Rechtstatsachenforschung bei Herbst/Lühmann, Zweiter Teil, § 2; zur Rechtsprechung des BGH zu den Staatshaftungsgesetzen der neuen Länder zuletzt Wurm, in „Festschrift aus Anlaß des fünfzigjährigen Bestehens von BGH, Bundesanwaltschaft und Rechtsanwaltschaft beim BGH", S. 267 f.

[6] Lühmann, in NJW 1998, 3001 ff.

[7] Ossenbühl, in NJW 1991, 1201

[8] BVerfG, BVerfGE 61, 149

[9] BGBl 1981 I, S. 553

[10] Ossenbühl, S. 458

[11] s. im 1. Teil unter A und B

Übereinstimmung der deliktischen Haftung des Zivilrechts und der staatlichen Unrechtshaftung auch im letztgenannten Fall in gleicher Weise wie im Zivilrecht für die Definition des Tatbestandsmerkmals der Rechtswidrigkeit von Bedeutung.[12] Wegen der eben erwähnten gleichlaufenden Struktur der Haftungstatbestände im privaten und öffentlichen Recht soll ferner umrissen werden, wie bei den auf Schadensersatz gerichteten Ansprüchen aus unerlaubter Handlung (§§ 823 ff. BGB) vor dem Hintergrund einer gerechten Verteilung der Schadenslasten der Umfang der ersatzfähigen Schadenspositionen begrenzt wird.[13] Auch im Rahmen der Schadensersatzansprüche für hoheitliches Unrecht können die im Zivilrecht gebräuchlichen Kriterien einer wertenden Zurechnung von Schadenspositionen uneingeschränkt Anwendung finden.

In den sich anschließenden Betrachtungen zum öffentlichen Recht werden zunächst die verfassungsrechtlichen Anknüpfungspunkte der Staatshaftung dargelegt und die Frage erörtert, inwieweit sich aus dem Grundgesetz selbst, und zwar dem Rechtsstaatsprinzip, Vorgaben für die Auslegung der Rechtswidrigkeit ergeben.[14] Maßgebliche Bedeutung für die Auslegung des § 1 Abs. 1 Bbg. StHG kommt auch dem Reformprozeß der Staatshaftung in der Bundesrepublik zu.[15] Die nachfolgende Darstellung der Institute des nationalen Rechts für hoheitliches Unrecht soll insbesondere die spezifische Bedeutung des Tatbestandsmerkmals der Rechtswidrigkeit darstellen, die in deren unterschiedlicher Entwicklung und Herkunft gründet.[16] Überlagert wird das nationale Staatshaftungsrecht von der durch die Francovich-Entscheidung des EuGH[17] in Gang gesetzten europarechtlichen Entwicklung, die die nationalen Haftungsstandards weit überholt[18] und dadurch auch Vorgaben für die Auslegung der Institute des nationalen Staatshaftungsrecht enthält, die in der gebotenen Kürze im Anschluss dargestellt werden sollen. Unter Einschluss aller aus eben genannten Gesichtspunkten gewonnener Erkenntnisse soll der Versuch einer Auslegung des § 1 Abs. 1 Bbg. StHG vorgenommen werden, der neben der Verwurzelung der Staatshaftung im Rechtsstaatsprinzip einer gerechten Verteilung der Schadenslasten verpflichtet ist und einen angemessenen und billigen Ausgleich zwischen den Interessen des Geschädigten und den Interessen der öffentlichen Hand herbeiführen soll. Dabei wird deutlich, dass eine nur an die Rechtswidrigkeit anknüpfende Haftung nicht automatisch zu einer übermäßigen Haftung des Staates führen muss. Dieses rechtspolitische Argument, das regelmäßig gegen eine umfassende und einheitliche Kodifizierung der Staatshaftung vorgebracht wird, kann keine Geltung für sich beanspruchen.

---

[12] s. im 3. Teil unter A, II
[13] s. im 1. Teil unter C
[14] s. im 2. Teil unter A
[15] s. im 2. Teil unter B
[16] s. im 2. Teil unter C
[17] EuGH Slg. 1991, I-537 ff; s. im 2. Teil unter D
[18] Pfab, S. 2

Erster Teil
Die Rechtswidrigkeit im Zivilrecht

A. Inhalt des Rechtswidrigkeitsurteils

I. Begriff der Rechtswidrigkeit

Der Begriff der Rechtswidrigkeit, der nur dem deutschen Rechtskreis eigen ist,[1] wurde von *von Ihering*[2] im Jahre 1867 geprägt. Rechtswidrig ist zunächst, was der Rechtsordnung widerspricht.[3] Diese Definition ist beinahe tautologisch.[4] Sie sagt nichts über Gegenstand, Inhalt und Art dessen aus, was im Widerspruch zur Rechtsordnung steht. Dies muss wiederum dem Recht entnommen werden, gegebenenfalls durch authentische Interpretation.[5] Gegenstand des Rechtswidrigkeitsurteils ist stets menschliches Handeln. Widerrechtlich ist zunächst ein Zuwiderhandeln gegen das objektive Recht. Da es der Rechtsordnung stets um einer Regelung des Zusammenlebens der von ihrem Wirkungskreis betroffenen Individuen zu tun ist, meint Rechtswidrigkeit aber auch eine von der Rechtsordnung missbilligte Beeinträchtigung der rechtlich geschützten Interessen eines anderen, also einen Verstoß gegen ein subjektives Recht. Zuletzt kann ein Verhalten wegen seines subjektivanstößigen Charakters rechtswidrig sein, etwa nötigendes oder sittenwidriges Handeln.[6]

Unrecht in einem weiter verstandenen Sinne sind aber nicht nur Handlungen, sondern auch Zustände. Dies gilt beispielsweise für die Fälle ungerechtfertigter Bereicherung in den §§ 812 ff. BGB und den unberechtigten Besitz in §§ 985 ff. BGB. In diesen Fällen kommt der Bewertung als Unrecht lediglich beschreibende Funktion zu.[7] Die Rechtswidrigkeit beschreibt hier lediglich das eingetretene Ergebnis. Eigene Bedeutung kommt der Rechtswidrigkeit zu, wenn sie selbst Tatbestandsvoraussetzung und nicht nur allgemeines Unrechtsmerkmal ist. Sie bewertet dann einen erfüllten Verletzungstatbestand auf normativer Ebene und zeigt die Verteidigungslinie der Rechtsordnung auf.[8] Lückenhaftigkeit und Unbestimmtheit[9] der obigen Begriffsbestimmung sind dabei von Vorteil, da die Rechtswidrigkeit der Erfüllung ihrer Ordnungsaufgabe – wie noch zu zeigen sein wird – in unterschiedlicher Weise nachkommen muss.

Sie ist im Gesetz im Bereich der negatorischen Beseitigungs- und Unterlassungsansprüche sowie der vertraglichen und deliktischen Verletzungstatbestände positiv als Anspruchsvoraussetzung, im Bereich der Rechtfertigungsgründe negativ als Ausschluss einer Rechtsfolge vorgegeben. Allein die Verletzung vertraglicher Pflichten oder der Eingriff in fremde Rechte oder Rechtsgüter durch aktives Tun oder gleich zu bewertendem Unterlassen führen jeweils noch nicht zu einer Haftung des Schädigers. Hierfür bedarf es neben der Erfüllung des objektiven Haftungstatbestands noch einer wertenden Betrachtung. Diese bewertende Funktion kommt der Rechtswidrigkeit und – soweit erforderlich – dem Verschulden zu. So muss ein Eingriff in die absoluten Rechte des § 823 Abs. 1 BGB rechtswidrig – und darüber hinaus auch noch schuldhaft – sein, wenn der Betroffene Schadensersatz erhalten möchte. Die Rechtswidrigkeit entfällt, wenn ein Rechtfertigungsgrund eingreift. Der Rechtsgüterschutz

[1] Deutsch/Ahrens, Deliktsrecht, S. 39
[2] v. Ihering, Das Schuldmoment im römischen Privatrecht
[3] Deutsch, C X 1 a
[4] Deutsch/Ahrens, Deliktsrecht, S. 40
[5] Deutsch, C X 1 b
[6] Deutsch/Ahrens, Deliktsrecht, S. 40
[7] Esser/Weyers, § 25 IV 1 a
[8] Deutsch, C X 1 b
[9] Deutsch, C X 1 a

wird dadurch konkretisiert, dass bestimmte Normen ein bestimmtes Verhalten ausdrücklich oder auch nur mittelbar – insbesondere in der Form einer Strafandrohung – ge- oder verbieten. Ein Verhaltensgebot kann auch von einer Verkehrspflicht angeordnet sein.[10] Im Deliktsrecht kann sich die Rechtswidrigkeit ferner aufgrund einer Schutzgesetzverletzung oder einer durch sittenwidrige Verhaltensweise erfolgten Schädigung ergeben, im Vertragsrecht regelmäßig durch das missbilligte Ausbleiben des Leistungserfolgs.

II. Gegenstand der Rechtswidrigkeit

Der Unrechtshaftung liegt die Erwägung zugrunde, dass die Verletzung von Rechten oder Rechtsgütern Dritter vermieden werden soll. Der rechtswidrig Handelnde kann daher auf Beseitigung oder Unterlassung in Anspruch genommen werden, der aus einer erfolgten Rechts- oder Rechtsgutsverletzung folgende Schaden ist im Grundsatz dem Schädiger anzulasten. Der Gegenstand der Rechtswidrigkeit wurde daher lange Zeit[11] im eingetretenen Erfolg selbst[12] gesehen. Nach der modernen Normentheorie knüpft ein Verstoß gegen Gebote und Verbote der Rechtsordnung nicht an einen Erfolg, sondern in jedem Falle an menschliches Verhalten an.[13]

Dem ist zuzustimmen, denn nur ein solches, in welchem Sinn man dieses auch im einzelnen verstehen mag, kann Anknüpfungspunkt einer rechtlichen Beurteilung sein. Rechtswidrigkeit befindet über die Normwidrigkeit schädigenden Verhaltens. Dies hat seinen Grund darin, dass dem Recht die Aufgabe zukommt, verbindliche Regelungen für das menschliche Verhalten in Bereichen zwischenmenschlicher Relevanz festzulegen. Rechtswidrigkeit bedeutet daher stets rechtlich missbilligtes menschliches Verhalten. Als menschliches Verhalten gelten dabei sowohl Handeln im Sinne positiven Tuns als auch Unterlassen, sofern eine Rechtspflicht zum Tätigwerden besteht. Dagegen erscheint ein durch Blitzschlag oder Lawinenabgang verursachter Schaden weder rechtmäßig noch rechtswidrig. Zu Recht wird betont, dass es für die Beurteilung der Rechtswidrigkeit nicht ausreiche, dass ein eingetretener Erfolg zu einem Verhalten nötige, da eine Verpflichtung zur Schadloshaltung auch aus Gefährdungshaftung oder Aufopferung folgen könne.[14]

II. Rechtswidrigkeit und Verschulden

Rechtswidrigkeit und Verschulden ist gemein, dass beide den Blick auf die Interessen und Anliegen des Schädigers richten, die dem Eingriff in einen fremden Rechtskreis zugrunde liegen.[15] Sie treffen eine Entscheidung dahingehend, ob die Rechts- oder Rechtsgutsverletzung dem Risikobereich des Schädigers zuzuordnen ist, was regelmäßig der Fall sein dürfte, oder ob dieses Risiko vom Geschädigten zu tragen sein soll. Rechtswidrigkeit und Verschulden stellen die Frage, wem der Ausgleich für eine eingetretene Rechtsverletzung obliegt und entscheiden damit über die gerechte Zuordnung von Schadenslasten.[16] Rechtswidrigkeit und

---

[10] Es ist nicht so, dass ein Rechtsgüterschutz hinsichtlich der absoluten Rechte erst dann in Betracht kommt, wenn eine Norm dies anordnet. Anders wohl Deutsch, C X 1 b.

[11] Deutsch, C X 4 a

[12] Wolff, Verbotenes Verhalten, S. 186 ff

[13] Battes, in Erman, § 276, Rn. 7; Steffen, in RGRK, § 823, Rn. 117; Hager, in Staudinger, § 823, Rn H 14; Deutsch, C X 4 a; Enneccerus/Nipperdey, Allg. Teil des Bürgerlichen Gesetzbuches, § 209 IV B 2; Münzberg, Verhalten und Erfolg, S. 53; Wiethölter, verkehrsrichtiges Verhalten, S. 36

[14] Deutsch, C X 4 a

[15] Steffen, in RGRK, § 823, Rn. 106

[16] Steffen, in RGRK, § 823, Rn. 106

Verschulden formen gleichsam den Verletzungstatbestand weiter aus[17] und belegen diesen mit dem Unwerturteil der Rechtsordnung.

Während die Rechtswidrigkeit das Verhalten des Schädigers als objektives Kriterium auf eine von der Rechtsordnung missbilligte Verletzung der rechtlich geschützten Interessen eines anderen hin untersucht, berücksichtigt das Verschulden die subjektive Seite, d. h. die inneren Umstände der Tat.[18] Das Verschulden setzt die Rechtswidrigkeit voraus.[19] Ist der Eingriff in ein Rechtsgut rechtswidrig, so gewährt die Rechtsordnung dem Betroffenen einen Anspruch auf Beseitigung des rechtswidrigen Zustands oder Unterlassung weiterer Rechtsbeeinträchtigungen. Hat der Schädiger darüber hinaus auch schuldhaft gehandelt, d. h. ist ihm die rechtswidrige Handlung vorwerfbar, so steht ihm gegebenenfalls ein Anspruch auf Schadensersatz zu.

Der Kern des Rechtswidrigkeitsurteils liegt in der Missbilligung dieser Tat, ohne dass bereits ein Urteil über den Täter gefällt wird.[20] Seine individuellen Möglichkeiten und Fähigkeiten zum Erkennen und Vermeiden einer Rechtsgutsverletzung sind für das Rechtswidrigkeitsurteil grundsätzlich ohne Belang.[21] Dieser Frage wendet sich das Verschulden zu. Es beleuchtet die innere Einstellung des Täters zur Tat und berücksichtigt die Fähigkeiten, die eingetretene Rechtsgutsverletzung zu erkennen und zu vermeiden. Das Unwerturteil gegenüber dem Täter setzt das Unwerturteil gegenüber der Tat voraus.[22]

Dennoch ist eine klare Abgrenzung zwischen Rechtswidrigkeit und Verschulden vielfach nicht möglich.[23] Dies gilt insbesondere für den noch näher zu behandelnden Bereich der Verkehrssicherungspflichten. Hier besteht ein innerer Zusammenhang zwischen den von den Schutzgütern diktierten Sollensgeboten an das äußere Verhalten und den Normgeboten zur Willenssteuerung, die Gegenstand des Vorwerfbarkeitsurteils sind.[24] Bei Ansprüchen, die Rechtswidrigkeit und Verschulden voraussetzen, kommt es auch für das Ergebnis auf eine genaue Abgrenzung zwischen Rechtswidrigkeit und Verschulden nicht an. Dennoch erfüllen beide unterschiedliche Aufgaben und sind deshalb so genau wie möglich voneinander abzugrenzen. Auf eine präzise Umschreibung der Rechtswidrigkeit kann in den Fällen nicht verzichtet werden, in denen das Gesetz die Haftung allein an die Rechtswidrigkeit knüpft. Dies gilt für den Bereich der Rechtfertigungsgründe, beispielsweise in den §§ 227 ff. BGB, sowie der Unterlassungs- und Beseitigungsansprüche, etwa in den §§ 858, 1004, 1054 BGB, die auf ein Verschuldenselement verzichten. Dies gilt aber auch im Bereich der deliktischen Gefährdungstatbestände der §§ 831 ff. BGB, 7 StVG, die bei rechtswidriger Tatbestandsverwirklichung das Verschulden vermuten.

III. Rechtfertigungsgründe

Die Rechtswidrigkeit eines Verhaltens entfällt, wenn sich der Schädiger auf einen Rechtfertigungsgrund berufen kann, der die Verletzung fremder Rechte oder Rechtsgüter ausnahmsweise gestattet. Dem liegt die Überlegung zugrunde, dass der Schutz und die Durchsetzung von Rechten, soweit sie den Einsatz von Zwangsmitteln erfordern, grundsätzlich Aufgabe des

[17] Steffen, in RGRK, § 823, Rn. 106
[18] Die Rechtswidrigkeit ist seit *von Ihering*, „Das Schuldmoment im römischen Privatrecht", 1867, als objektives Kriterium gegenüber dem subjektiven Verschulden verselbständigt.
[19] Löwisch, in Staudinger, § 276, Rn. 10
[20] Stathopoulos, in FS für Larenz II, S. 645
[21] Steffen, in RGRK, § 823, Rn. 107
[22] Steffen, in RGRK, § 823, Rn. 3; Löwisch, in Staudinger, § 276, Rn. 10
[23] Steffen, in RGRK, § 823, Rn. 106
[24] Steffen, in RGRK, § 823, Rn. 106

Staats ist. Private Gewaltanwendung zur Durchsetzung vermeintlicher oder wirklicher Rechtspositionen ist mit rechtsstaatlichen Grundsätzen unvereinbar.[25] Die Anwendung privater Gewalt ist daher nur unter engen, im Gesetz festgelegten Voraussetzungen statthaft. Diese grundsätzliche Unzulässigkeit des Faustrechts[26] kommt besonders in der Vorschrift des § 229 BGB zum Ausdruck. Diese gewährt ein Recht zur Selbsthilfe, wenn obrigkeitliche Hilfe nicht rechtzeitig zu erlangen ist und ohne sofortiges Eingreifen die Gefahr besteht, dass die Verwirklichung des Anspruchs vereitelt oder wesentlich erschwert würde. Ein Recht zur Selbstverteidigung ergibt sich aus § 227 BGB (Notwehr) und aus den §§ 228, 904 BGB (Notstand), die im Bereich des Strafrechts in den §§ 32, 34 StGB ihre Entsprechung finden.

Diese Regelungen sind jedoch nicht erschöpfend. Ergänzungen vor allem des Selbsthilferechts finden sich in § 562 b BGB, der dem Vermieter ein Selbsthilferecht zur Sicherung seines Pfandrechts einräumt, dem Besitzschutzanspruch in § 862 BGB, in § 910 BGB, der den Eigentümer eines Grundstücks berechtigt, einen Überwuchs vom Nachbargrundstück zu entfernen, sowie im Verfolgungsrecht, das die Vorschrift des § 962 BGB dem Eigentümer eines Bienenschwarms einräumt, wenn dieser auf einem fremden Grundstück Wohnung genommen hat. Nach § 127 Abs. 1 StPO ist jedermann zur Festnahme eines auf frischer Tat Betroffenen oder Verfolgten berechtigt.

Ausnahmsweise kann sich ein Rechtfertigungsgrund auch aus Art. 5 GG ergeben. Dieser Rechtfertigungsgrund spielt insbesondere bei Verletzungen des allgemeinen Persönlichkeitsrechts durch Berichterstattung eine Rolle.[27] In diesem Zusammenhang ist auch § 193 StGB zu nennen, der mehrere Rechtfertigungsgründe unter der Überschrift „Wahrnehmung berechtigter Interessen“ zusammenfasst.[28] Einen weiteren, bedeutsamen Rechtfertigungsgrund stellt die Einwilligung des Verletzten in die Rechtsgutsverletzung dar, die insbesondere im Bereich der ärztlichen Aufklärungspflichten eine Rolle spielt.[29]

Ferner kann die Rechtswidrigkeit entfallen, wenn der Geschädigte die Rechtsbeeinträchtigung aus anderen Gründen zu dulden hat. Solche Duldungspflichten können sich insbesondere aufgrund eines öffentlichen Interesses ergeben, etwa wenn ein rechtswidriger Verwaltungsakt noch nicht durch die Verwaltungsgerichte aufgehoben wurde. Daneben bestehen zahlreiche Duldungspflichten aus Gründen gesellschaftlicher Rücksichtnahme, insbesondere im nachbarschaftlichen Gemeinschaftsverhältnis.[30] Dabei handelt es sich nicht um Rechtfertigungsgründe. Diese zeichnen sich dadurch aus, dass der Gesetzgeber dem vom Schädiger verfolgten Interesse gegenüber desjenigen des Geschädigten den Vorrang einräumt. Bei den Duldungspflichten geht dagegen um eine Abwägung zwischen gleichwertigen Interessen. Überwiegt im Rahmen dieser Abwägung das Interesse des Schädigers, so ist dessen Verhalten gerechtfertigt.

---

[25] Heinrichs, in Palandt, Überbl. v. § 226, Rn. 1
[26] Heinrichs, in Palandt, Überbl. v. § 226, Rn. 1
[27] s. unter B, I, Ziff. 1, 2; Thomas, in Palandt, § 823, Rn. 184 ff.
[28] ausführlich Tröndle/Fischer, StGB, § 193
[29] Thomas, in Palandt, § 823, Rn. 42 ff.
[30] s. unter B, II

V. Rechtswidrigkeitslehren

1. Die Lehre vom Erfolgsunrecht

a) Begriff

Für das Verständnis der Rechtswidrigkeit werden hauptsächlich zwei Auffassungen vertreten.[31] Die eine knüpft an den durch die menschliche Handlung verursachten Erfolg an (erfolgsbezogener Rechtswidrigkeitsbegriff).[32] Bereits der Gesetzgeber ging davon aus, dass eine Rechts- oder Rechtsgutsverletzung, die durch gewillkürtes menschliches Tun adäquat verursacht worden ist, grundsätzlich die Rechtswidrigkeit – nach heute gebräuchlicher, wenngleich unpräziser[33] Terminologie – „indiziert".[34] Diese Konzeption setze den naturrechtlichen Satz des „neminem laedere", die Institution des subjektiven Rechts und die Erscheinung der konkreten Gefahr für die Rechtswidrigkeitsstufe um.[35] Das erfolgsbezogene Unrechtskonzept argumentiert vom Standort des Schutzguts aus.[36] Dabei bedarf es nicht unbedingt des Eingriffs in ein geschütztes Rechtsgut, vielmehr reicht in den Fällen des Unterlassungsanspruchs oder der Rechtfertigungsgründe bereits das Vorliegen einer Gefahr für das Rechtsgut aus.[37] Deshalb wird gelegentlich auch von der gefährdungsbezogenen Rechtswidrigkeit gesprochen.[38] Rechtswidrig ist jedes Tun, das für den Erfolg ursächlich geworden ist, wenn und solange dem Schädiger kein Rechtfertigungsgrund zur Seite steht. Anknüpfungspunkt für die Rechtswidrigkeit ist auch hier das Verhalten des Täters als solches.[39] Dieses ist aufgrund des eingetretenen Erfolgs rechtswidrig. Der Erfolg ist der Grund der Rechtswidrigkeit, nicht aber deren Gegenstand.[40] Diesen Rückschluss vom Erfolg auf den Unwert des Handelns kann der Täter nur ausräumen, wenn er ein Eingriffsrecht nachweist. Dies gilt in aller Regel auch dann, wenn ein Gesetzesverstoß bei der Verursachung des Verletzungserfolgs nicht vorgelegen hat. Diese Erfolgsbeurteilung genügt dem Gesetz für die Rechtswidrigkeitsstufe. Die Abstimmung mit den Möglichkeiten des Schädigers, den Erfolgseintritt zu erkennen und zu vermeiden, sieht das Gesetz als Aufgabe des Verschuldens vor.

b) Einzelne Tatbestände

Für den Grundtatbestand des § 823 Abs. 1 BGB bedeutet dies, dass i.d.R. jede Verletzung eines der dort genannten absoluten Rechte und Güter vorbehaltlich des Eingreifens eines

---

[31] Daneben gibt es an neueren Rechtswidrigkeitslehren die sog. soziale Rechtswidrigkeitslehre und die unmittelbarkeitsbegriffliche von *Larenz*, die beide im Zusammenhang mit den Auseinandersetzungen um die strafrechtlichen Handlungslehren entwickelt. Die praktische Bedeutung dieser Ansätze ist gering; vgl. hierzu Olivet, Der verantwortungsbezogene Rechtswidrigkeitsbegriff, S. 56 ff.

[32] v. Caemmerer, FS DJT 1960, Bd. II, S. 49, 129 ff.; Deutsch, Fahrlässigkeit, S. 43 ff.; ders., Haftungsrecht, C X; Larenz, Schuldrecht I § 20 I; Larenz/Canaris, Schuldrecht II 2, § 75 II; Thomas, in Palandt, § 823, Rn. 32 f.; Steffen, in RGRK, § 823, Rn. 114 ff.; Hanau, in MüKo, § 276, Rn. 31; Wolf, in Soergel, § 276, Rn. 22; Battes, in Erman, § 276, Rn 10 ff; Hager, in Staudinger, § 823 Rn. H 14.

[33] Der Begriff des „Indizes" entstammt dem Beweisrecht und meint Tatsachen, aus denen der Richter kraft seiner Lebenserfahrung auf Beweistatsachen schließt und schließen darf (BGH VersR 1998, 1302). Die Beweisindikation meint indessen ein Regel-Ausnahme-Verhältnis. Es ist daher die Formulierung vorzugswürdig, wonach bei Eintritt des tatbestandlichen Erfolgs die Rechtswidrigkeit regelmäßig zu bejahen ist.

[34] Mugdan, Motive II, § 726

[35] Deutsch, C X 3 b

[36] Steffen, in RGRK, § 823 Rn. 115

[37] Deutsch, C X 3 b

[38] so beispielsweise Mertens, in MüKo, § 823, Rn. 4

[39] Hager, in Staudinger, § 823, Rn. H 14; Larenz/Canaris, § 75 II 3 b; Deutsch, C X 3.; schwer verständlich deshalb die Argumentation bei Esser/Weyers, § 55 II 3 c

[40] Hager, in Staudinger, § 823, Rn H 14, Larenz/Canaris, § 75 II 3 b

Rechtfertigungsgrunds rechtswidrig ist.[41] Damit wird die besondere Bedeutung der von § 823 Abs. 1 BGB umfassten elementaren Schutzgüter klar herausgestellt. Das durch die Schutzgüter vorgegebene Verhaltensprogramm gehe unvermittelt in dem Verbot auf, diese zu verletzen; die Verletzung melde deshalb deutlich den Verstoß gegen das Verhaltensgebot zurück.[42] Aus dem regelmäßig vorliegenden Tatbestandsmerkmal der Rechtswidrigkeit kann deshalbnicht gefolgert werden, dem Tatbestandsmerkmal käme keine eigene Bedeutung zu, dieses habe lediglich beschreibende Bedeutung.[43] Die positive Feststellung der Rechtswidrigkeit erübrigt sich vielmehr, weil die Erfüllung des Tatbestands bereits das Unwerturteil über das Verhalten enthält. Liegt die Aufgabe der Rechtswidrigkeit darin, festzulegen, in wessen Risikobereich die eingetretene Rechtsgutsverletzung fällt, so ordnet die Rechtswidrigkeit diese dem Schädiger zu. Dem liegt die einfache wie überzeugende Überlegung zugrunde, dass derjenige, der einen anderen schädigt, für diesen Schaden grundsätzlich einzustehen hat. Im eingetretenen Erfolg kommt bereits der Unwert der Tat zum Ausdruck.

Etwas anderes gilt im Bereich der als „sonstige Rechte“ im Sinne des § 823 Abs. 1 BGB von der Judikatur anerkannten generalklauselartigen Rahmenrechte wie dem Allgemeinen Persönlichkeitsrecht, dem Recht am eingerichteten und ausgeübten Gewerbebetrieb sowie der Mitgliedschaft.[44] Dort muss die Rechtswidrigkeit positiv festgestellt werden, da es sich nicht um absolute Rechte handelt. Wegen der undeutlichen Tatbestandsstrukturen[45] dieser Rahmenrechte bedeutet deren Verletzung nicht regelmäßig die Rechtswidrigkeit des Schädigerhandelns. Vielmehr ist in jedem konkreten Einzelfall die Frage zu stellen, ob der Geschädigte den Eingriff noch zu dulden hat oder ob der Eingriff durch das Recht zu verhindern ist.[46]

Bezogen auf § 823 Abs. 2 BGB liegt nach der Lehre vom Erfolgsunrecht Rechtswidrigkeit vor, wenn der Schädiger gegen ein Schutzgesetz verstößt.[47] Was der tatbestandliche Erfolg ist, kann immer nur anhand der konkreten Norm festgemacht werden. Im Falle des § 823 Abs. 2 BGB liegt er in der Verletzung eines Schutzgesetzes. Während § 823 Abs. 1 BGB alle Verhaltensweisen sanktionieren will, die bestimmte Rechtsgüter verletzen, ist das Ziel des § 823 Abs. 2 BGB auf das Verbot bestimmter Verhaltensweisen gerichtet, unabhängig welche Rechte und Rechtsgüter dabei verletzt werden. Die Verletzung eines Schutzgesetzes hat regelmäßig die Rechtswidrigkeit des Verhaltens zu Folge, wenn nicht ein Rechtfertigungsgrund eingreift.[48] Das normative Unwerturteil hinsichtlich des schädigenden Verhaltens wird aus einer anderen Perspektive beurteilt.

Bei § 826 BGB liegt der Erfolg in der vorsätzlichen, sittenwidrigen Schädigung.[49] Die Konzeption der Rechtswidrigkeit weicht bei dieser Vorschrift insoweit von den vorgenannten ab, dass dem Schädiger die Tatsachen bekannt waren, die sein Verhalten anstößig machen. Deshalb wird hier auch von subjektiver Rechtswidrigkeit gesprochen.[50] Der Umstand, dass im Bereich des § 826 BGB Vorsatzelemente in die Rechtswidrigkeit hineinspielen, ist indes kein Argument gegen die Lehre vom Erfolgsunrecht. Die Rechtswidrigkeit ist im Bereich des

---

[41] Mugdan, Motive II § 726 1 b
[42] Steffen, in RGRK, § 823, Rn. 107
[43] so Esser/Schmidt, § 25 IV 1 a
[44] Hager, in MüKo, § 823, A 3
[45] Esser/Schmidt, § 25 IV 1 b
[46] Esser/Weyers, § 55 I 1d
[47] Mugdan, § 726 1 a; Thomas, in Palandt, § 823, Rn. 142; Steffen, in RGRK, § 823, Rn. 559; Hager, in Staudinger, § 823, Rn. H 14
[48] Hiergegen nimmt Olivet, „Der verantwortungsbezogene Rechtswidrigkeitsbegriff“ an, Rechtswidrigkeit sei im Bereich der deliktischen Spezialnormen der §§ 823 Abs. 2, 824, 826, 832 BGB stets im handlungsbezogenen Sinne zu verstehen. Dieser Beurteilung scheint ein anderes Verständnis des Erfolgsbegriffs zugrunde zu liegen.
[49] Mugdan, § 726 1 c
[50] hierzu näher Deutsch, C X 3 e m. w. N.

§ 826 BGB regelmäßig gegeben, wenn eine vorsätzliche, sittenwidrige Schädigung nachgewiesen ist und dem Schädiger kein Eingriffsrecht zusteht. Für den Bereich der vertraglichen Leistungsstörungen gilt ebenso, dass die Verletzung vertraglicher Haupt- oder Nebenpflichten aus einem Schuldverhältnis rechtswidrig ist.[51] Rechtswidrig meint im Vertragsrecht vertragswidriges oder, allgemeiner gesprochen, objektiv pflichtwidriges Verhalten. Die Pflichtwidrigkeit wird bei erfolgsbezogenem Verständnis durch das missbilligte Ausbleiben des geschuldeten Leistungserfolgs „indiziert“. Sie ist gegeben, wenn der äußere Tatbestand einer Leistungsstörung vorliegt.[52] Auch hier kann die Pflichtwidrigkeit des Handelns durch Rechtfertigungsgründe ausgeräumt werden, wenngleich diese im Vertragsrecht eine sehr untergeordnete Rolle spielen. Wegen der Einheit der Rechtsordnung sind sie grundsätzlich auch dort anwendbar.[53] Wegen der vertraglichen Bindung sind die Vertragsparteien berechtigt, die Gegenleistung zu verweigern, vom Vertrag zurückzutreten, bei Verschulden Schadensersatz zu fordern. Auf das Eingreifen von Rechtfertigungsgründen kommt es in aller Regel gar nicht an.[54]

c) Erfolgsunrecht und Verschulden

Die Verwirklichung des tatbestandlichen Erfolgs bewertet ein Verhalten als rechtswidrig unabhängig von der Frage der Verschuldensform, also unabhängig davon, ob der Schädiger vorsätzlich oder fahrlässig gehandelt hat.[55] Erfolgsbezogene Rechtswidrigkeit beurteilt das Verhalten des Schädigers anhand des hierdurch verursachten tatbestandlichen Erfolgs, nicht anhand der Einstellung des Täters zur Tat. Letzeres ist keine Frage der Rechtswidrigkeit, da Rechtswidrigkeit die Tat, nicht aber den Täter bewertet.[56] Rechtswidrigkeit bedeutet nicht Schuld.[57] Die Frage, ob sich ein Verhalten innerhalb der Rechtsordnung halte, also Recht sei oder Unrecht, könne nicht vom Standpunkt des Handelnden aus bestimmt werden, sondern müsse als soziales Phänomen[58] allgemeine Geltung im Sinne eines objektiven Verhaltensgebots[59] haben.

Eine Verletzung etwa der Streupflicht liegt auch dann vor, wenn dem Pflichtigen dies aufgrund einer plötzlichen schweren Erkrankung nicht zuzumuten war. Ein morscher Baum muss gesichert oder gefällt werden, gleichgültig ob dessen Eigentümer dies weiß oder nicht. Das besagt das objektive Verhaltensgebot oder die sog. Verkehrspflicht. Im Verstoß gegen solche Verkehrspflichten manifestiere sich die Verantwortlichkeit für einen in der Sphäre des Betroffenen liegenden oder seinem Handeln anhaftenden Mangel.[60] Das Verschulden beziehe den Pflichtenkreis, in dem sich die Gebote und Verbote für das Verhalten des Deliktsschuldners umsetzen, mit in die Frage nach der Schadensersatzpflicht ein.[61] Der Gesetzgeber habe den Erfolg nicht von der Pflichtwidrigkeit des Eingriffs lösen wollen.[62] Erst die Ergänzung der Sicht auf den Störzustand um den Aspekt pflichtwidrigen Verhaltens gebe Auskunft über ein Ausgleichsinteresse des Geschädigten.[63]

---

51 Mugdan, § 726 1 d
52 Heinrichs, in Palandt, BGB, § 276, Rn. 8
53 Heinrichs, in Palandt, BGB, § 276, Rn. 9
54 Esser/Schmidt, § 25 IV 1vor lit. a
55 vgl. Steffen, in RGRK, § 823 Rn. 107; anders Esser/Weyers, § 55 II 3 d
56 s. unter A, II
57 Fikentscher, § 49 III 4 c
58 Zeuner, in Soergel, § 823, Rn. 7
59 Schiemann, in Erman § 823, Rn. 9
60 Larenz/Canaris, § 75 II 3 d
61 Steffen, in RGRK, § 823, Rn. 107
62 Mugdan, § 726 1 b
63 Steffen, in RGRK, § 823, Rn. 115

Schuldhaft handelt nach § 276 Abs. 1 BGB, wem Vorsatz oder Fahrlässigkeit zur Last gelegt wird. Fahrlässig ist ein Handeln nach § 276 Abs. 2 BGB, wenn der Handelnde die im Verkehr erforderliche Sorgfalt außer Acht lässt. Während die Verkehrspflicht ein objektives Verhaltensgebot aufstellt, geht es der verkehrserforderlichen Sorgfalt um Maßstäbe für das Verhalten von ordentlichen oder durchschnittlichen Angehörigen des betreffenden Verkehrskreises.[64] Die Fahrlässigkeit fragt also danach, ob das schädigende Verhalten dem Schädiger vorwerfbar ist, weil er diesen durchschnittlichen Sorgfaltsmaßstab, dessen Einhaltung von jedermann erwartet werden kann, nicht eingehalten hat. Dieser Vorwurf besagt, dass der Handelnde die Schädigung eines anderen als Folge seines Verhaltens habe voraussehen und dadurch, dass er sich anders verhielt, habe vermeiden können.[65] Diese Einteilung in Tatbestand, Rechtswidrigkeit und Schuld ist durch den übersichtlichen dreistufigen Aufbau des § 823 Abs. 1 BGB vorgegeben. Dieser ordnet selbst durch die Bezugnahme auf § 276 BGB die Beachtung der Sorgfalt dem Begriff der Fahrlässigkeit und damit der Schuld zu.

d) Kritik am Erfolgsunrecht

In aller Regel führt die Lehre vom Erfolgsunrecht zu sachgerechten Ergebnissen. Der Rückschluss von der Erfüllung eines objektiven Verletzungstatbestands auf den Unwert des Verhaltens ist vom gesetzlichen Leitbild ausgehend im Bereich unmittelbarer Verletzungshandlungen richtig, bei denen der Schädiger vorsätzlich handelt oder fahrlässig handelnd die Schutzgüter ohne Hinzutreten weiterer, von dritter Seite gesetzter Bedingungen eigenhändig bewirkt.[66] Die Tatbestände der unerlaubten Handlung stellen ein deliktisches Verhaltensprogramm auf, das in dem Verbot mündet, dieses Verhaltensprogramm zu verletzen. Eine Verletzungshandlung ist daher rechtswidrig.

Jenseits des gesetzlichen Leitbilds des § 823 Abs. 1 BGB bedarf aber auch die Lehre vom Erfolgsunrecht der Korrektur. Nach der Intention des Gesetzgebers sollte es der Rechtsprechung überlassen bleiben, hier eine eigene Konzeption zu entwickeln.[67] Als Beispiel soll das des Herstellers gefährlicher Gegenstände dienen, beispielsweise von Kraftfahrzeugen. Erleidet jemand infolge der Benutzung eines solchen Kraftfahrzeugs Schaden, so ist der Tatbestand des § 823 Abs. 1 BGB erfüllt. Das In-Verkehr-Bringen des Kraftfahrzeugs war kausal für die eingetretene Rechtsgutsverletzung. Auch die Voraussetzungen der Adäquanztheorie sind gegeben, liegt doch der Eintritt des Erfolgs nicht außerhalb des nach allgemeiner Lebenserfahrung Vorhersehbaren.[68]

Folgt man auch in diesem Fall der nur mittelbaren Rechtsgutsverletzung der Lehre vom Erfolgsunrecht, so müsste die Rechtswidrigkeit zu bejahen sein.[69] Der Autohersteller bringt seine Produkte auch vorsätzlich in den Verkehr. Demnach wäre er zum Schadensersatz in allen Fällen, in denen mit Fahrzeugen seiner Marke Unfälle verursacht werden, verpflichtet, obwohl das, was er tut, nicht verboten ist, sondern erlaubt. Die Lehre vom Erfolgsunrecht würde demnach ganze Wirtschaftszweige inkriminieren. Es würde andererseits als willkürlicher Formalismus[70] dem Schutz der absoluten Rechte des § 823 Abs. 1 BGB nicht gerecht,[71] den

[64] Larenz/Canaris, § 75 II 3 d
[65] Larenz, § 20 III
[66] Steffen, in RGRK, § 823, Rn. 107
[67] Mertens, in MüKo, § 823, Rn. 2; Steffen, in RGRK, § 823, Rn. 107
[68] Nach Medicus, Rn. 645 ist er sogar statistisch sichere Folge von Produktion und Verkauf und daher mehr als nur adäquat.
[69] Steffen, in RGRK, § 823, Rn. 107
[70] Steffen, in RGRK, § 823, Rn. 107
[71] Mertens, in MüKo, § 823, Rn. 2; Zeuner, in Soergel, § 823, Rn. 5

Rechtsgüterschutz auf das gesetzliche Leitbild der unmittelbaren Rechtsgüterbeeinträchtigung zu beschränken.

Eine entsprechende Auffassung möchte nur die zeitliche letzte Handlung als tatbestandsmäßig ansehen[72] und erkennt mittelbar verursachte Verletzungserfolge nur dann als zurechenbar an, wenn die Voraussetzungen einer mittelbaren Täterschaft oder einer Beteiligung im Sinne des § 830 Abs. 1 S. 1 BGB vorliegen.[73] Eine Verantwortlichkeit lediglich des letzten einer Reihe lässt jedoch vollkommen außer Acht, dass bereits frühere Beteiligte ihren Pflichten zur Gefahrabwendung nicht nachgekommen sein können. Damit beschneidet sie den Kreis der möglichen Deliktsschuldner in unerträglicher Weise zu Lasten des Geschädigten. Sie gibt daher der vermeidbaren Schaffung von Gefahren für Rechte und Rechtsgüter anderer in nicht gerechtfertigter Weise Raum.[74]

Das generelle Abwälzen des Risikos auf den Hersteller von Fahrzeugen scheint vor dem Bedürfnis einer gerechten Verteilung der Schadenslasten nach Risikobereichen unbillig. Dies liegt daran, dass der Hersteller von Fahrzeugen selbst keine gefahrvolle Tätigkeit ausübt, sondern nur eine Gefahrenquelle schafft. Er ist für den entstandenen Schaden nur mittelbar verantwortlich, vom Verletzungserfolg gleichsam zu weit entfernt, als dass man seinen Beitrag aufgrund des eingetretenen Erfolgs generell mit dem Unwerturteil der Rechtswidrigkeit belegen möchte. Aufgrund dieser größeren Entfernung des Schädigerverhaltens vom Schutzgut teilen die absoluten Rechte des § 823 Abs. 1 BGB ein so klares Verhaltensprogramm wie bei den unmittelbaren Eingriffen nicht mehr mit.[75] Die Reichweite der Schutzgüter bestimmt sich durch den Inhalt derjenigen Verhaltenspflichten, die der Produzent bei der Schaffung der Gefahrenquelle zu beachten hatte. Eine unbillige Haftung des Produzenten kann daher über eine Einschränkung der Rechtswidrigkeitsindikation erreicht werden.[76] Das gesetzliche Konzept der Beurteilung der Rechtswidrigkeit durch die Sicht auf den Erfolg muss im Falle mittelbarer Beeinträchtigungen durch eine Betrachtung des Verhalten selbst ergänzt werden. Rechtswidriges Verhalten liegt nur dann vor, wenn bereits auf Seiten des Herstellers eine Verhaltenspflicht verletzt wurde.

2. Die Lehre vom Handlungsunrecht

a) Begriff

Nach der gegenteiligen Auffassung kann die Rechtswidrigkeit nicht bereits wegen des Eintritts des tatbestandlichen Erfolgs festgestellt werden. Anknüpfungspunkt für das Rechtswidrigkeitsurteil dürfe nicht die Einwirkung auf das Schutzgut, sondern müsse die schädigende Handlung selbst sein (handlungsbezogener Rechtswidrigkeitsbegriff).[77] Diese Lehre fußt auf der im Strafrecht beheimateten finalen Handlungslehre.[78] Rechtswidrigkeit liege vor, wenn der Handelnde die zur Vermeidung des Schadenseintritts erforderliche Sorgfalt nicht einge-

---

[72] Fraenkel, Tatbestand und Zurechnung bei § 823 Abs. 1 BGB, S. 53, 57, 242
[73] Fraenkel, S. 69, 242, 258
[74] Zeuner, in Soergel, § 823, Rn. 5
[75] Steffen, in RGRK, § 823, Rn. 107
[76] Medicus, Rn. 645
[77] Nipperdey, NJW 1957,1777 ff.; Enneccerus/Nipperdey, § 209, IV B 1 b; Brüggemeier, Deliktsrecht, Rn. 106 ff; ders. JZ 1986, 969, 974 ff.; Kötz/Wagner, Rn. 98; Münzberg, Verhalten und Erfolg als Grundlagen der Rechtswidrigkeit und Haftung; Esser/Schmidt, § 25 IV 1; Löwisch, in Staudinger § 276, Rn. 10; Wiethölter, verkehrsrichtiges Verhalten; Zippelius, AcP 157, 390 ff.
[78] Welzel, Das deutsche Strafrecht, S. 68 ff., 106 ff.; ders., NJW 1968, 425 ff.

halten[79] oder eine von der Rechtsordnung aufgestellte spezielle Verhaltensregel objektiv sorgfaltswidrig verletzt habe;[80] sozialadäquates Verhalten sei danach nicht rechtswidrig, auch wenn es im Einzelfall zu einer Rechts- oder Rechtsgutsverletzung führe.[81]

Die zunehmende Diskussion dieser Lehre auch im Zivilrecht muss vor dem Hintergrund gesehen werden, dass die öffentliche Hand aufgrund der technischen Entwicklung für viele Bereiche gefahrvoller, jedoch gesellschaftlich nützlicher Tätigkeit Verhaltensvorschriften aufstellt und solche Tätigkeiten unter der Voraussetzung der Einhaltung dieser Verhaltensvorschriften zulässt.[82] Mit der Zulassung gefährlicher Tätigkeiten oder Betriebe könnten aber – so die Lehre vom Handlungsunrecht – Rechtsgutsverletzungen, die trotz Einhaltung aller bestehenden Regeln entstehen, nicht mehr mit dem Verdikt der Rechtswidrigkeit belegt werden. Sie widersprechen der Rechtsordnung nicht, sondern seien von dieser durch die Zulassung der Tätigkeit gleichsam als erlaubtes Risiko in Kauf genommen worden.[83] In der Sache ähnlich ist die Unterscheidung von äußerer und innerer Sorgfalt,[84] auch wenn diese Unterscheidung keine notwendige Konsequenz der Lehre vom Handlungsunrecht ist.[85] Während die äußere Sorgfalt sach- und normgemäßes Verhalten voraussetze,[86] habe die innere Sorgfalt die Erkennbarkeit der Norm und die Einhaltung der äußeren Sorgfalt zum Maßstab.[87] Auch hier wird die Prüfung der äußeren Sorgfalt als Teil der Rechtswidrigkeitsprüfung aufgefasst.[88] Sieht man als Maßstab für die äußere Sorgfalt die verkehrserforderliche Sorgfalt des § 276 Abs. 2 BGB an, so ergeben sich keine Unterschiede zur Lehre vom Handlungsunrecht.

b) Einzelne Tatbestände

Für den Tatbestand des § 823 Abs. 1 BGB bedeutet die Lehre vom Handlungsunrecht, dass der Schutzanspruch der absoluten Rechte durch das Verhaltensprogramm und die ihm innewohnende rechtliche Wertung nach Eignung, Können und beteiligten Interessen von vornherein begrenzt ist.[89] Die Verletzung der in § 823 Abs. 1 BGB genannten Rechtsgüter durch einen Verkehrsteilnehmer könne nicht rechtswidrig sein, wenn dieser alle Verkehrsregeln beachtet habe. Mehr als die erforderliche Sorgfalt könne von niemandem verlangt werden.[90] Eine durch solch sozialadäquates Verhalten herbeigeführte Schädigung sei zwar ein Unglück, jedoch kein Unrecht.[91] Letzten Endes muss also infolge der erhöhten Gefährlichkeit bestimmter Betätigungen auch ein erhöhtes Lebensrisiko in Kauf genommen werden, das aber durch deren Nützlichkeit für die Allgemeinheit wieder kompensiert wird. Sollte dagegen in bestimmten Bereichen gefährlicher Tätigkeiten ein Ausgleich erforderlich sein, so sei der Interessenausgleich mittels der Gefährdungshaftung sachgerecht. Denn eine Haftung könne in diesen, vom Gesetzgeber zu bestimmenden Fällen nicht von der Rechtmäßigkeit oder der

---

[79] Brüggemeier, Rn 112 f.; Enneccerus/Nipperdey, § 209 IV; Esser/Schmidt, § 25 IV 1 c; Esser/Weyers, § 55 II 3 b, Wiethölter, S. 33 ff., Löwisch, in Staudinger, § 276, Rn. 10
[80] Esser/Weyers, § 56 I
[81] Thomas, in Palandt, § 823, Rn. 33, nach a. A. entfällt bereits der Tatbestand, vgl. Wiethölter, S. 41, 52
[82] Olivet, S. 38
[83] Nipperdey, NJW 1957, 1778
[84] v. Bar, Jus 1988, 173; Deutsch, Rn. 385 ff.; Stathopoulos, in FS für Larenz II, 634 ff.; v. Caemmerer, Karlsruher Forum, S. 25 ff.; Enneccerus/Nipperdey, § 209; Hager, in MüKo, § 823, Rn. A 6
[85] Wiethölter, S. 47 f.
[86] Deutsch, D XIV 4 a
[87] Deutsch, D XIV 4 b
[88] v. Bar, JuS 1988, 173; Stathopoulos, in FS Larenz II, S. 637
[89] Steffen, in RGRK, § 823, Rn. 108
[90] Esser/Schmidt, § 25 IV 1 c
[91] Nipperdey, NJW 1957, 1778

Rechtswidrigkeit der Tätigkeit abhängen, vielmehr komme es allein darauf an, den durch gefahrvolles Tun eingetretenen Schaden zu regulieren.[92]

Nach der Lehre vom Handlungsunrecht gilt im Bereich des § 823 Abs. 2 BGB, dass die Verletzung eines Schutzgesetzes für die Bejahung der Rechtswidrigkeit nicht ausreicht. Vielmehr muss die Verletzung des Schutzgesetzes objektiv sorgfaltswidrig erfolgt sein. Damit ist die Frage aufgeworfen, ob der Lehre vom Handlungsunrecht hier große Bedeutung zukommen kann. Vielfach werden die Schutzgesetze bestimmte Verhaltenspflichten definieren. Die Frage nach dem Sorgfaltsmaßstab dürfte sich damit regelmäßig bereits aus dem Schutzgesetz selbst ergeben.

c) Handlungsunrecht und Verschulden

Der Hauptkritikpunkt dieser Lehre am Erfolgsunrecht geht dahin, dass ein Verhalten nicht rückschauend wegen eines bestimmten Erfolgs als rechtswidrig betrachtet werden könne.[93] Die Rechtsordnung könne vielmehr nur Verhaltensprogramme festlegen, deren Gebote und Verbote von vornherein erkennbar und situationsgebunden zu erfüllen seien.[94] So sei die Vorsatztat rechtswidrig, weil der willentlich Handelnde bewusst ein verbotenes Ziel ansteuere. Die fahrlässige Tat sei rechtswidrig, weil der Handelnde hier aufgrund einer voluntativen Fehlsteuerung Sorgfaltsgebote verletze.[95]

Eine andere Auffassung werde dem Zusammenhang zwischen Rechtswidrigkeit und Verschulden nicht gerecht.[96] Der im Verschulden liegende Vorwurf gehe dahin, dass sich der Betreffende nicht rechtmäßig verhalten habe, obwohl er sich rechtmäßig verhalten hätte können.[97] Grundlage dieses Urteils könne nur das Verhalten des Schädigers sein. Dieser haftet gemäß § 276 Abs. 1 BGB für Vorsatz und Fahrlässigkeit. Fahrlässig handelt nach § 276 Abs. 2 BGB, wer die im Verkehr erforderliche Sorgfalt außer Acht lässt. Baue aber die Fahrlässigkeit auf der Verletzung der im Verkehr erforderlichen Sorgfalt auf, so müsse sich auch die Rechtswidrigkeit aus dem Verhalten, nicht aus dem dadurch verursachten Erfolg ergeben. Habe sich der Betroffene verkehrsrichtig verhalten, so habe er auch die im Verkehr erforderliche Sorgfalt im Sinne des § 276 Abs. 2 BGB beachtet. Vorsatz und Fahrlässigkeit seien daher Elemente der Rechtswidrigkeit, nicht des Verschuldens. § 276 BGB spreche nur aus, wann eine Handlung rechtswidrig und deshalb zu vertreten sei.[98] Einer Verkehrspflicht, die in ihrer Bedeutung über die situationsabhängige Konkretisierung der „Sorgfalt" nach § 276 Abs. 2 BGB hinausgehe, fehle in unserem Deliktssystem Grundlage und Notwendigkeit.[99]

Basiere die Rechtsgutsverletzung auf sozialadäquatem Verhalten, so liege bereits kein Unrecht vor. Die Sozialadäqanz schließe die Rechtswidrigkeit aus.[100] Die Frage nach dem Verschulden stellt sich in diesem Falle gar nicht mehr. Anderes gilt für verkehrswidriges Handeln. Hier ist die Rechtswidrigkeit zu bejahen. Dann ist die Frage zu stellen, ob dem vorsätzlich oder fahrlässig handelnden Schädiger die Verletzung der erforderlichen Sorgfalt vorwerf-

[92] Nipperdey, NJW 1957, 1778
[93] Steffen, in RGRK, § 823, Rn. 108
[94] Steffen, in RGRK, § 823, Rn. 108
[95] Steffen, in RGRK, § 823, Rn. 108
[96] Löwisch, in Staudinger, § 276, Rn. 10
[97] Löwisch, in Staudinger, § 276, Rn. 10
[98] Nipperdey, NJW 1957, 1778
[99] Esser/Weyers, § 55 II 3 e
[100] Nipperdey, NJW 1957, 1779; anders ders. noch in Enneccerus/Nipperdey, § 209, wonach die Tatbestandsmäßigkeit entfalle.

bar sei. Dies ist bei vorsätzlichem Handeln immer der Fall. Allein die Verletzung der im Verkehr erforderlichen Sorgfalt könne den Vorwurf fahrlässigen Handelns indes nicht begründen. Andernfalls bestimme sich die Fahrlässigkeit nach rein objektiven Gesichtspunkten, während der Vorsatz stets die innere Einstellung des Täters zur Tat beschreibt. Aber auch bei der Fahrlässigkeit komme es darauf an, ob der Betreffende sein Handeln zu vertreten habe. Die Verletzung der im Verkehr erforderlichen Sorgfalt führe zur Bejahung der Rechtswidrigkeit, das Verschulden stelle dann die Frage nach der Erkennbarkeit und Vermeidbarkeit der Sorgfaltspflichtverletzung, also der individuellen Vorwerfbarkeit.[101]

d) Kritik am Handlungsunrecht

Die Lehre vom Handlungsunrecht stellt für die Frage nach der Rechtswidrigkeit in zutreffender Weise auf das Verhalten des Schädigers ab. Damit unterscheidet sie sich aber nicht vom Erfolgsunrecht. Sie unterscheidet sich darin, dass sie dieses Verhalten auf die Verletzung einer objektiven Sorgfaltspflicht hin untersucht. Zu Recht geht sie von dem Standpunkt aus, dass mehr als die erforderliche Sorgfalt von niemandem verlangt werden könne.[102] Die Rechtswidrigkeit orientiert sich an dem Maßstab, mit dem in § 276 Abs. 2 BGB fahrlässiges Handeln umschrieben wird. Während für die Frage der Rechtswidrigkeit die Frage der Verletzung einer Sorgfaltspflicht den Ausschlag gibt, kommt es im Bereich des Verschuldens darauf an, ob dem Schädiger dieses sorgfaltswidrige Handeln vorgeworfen werden kann. Die Gleichsetzung einer Verletzung der im Verkehr erforderlichen Sorgfalt des § 276 Abs. 2 BGB mit einer Verletzung einer Verhaltenspflicht ist Gegenstand der Kritik an der Lehre vom Handlungsunrecht.[103]

Dieser Kritikpunkt ist jedoch unberechtigt. Die Bewertung desselben Verhaltens aufgrund eines objektiven Maßstabs und eines situationsgebundenen, objektiven Maßstabs ist wenig trennscharf und lässt die innere Einstellung des Schädigers außen vor. Vielmehr ist dem zuzustimmen, dass die Verkehrspflicht mit der objektiven Sorgfalt identisch ist. Deshalb werden Vorsatz und Fahrlässigkeit nicht zu Elementen der Rechtswidrigkeit, wie missverständlich formuliert wurde. Das Verschulden knüpft lediglich an die Rechtswidrigkeit an. Es ergänzt die Frage des Sorgfaltverstoßes um die Bewertung der relevanten Intention und Motivation des Schädigers. Der Kritikpunkt, dass die Lehre vom Handlungsunrecht wesentliche Elemente der Fahrlässigkeit bereits in die Rechtswidrigkeit vorverlagere, geht daher ebenso ins Leere, wie derjenige, dass die Prüfung des § 823 Abs. 1 BGB unnötig verkompliziert würde.[104]

Gleichwohl widerspricht die Lehre vom Handlungsunrecht im Bereich des § 823 Abs. 1 BGB dem gesetzlichen Leitmotiv. Der umfassende Rechtsgüterschutz dieser Vorschrift verbietet es, für die Rechtswidrigkeit zusätzlich eine Sorgfaltspflichtverletzung zu fordern. Es ist nämlich nicht nachvollziehbar, dass die Tötung eines Kinds durch den Führer eines Kraftfahrzeugs nicht rechtswidrig sein soll, selbst wenn oder gerade weil dieser alle Verkehrsregeln genauestens beachtet hat. Vielmehr ist die Verletzung Dritter im Straßenverkehr auch dann nicht erlaubt, wenn der Schädiger alle Straßenverkehrsvorschriften einhält. Die Vorschriften der StVO stellen keine Rechtfertigungsgründe dar oder gar Rechtssätze, die eine Verletzung von Rechten Dritter erlauben. Das Bestreben der StVO nach größtmöglicher Sicherheit im Straßenverkehr dient im Gegenteil dem Schutz der absoluten Rechte des § 823 Abs. 1 BGB. Andernfalls wären die subjektiven Rechte des Zivilrechts nicht mehr als ein Reflex von Hand-

---

[101] Nipperdey, NJW 1957, 1781
[102] Esser/Schmidt, § 25 IV 1 c
[103] Enneccerus/Nipperdey, § 209 IV B 2 b
[104] Es wäre stets eine Vorprüfung nötig, welche Schuldform vorliege, vgl. Esser/Weyers, § 55 II 3 d, Anm. 144

lungspflichten.[105] Die Verkehrsregeln sollen Eingriffe in absolute Rechte vermeiden helfen, keinesfalls aber erlauben. Die Verkehrspflichten dienen der Bestimmung der Reichweite der Schutzgüter.

Damit bleibt im Bereich des § 823 Abs. 1 BGB trotz Beachtung der menschenmöglichen Sorgfalt das Verhalten wegen des hierdurch verursachten Erfolgs rechtswidrig. Das Unrecht des durch die Handlung verursachten Erfolgs strahlt gleichsam auf die Handlung aus.[106] Anders könnte die Vorschrift des § 823 Abs. 1 BGB dem umfassenden Schutz der absoluten Rechte im Bereich des gesetzlichen Leitbilds der unmittelbaren Verletzungshandlung nicht gerecht werden.

Verwirklicht sich in der Verletzung eines absoluten Rechts eine gesteigerte Gefahr, so bliebe dem Geschädigten bei handlungsbezogenem Rechtswidrigkeitsverständnis gegen eine rechtsgutsverletzende Handlung das Notwehrrecht versagt, wenn diese mit objektiver Sorgfalt vorgenommen worden wäre. Negatorische Unterlassungs- oder Beseititgungsansprüche schieden in der Regel ebenso aus, da diese regelmäßig an die Rechtswidrigkeit anknüpfen.[107] Im obigen Beispielsfall muss sich der durch das herannahende Kraftfahrzeug Gefährdete schützen dürfen, egal ob sich der Kraftfahrer verkehrsrichtig verhält oder nicht. Denn – und das verkennt die Lehre vom Handlungsunrecht – ist nicht nur jedermann infolge zahlreicher erlaubter, gefahrvoller Tätigkeiten einem erhöhten Lebensrisiko ausgesetzt, sondern er muss sich auch gegen diejenigen Gefahren zur Wehr setzen dürfen, die ein erhöhtes Lebensrisiko mit sich bringt. Ebenso muss bei einer Sprengung, die zwar lege artis durchgeführt wurde, aber dennoch dazu führt, dass Steine auf ein benachbartes Grundstück fliegen, dem Betroffenen ein Beseitigungsanspruch zustehen.[108] Auch hier gilt entsprechend dem gerade Gesagten, dass das erhöhte Risiko nicht dazu führen darf, dass der Betroffene diesem schutzlos ausgeliefert ist. Anderes gilt hinsichtlich der Verpflichtung des Schädigers zum Schadensersatz. Hier gelangt man im Rahmen des § 823 Abs. 1 BGB über das Verschulden zu einem sachgerechten Ergebnis. Eine Haftpflicht des genannten Fahrzeugführers scheidet aus, wenn diesem hinsichtlich der Verwirklichung des tatbestandlichen Erfolgs weder vorsätzliches noch fahrlässiges Verhalten zur Last gelegt werden kann.

VI. Verkehrspflichten

1. Bedeutung

Wie die Lehre vom handlungsbezogenen Rechtswidrigkeitsverständnis[109] und die gegenüber der Lehre vom Erfolgsunrecht vorgebrachte Kritik[110] zeigen, genügt ein allgemeiner Schutzanspruch fremder Rechtsgüter nicht den Ansprüchen des Haftungsrechts. Dies gilt ferner für die sog. Rahmenrechte des § 823 Abs. 1 BGB und die Frage, unter welchen Umständen ein Unterlassen einen deliktischen Anspruch auslösen kann. Die Festlegung derartiger Verhaltensprogramme erfolgt mittels sog. Verkehrspflichten.[111] Eine Handlung, die geeignet ist, im

---

[105] Battes, in Erman, § 276, Rn. 10
[106] Medicus, Rn. 630
[107] Thomas, in Palandt, BGB, § 823, Rn. 33
[108] Medicus, Rn. 630
[109] s. unter A, V, Ziff. 2, lit. a
[110] s. unter A, V, Ziff. 1, lit. d
[111] grundlegend v. Bar, JZ 1979, 334; ders., JuS 1988, 169 ff.; Brüggemeier, Rz. 94 ff.; v. Caemmerer, FS zum 43. DJT II, S. 71 ff.; Canaris, Schutzgesetze – Verkehrspflichten – Schutzpflichten, in FS Larenz II, S. 27; Dekkert, Jura 1996, 348 ff.; Esser/Weyers, § 76 III; Kötz/Wagner, Rn. 98 ff.; Mertens, VersR 1980, 397 ff; Steffen, VersR 1980, 409 ff.

weiteren Verlauf der Dinge zur Verletzung eines Rechtsguts zu führen, wird nur dann als rechtswidrig angesehen, wenn sie gegen eine derartige Pflicht verstößt.

Ihre genaue Bedeutung wird unterschiedlich beurteilt. Verkehrspflichten seien als Gefahrvermeidungs- und -abwehrpflichten zu interpretieren.[112] Deren Zweck wird in der Erweiterung der Deliktshaftung auf Einstandspflichten für Risiken des eigenen Herrschaftsbereichs gesehen, also solche Risiken, die ohne Verkehrspflichten beim Beschädigten belassen würden.[113] Dies ist richtig, wenn man die Haftung aus § 823 Abs. 1 BGB auf das gesetzliche Leitbild der unmittelbaren Eingriffe begrenzt ansieht.[114] Dann gelangt man zu einer Erweiterung des deliktischen Täterkreises.[115] Es wird aber auch die Auffassung vertreten, dass Verkehrssicherungspflichten eine übermäßige Haftung gerade vermeiden sollen.[116] Dies gilt dann, wenn man das gesetzliche Leitbild auf nur mittelbare Eingriffe ausdehnt. Bei genauerer Betrachtung kommt den Verkehrspflichten daher weder haftungserweiternde noch haftungsverengende Wirkung zu.[117]

2. Dogmatische Zuordnung

Ihnen kommt deliktsrechtlich ähnliche Bedeutung zu wie den Schutzgesetzen in § 823 Abs. 2 BGB. Deshalb wird auch die Auffassung vertreten, die Verkehrspflichten seien systematisch nicht unter § 823 Abs. 1 BGB,[118] sondern als Schutzgesetze unter § 823 Abs. 2 BGB einzuordnen.[119] Andernfalls sei es mehr oder weniger Zufall, ob eine Pflicht als Verkehrspflicht oder zusätzlich als Straf- und damit als Schutzgesetz normiert sei.[120] Dem kann aber nicht gefolgt werden. Eine Konkurrenz zwischen den beiden Absätzen des § 823 BGB ist nicht ausgeschlossen. Zum anderen würde aber bei einer Verortung der Verkehrspflichten in § 823 Abs. 2 BGB das Regel-Ausnahme-Verhältnis zwischen § 823 Abs. 1 BGB und § 823 Abs. 2 BGB umgekehrt.[121] Vor allem aber beziehen sich die Verkehrspflichten auf die in § 823 Abs. 1 BGB genannten Rechtsgüter.[122] Diese legen Verhaltenspflichten für das Aktionsfeld des sozialen Umgangs mit ihnen fest. Es ist fraglich, ob andernfalls für § 823 Abs. 1 BGB ein eigener Anwendungsbereich verbliebe.

3. Inhalt und Standort der Verkehrspflichten

Während die Verkehrspflichten gleichsam eine Leitlinie[123] dahingehend geben, welche Verhaltensweisen die Rechtsordnung billigt, ist noch nicht beantwortet, wie die Rechtsordnung konkret gegenüber gefährlichen Verhaltensweisen reagiert. Es besteht die Möglichkeit, Verhaltensweisen gänzlich zu verbieten oder – bei drohendem Schadenseintritt durch Unterlassen – diese zu gebieten. Dazwischen liegt gleichsam eine dritte Möglichkeit. Gefährliche Verhaltensweisen können mit der Maßgabe zugelassen werden, dass den mit der Schaffung oder Unterhaltung der Gefahrenquelle verbundenen Gefahren für Dritte und deren Rechtsgüter

---

[112] Larenz/Canaris, § 76 III 1 d
[113] Mertens, in MüKo, § 823, Rn. 4; Steffen, in RGRK, § 823, Rn. 139
[114] Mertens, in MüKo, § 823, Rn. 14
[115] Mertens, in MüKo, § 823, Rn. 4
[116] Medicus, Rn. 644 ff.
[117] Schiemann, in Erman, § 823, Rn. 5
[118] Schiemann, in Erman, § 823, Rn. 5; Zeuner, in Soergel, § 823, Rn. 4; Hager, in Staudinger, § 823, Rn. E 4; Larenz/Canaris, § 76 III 2 b; Medicus, Bürgerliches Recht, Rn. 665
[119] v. Bar, Verkehrspflichten, S. 157 ff.; v. Caemmerer, Karlsruher Forum 1961, 19, 22; Deutsch, B VII 5; Esser/Weyers, §§ 55 II 3, 56 I; Mertens, VersR 1980, 397
[120] v. Bar, Verkehrspflichten, S. 160
[121] Larenz/Canaris, § 76 III 2 b
[122] Zeuner, in Soergel, § 823, Rn. 4
[123] Zeuner, in Soergel, § 823, Rn. 5

durch erforderliche Sicherungsmaßnahmen zu begegnen ist. Die Abgrenzung zwischen denjenigen Handlungen, denen der Verkehr nicht ausgesetzt werden darf, und denjenigen, die hingenommen werden müssen, kann nach verschiedenen Kriterien vorgenommen werden. Anzuführen sind hier der Grad der Gefährdung, die Schwere des möglichen Verletzungserfolgs und die im Gegensatz zur Gefährlichkeit stehende positive Bedeutung der Handlung.[124] Letzten Endes geht es um die Herausbildung bestimmter Verantwortungsbereiche.[125]

Dies leisten die sog. Verkehrssicherungspflichten.[126] Diese bezeichnen Verhaltenspflichten zur Gefahrenkontrolle eines Herrschafts-, Organisations-, oder Sachbereichs.[127] Damit kommt ihnen vor allem Bedeutung im Bereich des § 276 Abs. 2 BGB zu, und zwar für die Festlegung von Standards betreffend die verkehrserforderliche Sorgfalt.[128] Sie tangieren aber in gleicher Weise den Bereich der Rechtswidrigkeit. Rechtswidrigkeit ist der objektive Verstoß gegen die Sorgfaltsmaßstäbe, die auch im Rahmen des Verschuldens Berücksichtigung finden. Während die Rechtswidrigkeit nach dem objektiven Zuwiderhandeln fragt, geht es dem Verschulden darum zu überprüfen, ob der Verstoß dem Schädiger vorwerfbar ist.

Die Anwendung der Maßstäbe des Verhaltensunrechts auf diesen Mittelbereich des § 823 Abs. 1 BGB führt zur Frage, ob bei fahrlässigem Handeln die Rechtswidrigkeit immer erst vorliegen könne, wenn der Täter fahrlässig im Sinne des § 276 Abs. 2 BGB gehandelt habe.[129] Dies könnte zu den bereits erwähnten, unerwünschten Auswirkungen auf das Prüfungsschema des § 823 Abs. 1 BGB zur Folge haben. Derartige Befürchtungen sind indessen unbegründet. Die objektiven Verhaltensgebote, die den Ausschlag für die Rechtswidrigkeit geben, enthalten eine weitreichende Abwägung zwischen der Handlungsfreiheit des Schädigers und dem Integritätsschutz des Geschädigten unter Berücksichtigung zahlreicher Interessen. Die Formulierung der Verhaltensgebote bedürfe daher in jeder Fallgruppe einer besonderen Begründung.[130] Das Fahrlässigkeitsurteil berücksichtigt dann erst den spezifischen Blickwinkel des Täters. So kann es sein, dass trotz Einhaltung der im Verkehr erforderlichen Sorgfalt das Bestehen einer Verkehrssicherungspflicht nicht vorhersehbar war. Insofern bleibt auch trotz der weitgehenden Objektivierung der Fahrlässigkeitsvorwurfs ein gewisser Raum für die Unterscheidung von Rechtswidrigkeit und Fahrlässigkeit.

VI. Vermittelnde Ansichten

Im Vordergrund der Diskussion um den zivilrechtlichen Unrechtsbegriff steht die Alternative Handlungs- oder Erfolgsunrecht. Beide Möglichkeiten bieten jedoch keine in allen Fällen zu befriedigenden Ergebnissen führende Konzeption, weshalb diese beiden Varianten auch generell als unglücklich empfunden wurden.[131] Ein reines Erfolgsunrecht versagt bei den mittelbaren Eingriffen und den Rahmentatbeständen des § 823 Abs. 1 BGB, ein reines Handlungsunrecht würde trotz seiner stärkeren Differenzierung die Begründungsarbeit in Fällen einigermaßen evidenter Rechtsgutsverletzungen unnötig erschweren.[132] Beide Konzepte beschreiben Ordnungsaufgaben des Rechts von verschiedenen Gesichtspunkten aus.[133] Damit ergänzen

---

[124] Schiemann, in Erman, § 823; Rn. 10, Zeuner, in Soergel, § 823, Rn. 6
[125] Zeuner, in Soergel, § 823, Rn. 6
[126] zu deren Umfang s. Hager in Staudinger, § 823, Rn. E 73 – 406; Heinrichs, in Palandt, § 823 Rn. 64 – 139
[127] Steffen, in RGRK, § 823, Rn. 137
[128] Steffen, in RGRK, § 823, Rn. 124
[129] Schiemann, in Erman, § 823, Rn. 9
[130] Schiemann, in Erman, § 823, Rn. 9
[131] vgl. hierzu vor allem Wiethölter, S. 15 f.
[132] Schiemann, in Erman, § 823, Rn. 7
[133] Steffen, in RGRK, § 823, Rn. 114

und korrigieren sie einander. Eine exakte Bestimmung der Rechtswidrigkeit lässt sich daher nur unter Heranziehung beider Lehren erreichen.

1. Abgrenzungskriterium

Die Vertreter der vermittelnden Ansichten[134] halten grundsätzlich am Erfolgsunrecht fest. Sie anerkennen aber auch Bereiche, in denen diese Rechtswidrigkeitsauffassung nicht zu sachgerechten Ergebnissen führt. Dies betrifft – wie bereits am Beispiel des Herstellers von Kraftfahrzeugen erläutert – das Feld der Ausübung gefahrvoller Tätigkeiten oder der Herstellung gefährlicher Gegenstände. Hier kommt man mit der Indikationslösung nicht weiter; aufgrund eines vielfach wesentlich später eintretenden Erfolgs kann nicht mehr auf die Rechtswidrigkeit der abgeschlossenen Handlung des In-Verkehr-Bringens geschlossen werden. Dies wäre die Folge der Lehre vom Erfolgsunrecht. Ein an sich erlaubtes Verhalten wäre aus einer späteren Beurteilung heraus rechtswidrig. Hier kann die Rechtswidrigkeit nur mit der umfassenderen Lehre vom Verhaltensunrecht erfasst werden. Das Rechtswidrigkeitsurteil kann vielmehr nur auf der Verletzung einer Verhaltenspflicht aufbauen, z. B. darauf, dass jemand ein fehlerhaft konstruiertes oder fabriziertes Produkt ausliefert oder auf Gefahren, die von einem Produkt ausgehen können, nicht hinweist.

Die Schwierigkeit der vermittelnden Ansichten liegt nunmehr darin, ein Kriterium zu finden, wann für die Rechtswidrigkeit auf die Verletzung der Verkehrssicherungspflicht abzustellen ist, wann die Indikationslösung Anwendung finden kann. Wenig brauchbar hat sich dabei die Ansicht erwiesen, nach der Verkehrssicherungspflichten nur die Rechtswidrigkeit des Unterlassens begründen sollten.[135] Dies liegt daran, dass sich der Bereich des Unterlassens als Gegenbegriff zur Handlung als wenig trennscharf[136] und vielfach nicht von entscheidender Bedeutung[137] erwiesen hat. Bei der Schaffung einer Gefahrenquelle kann einerseits für die Begründung einer Verkehrssicherungspflicht auf das Unterlassen der Durchführung gebotener und zumutbarer Sicherungsmaßnahmen abgestellt werden, aber auch auf die Schaffung der Gefahrenquelle selbst. Andererseits geht nicht allen Unterlassensdelikten ein gefährliches Tun voraus.[138] Diese Auffassung bietet zudem keine Lösung für die Frage, warum ein verkehrsrichtiges Handeln trotz Verletzung eines der in § 823 Abs. 1 BGB genannten Güter nicht rechtswidrig sein muss.

Überwiegend wird die Abgrenzung nach unmittelbaren und mittelbaren Beeinträchtigungen vorgenommen.[139] Im Einzelnen ist die Abgrenzung der unmittelbaren von der mittelbaren Beeinträchtigungen umstritten.[140] Unmittelbar könne der Erfolg sein, wenn er noch so nahe bei der Handlung liege, dass er von ihr nicht zu trennen sei, oder er lediglich sichtbar mache, was die Handlung ihrer objektiven Natur nach von Anfang an war.[141] Mittelbar könne die Rechtsgutsbeeinträchtigung sein, wenn sie nicht mehr im Kernbereich des ungeschriebenen

---

[134] Larenz/Canaris, § 75 II 3 b; Battes, in Erman, § 276, Rn. 10; Mertens, in MüKo, § 823, Rn. 4; Thomas, in Palandt, § 823, Rn. 33; Steffen, in RGRK, § 823, Rn. 109; Hager, in Staudinger, § 823, Rn. H 16

[135] Enneccerus-Lehmann, § 234 II 2

[136] näher hierzu Deutsch, B VI 4

[137] Zeuner, in Soergel, § 823, Rn. 13

[138] Zeuner, in Soergel, § 823, Rn. 13

[139] v. Caemmerer, FS zum 43. DJT II, S. 49; Deutsch, C X 3; Larenz, § 72 1 c; ders. FS Dölle I S. 169, 187; Stoll, AcP 162 , 203; Mertens, in MüKo, § 823, Rn. 4; Steffen, in RGRK, § 823, Rn. 109; Zeuner, in Soergel, § 823, Rn. 10; Hager, in Staudinger, § 823, Rn. H 16

[140] vgl. hierzu, wenn auch mit zahlreichen Unterschieden im Detail, Larenz, § 75 II 3 b; Deutsch, C X 3 c, v. Caemmerer, FS DJT, S. 131 ff.; Larenz, FS für Dölle Bd. I, S. 183 ff.; Stoll, AcP 162, 214 ff.; Sourlas, Adäquanztheorie und Normzwecklehre, S.117 f.; Stathopoulos, FS für Larenz II, S. 641 ff.; G. Hager, FS für Ernst Wolf, S. 135 ff.

[141] Larenz, FS für Dölle Bd. I, S. 193

Gebots liege, sich so zu verhalten, dass Rechte und Rechtsgüter Dritter nicht verletzt würden[142] oder wenn diese bei objektiv-natürlicher Wertung nicht unabtrennbarer Bestandteil des Eingriffs sei, sondern erst durch das Dazwischentreten weiterer, vom Täter nicht beherrschter Ereignisse zustande komme.[143] Unmittelbare und mittelbare Eingriffe lassen sich wohl am besten nach der Verkehrsauffassung trennen.[144] Entscheidend ist, dass das, was der Schädiger tut, er nicht tun darf, weil dessen unmittelbare Folge der Eintritt des Erfolgs ist. Dieser Erfolg ist von der Rechtsordnung missbilligt.[145] Damit ist zwar wiederum nicht gesagt, wann nun eine Beeinträchtigung unmittelbar ist. Der Versuch einer solchen Definition ist jedoch müßig und kann kaum für alle Fälle zutreffend sein, bleibt er doch immer im Stadium einer mehr oder weniger treffenden Umschreibung stecken. Entscheidend ist es daher, das Verhalten von seinem hierdurch verursachten Erfolg her zu beurteilen.

2. Lösung nach der Eingriffsqualität

Im Falle einer unmittelbaren Beeinträchtigung eines von § 823 Abs. 1 BGB geschützten Rechts ist grundsätzlich an der gesetzlichen Konzeption vom Erfolgsunrecht festzuhalten.[146] Zwar macht es keinen Unterschied, auch den unmittelbaren Verletzungserfolg unter dem Aspekt der Pflichtverletzung zu sehen, da nach die generelle Pflicht besteht, die von der Rechtsordnung als unerlaubt bezeichneten Handlungen zu unterlassen.[147] Dadurch wird immerhin deutlich, dass zwischen unmittelbaren und mittelbaren Eingriffen mehr ein gradueller denn ein struktureller Unterschied besteht.[148] § 823 Abs. 1 BGB enthält nicht, wie teilweise behauptet, zwei unterschiedliche Deliktstatbestände.[149] Vielmehr wird die Bedeutung des Schutzguts nach der Entfernung des Eingriffs angepasst, um zu angemessenen Ergebnissen zu gelangen.

Im Bereich unmittelbarer Eingriffe erleichtert die Beurteilung eines rechtswidrigen Verhaltens allein aufgrund des Verletzungserfolgs die Haftungsprüfung.[150] Den Täter trifft eine Erfolgsvermeidungspflicht;[151] deswegen könne gegen die – auch unmittelbar bevorstehende – Verletzung Notwehr geübt werden, selbst wenn der Täter ohne Verschulden handeln sollte.[152] Hat der Schädiger nicht pflichtwidrig gehandelt, so entfällt hier die Zurechnung mangels Verschulden. Anderes gilt für den Fall der mittelbaren Verletzung von Rechten oder rechtlich geschützten Interessen Dritter. Hier trifft den Handelnden eine Gefahrvermeidungspflicht.[153] Er dürfe sich trotz der absehbaren negativen Folgen so verhalten, wie er es getan habe. Für die Beurteilung der Rechtswidrigkeit ist der Blick daher nicht nur auf den Erfolg, sondern auch auf das Verhalten des Täters zu richten. Ein Vorwurf treffe ihn erst, wenn er eine Verkehrspflicht verletzt habe.[154] Nach anderer Auffassung entfalle bereits der Tatbestand.[155]

Die Gefahrvermeidungspflicht kommt zum Ausdruck in einer Untergruppe der Verkehrspflichten, den Verkehrssicherungspflichten. Die Verkehrssicherungspflichten legen im Falle

[142] Deutsch, Fahrlässigkeit und verkehrserforderliche Sorgfalt, S. 229
[143] Stoll, AcP 162, 226
[144] v. Bar, Verkehrspflichten, S. 156
[145] Larenz/Canaris, § 75 II 3 b
[146] Mertens, in MüKo, § 823; Rn. 4, Steffen, in RGRK, § 823, Rn. 109
[147] Mertens, in MüKo, § 823; Rn. 4, Zeuner, in Soergel, § 823, Rn. 10
[148] Zeuner, in Soergel, § 823, Rn. 10
[149] Mertens, in MüKo, § 823, Rn. 3
[150] Steffen, in RGRK, § 823, Rn. 116
[151] Hager, in Staudinger, § 823, H 16
[152] Larenz/Canaris, § 75 II 3 b; v. Bar, Verkehrspflichten, S. 156; Larenz, FS für Dölle, Bd. I, S. 195
[153] Hager, in Staudinger, § 823, Rn. H 16
[154] Larenz/Canaris, § 75 II 3 b
[155] Mertens, in MüKo, § 823, Rn. E 2

der nur mittelbaren Eingriffe Geltungsanspruch und Haftungsrelevanz der Schutzgüter des § 823 Abs. 1 BGB fest, da in diesem Bereich der abstrakt gefasste Wortlaut der Vorschrift dies nicht zu vollbringen vermag.[156] Soweit die Verkehrssicherungspflichten an den Betroffenen auch persönlich adressiert sind, kann er Täter sein.[157] Wer ohne Beachtung dieser teils gesetzlich vorgeschriebenen, teils von der Verkehrsanschauung geforderten Vorsichtsmaßnahmen eine Gefahrenlage schafft oder aufrecht erhält, handelt rechtswidrig und hat für die daraus entstehenden Schäden im Rahmen ihrer Zurechenbarkeit zu haften.[158] Das Verhalten ist rechtswidrig, weil es nicht erlaubt ist. Im Falle der mittelbaren Beeinträchtigungen ist also darauf abzustellen, ob ein Verstoß gegen Verkehrssicherungspflichten vorliegt.[159]

VII. Stellungnahme

Besondere Bedeutung kommt der Auseinandersetzung um ein erfolgs- oder handlungsbezogenes Rechtswidrigkeitsverständnis im Bereich des § 823 Abs. 1 BGB zu. Das anfängliche Missverständnis, das Erfolgsunrecht bewerte nicht das Verhalten des Täters, ist zwischenzeitlich ausgeräumt. Dennoch liegt der Kern des Streits in der Konzeption des § 823 Abs. 1 BGB. Dieser dient nicht der Sanktionierung bestimmter Handlungsweisen, sondern dem Schutz absoluter Rechte. Die Frage ist naheliegend, ob allein die Verletzung eines solchen Rechts für die Bejahung der Rechtswidrigkeit ausreichen soll. Nach der gesetzlichen Wertung ist dies für den Fall der unmittelbaren Verletzung eines absoluten Rechts zu bejahen. Der umfassende Schutzanspruch der absoluten Rechte verbietet im Bereich unmittelbarer Verletzungshandlungen die weitergehende Frage nach der Einhaltung von Sorgfaltspflichten. Einer unbilligen Belastung des Schädigers beugt das Verschuldenserfordernis vor.

Im Bereich der mittelbaren Verletzungshandlungen bedarf es der Eingrenzung der Rechtswidrigkeitsindikation durch die Bezugnahme auf Verkehrssicherungspflichten. Um eine einseitige Verteilung der Schadenslasten zu vermeiden, kommt eine Haftung nur bei der schuldhaften Verletzung einer Verkehrssicherungspflicht in Betracht. Den Verkehrssicherungspflichten liegt derselbe Gedanke wie dem Handlungsunrecht zugrunde, nämlich die Formulierung spezieller Sorgfaltspflichten. Das Verhalten des Schädigers ist nicht schon deshalb rechtswidrig, weil der tatbestandliche Erfolg eingetreten ist, sondern weil zusätzlich ein Verstoß gegen eine Sorgfaltspflicht vorliegt. Ein Verschulden liegt vor, wenn der Täter bewusst gegen die ihm bekannte Sorgfaltspflicht verstoßen hat oder die Sorgfaltspflicht aufgrund individueller Nachlässigkeit hätte kennen und die Verletzung vermeiden können. Ein Erfordernis nach einer über allgemeine Sorgfaltsstandards hinausgehenden Verkehrspflicht bedarf es daneben nicht. Dieser kommt keine eigene Funktion zu. Den funktionalen Bezug zwischen Rechtswidrigkeit und Verschulden erreicht man durch den Begriff der verkehrserforderlichen Sorgfalt.
Diese auf § 823 Abs. 1 BGB konzentrierte Darstellung der Auseinandersetzung um die Frage der Rechtswidrigkeit zeigt, dass dieses Tatbestandsmerkmal von unterschiedlichen Faktoren beeinflusst wird, die eine generelle Aussage in Richtung Erfolgs- oder Handlungsunrecht verbieten. Die Antwort muss stets vor dem Hintergrund der konkreten Norm ermittelt werden. Im

[156] Steffen, in RGRK, § 823, Rn. 113
[157] Larenz/Canaris, § 75 II 3 b
[158] Larenz, FS für Dölle, Bd. I, S. 189
[159] Es soll an dieser Stelle nicht auf den Streit eingegangen werden, ob denn die Verkehrssicherungspflichten in der Rechtswidrigkeit oder bereits im Tatbestand zu prüfen sind, da dies in der Sache keinen Unterschied macht. Man gelangt in beiden Fällen mit den gleichen Argumenten zum gleichen Ergebnis, wobei die Prüfung im Tatbestand vorzugswürdig erscheint, da dann an der Indikationslösung festgehalten werden kann. Dies überzeugt auch deshalb, weil die Verletzung von Verkehrssicherungspflichten und der Eintritt eines Erfolgs, der auf dieser Verletzung beruht, der Verletzung eines Schutzgesetzes im Sinne von § 823 Abs. 2 BGB gleichsteht; vgl. hierzu Medicus, Rn. 642 ff.; Larenz/Canaris, § 75 II 3 c

hier interessierenden Bereich der Schadensersatzansprüche steht die Ausgleichsfunktion des Schadensersatzes im Mittelpunkt.

Daneben sind mit Blick auf eine gerechte Verteilung der Schadenslasten, namentlich zur Vermeidung einer übermäßigen Belastung des Schädigers einerseits, einer Besserstellung des Geschädigten andererseits, die Adäquanztheorie und der konkrete Normzweck zu berücksichtigen. Vor diesem Hintergrund ist das unterschiedliche Verständnis der Rechtswidrigkeit innerhalb des § 823 Abs. 1 BGB zu verstehen. Dieses ist das Ergebnis einer auf die Fallgruppen unmittelbare/mittelbare Verletzungen bezogenen Abwägung zwischen dem Zweck des Schadensersatzrechts und dem Gebot eines umfassenden Schutzes absoluter Rechte.

Die Frage, welche Anforderungen an den Begriff der Rechtswidrigkeit innerhalb dieses Spannungsfelds zu stellen sind, ist zudem davon abhängig, welche weiteren Voraussetzungen für eine Haftung gegeben sein müssen. Setzt die Haftung wie in § 823 BGB neben der Verletzungshandlung und der Rechtswidrigkeit ein Verschulden voraus, so ist die gebotene Einschränkung der Haftung dem Grunde nach leicht zu erreichen. Knüpft die Haftung dagegen nur an die Rechtswidrigkeit, so steht die Frage nach einer möglichen Verschiebung von Risiko- und Verantwortungsbereichen zu Lasten des Täters im Raum. Hier kann insbesondere ein handlungsbezogener Rechtswidrigkeitsbegriff helfen, die gebotene Beschränkung der Haftung zu erreichen. Dieses Ergebnis ist gerade mit Blick auf die Vorschrift des § 1 Abs. 1 Bbg. StHG von Bedeutung.

B. Die Rechtsprechung des BGH zum Begriff der Rechtswidrigkeit

I. Indikationslösung als Grundsatz

1. Tatbestandlicher Erfolg als Anknüpfungspunkt

Die zivilrechtliche Rechtsprechung folgt im Bereich der unerlaubten Handlung der gesetzgeberischen Konzeption vom erfolgsbezogenen Rechtswidrigkeitsbegriff. Die Verletzung eines der von § 823 Abs. 1 BGB geschützten absoluten Rechte indiziert die Rechtswidrigkeit, es sei denn, die Voraussetzungen eines Rechtfertigungsgrunds liegen vor.[160] Ob der Schädiger die Rechtswidrigkeit seines Handelns erkennen konnte, spielt für das Rechtswidrigkeitsurteil keine Rolle. Dies gilt grundsätzlich auch dann, wenn der Verletzte auf eigene Gefahr handelt. Dies ist der Fall, wenn sich jemand freiwillig in eine gefährliche Situation begeben hat, die zum Schadenseintritt führt.[161] Das Verhalten des Geschädigten ist aber unter dem Aspekt des Mitverschuldens (§ 254 BGB) zu berücksichtigen.[162]

[160] BGHZ 24, 21, 24; 39, 103, 108; 42, 118, 122; 45, 296, 307; 74, 9, 14; BGH, NJW 1998, 377; 591; 3208
[161] Schiemann, in Staudinger, § 254, Rn. 62
[162] BGHZ 34, 355, 363 f.; In früheren Entscheidungen ging der BGH noch in Beibehaltung der reichsgerichtlichen Rechtsprechung vom Vorliegen einer Einwilligung aus, vgl. BGHZ 2, 159, 162. Davon zu unterscheiden ist der Bereich der gefährlichen Sportarten. Hier ist der verletzende Sportler gegebenenfalls von einer Haftung mangels Rechtswidrigkeit seines Verhaltens vollkommen freigestellt. Dies erreicht der BGH nicht mehr durch eine Einwilligung, die er als künstliche Unterstellung wertet, da jeder davon ausgehe, möglichst nicht verletzt zu werden (vgl. BGHZ 63, 140, 144). Vielmehr fehlt es in der genannten Entscheidung, die das Fußballspiel betrifft, an der Rechtswidrigkeit deshalb, da das Spiel zwangsläufig die Gefahr mit sich bringe, verletzt zu werden. Diesem Risiko sei jeder Spieler in gleicher Weise ausgesetzt. Diese von allen Spielern gemeinsam in Kauf genommene Gefahr zwinge zu dem Schluss, dass bei Verletzungen, die trotz Einhaltung der Spielregeln eingetreten sind, der Spieler von seiner etwaigen Haftung freigestellt werden solle. Andernfalls liege ein Verstoß gegen das Verbot des Selbstwiderspruchs vor (BGHZ 63, 140, 145). In der Literatur wird eine Ausdehnung dieser Freistellung befürwortet, vgl. Thomas, in Palandt, § 823, Rn. 122. Bei ausgesprochen gefährlichen Sportarten kann dagegen von einer Rechtfertigung ausgegangen werden, vg. BGHZ 39, 156, 161; 63, 140, 144; näher zum Ganzen Hager, in Staudinger, Vorbem. zu §§ 823 ff., Rn. 48 ff. m. w. N.

Im Bereich des § 823 Abs. 2 BGB liegt der die Rechtswidrigkeit indizierende Erfolg in der Verletzung eines Schutzgesetzes als tatbestandlichem Erfolg dieser Vorschrift.[163] Keine andere Beurteilung gilt für den Bereich der deliktischen Sondertatbestände der §§ 824, 826, 831[164], 832 und 833[165] BGB. Auch hier wird von der Erfüllung des Tatbestands der unerlaubten Handlung vorbehaltlich des Eingreifens von Rechtfertigungsgründen auf die Rechtswidrigkeit des Verhaltens geschlossen.[166] Als Rechtfertigungsgrund kommt neben Notwehr[167], Notstand,[168] Selbsthilfe[169], Besitzwehr[170] und dem Festnahmerecht nach § 127 StPO vor allem die Einwilligung des Verletzten in die Rechtsgutsverletzung[171] in Betracht, die insbesondere im Bereich des ärztlichen Eingriffs[172] eine große Rolle spielt.[173] Die Rechtswidrigkeit kann auch dann ausgeschlossen sein, wenn das beanstandete Verhalten durch grundrechtlich geschützte Positionen gedeckt ist. Führt die Ausübung eines Grundrechts im verfassungsrechtlich vorgegebenen Rahmen zu Rechtsbeeinträchtigungen Dritter, so müssen diese hingenommen werden.[174]

1. Ausnahmen

a) Die offenen Tatbestände des § 823 Abs. 1 BGB

Eine Ausnahme von der Indizwirkung der Rechtsgutsverletzung für das Rechtswidrigkeitsurteil gilt für die offenen Tatbestände oder Rahmenrechte wie das allgemeine Persönlichkeitsrecht und das Recht am eingerichteten und ausgeübten Gewerbebetrieb. Diese sind von der Rechtsprechung als sonstige Rechte im Sinne des § 823 Abs. 1 BGB anerkannt.[175] Daneben kommt bei Verletzungen des allgemeinen Persönlichkeitsrechts als Anspruchsgrundlage § 823 Abs. 2 BGB in Verbindung mit § 186 StGB in Betracht.[176] Auch hier ist die Rechtswidrigkeit Voraussetzung für Abwehr- und Schadensersatzansprüche. Sie entfällt bei Vorliegen eines allgemeinen Rechtfertigungsgrunds. Fehlt ein solcher, gilt jedoch nicht der Grundsatz, dass die Tatbestandsmäßigkeit die Rechtswidrigkeit indiziert. Wegen der tatbestandlichen Weite der Schutzgüter versagt der Schluss vom Erfolg auf das Verhalten. Vielmehr muss des

---

[163] BGHZ 120, 240; 126, 181; BGH, NJW 2001, 3187; 1993, 1580

[164] BGH, NJW 1996, 3205

[165] BGHZ 117, 110

[166] a. A. Olivet, der annimmt, Rechtswidrigkeit sei im Bereich der deliktischen Spezialnormen der §§ 823 Abs. 2, 824, 826, 832 BGB stets im handlungsbezogenen Sinn zu verstehen, ebenso für § 831 BGB: Löwisch, in Staudinger, § 276 Rn. 12

[167] § 227 BGB

[168] § 228 BGB, § 904 BGB

[169] §§ 229 ff. BGB

[170] § 859 BGB

[171] und nicht nur in die Handlung, die auf die Rechtsgutsverletzung zielt, BGH, NJW-RR 1995, 857

[172] vgl. hierzu die Nachweise bei Hager, in Staudinger, § 823, Abschnitt I; zu den Veränderung des Arzthaftungsrechts durch das Zweite Gesetz zur Änderung schadensersatzrechtlicher Vorschriften, vgl. Wagner, Das neue Schadensersatzrecht, S. 20 ff., 106 ff.

[173] BGHZ 29, 46; 29, 176; 67, 48; 106, 224, aus jüngerer Zeit BGHZ 120, 1; BGH, NJW 2001, 2798; 2000, 1788; 2000, 1784

[174] BGHZ 137, 89, 99; 59, 30, 35

[175] Für das allgemeine Persönlichkeitsrecht entspricht dies der Rspr. seit BGHZ 13, 334. Das Recht am eingerichteten und ausgeübten Gewerbebetrieb ist eine Entwicklung , die bereits in der Rechtsprechung des RG vor Inkrafttreten des BGB bei der Problematik von Boykottaufrufen ihren Ausgang nahm. Das RG sprach hier von der Freiheit der gewerblichen Betätigung (RGZ 28, 238, 242). Nach Inkrafttreten des BGB gab das RG vor allem in Fällen einer unberechtigten Schutzrechtsverwarnung Schadensersatz aus § 823 Abs. 1 BGB zugesprochen und das Recht am Gewerbebetrieb als „sonstiges Recht" im Sinne dieser Vorschrift gewertet (vgl. RGZ 58, 24, 29). Diese Linie hat der BGH weiterentwickelt und insbesondere den Schutzbereich wesentlich erweitert (vgl. Hager, in Staudinger, § 823, Rn. D 9). Die Einordnung des Rechts am eingerichteten und ausgeübten Gewerbebetrieb als „sonstiges Recht" stößt in der Literatur überwiegend auf Kritik, hierzu Mertens, in MüKo, § 823, Rn. 481.

[176] BGHZ 95, 212

Verhalten auf der Stufe der Rechtswidrigkeit gesondert untersucht werden. Es ist im Rahmen einer auf den Einzelfall bezogenen Güter- und Interessenabwägung[177] unter besonderer Berücksichtigung der Art des Eingriffs[178] und der Willensrichtung des Eingreifenden[179] zu ermitteln, ob der Eingriff in das geschützte Rechtsgut gegen das Gebot der gesellschaftlichen Rücksichtnahme verstößt oder von sozialen Verhaltensregeln[180] gedeckt ist. Nur im ersten Fall ist die Rechtswidrigkeit zu bejahen.[181] Das Gebot der gesellschaftlichen Rücksichtnahme[182] ist zwar kein Rechtfertigungsgrund. Es vermag aber gleich den Rechtfertigungsgründen dem Geschädigten eine Duldungspflicht hinsichtlich des Eingriffs in seinen Rechtskreis aufzugeben. Die in den Rechtfertigungsgründen enthaltene Gewichtung entgegenstehender Belange ist im Fall der Duldungspflichten aus Gründen gesellschaftlicher Rücksichtnahme im Einzelfall durch Abwägung zu ermitteln.

Das aus Art. 2 Abs. 1 i. V. m. 1 Abs. 1 GG abgeleitete allgemeine Persönlichkeitsrecht ist aufzufassen als einheitliches, umfassendes subjektives Recht auf Achtung und Entfaltung der Persönlichkeit.[183] Bei Eingriffen in das allgemeine Persönlichkeitsrecht wird regelmäßig eine Abwägung mit einer Grundrechtsposition vorzunehmen sein, auf die sich der Handelnde beruft. Die Abwägung ist sowohl im Hinblick auf den Stellenwert der betroffenen Grundrechtspositionen als auch im Hinblick auf den konkreten Eingriff vorzunehmen. Dabei kann auf Seiten des Beschädigten zu berücksichtigen sein, in welche Sphäre seiner Persönlichkeit eingegriffen wurde und wie schwer der Eingriff war.

Auf Seiten des Schädigers sind neben der Art und Weise des Eingriffs insbesondere dessen grundrechtlich geschützte Freiheiten zu berücksichtigen. Da der Eingriff in das allgemeine Persönlichkeitsrecht vielfach durch die Medien erfolgt, wird dies in den meisten Fällen die Meinungsfreiheit gemäß Art. 5 Abs. 1 GG sein.[184] Aber auch andere Grundrechte wie die Freiheit der Kunst aus Art. 5 Abs. 3 GG[185] oder die Freiheit der Wissenschaft und Forschung aus Art. 5 Abs. 3 GG kommen in Betracht. Da die das allgemeine Persönlichkeitsrecht beeinträchtigende Äußerung vielfach durch Massenmedien an eine breite Öffentlichkeit gerichtet ist, kann das Informationsinteresse der Allgemeinheit auf Seiten des Schädigers zu berücksichtigen sein.[186] Dieses verdient regelmäßig den Vorrang, wenn die an die publizistische Berichterstattung aufgestellten Sorgfaltsanforderungen eingehalten sind.[187] Dies gilt auch für Berichterstattung über aktuelle Straftaten.[188] Andernfalls geht das Persönlichkeitsrecht des Betroffenen vor.[189]

Beim eingerichteten und ausgeübten Gewerbebetrieb gilt nichts anderes. Auch hier ist eine Abwägung der Interessen der Parteien unter Berücksichtigung ihrer jeweiligen, nicht nur zi-

---

177 BGHZ 13, 334, 338; 45, 296, 307; 128, 1, 10
178 BGHZ 45, 296, 307
179 BGHZ 59, 30, 35
180 BGH, NJW 1980, 881, 882
181 Eine Mindermeinung in der Literatur möchte dagegen durch die Entwicklung von Schutzbereichen, die vorwiegend durch die Eingriffsmodalität gekennzeichnet seien, erreichen, dass die Abwägung zurückgedrängt werden. Wo Persönlichkeitsinteressen zu einem Persönlichkeitsrecht verdichtet seien, indiziere die Tatbestandsverwirklichung die Rechtswidrigkeit, vgl. hierzu Hager, in Staudinger, § 823, Rn. C 17
182 BGHZ 74, 9, 14
183 BGHZ 13, 334, 338
184 BGHZ 59, 30, 36; 63, 124, 127; 89, 383, 394; 106, 229; 128, 1; 131, 332, 336; 139, 95; 143, 199, 204; BGH, NJW 2002, 2317; 1192; 2000, 3421; 1999, 2893; 1999, 1322; 1999, 279
185 BGHZ 143, 214, 219
186 BGH, VersR 2000, 327
187 BGHZ 132, 13
188 BGHZ 143, 199, 203 f.
189 zur Frage der Beweislast Hager, in Staudinger, § 823, Rn. C 265 ff.

vilrechtlichen, sondern auch verfassungsrechtlich geschützten Positionen, insbesondere der Grundrechte aus Art. 5 GG vorzunehmen.[190]

b) Die Einleitung eines staatlichen, gesetzlich eingerichteten Verfahrens

Ebenso stellt nach der Rechtsprechung des BGH im Gegensatz zur Rechtsprechung des Reichsgerichts[191] die Einleitung und Durchführung eines staatlichen, gesetzlich eingerichteten und geregelten Verfahrens einen Fall sozialadäquaten Verhaltens dar.[192] Der BGH formulierte zunächst etwas missverständlich, dass derjenige, der sich zu einem solchen Vorgehen entschließe, auch dann nicht unmittelbar und rechtswidrig in den geschützten Rechtskreis des Schuldners eingreife, wenn sein Begehren sachlich nicht gerechtfertigt sei und dem anderen Teil aus dem Verfahren Nachteile erwüchsen.[193] Den Schutz des Gegners übernehme das Verfahren selbst nach Maßgabe seiner gesetzlichen Ausgestaltung.[194]

In einer späteren Entscheidung[195] präzisierte er seine Ansicht dahingehend, dass die Einleitung eines staatlichen, gesetzlich geregelten Verfahrens der Rechtspflege den Vorwurf der Rechtswidrigkeit schlechthin ausschließe. Vielmehr genüge es davon auszugehen, dass ein subjektiv redliches Verfahren nicht schon durch die Beeinträchtigung von in § 823 BGB geschützten Rechtsgütern gleichzeitig die Rechtswidrigkeit indiziere.[196] Das schadensursächliche Verhalten genieße aufgrund seiner verfahrensrechtlichen Legalität zunächst die Vermutung der Rechtmäßigkeit. Daher hafte der Rechtsschutz Begehrende seinem Gegner außerhalb der schon im Verfahrensrecht vorgesehenen Sanktionen grundsätzlich nicht nach dem sachlichen Recht der unerlaubten Handlung für die Folgen seiner nur fahrlässigen Fehleinschätzung.[197]

Der BGH zog hier einen Vergleich mit den offenen Schutzgütern. So wie dort sei auch in diesem Falle ein Verstoß gegen Gebote der gesellschaftlichen Rücksichtnahme nicht gegeben.[198] Dieser Grundsatz kann dann keine Geltung beanspruchen, wenn das Verfahren mit unlauteren Mitteln betrieben wird, ebensowenig dann, wenn eine Zwangsvollstreckung in schuldnerfremdes Vermögen erfolgt, da sich der nicht am Verfahren beteiligte Dritte nicht in dem Rechtspflegeverfahren selbst wehren kann.[199]

Die Rechtsprechung des BGH verdient im Ergebnis Zustimmung. Der Antragsteller ist auf das rechtsstaatliche Verfahren angewiesen. Wäre er dem Risiko ausgesetzt, für den dem Gegner entstandenen Schaden aufkommen zu müssen, würde dies die Möglichkeit der Inanspruchnahme staatlicher Verfahren empfindlich beschneiden und damit einem rechtsstaatlichen Grundgebot zuwiderlaufen.[200]

---

[190] vergleiche aus der jüngeren Zeit BGHZ 138, 311, 318 f.; BGH, VersR 1999, 65; 1999, 1164; 1999, 1252
[191] RG, JW 1906, 89
[192] Eine unberechtigte Schutzrechtsverwarnung stellt dagegen nach überwiegender Auffassung einen Eingriff in den Gewerbebetrieb dar. Zur Kritik Hager, in Staudinger, § 823, Rn. H 17
[193] BGHZ 36, 18, 21
[194] BGHZ 95, 10, 17
[195] BGHZ 74, 9, 13
[196] BGHZ 74, 9, 14; 118, 201, 206
[197] BGHZ 74, 9, 14; 118, 201, 206
[198] BGHZ 74, 9, 14
[199] BGHZ 118, 201; 67, 378, 383; 58, 207, 213
[200] so auch BVerfG, NJW 1987, 1929

II. Duldungspflicht aus Gründen gesellschaftlicher Rücksichtnahme

1. Mittelbare Eingriffe

In den nunmehr zu behandelnden Fallgruppen hält der BGH grundsätzlich am Erfolgsunrecht fest. Die Rechtswidrigkeit entfällt aber dennoch, wenn der Geschädigte aus Gründen gesellschaftlicher Rücksichtnahme zur Duldung des Eingriffs verpflichtet ist. Im Ergebnis bedeutet dies, dass nicht der Geschädigte das Vorliegen der Rechtswidrigkeit zu beweisen hat, sondern der Schädiger deren Ausschluss. Eine Anknüpfung an das Verhalten nimmt der BGH im Bereich der mittelbaren Verletzungshandlungen vor. Hier muss der Geltungsanspruch der Schutzgüter mittels Verkehrssicherungspflichten genauer umschrieben werden. Auch diese sind letztlich Ausprägungen des allgemeinen Gebots gesellschaftlicher Rücksichtnahme. Daraus folgt namentlich auch, dass jeder, der Gefahrenquellen schafft oder unterhält, Vorkehrungen zum Schutze Dritter zu treffen hat. Dabei muss nicht Vorsorge für alle denkbaren, auch noch so weit entfernten Möglichkeiten eines Schadenseintritts getroffen werden. Vielmehr sind nur diejenigen Vorkehrungen zu treffen, die nach den Sicherheitserwartungen des jeweiligen Verkehrs im Rahmen des wirtschaftlich Zumutbaren geeignet sind, den Eintritt naheliegender Gefahren abzuwehren.[201]

Für die so herausgearbeiteten Haftungszuständigkeiten und Verhaltensprogramme ist der Sorgfaltsmaßstab des objektivierten Verschuldens nur ein Ausgangspunkt. Auch das Rechtswidrigkeitsurteil ist mitbetroffen, wenn man die Reichweite der Schutzgüter beschreibt.[202] Im Gegensatz zur Fallgruppe der Rahmenrechte im Sinne des § 823 Abs. 1 BGB weicht der BGH hier bei der Frage nach der Rechtswidrigkeit des schädigenden Verhaltens nicht von der indiziellen Wirkung der Rechtsgutsverletzung ab. Den Schädiger trifft dann die Darlegungs- und Beweislast für die Beachtung der Verkehrssicherungspflicht. Wurde diese eingehalten, so entfällt die Rechtswidrigkeit.

2. Verkehrsrichtiges Verhalten

Daneben gibt es eine Reihe erlaubter Tätigkeiten, die zu einer Gefährdung der Schutzgüter des § 823 Abs. 1 BGB führen können. Exemplarisch sei der Straßenverkehr ins Feld geführt. Zum Schutz der Rechtsgüter wurden Regeln, namentlich Verkehrsregeln der StVO, erlassen, die den Rechtsgüterschutz konkretisieren sollen. Diese enthalten keine abstrakten Gefährdungsnormen im Sinne des § 823 Abs. 2 BGB, sondern umschreiben den von § 823 Abs. 1 BGB geforderten Rechtsgüterschutz näher. Ihre Aufgabe ist es, den Verkehr so zu regeln, dass die Gefahrenmöglichkeiten auf ein möglichst geringes Maß herabgesetzt werden. Indem aber die Rechtsordnung den gefahrvollen Verkehr zulasse und den Teilnehmern an diesem im Einzelnen vorschreibe, wie sie ihr Verhalten einzurichten haben, spreche sie auch aus, dass sich ein Verhalten unter Beachtung dieser Vorschriften im Rahmen des Rechts halte.[203] Habe das Verkehrsverhalten des Schädigers allen Ge- und Verboten der Verkehrsordnung voll Rechnung getragen, so könne es nicht mit dem Werturteil der Rechtswidrigkeit versehen werden.[204]

In der genannten Entscheidung des Großen Senats für Zivilsachen verneinte der BGH die Rechtswidrigkeit im Rahmen des § 831 BGB trotz der eingetretenen Rechtsgutsverletzung, da sich ein Verrichtungsgehilfe im Bereich des Straßen- und Eisenbahnverkehrs verkehrsrichtig

---

[201] BGH, NJW 1985, 1076
[202] BGH, VersR 75, 812; 78, 739, 740
[203] grundlegend BGHZ GS 24, 21
[204] BGHZ 24, 21; 36, 237

verhalten habe. Hier wird also trotz des eingetretenen Erfolgs die Rechtswidrigkeit im Ergebnis verneint. Dennoch löst sich der BGH mit dieser Entscheidung nur scheinbar von der Indikationslösung hin zum Verhaltensunrecht. Vielmehr bürdet er dem Schädiger die Beweislast dafür auf, dass er sich verkehrsrichtig verhalten habe.[205] Dies begründet er mit dem bevorzugten Schutz der in § 823 Abs. 1 BGB genannten Rechtsgüter. Es mache die Heranziehung eines besonderen Rechtfertigungsgrunds erforderlich, wenn dargetan werden solle, dass die Verletzung ausnahmsweise nicht das Unwerturteil der Rechtswidrigkeit verdiene.[206] Dieses im System des Deliktsrechts begründete und in der Rechtsanwendung bewährte System von Regel und Ausnahme habe gemäß den anerkannten Grundsätzen des Beweisrechts zur Folge, dass dem Verletzer des geschützten Rechtsguts der Beweis für das Vorliegen eines Rechtfertigungsgrunds obliege.[207]

Der BGH hat diese Rechtsprechung auch auf Bereiche außerhalb des Straßenverkehrs ausgedehnt.[208] Er hält damit an seinem Grundsatz fest, dass die Rechtsgutsverletzung die Rechtswidrigkeit indiziert. Praktisch behandelt der BGH das verkehrsrichtige Verhalten wie einen Rechtfertigungsgrund, indem er dem Schädiger die Beweislast für sein verkehrsrichtiges Verhalten auferlegt. Diese Rechtsprechung begegnet Bedenken. Die Verkehrsregeln oder auch andere Regelwerke enthalten kein abgeschlossenes Verhaltensprogramm gegenüber den Schutzgütern.[209] Sie umreißen nicht den Umfang der Deliktspflichten und begründen schon in gar keiner Weise Eingriffsrechte. Die Einhaltung der Regel erlaubt nicht den Eingriff. Ihre Bedeutung liegt vielmehr darin, allgemeinverbindliche Orientierungshilfen für richtiges Verhalten zu geben, wobei der Regel auch nicht blind vertraut werden darf. Der richtige Standort für Erwägungen der Verkehrsrichtigkeit sind das Verschulden und die haftungsausfüllende Kausalität. Eine Abweichung von der erfolgsbezogenen Rechtswidrigkeit ist in diesem Bereich nicht erforderlich.

3. Das nachbarschaftliche Gemeinschaftsverhältnis

Besondere Relevanz kommt dem Gemeinschaftsbezug der Rechtsgüter im Bereich des nachbarschaftlichen Gemeinschaftsverhältnisses zu.[210] In diesem Bereich kommen regelmäßig quasinegatorische Ansprüche auf Unterlassung oder Schadensersatzansprüche in Betracht, daneben der zum Anspruch aus § 823 BGB subsidiäre[211] Ausgleichsanspruch nach § 906 Abs. 2 BGB. Nach der Rechtsprechung des BGH sind maßgebend dafür, ob die von einem auf das andere Grundstück ausgehenden Einwirkungen rechtswidrig sind, innerhalb ihres Anwendungsbereichs die nachbarrechtlichen Sonderbestimmungen der §§ 906 ff. BGB.

Diese Vorschriften entscheiden deshalb auch darüber, ob eine widerrechtliche deliktische Handlung gemäß §§ 823 ff. BGB vorliegt.[212] Sie grenzen den rechtmäßigen vom rechtswidrigen Gebrauch des Grundstücks ab.[213] Diese Vorschriften regeln allgemein den Konflikt zwischen Eigentümern, die – jeder für sich – grundsätzlich nach Belieben mit der Sache verfahren und andere von jeder Einwirkung ausschließen können (§ 903 BGB).[214] Sie führen zu ei-

[205] BGHZ 24, 21, 29
[206] BGHZ 24, 21, 28; RGZ 50, 60, 65
[207] BGHZ 24, 21, 28; RGZ 159, 235, 240
[208] BGHZ 57, 245, 253;
[209] Steffen, in RGRK, § 823, Rn. 123
[210] hierzu Petersen, NJW 1998, 209 ff.
[211] BGHZ 72, 289, 295
[212] BGHZ 44, 130, 134; 90, 255, 258; 113, 384, 390; 117, 110, 111; 120, 239, 249; 122, 1, 6
[213] Ähnlich wie die nachbarrechtlichen Vorschriften tun dies auch die naturschutzrechtlichen Vorschriften, die so den Anwendungsbereich der §§ 823 ff. BGB bestimmen, vgl. BGHZ 120, 239, 249
[214] BGHZ 122, 1, 6

ner Begrenzung der Eigentümerbefugnisse[215] und legen zugleich die Voraussetzungen fest, unter denen ein Eigentümer von einem Nachbargrundstück ausgehende Einwirkungen auf seine rechtlich geschützten Güter, vorrangig Eigentum und Gesundheit, dulden müsse.[216] Damit trägt der BGH den gesteigerten Pflichten zur gegenseitigen Rücksichtnahme im durch räumliche Nähe geprägten Nachbarschaftsverhältnis Rechnung. In diesem Zusammenhang ist anzumerken, dass die Vorschriften der §§ 906 ff. BGB keine Rechtfertigungsgründe darstellen. Sie statuieren Duldungspflichten. Deren Berücksichtigung im Bereich der unerlaubten Handlung ist notwendig. Eine Einwirkung, die der Betroffene zu dulden verpflichtet ist, kann ihn nicht andererseits unter dem Gesichtspunkt der unerlaubten Handlung zum Schadensersatz berechtigen. Dies bedeutet keine Abkehr von der Indikationslösung, die auch hier gilt.[217] Soll aus Gründen gesellschaftlicher Rücksichtnahme die Rechtswidrigkeit trotz der Rechtsgutsverletzung ausnahmsweise entfallen, weil der Betroffene die Einwirkung zu dulden hat, so trifft den Einwirkenden hierfür die Beweislast.[218]

Den §§ 906 ff. BGB kommt aber keine abschließende Regelung gegenüber einer spezielleren Regelung durch eine Schutznorm zu. In diesem Fall könne sich ein – auch vorbeugender – Unterlassungsanspruch des Nachbarn auf Grundlage des Schutzgesetzes ergeben, dessen Verletzung die Rechtswidrigkeit indiziert.[219] Bei behördlichen Auflagen und Verhaltensgeboten sei nicht der ergangene Verwaltungsakt das Schutzgesetz, sondern die jeweilige Eingriffsnorm, auf der dieser beruhe.[220] Zurecht führt der BGH aus, dass über entsprechende Verhaltensanordnungen der Verwaltungsbehörde auf gesetzlicher Grundlage ein abstrakter Gefährdungstatbestand normiert werde, der den Schutz des Nachbarn vorverlagere, ohne dass an einen Verletzungserfolg angeknüpft werde.[221] Derartige Anordnungen dienen der Vermeidung von Rechtsgutsverletzungen im Vorfeld. In diesem Fall bedürfe es für die Feststellung der Rechtswidrigkeit nicht des Maßstabs der §§ 906 ff. BGB, da die spezifische und abstrakte Regelungsfunktion der Schutznorm leerliefe.[222] Diese Erläuterungen des BGH haben vor allem klarstellende Bedeutung. In ihnen werden die Unterschiede der beiden Absätze des § 823 BGB hervorgehoben. Führt die Verletzung des Schutzgesetzes zur Rechtsgutsverletzung, so sind beide Absätze einschlägig.

III. Stellungnahme

Rechtsprechung und die herrschende Auffassung in der Literatur stimmen darin überein, dass der tatbestandliche Erfolg grundsätzlich die Rechtswidrigkeit „indiziert“ und folgen damit dem gesetzgeberischen Leitbild. Beide sehen die Schwächen dieses gesetzgeberischen Leitbilds im Bereich der mittelbaren Rechtsgutsverletzungen und untersuchen hier das Verhalten des mittelbaren Schädigers auf die Verletzung von Verkehrssicherungspflichten. Gleichwohl rückt die Rechtsprechung damit insofern nicht vom Erfolgsunrecht ab, als sie die Beweislast für die Beachtung der Verkehrssicherungspflichten dem Schädiger aufbürdet. Die Rechtswidrigkeit ist zunächst aufgrund des Eintritt des tatbestandlichen Erfolgs „indiziert“, der Schädiger kann aber die Rechtmäßigkeit seines Verhaltens beweisen. Die Rechtswidrigkeit entfällt.

Dieser Grundkonzeption folgt die Rechtsprechung in weiteren Fallgruppen, denen die Berücksichtigung von Belangen gesellschaftlicher Rücksichtnahme gemein ist. Dies gilt nicht

---

[215] BGHZ 122, 1, 6
[216] BGHZ 90, 255, 258
[217] BGHZ 90, 255
[218] BGHZ 120, 239, 257
[219] BGHZ 122, 1, 6
[220] BGHZ 62, 265, 266
[221] BGHZ 122, 1, 6
[222] BGHZ 122, 1, 7

für den Bereich der offenen Tatbestände und – was im Regelfall selbstverständlich ist – auch nicht für die Einleitung eines staatlichen, gesetzlich geregelten Verfahrens. Hier indiziert die Rechtsgutsverletzung nicht die Rechtswidrigkeit, diese muss vielmehr positiv festgestellt werden. Es ist die Frage, warum die Rechtsprechung nicht auch in den anderen Fällen von der Indikationslösung absieht und für die Bejahung der Rechtswidrigkeit der Lehre vom Verhaltensunrecht zu folgen, anstatt entsprechende Kriterien für den Ausschluss der Rechtswidrigkeit zu bemühen. Immerhin wäre die Rechtsprechung dann in den Fällen gesellschaftlicher Rücksichtnahme einheitlich.

In der Sache kommt die Rechtsprechung ohnehin der Lehre vom Verhaltensunrecht sehr nahe. Der Unterschied liegt in der Verteilung der Darlegungs- und Beweislast. Sie verdient im Ergebnis Zustimmung, da die Berücksichtigung des Verhaltens, nicht nur des Erfolgs, im Bereich gesellschaftlicher Rücksichtnahme – auch außerhalb eines ja nicht immer geforderten Verschuldens – notwendig ist. Wer tut, was er tun darf, handelt nicht rechtswidrig. Andererseits spricht die Verwirklichung des Tatbestands einer unerlaubten Handlung regelmäßig dafür, dass der Schädiger nicht durfte, was er tat, sein Handeln also rechtswidrig war. Dies gilt jedenfalls für die absoluten Rechte, auch innerhalb des Anwendungsbereichs der §§ 906 ff. BGB und der übrigen naturschutzrechtlichen Bestimmungen. Diese bestimmen den Anwendungsbereich der §§ 823 ff. BGB. Eine Abwägung ist in diesem Fall unverzichtbar, da regelmäßig zwei absolute Rechte einander gegenüberstehen, die grundsätzlich in gleicher Weise schutzbedürftig sind. Bestimmen aber die §§ 906 ff. BGB den Anwendungsbereich der §§ 823 ff. BGB und damit letztlich den Geltungsanspruch des Eigentums, so stellt sich die Frage, warum dann nicht gleich der Eingriff verneint wird. Dies hätte aber den Nachteil, dass letztlich ein eigener nachbarrechtlicher Eigentumsbegriff existieren würde. Dies scheint aber vor der Forderung nach der Einheit der Rechtsordnung nicht tragbar.

Für den weiten Schutzbereich der offenen Tatbestände des § 823 Abs. 1 BGB gilt diese Aussage nicht, dass die Tatbestandsverwirklichung die Rechtswidrigkeit indiziere: ebensowenig für die Einleitung eines Verfahrens. Deshalb muss in diesem Fällen auch der Geschädigte die Rechtswidrigkeit darlegen und beweisen. So erklärt sich die vom BGH vorgenommene Verteilung der Darlegungs- und Beweislast. Dem ist zuzustimmen. Zu kritisieren bleibt damit vor allem die Rechtsprechung zum verkehrsrichtigen Verhalten. Hier überzeugt der Ausschluss der Rechtswidrigkeit nicht. Vielmehr fehlt das Verschulden. oder der Schaden ist dem Täter nicht zuzurechnen, da der Schutzzweck der Norm nicht eingreift.

C. Haftungsfolgen und Haftungsbegrenzung

I. Haftungsfolgen

1. Haftungsbegründende und haftungsausfüllende Kausalität

Der vorangehende Überblick beschäftigte sich mit der Funktion des Tatbestandsmerkmals der Rechtswidrigkeit und seiner Abgrenzung zum Verschulden. Beiden Merkmalen ist gemeinsam, dass sie eine unter § 823 BGB subsumierbare Handlung nach rechtlichen Maßstäben bewerten.[223] Damit führen sie auf Ebene des Tatbestands zu einer Begrenzung der materiellen Verantwortlichkeit des Schädigers. Nunmehr sollen der Blick auf die Rechtsfolgenseite gerichtet und die Frage gestellt werden, welchen Umfang ein dem Grunde nach bestehender Anspruch auf Schadensersatz hat.

---

[223] s. unter A, III

Den Zusammenhang zwischen tatbestandlichem Erfolg und eingetretenem Schaden bezeichnet man als haftungsausfüllende Kausalität. Sie schlägt gleichsam die Brücke zwischen Rechtsgutsverletzung und Schaden und bestimmt dessen Umfang.[224] Tatbestände wie § 823 Abs. 1 BGB, die an eine Rechtsgutsverletzung anknüpfen, kennen zudem die haftungsbegründende Kausalität zwischen Verletzungshandlung und Rechtsgutsverletzung. Bei der haftungsbegründenden Kausalität geht es darum, ob zwischen dem Verhalten des Schädigers und dem eingetretenen Verletzungserfolg ein haftungsrechtlich relevanter Zusammenhang besteht. Während neben die haftungsbegründende Kausalität bei § 823 Abs. 1 BGB noch Rechtswidrigkeit und Verschulden treten müssen, um eine Haftung dem Grunde nach bejahen zu können, fehlen vergleichbare, als Korrektiv wirkende Voraussetzungen im Bereich der Haftungsausfüllung.

Mehr als im Bereich der haftungsbegründenden Kausalität stellt sich im Bereich der haftungsausfüllenden Kausalität die Frage nach einer möglichen oder gebotenen Eingrenzung der ersatzpflichtigen Schadenspositionen. Im Bereich der Haftungsbegründung wird wegen der Begrenzung der Verantwortlichkeit auf rechtswidrig und schuldhaft begangene Verletzungshandlungen die Ansicht vertreten, es genüge ein äquivalent-kausaler Zusammenhang zwischen Verletzungserfolg und Verletzungshandlung.[225] Demgegenüber scheint ein übereinstimmendes Verständnis der Kausalität in beiden Fällen vorzugswürdig.

2. Begriff des Schadens

In § 823 Abs. 1 BGB heißt es, wer rechtswidrig und schuldhaft eines der dort genannten absoluten oder diesen gleichgestellten Rechte verletzt, *ist dem anderen zum Ersatz des daraus entstehenden Schadens verpflichtet.* Dies meint eine Verantwortung für alle aus der Rechtsgutsverletzung entstandenen Schadensfolgen. Wörtlich genommen wird nach § 823 BGB auf das *versari in re illicita*, also für jedes Unrecht und jedwede Folge des Unrechts, gehaftet.[226] Es ist für die Ersatzpflicht regelmäßig ohne Bedeutung, ob es sich um unmittelbare Schäden am verletzten Rechtsgut selbst oder um mittelbare Schäden, auch Folgeschäden genannt, an anderen Rechtsgütern des Geschädigten handelt. Diese sind in gleicher Weise zu ersetzen. Damit ist noch nicht geklärt, was ein Schaden ist. Die Ermittlung des relevanten Schadens hat Bedeutung für den Kreis der zum Ersatz Berechtigten als auch für den Umfang, bis zu dem der Ersatzpflichtige für Schadenspositionen einstehen soll.

Eine solche Definition des Schadens liefert das Gesetz selbst nicht. Bereits der Gesetzgeber des BGB hatte erkannt, dass eine Feststellung des Schadensbegriffs nicht für alle Fälle nach allen möglichen auch sonst zweifelhaften Fällen durch das Gesetz erfolgen könne.[227] Dennoch wurden zahlreiche Versuche unternommen, einen einheitlichen Schadensbegriff zu entwickeln.[228] Schaden sei die Beeinträchtigung eines vermögenswerten oder auch ideellen Interesses.[229] Schaden bedeute eine Einbuße, die eine bestimmte Person durch ein bestimmtes Ereignis gegen ihren Willen an Rechtsgütern erleide und für die das Gesetz einen Ausgleich vorsehe.[230] Der praktische Nutzen derart generalisierender Umschreibungen ist äußerst gering, tref-

---

[224] Deutsch, B VII 3 a; Oetker, in MüKo, § 249, Rn. 99; Mertens, in Soergel, Vor § 249, Rn. 116
[225] Brox, Schuldrecht AT § 26, 2.; Deutsch, B VII 3 a; Roussos, S. 48 ff.; a. A. Sourlas, Adäquanztheorie und Normzwecklehre, S. 76 ff; Oetker, in MüKo, § 249, Rn. 102
[226] Deutsch, B VII 6 e
[227] Mugdan, II § 19
[228] Eine Übersicht über Formulierungen zur Schadensdefinition findet sich bei Medicus, in Staudinger, 12. Auflage, Vor § 249, Rn. 33
[229] Oetker, in MüKo, § 249, Rn. 14
[230] Alff, in RGRK, Vor § 249, Rn. 1

fen sie doch keine Aussage über den Kreis der ersatzfähigen Schäden.[231] Weitgehende Einigkeit besteht inzwischen dahingehend, dass es sich beim Begriff des *Schadens* um einen Rechtsbegriff[232] oder einen auf die Rechtsordnung bezogenen wirtschaftlichen Begriff[233] handle, der jedenfalls nicht außerrechtlich vorgegeben sei.[234]

Zurecht wird daher dem sog. *natürlichen Schadensbegriff*[235] eine Absage erteilt. Andererseits kann dieses Problem auch nicht mit Hilfe eines rein von der Norm her argumentierenden, sog. normativen Schadensbegriffs[236] gelöst werden. Diese Bezeichnung ist ebenso wenig aussagekräftig[237] und ein bloßes Schlagwort[238] geblieben. Da es um die Anwendung von Gesetzesnormen gehe, sei jeder Schaden normativ.[239] Den Normativisten ist indes vom Ansatz her insoweit recht zu geben, als der Kreis der ersatzfähigen Schadensposten stets vom Zweck der verletzten Norm abhängt.[240] Schaden ist vielmehr ein Funktionsbegriff, der nur im Kontext seiner jeweiligen Verwendung verstanden werden könne.[241] Dabei ist ausgehend von der tatsächlichen Einbuße zu fragen, ob es sich dabei auch um eine im rechtlichen Sinne ersatzfähige Schadensposition handelt.[242] Eine gewisse Orientierungshilfe bieten Schadensgliederungen.[243]

3. Inhalt des Schadensersatzes

a) Grundsatz der Naturalrestitution

Das Gesetz äußert sich indessen zum Inhalt der Schadensersatzpflicht. § 249 Abs. 1 S. 1 BGB umschreibt den Inhalt der Schadensersatzpflicht derart, dass der Zustand wiederherzustellen sei, der ohne das schädigende Ereignis bestünde. Der Schädiger soll nach dieser Formulierung die erlittenen Nachteile ersetzt bekommen. Das Gesetz geht dabei vom Prinzip der Totalreparation aus.[244] Damit bekennt sich das Gesetz zur Ausgleichsfunktion als Grund des Schadensersatzes.[245] Hierdurch soll auf der anderen Seite auch vermieden werden, dass der Geschädigte durch den Schadensfall besser gestellt wird als ohne das schädigende Ereignis.[246] In Anlehnung an den Wortlaut des § 249 Abs. 1 S. 1 BGB ermittelt die auf *Mommsen* zurückgehende Differenzhypothese[247] den Schaden durch Vergleich der aktuellen Vermögenslage mit

---

[231] Kuckuk, in Erman, Vor § 249, Rn. 15
[232] Esser/Schmidt, § 31 I a. A.
[233] Kuckuk, in Erman, Vor § 249, Rn. 15
[234] Esser/Schmidt, § 31 I 1; Larenz, § 27 II a; Oetker, in MüKo, § 249, Rn. 15; Schiemann, in Staudinger, Vor § 249, Rn. 41
[235] so jedenfalls die früher h. M., vgl. Lange, S. 27 ff.; Heinrichs, in Palandt, Vorb. § 249, Rn. 7
[236] Neuner, AcP 133, 277 ff.; Steffen NJW 1995, 2057; in die ähnliche Richtung geht der sog. funktionale Schadensbegriff Roussos', Schaden und Folgeschaden, 1992.
[237] Oetker, in MüKo, § 249, Rn. 21
[238] Schiemann, in Staudinger, Vor § 249, Rn. 41
[239] Oetker, in MüKo, § 249, Rn. 21
[240] Fikentscher, § 49 III 2 c
[241] Esser/Schmidt, § 31 I 1
[242] Ob dies eine Anknüpfung an den naturalistischen Schadensbegriff darstellt, wie Larenz, meint, ist zweifelhaft, da auch ein solcher nicht klar definiert ist.
[243] Kuckuk, in Erman, vor § 249, Rn. 15; Schiemann, in Staudinger, Vor § 249, Rn. 43
[244] Mugdan, II 10; Heinrichs, in Palandt, Vorb. § 249, Rn. 6; Kuckuk, in Erman, Vor § 249, Rn. 27; Schiemann, in Staudinger, Vor § 249, Rn. 43; Oetker, in MüKo, § 249, Rn. 93
[245] allgemeine Meinung, statt aller Kuckuk, in Erman, Vor § 249, Rn. 1; Oetker, in MüKo, § 249, Rn. 8; näher Larenz, § 27 I
[246] Oetker, in MüKo, § 249, Rn. 18; Alff, in RGRK, Vor § 249, Rn. 2
[247] Mommsen, Beiträge zum Obligationenrecht II: Zur Lehre vom Interesse, 1855

derjenigen, die ohne das schädigende Ereignis bestehen würde.[248] Diese Differenz ist nach Maßgabe des § 249 Abs. 1 S. 1 BGB zu ersetzen.

Die Kritik an der Differenzhypothese geht dahin, dass diese als alleiniges Kriterium für die Feststellung eines Schadens nicht geeignet sei. Die Ermittlung eine Schadens könne nicht allein aufgrund einer Rechenoperation festgestellt werden.[249] Sie gebe zudem keine Kriterien an die Hand, welche Positionen in den Vergleich einzubeziehen seien.[250] Dem ist zuzustimmen. Die Differenzhypothese entbindet nicht von der Pflicht, die in die Differenzbilanz einzusetzenden Rechnungsposten wertend zu ermitteln. Sie liefert keinen Universalschlüssel.[251] Das kann sie auch nicht. Dennoch kann allein deshalb der Differenzhypothese nicht ihre dogmatische Legitimation abgesprochen werden. Vielmehr handelt es sich hierbei erneut um das generelle Problem der Ermittlung des Schadens im Rechtssinne. Die Kritik weist einmal mehr darauf hin, dass es nicht möglich ist, haftungsrechtliche Probleme mittels eines einheitlichen Schadensbegriffs lösen zu wollen. Die Differenzhypothese weist demgegenüber den Vorteil auf, dass sie im Ausgangspunkt ein verlässliches Kriterium an die Hand gibt, um in einer Vielzahl von Fällen zu Ergebnissen zu gelangen, die auch im Hinblick auf den Zweck der Haftungsnorm nicht zu beanstanden sind.[252]

b) Ergänzende Regelungen

Den Ersatz für immaterielle Schäden regelt nunmehr der durch das Zweite Gesetz zur Änderung schadensersatzrechtlicher Vorschriften (2. SchÄndG)[253] neu eingeführte § 253 Abs. 2 BGB. Dieser schafft einen einheitlichen und übergreifenden, vom Haftungsgrund unabhängigen Schmerzensgeldanspruch.[254] Die Vorschrift übernimmt fast unverändert den Wortlaut des bisherigen § 847 BGB, der gestrichen wurde. Diese Verschiebung hat einerseits zur Folge, dass Schmerzensgeld nunmehr auch im vertraglichen Bereich zugesprochen werden kann. Daneben kommt aber Schmerzensgeld nun nicht lediglich bei schuldhaften Eingriffen in Betracht, sondern auch im Falle der Gefährdungshaftung.[255]

Weitere Ergänzungen zu den Regelungen der §§ 249 – 253 BGB finden sich für die Fälle unerlaubter Handlungen in den §§ 842 – 845 BGB. Diese Vorschriften gleichen Unbilligkeiten aus, die dadurch eintreten können, dass grundsätzlich nur derjenige, in dessen Rechtskreis eingegriffen wurde, nach Maßgabe der §§ 249 – 253 BGB zu entschädigen ist. Dies betrifft einerseits Nachteile, die dem Geschädigten für sein berufliches Fortkommen durch eine unerlaubte Handlung entstehen können. Hier treffen §§ 842, 843 BGB Regelungen. Neben dem Umfang der Ersatzansprüche des Geschädigten enthält § 844 BGB eine Erweiterung des Kreises der Ersatzberechtigten, als denjenigen, die für die Kosten der Beerdigung des durch eine

---

[248] Heinrichs, in Palandt, Vorb. § 249, Rn. 8; Kuckuk, in Erman, Vor § 249, Rn. 25; Oetker, in MüKo, § 249, Rn. 16; Schiemann, in Staudinger, § 249, Rn. 7

[249] Hagen, Die Drittschadensliquidation im Wandel der Rechtsdogmatik, 1971; Honsell, JuS 1973, 69; Keuk, Vermögensschaden und Interesse, S. 20 ff; Roussos, S. 169

[250] Esser/Schmidt, § 31 II 1 a; Mertens, in Soergel, Vor § 249, Rn. 43

[251] Oetker, in MüKo, § 249, Rn. 20; Schiemann, in Staudinger, § 249, Rn. 7

[252] Oetker, in MüKo, § 249, Rn. 20

[253] v. 19.07.2002, BGBl. I 2624; Materialien BT-Drs. 14/7752 (Regierungsentwurf mit Stellungnahme des Bundesrates und Gegenäußerung der Bundesregierung), BT-Drs. 14/8780 (Bericht des Rechtsausschusses des Bundestages); zu den Änderungen im einzelnen vgl. Däubler, JuS 02, 625; Wagner, Das neue Schadensersatzrecht, 2002

[254] Heinrichs, in Palandt, Vorb. § 249, Rn. 6 b

[255] Dies folgt bereits aus der Verschiebung des § 847 BGB in das Allgemeine Schuldrecht, wird aber ausdrücklich klargestellt durch entsprechende Neuregelungen in zahlreichen Sondergesetzen, zu dieser bedeutsamen Neuerung vgl. Wagner, Schadensersatzrecht, S. 34 ff. und die Aufstellung in Fn. 61 hinsichtlich der betroffenen Sondergesetze.

unerlaubte Handlung zu Tode Gekommenen aufkommen müssen, diese Kosten zu erstatten sind (§ 844 Abs. 1 BGB). § 844 Abs. 2 BGB verpflichtet den Schädiger zur Zahlung einer Geldrente an Hinterbliebene des Verstorbenen, denen er zum Unterhalt verpflichtet war.[256]

4. Der Äquivalenzgedanke

a) Kausalität als Grundlage der Haftung

Wenn § 823 Abs. 1 BGB anordnet, dass der Schädiger den aus der Rechtsgutsverletzung entstandenen Schaden zu ersetzen habe, so verlangt das Gesetz einen ursächlichen Kausalzusammenhang zwischen dem haftungsbegründenden Vorgang und dem Schaden.[257] Diesen Ursachenzusammenhang fordert auch die Vorschrift des § 249 Abs. 1 S. 1 BGB. Wenn dieser sagt, dass der Ersatzpflichtige den Umstand herzustellen habe, der bestehen würde, wenn der zum Ersatz verpflichtende Umstand nicht eingetreten wäre, bedeutet dies in der Sache nichts anderes.[258] Der Kausalzusammenhang kann daher zurecht als ein Grundelement des Haftungstatbestands[259] bezeichnet werden. Dabei ist es unerheblich, ob ihm nun Funktion zukomme, den Haftungstatbestand zu begründen, zu begrenzen oder aber beides.[260] Dies läuft im Ergebnis auf dasselbe hinaus.

Der Nexus zwischen Rechtsgutsverletzung und Schaden folgt einem vorrechtlichen Kausalitätsbegriff[261] im Sinne einer naturwissenschaftlichen Bedingung oder Ursache der Handlung für den Erfolg.[262] Ein Kausalzusammenhang liege dann vor, wenn ein bestimmter Vorgang unter sonst gleichbleibenden Bedingungen eine bestimmte Veränderung nach Naturgesetzen notwendig zur Folge habe.[263] Das entscheidende Kriterium sei das der Wiederholbarkeit.[264] Der eigentliche Kausalitätstest bestehe im Vergleich eines tatsächlichen Ablaufs mit einer Reihe äußerlich identischer, gedachter Geschehensketten. Produzieren sie dasselbe Ergebnis, so sei ein Kausalzusammenhang gegeben.[265] Nach anderer Auffassung sei der Kausalzusammenhang anhand schlichter Erfahrungssätze zu ermitteln, die das Ergebnis zumeist wissenschaftlicher Erprobung seien, und uns lediglich Auskunft darüber gäben, dass – mit unterschiedlicher statistischer Wahrscheinlichkeit – bestimmte Faktoren zu bestimmten Ergebnissen führen könnten, jedoch nicht müssten.[266]

Dieser letztgenannten Auffassung ist der Vorzug zu geben. Sie berücksichtigt die Andersartigkeit der verschiedenen Lebensvorgänge besser. Auch die Vertreter der erstgenannten Auffassung konzedieren, dass man es im tatsächlichen Geschehen nicht mit gleichbleibenden,

---

[256] § 845 BGB gewährt einem Dritten einen Schadensersatzanspruch, wenn der Verletzte diesem kraft Gesetz zu Diensten in dessen Haushalt oder Gewerbe verpflichtet war, die dem Dritten wegen der Verletzung nunmehr entgehen.
[257] Deutsch, B VII 1; Esser/Schmidt, § 33 I; Larenz, § 27 III a; Kuckuk, in Erman, Vor § 249, Rn. 28; Oetker, in MüKo, § 249, Rn. 97; Mertens, in Soergel, vor § 249, Rn. 11; Schiemann, in Staudinger, § 249, Rn. 8
[258] Weshalb Medicus die Äquivalenztheorie dem am Prinzip der Totalreparation orientierten Schadensbegriff gleichsetzt, Schulrecht AT, 7. Teil, § 54 II
[259] Deutsch, B VII 1
[260] Vergleiche hierzu Deutsch, B VII 1, Esser/Schmidt, § 33 I, die von der Doppelfunktion des Ursachenzusammenhanges sprechen.
[261] Grundlegend hierzu Schulin, Der natürliche – vorrechtliche – Kausalitätsbegriff im zivilen Schadensersatzrecht, 1976
[262] Deutsch, B VII 2 a; Esser/Schmidt, § 33 I 1; Larenz, § 27 III a; Kuckuk, in Erman, Vor § 249, Rn. 30; Oetker, in MüKo, § 249, Rn. 97
[263] Engisch, Kausalität, S. 29; Larenz, § 27 III a
[264] Deutsch, B VII 2 a
[265] Deutsch, B VII 2 a; Koziol, Österreichisches Haftpflichtrecht, I, S. 56
[266] Esser/Schmidt, § 33 I 1

sondern immer wieder wechselnden Bedingungen zu tun habe.[267] Sie versagt ganz im Bereich der sog. psychisch vermittelten Kausalität. Der mit der Beute fliehende Dieb verursacht die Verfolgung durch das Opfer, das sich hierbei das Bein bricht; ein Autofahrer weicht einem Kind aus und fährt gegen eine Mauer; die Mitteilung vom Tod des Kinds verursacht einen Schock bei der Mutter. Hier ist der eingetretene Erfolg nicht eine sich aus Naturgesetzen ergebende notwendige Folge des Verhaltens Dritter. Will man den Kausalzusammenhang bejahen, so kann nur mit Erfahrungswerten und Wahrscheinlichkeiten operiert werden.[268]

Diese Kausalität ermittelt man mit der Theorie der conditio-sine-qua-non. Ursache ist jede Bedingung, die zum Erfolg beigetragen hat.[269] Eine Bedingung ist dann ursächlich, wenn sie nicht hinweggedacht werden kann, ohne dass der Erfolg in seiner konkreten Gestalt entfiele.[270] Eine Differenzierung zwischen wesentlichen und unwesentlichen Einflussfaktoren oder zwischen Hauptursachen und Randbedingungen findet dabei nicht statt.[271] Alle Ursachen sind untereinander gleichwertig (Äquivalenztheorie).[272] Es handelt sich hierbei nicht um eine Definition der Kausalität.[273] Vielmehr stelle die conditio-sine-qua-non-Formel eine Faustregel[274] dar, die die Rechtsanwendung erleichtere, weil sie eine leicht fassliche und für die große Masse der Fälle zureichende Umschreibung enthalte. Nach anderer Formulierung, die aber in die gleiche Richtung zielt, handle es sich um eine heuristische Formel,[275] die es uns ermögliche, jene Komplexität in solche Einzelverknüpfungen zu zerlegen, die nach allgemeinem sozialen Sinnverständnis einer gesonderten Betrachtung zugänglich seien.

b) Ausnahmen

Die Theorie der conditio-sine-qua-non führt dann nicht zu brauchbaren Ergebnissen, wenn ein Ereignis durch zwei verschiedene Vorgänge herbeigeführt wurde, von denen jeder allein als Ursache genügt hätte. Zwei Anrainer leiten jeder soviel giftiges Wasser in einen See, dass bereits die Einleitung eines jeden einzelnen genügt hätte, alle Fische des Sees zu vergiften. Jeder der beiden Vorgänge könnte hinweggedacht werden, ohne dass der Erfolg entfiele. Die Anwendung der conditio-sine-qua-non-Formel würde zu dem Ergebnis führen, dass keine der beiden Ursachen kausal wäre. Es besteht aber Einigkeit, dass alle haften, die einen Tatbeitrag geleistet haben. Kein Schädiger kann sich in der Regel auf einen Zweitschädiger berufen,[276] also auch nicht darauf, dass der Beitrag des anderen den Erfolg allein herbeigeführt hätte. Dies gilt selbst dann, wenn der andere mangels Verschuldens nicht haften sollte.[277] Es seien auch solche Bedingungen im juristischen Sinne ursächlich, die zwar alternativ, aber nicht kumulativ hinweggedacht werden könnten. Differenzen ergeben sich in der Terminologie und in

[267] Larenz, § 27 III a
[268] Dies erkennt auch Deutsch, B VII 2 e an
[269] allgemeine Meinung, Deutsch, B VII 2 e; Esser/Schmidt, § 33 I 1; Larenz, § 27 III a; Kuckuk, in Erman, Vor § 249, Rn. 30; Oetker, in MüKo, § 249, Rn. 97; Heinrichs, in Palandt, Vorb. § 249, Rn. 57; Alff, in RGRK, Vor § 249, Rn. 16; Schiemann, in Staudinger, § 249, Rn. 8
[270] allgemeine Meinung; Esser/Schmidt, § 33 I 1; Larenz, § 27 III a; statt aller Kommentare Kuckuk, in Erman, Vor § 249, Rn. 30; vgl. die Nachweise in der vorangehenden Fn.
[271] zu entsprechenden Bestrebungen der älteren Lehre vgl. *Carl Ludwig v. Bar*, Die Lehre vom Kausalzusammenhang im Recht, besonders im Strafrecht, 1871 (Neudruck 1971). Es sollten nur ausgewählte Bedingungen als Ursachen des Erfolges angesehen werden. So wurde die wesentliche Bedingung, die wirksamste Bedingung oder die ausschlaggebende Bedingung entwickelt Heute gilt die Theorie der wesentlichen Bedingung noch im Sozialrecht, vgl. hierzu Barta, Kausalität im Sozialrecht, 1983; allgemein hierzu Lange, § 3 V
[272] Nachweise in Fn. 264
[273] Larenz, § 27 III a
[274] Larenz, § 27 III a
[275] Esser/Schmidt, § 33 I 1
[276] Alff, in RGRK, Vor § 249, Rn. 20
[277] Mertens, in Soergel, Vor § 249, Rn. 117

der Begründung.[278] Man spricht in diesen Fällen meistens von alternativer[279] oder kumulativer[280] Kausalität. Die Theorie der conditio-sine-qua-non bereitet indessen dann keine Probleme, wenn zwei Ursachen nur kumulativ den Erfolgseintritt herbeigeführt haben.

5. Kausalität und Unterlassen

Die Kausalitätserwägungen gelten auch für das Unterlassen. Eine Unterlassung ist ursächlich, wenn pflichtgemäßes Handeln den Erfolg höchstwahrscheinlich[281] oder aber mit Sicherheit[282] verhindert hätte. In entsprechender Anwendung der conditio-sine-qua-non-Formel ist hier zu fragen, ob die unterlassene Handlung hinzugedacht werden könne, ohne dass der Erfolg in seiner konkreten Gestalt entfiele. Es werden zu Recht Zweifel an der Aussagekraft der Kausalität im Bereich der Unterlassungen erhoben, da eine Unterlassung keine Ursachenketten in Gang zu bringen vermag.[283] Andererseits könne ein schadensvermeidendes Tun in nahezu unendlich vielen Fällen hinzugedacht werden, so dass dann der Schaden entfiele.[284]

Wegen des Fehlens eines ontologischen Ursachenzusammenhangs der Unterlassung mit dem eingetretenen Erfolg ist die Kausalität im Sinne einer Wahrscheinlichkeitsprognose zu ermitteln. Diese rekurriert auf Erfahrungssätze aus vergleichbaren Konstellationen, die den Schluss ermöglichen, die versäumte Aktivität sei generell geeignet gewesen, den eingetretenen Geschehensablauf zu vermeiden.[285] Daher kann im Bereich der Unterlassung nicht davon gesprochen werden, dass eine unterlassene Handlung den Erfolg mit Sicherheit verhindert hätte. Eine weitere Wertung der Ursächlichkeit des Unterlassens erfolgt dadurch, dass eine Haftung nur dann in Betracht kommt, wenn eine Rechtspflicht zum Tätigwerden bestand.[286] Nur durch die so erfolgte qualitative Annäherung des Unterlassens an das aktive Tun kann das juristisch relevante Unterlassen erfasst werden. Die Begründung einer Handlungspflicht aufgrund einer besonderen Pflichtenstellung begegnet gewissermaßen umgekehrt[287] auf dem Gebiet der Verkehrssicherungspflichten. Hier macht erst das Bestehen einer Verkehrssicherungspflicht den Risikourheber zum möglicherweise Haftpflichtigen, dort die Garantenstellung. Die Grenze zwischen Tun und Unterlassen ist gerade in diesem Bereich fließend.

II. Haftungsbegrenzung

1. Kausalität und Zurechnung

Diese naturwissenschaftlich – erkenntnistheoretische Kausallehre[288] ist wertungsfrei.[289] Sie beurteilt allein die Ursächlichkeit der Bedingung für den Erfolg. Dabei kommt es nicht darauf an, ob der Erfolg durch menschliches Verhalten oder ein anderes Ereignis herbeigeführt wurde, ob ein Ereignis mehr oder weniger geeignet war, den Erfolg herbeizuführen oder ob das in Rede stehende Verhalten rechtmäßig oder rechtswidrig war. Die ausschließliche Anknüpfung

---

[278] Hierzu näher Rother, NJW 1965, 177; Dunz, NJW 1966, 134; Jung, AcP 170, 426
[279] Lange, § 3 XII; Kuckuk, in Erman, Vor § 249, Rn. 44; Mertens, in Soergel, Vor § 249, Rn. 119
[280] Larenz, § 27 III; Daneben existieren noch die Bezeichnungen konkurrierende, Gesamt- und Doppelkausalität, vgl. vorangehende Fn.
[281] Esser/Schmidt, § 33 I 2
[282] Kuckuk, in Erman, Vor § 249, Rn. 39
[283] Esser/Schmidt, § 33 I 2
[284] Schiemann, in Staudinger, § 249, Rn. 9
[285] Esser/Schmidt, § 33 I 2
[286] allgemeine Meinung, statt aller Kuckuk, in Erman, Vor § 249, Rn. 39
[287] Esser/Schmidt, § 33 I 2
[288] Deutsch, B VII 2 a
[289] Esser/Schmidt, § 33 I 2; Schiemann, in Staudinger, § 249, Rn. 8

an das tatsächliche Geschehen genießt den Vorteil, dass der hierauf aufbauenden normativen Betrachtung zunächst ein umfassendes Bild aller möglichen Schadensursachen zugrundeliegt.

Eine Anreicherung bereits der Kausalität mit wertenden Gesichtspunkten wurde verschiedentlich vor dem Hintergrund unternommen, die unendliche Ausdehnung möglicher Bedingungen einzuschränken. Dies widerspricht dem empirischen Charakter der Kausalität und ist aus rechtstheoretischer Sicht weder notwendig noch geboten. Die Kausalität eines Handelns könne nicht darum geleugnet werden, weil der Erfolg auch bei pflichtgemäßem Verhalten eingetretenen wäre.[290] Auch die Beschränkung der Kausalität auf pflichtwidriges Verhalten[291] kann nicht mithilfe der Äquivalenztheorie erfolgen. Das gleiche gilt, wenn der verursachte Schaden dem Normzweck zuwiderläuft.[292] Diese Methode würde die Rechtsanwendung verkomplizieren, da man je nach den Haftungstatbeständen mit unterschiedlichen Kausalitätsbegriffen zu arbeiten hätte.[293]

Auch wenn der Ursachenbegriff keine wertenden Kriterien enthält, so soll dies nicht heißen, dass die Frage nach einer Eingrenzung des Kreises der Ersatzpflichtigen und der von diesen zu verantwortenden Schadensfolgen nicht gestellt werden müsste. Dies ist sogar notwendig. Es besteht Einigkeit[294] darüber, dass eine allein an der Äquivalenztheorie ausgerichtete Haftung des Schädigers erheblich zu weit ginge,[295] sie würde uferlos und unübersehbar.[296] Die rein naturwissenschaftliche Beantwortung der Frage nach der Haftung genügt nicht den Aufgaben und Maßstäben des Rechts. Dessen Aufgabe ist es, einen gerechten Ausgleich zwischen den Beteiligten herbeizuführen. Diese kann aber ein auf die gesamte erfahrbare Wirklichkeit bezogener,[297] in diesem Sinne vorrechtlicher und damit allen Wissenschaften gemeinsamer[298] Begriff der Kausalität nicht erfüllen. Die Frage der Kausalität kann und sollte immer der Ausgangspunkt derartiger Erwägungen sein.[299]

2. Der Adäquanzgedanke

a) Begriff

Für die Frage der Verantwortlichkeit des Schädigers für einen kausal verursachten Schaden wurde die zunächst mehr als Kausallehre denn als Bewertungsregel verstandene Theorie des adäquaten Kausalzusammenhangs[300] entwickelt, die auf *v. Bar*[301] und *v. Kries*[302] zurückgeht und maßgeblich von *Traeger*[303] ausgestaltet wurde. Nach den Urhebern der Lehre vom adäquaten Kausalzusammenhang sollte nur ein adäquater Kausalzusammenhang ein Ursachen-

---

[290] Esser/Schmidt, § 33 I 2
[291] so aber Hanau, Kausalität der Pflichtwidrigkeit, 1971
[292] so wohl auch Fikentscher, § 49 III 3 d
[293] so Deutsch, B VII 2 a
[294] allgemeine Meinung, vergleiche nur Kuckuk, in Erman, Vor § 249, Rn. 30; Oetker, in MüKo, § 249, Rn. 98; Schiemann, in Staudinger, § 249, Rn. 12
[295] Esser/Schmidt, § 33 I; Larenz, § 27 III a
[296] Larenz, § 27 III a
[297] Larenz, § 27 III a
[298] Schulin, S. 36
[299] vgl. Heinrichs, in Palandt, Vorb. § 249, Rn. 57, der vom „Mindestkausalitätserfordernis", oder Esser/Schmidt, § 33 I vor 1, der vom „Negativfilter" spricht.
[300] zur Entwicklung siehe Schiemann, in Staudinger, § 249, Rn. 12 ff m. w. N.
[301] v. Bar, Die Lehre vom Kausalzusammenhang im Recht, besonders im Strafrecht, 1871 (Nachdruck 1971)
[302] v. Kries, Über den Begriff der objektiven Möglichkeit und einige Anwendungen derselben, Vierteljahresschrift für wissenschaftliche Philosophie 12 (1888), S. 179 ff.
[303] Traeger, Der Kausalitätsbegriff im Straf- und im Zivilrecht, 1904 (Nachdruck 1929)

zusammenhang im Rechtssinn sein.[304] In der Tat wäre dann nicht von Haftungsbegrenzung, sondern von Haftungsbegründung zu sprechen.[305] In späterer Zeit wurde zusehend erkannt, dass es sich entgegen der Bezeichnung „Kausalitätstheorie" bei der Adäquanz nicht um ein Problem der Kausalität handle, die als vorrechtliches Faktum nicht zur Disposition des Gesetzgebers stehe.[306] Es gehe vielmehr um die Frage der Zurechnung eines kausal verursachten Schadens zum potentiellen Schädiger.[307]

Das Kriterium der Adäquanz wurde auf vielerlei Art umschrieben.[308] Im Wesentlichen lässt sich zwischen positiven Formulierungen unterscheiden, wonach ein Ereignis allgemein geeignet sein muss, einen Erfolg wie den eingetretenen herbeizuführen[309] oder wenn die Möglichkeit eines Erfolgs wie des eingetretenen generell in nicht unerheblicher Weise erhöht worden ist. Verbreiteter ist die negative Version, nach der solche Bedingungen außer Betracht bleiben, die ihrer Natur nach für die Entstehung des Schadens gleichgültig sind und nur durch eine Verkettung außergewöhnlicher Umstände den Erfolg herbeigeführt haben.[310]

Im Kern geht es der Adäquanztheorie trotz zahlreicher unterschiedlicher Umschreibungen in der Sache darum, diejenigen Schadensverläufe dem Haftenden anzulasten, die durch das als Haftungsgrund in Betracht kommende Verhalten des Täters wahrscheinlicher[311] geworden sind, gänzlich unwahrscheinliche Schadensverläufe indessen von der Erstattungspflicht auszunehmen.[312] Ganz ungewöhnliche Folgen, die sich der Beherrschbarkeit und der Steuerbarkeit durch den menschlichen Willen entziehen, sollen nicht dem Ersatzpflichtigen zur Last fallen, sondern als reine Zufallsschäden[313] von demjenigen getragen werden, den sie treffen. Dem liegt zugrunde, dass die Pflicht zum Schadensersatz in aller Regel an ein vom Willen getragenes menschliches Verhalten anknüpft.[314] Ein Zufallsschaden kann aber nicht mehr als vom Willen des Schädigers in irgendeiner Weise gesteuert bezeichnet werden.

Die Adäquanz wird teilweise als rein quantitativer Maßstab verstanden, anhand dessen sich die statistische Häufigkeit des Eintritts einer weiteren Schadensfolge festmachen ließe.[315] Nach anderer Auffassung dürfe die Wahrscheinlichkeit nicht abstrakt gesehen werden, sondern – in Anlehnung an die positive Umschreibung der Adäquanz – müsse stets auf das die Pflichtwidrigkeit oder die konkrete Gefährdung ausmachende Verhalten bezogen und hieraus der Vergleichsmaßstab für die Gefahrerhöhung hergeleitet werden.[316] Die Adäquanz sei letztlich eine Frage des teleologischen Gefahrzusammenhangs.[317]

---

[304] so auch heute noch Fikentscher, § 49 III 3
[305] Fikentscher, § 49 III 3
[306] Medicus, Schuldrecht AT, 7. Teil, § 54 II 3; Larenz, § 27 III b; a. A. Schünemann, Unzulänglichkeit der Adäquanztheorie, JuS 1979, 19 ff.
[307] Larenz, Hegels Zurechnungslehre und der Begriff der objektiven Zurechnung, 1927; Herm. Lange, Gutachten für den 43. DJT, S. 10 ff.; Heinrichs, in Palandt, Vorb. § 249, Rn. 58
[308] Beispiel hierzu v. a. bei Deutsch, B VII 6 c; Lange, § 3 VI 4 a; Larenz, § 27 III b
[309] Oetker, in MüKo, § 249, Rn. 104
[310] Enneccerus-Lehmann, § 15 III 2
[311] Kuckuk, in Erman, Vor § 249, Rn. 32; Oetker, in MüKo, § 249, Rn. 103; Mertens, in Soergel, Vor § 249, Rn. 1
[312] zu den unterschiedlichen Formulierungen vgl. Heinrichs, in Palandt, Vorb. § 249, Rn. 59; Kuckuk, in Erman, Vor § 249, Rn. 32; Mertens, in Soergel, Vor § 249, Rn. 120; Oetker, in MüKo, § 249, Rn. 104; Schiemann, in Staudinger, § 249, Rn. 16
[313] Larenz, § 27 III b; Kuckuk, in Erman, Vor § 249, Rn. 32.
[314] vgl. hierzu bereits oben A I 2
[315] so Esser/Schmidt, § 33 II 1 b; Lange, S. 96; Schiemann, in Staudinger, § 249, Rn. 20
[316] Mertens, in Soergel, Vor § 249, Rn. 125
[317] Gottwald, Kausalität und Zurechnung, Karlsruher Forum 1986, S.106; Mertens, in Soergel, Vor § 249, Rn. 121

Die Feststellung der Adäquanz erfolgt aufgrund einer objektiven nachträglichen Prognose.[318] Auf die individuelle Einsicht und Voraussicht des Schädigers kommt es nicht an.[319] Es wird danach gefragt, welche Umstände einem Beobachter in der Lage des Täters erkennbar gewesen wären. Maßgeblich ist also der Standpunkt ex-ante.[320] Dabei kommt es nach der Rechtsprechung auf alle einem optimalen Beobachter erkennbaren Umstände unter Heranziehung des gesamten im Zeitpunkt der Schadensfalls zur Verfügung stehenden menschlichen Erfahrungswissens an.[321] Nach anderer Auffassung sei auf einen erfahrenen Beobachter abzustellen, da dem optimalen Beobachter so gut wie nichts verborgen bliebe.[322]

In einigen Fällen ist die Adäquanztheorie von vornherein unanwendbar. Weitgehende Einigkeit besteht dahingehend, dass die Adäquanztheorie nicht eingreift, soweit der Vorsatz des Schädigers reicht.[323] Eine Haftung solle in diesem Falle auch dann bestehen, wenn der Erfolgseintritt gänzlich unwahrscheinlich und unerwartet war, da er jedenfalls für den Täter vorhersehbar und gewollt sei. Dagegen wird eingewandt, dass auch im Falle vorsätzlichen Handelns das Verhalten des Täters die Wahrscheinlichkeit des Erfolgseintritts relevant erhöht habe. Hatte der Schädiger indessen keinen Einfluss auf den von ihm gewollten Schadenseintritt, so könne ihm dieser nur schwerlich zugerechnet werden.[324] Keine Anwendung finden die Grundsätze der Adäquanztheorie im Bereich der Gefährdungshaftung.[325] Vorwiegend wird angenommen, dass es in diesen Fällen für die Zurechnung der Haftung nur darauf ankommen kann, ob die verletzte Norm gerade vor Gefahren schützen wollte, die sich in dem eingetretenen Schaden realisiert haben, nicht auf die Vorhersehbarkeit des Ursachenzusammenhangs im Sinne der allgemeineren Adäquanz.[326] Die grenzenlose Ausweitung soll dadurch eingegrenzt werden, dass nur für Schäden gehaftet wird, die *beim Betrieb* der Gefahrenquelle auftreten.[327] Die Adäquanztheorie bereitet aus ähnlichen Erwägungen ebenso Schwierigkeiten, wenn die Tatbestandsnorm nicht erst eine Rechtsgutsverletzung verbietet, sondern bereits ein bestimmtes Verhalten, wie dies bei den Schutzgesetzen im Sinne des § 823 Abs. 2 BGB regelmäßig der Fall ist. Hier könnte eine Zurechnung des Schadens alleine nach dem Kriterium der Adäquanz dem Zweck des verletzten Schutzgesetzes entgegenwirken.[328]

b) Kritik

Die Adäquanzformel stelle sowohl für die Haftungsbegründung als auch für die Haftungsausfüllung ein brauchbares Kriterium für die Bestimmung der äußersten Grenze der Zurechnung dar.[329] Gleichwohl erkennen die Befürworter der Adäquanztheorie an, dass eine Einschränkung der Zurechnung sich aus wertenden Gesichtspunkten ergeben könne; es könne sich aus dem Schutzzweck der Norm die Haftung für unwahrscheinliche oder inadäquate Folgen ergeben. Diese Einschränkungen der Adäquanzformel nötigten aber nicht dazu, die Ad-

[318] Heinrichs, in Palandt, Vorb. § 249, Rn. 60; Kuckuk, in Erman, Vor § 249, Rn. 33
[319] Heinrichs, in Palandt, Vorb. § 249, Rn. 60; Oetker, in MüKo, § 249, Rn. 105
[320] Oetker, in MüKo, § 249, Rn. 105
[321] Nachweise bei Kuckuk, in Erman, Vor § 249, Rn. 33
[322] Larenz, § 27 III b
[323] Kuckuk, in Erman, Vor § 249, Rn. 33; Mertens, in Soergel, Vor § 249, Rn. 121; Schiemann, in Staudinger, § 249, Rn. 24
[324] vgl. hierzu auch Oetker, in MüKo, § 249, Rn. 107
[325] Kuckuk, in Erman, Vor § 249, Rn. 33; Schiemann, in Staudinger, § 249, Rn. 25; a. A. Mertens, in Soergel, Vor § 249, Rn. 126, der alle Schäden für adäquat erachten möchte, vor denen die Norm gerade schützen wollte.
[326] Kuckuk, in Erman, Vor § 249, Rn. 33; Schiemann, in Staudinger, § 249, Rn. 25; Oetker, in MüKo, § 249, Rn. 111
[327] Schiemann, in Staudinger, § 249, Rn. 25; Oetker, in MüKo, § 249, Rn. 100; wohl auch Heinrichs, in Palandt, Vorb. § 249, Rn. 60
[328] Deutsch, B VII 6 j
[329] Lange, § 3 VI 5; Larenz, § 27 III; Heinrichs, in Palandt, Vorb. § 249, Rn. 61

äquanztheorie völlig aufzugeben.[330] Auch die meisten Kritiker wollen nicht auf Äquiditätserwägungen verzichten,[331] sei es als eigenständiges Zurechnungskriterium,[332] sei es auch nur als eines von mehreren Zurechnungskriterien innerhalb der Lehre vom Schutzzweck der Norm.[333] Die Adäquanzformel sei stets dann opportun, wenn Aussagen über einen die Zurechnungsfrage entscheidenden Zusammenhang zwischen dem Verhalten des Täters und dem Zweck der verletzten Norm nicht getroffen werden könnten.[334]

Andere Kritiker sprechen sich zudem für die Beibehaltung aus, da diese in der großen Mehrzahl der in der Praxis auftretenden Fälle befriedigende und mit dem Zweck der jeweiligen Haftungsnorm in Einklang stehende Ergebnisse erziele.[335] Der alleinige Rückgriff auf teleologische Zurechnungserwägungen würde die Rechtsanwendung unnötig verkomplizieren.[336]

Gegen die Adäquanztheorie wurde vielfach der Vorwurf erhoben, diese erreiche die theoretisch geforderte Begrenzung der Haftung nicht. In diesem Zusammenhang wird zutreffend darauf hingewiesen, dass die Rechtsprechung minimale Wahrscheinlichkeitserhöhungen für die Haftung hat genügen lassen und die Adäquanz sogar in ganz ungewöhnlichen Fällen noch bejaht hat.[337] Dadurch hat die Formel in der Tat kaum haftungsbegrenzende Wirkung entfaltet. Die Kritik geht dahin, dass die Adäquanztheorie für sich alleine keine sinnvollen Kriterien zur Haftungsbegrenzung biete.[338] Es dürfte kaum einen Kausalverlauf geben, der vom Standpunkt des optimalen Betrachters aus als inadäquat zu bezeichnen wäre.[339] Damit sei die Adäquanzformel in die Nähe der Äquivalenzformel gerückt worden.[340] Es handle sich um eine Leerformel,[341] deren Ehrenrettung[342] schwer falle.

Zudem könne die Zurechnung kausal verursachter Schadensfolgen nicht allein aufgrund einer statistischen Wahrscheinlichkeit des Erfolgseintritts vorgenommen werden. Richtig sei zwar, dass der Haftungsumfang davon abhänge, wie wahrscheinlich der Erfolgseintritt war, dies sei aber nur eines – und auch nicht das maßgebliche – unter mehreren Kriterien.[343] In Grenzfällen sei nicht der statistische Wahrscheinlichkeitsgrad des Erfolgseintritts entscheidend, sondern der von der verletzten Norm verfolgte Zweck.[344] Wolle man die Adäquanztheorie als Argument zur Haftungsbegrenzung verwenden, so müsse man sie zumindest teilweise vom Wahrscheinlichkeitskriterium lösen und zu deren richtiger Anwendung auch auf Kriterien von Recht und Billigkeit zurückgreifen.[345]

---

[330] Heinrichs, in Palandt, Vorb. § 249, Rn. 61
[331] Esser/Schmidt, § 33 II 1 b; Huber JZ 1969, 677; Oetker, in MüKo, § 249, Rn. 113; Schiemann, in Staudinger, § 249, Rn. 20
[332] Oetker, in MüKo, § 249, Rn. 113; Schiemann, in Staudinger, § 249, Rn. 20
[333] Esser/Schmidt, § 33 II 1 b; Huber, JZ 1969, 677
[334] Esser/Schmidt, § 33 II 1 b
[335] Fikentscher, § 49 III 4 e; Oetker, in MüKo, § 249, Rn. 113; Schiemann, in Staudinger, § 249, Rn. 20
[336] vgl. vorangehende Fn.
[337] vergleiche die Beispiele bei Oetker, in MüKo, § 249, Rn. 108; Mertens, in Soergel, Vor § 249, Rn. 120; Schiemann, in Staudinger, § 249, Rn 21
[338] Oetker, in MüKo, § 249, Rn. 110; Schiemann, in Staudinger, § 249, Rn. 19
[339] Esser/Schmidt, § 33 II 1 b
[340] Esser/Schmidt, § 33 II 1 b
[341] Bernert, AcP 169, 421 ff.
[342] Esser/Schmidt, § 33 II 1 a
[343] Oetker, in MüKo, § 249, Rn. 111; Schiemann, in Staudinger, § 249, Rn. 19
[344] Esser/Schmidt, § 33 II 1 b; Huber, JZ 1969, 677
[345] Schiemann, in Staudinger, § 249, Rn. 20

3. Lehre vom Schutzzweck der Norm

a) Begriff

Die nunmehr zu behandelnde jüngere Lehre vom Schutzzweck der Norm geht für die Zurechnung von Schadensfolgen vom Zweck der den konkreten Ersatzanspruch begründenden Norm aus. Die Norminterpretation folgt dem Ansatz der Interessenjurisprudenz.[346] Jede gesetzliche oder vertragliche Pflicht diene bestimmten Interessen. Es könne daher nur der Schaden, der diesen geschützten Interessen zugefügt werde, dem Schuldner zugerechnet werden.[347] Welches im Einzelfall die geschützten Interessen sind, solle aus dem Sinn und Zweck des konkreten Vertrags, bei gesetzlichen Schadensersatzpflichten aus dem Sinn und Zweck der die Haftung begründenden Norm oder der verletzten Pflicht im Wege der teleologischen Auslegung[348] ermittelt werden. Für die Zurechnung komme es darauf an, ob der Schutzbereich der verletzten Norm und damit das verbotene Verhalten den Eintritt des konkreten Schadens aufgrund der beim Betroffenen eingetretenen Rechtsgutsverletzung und der konkreten Schädigungsart umfasse.[349] Diese brauchte keinesfalls den vollen Folgeschaden zu umfassen. Es sei denkbar, dass die Verhaltenspflicht nur um bestimmter Schutzaspekte des verletzten Rechtsguts willen statuiert worden sei.[350] Andererseits dürfe der Zweck der jeweils einschlägigen Haftungsnorm nicht zu eng gesehen werden. Das Gesetz könne mit einem Hauptzweck auch weitere Nebenzwecke verbinden.[351] Damit liefere die Lehre vom Schutzzweck der Norm freilich keine grundstürzenden Novitäten, da eine genaue Sinnerfassung der einschlägigen Norm nicht nur im Haftungsrecht erforderlich sei.[352]

Soweit für die Schadenszurechnung ein *Rechtswidrigkeitszusammenhang* gefordert oder auf den Normzweck abgestellt wird, ist in der Sache dasselbe gemeint.[353] Die Bezeichnung „Rechtswidrigkeitszusammenhang“ lässt den Bereich der Haftung für erlaubtes Verhalten außer Betracht.[354] Die Bezeichnung „Rechtswidrigkeitszusammenhang“ erfasst daher nur einen Ausschnitt der hier im Bereich der Schadenszurechnung anzustellenden Überlegungen. Die Bezeichnung vom „Schutzzweckzusammenhang“ ist daher als die umfassendere vorzuziehen.

Von Anfang an hatte die Lehre vom Schutzzweck der Norm bei der Bestimmung des Haftungsumfangs im Rahmen des § 823 Abs. 2 BGB Bedeutung.[355] Das Bestehen einer Schadensersatzpflicht hängt davon ab, ob das verletzte Schutzgesetz den beim Geschädigten entstandenen Schaden erfasst. Dies ist durch Auslegung des Schutzgesetzes zu ermitteln. Zu ersetzen sind nur solche Schäden, die in den Schutzbereich der haftungbegründenden Norm fallen. Im Anschluss an *v. Rabel*[356] wurde die Lehre vom Schutzzweck der Norm auf das Vertragsrecht ausgeweitet.[357] Hier kommt es für die Zurechnung des Schadens darauf an, ob dieser in den Schutzbereich der verletzten Vertragspflicht fällt, dieser also aus Gefahren her-

---

[346] Schiemann, in Staudinger, § 249, Rn. 27
[347] Schiemann, in Staudinger, § 249, Rn. 27
[348] Medicus, Schuldrecht I AT, 7. Teil, § 54 II 3
[349] ähnlich auch Lange, § 3 IX 2
[350] Mertens, in MüKo, § 823, Rn. 7
[351] Schack, JZ 86, 305, 309
[352] Esser/Schmidt, § 33 III 1
[353] Lange, § 3 IX 2; Medicus, Schuldrecht I AT, § 54 II 3; Heinrichs, in Palandt, Vorb. § 249, Rn. 62; Oetker, in MüKo, § 249, Rn. 115; Schiemann, in Staudinger, § 249, Rn. 28
[354] Oetker, in MüKo, § 249, Rn. 115
[355] Prot. II, 571
[356] v. Rabel, Das Recht des Warenkaufs I, 1936
[357] Esser/Schmidt, § 33 III 1 a; Kuckuk, in Erman, Vor § 249, Rn. 37; Oetker, in MüKo, § 249, Rn. 117; Schiemann, in Staudinger, § 249, Rn. 29

rührt, zu deren Verhinderung die betreffende Vertragspflicht übernommen wurde. Nunmehr ist sie für Schadensersatzansprüche aller Art anerkannt.[358] Unabhängig davon, aus welcher Norm ein Anspruch hergeleitet werden soll, ist zu fragen, ob sie die Aufgabe hat, einen Schaden wie den eingetretenen zu verhindern.

Im Bereich des § 823 Abs. 1 BGB bereitet die Lehre vom Schutzzweck der Norm Schwierigkeiten. Auch hier müsse sich die Zurechnung nach dem Schutzzweck richten.[359] Dies ist unproblematisch im Bereich der haftungsbegründenden Kausalität. Hier habe sich die Frage der Rechtsgutsverletzung immer am Verkehrspflichtverstoß des möglicherweise Verantwortlichen zu orientieren.[360] Die unmittelbare Verletzung eines der geschützten absoluten Rechte durch aktives Tun bedeutet immer auch die Verletzung einer Verkehrspflicht. Im Rahmen des Unterlassens, der mittelbaren Verletzung und der Verletzung der Rahmenrechte ist zu fragen, ob sich die eingetretene Rechtsgutsverletzung als eine Verwirklichung derjenigen Gefahr darstellt, die hintanzuhalten mit der verletzten Verkehrspflicht beabsichtigt war. So hafte eine Handwerker, der in einem kinderreichen Haushalt eine an das Stromnetz angeschlossene Säge liegen lasse. für die Gesundheitsverletzung, die ein Kind durch Kontakt mit der Säge erleide, nicht aber für Kratzer im Parkett, wenn ein Kind die Säge auf den Boden fallen lasse.[361]

Zweifelhaft ist indessen, ob es auch für die Zurechnung von Schadenspositionen außerhalb des verletzten Rechtsguts auf den Schutzzweck der vom Schädiger übertretenen Norm ankommt. Das Gesetz selbst schränkt die Folgenzurechnung nicht weiter ein. Es sei grundsätzlich davon auszugehen, dass alle aus dem haftungsbegründendem Verhalten resultierenden Nachteile zu ersetzen seien. Nicht zu ersetzen seien nur solche Schäden, die der Gesetzgeber entweder ausgeschlossen wissen wollte oder die er ausgeschlossen hätte, wenn er an sie gedacht hätte.[362] Aber selbst die Vertreter der Schutzzwecklehre räumen ein, das dies bei ungewöhnlichen Erfolgseintritt in aller Regel nicht möglich sein wird.[363] Es wird vorgeschlagen, eine Zurechnung dürfe nur dann nicht erfolgen, wenn sich Schäden als die Verwirklichung des allgemeinen Lebensrisikos darstellten, und nicht eines Risikos, dem der Verletzte infolge der ihm zugefügten Verletzung und mit der durch sie geschaffenen Lage zusätzlich ausgesetzt worden sei.[364] Der Normzweck schadensersatzrechtlicher Normen bestehe darin, dass dem Geschädigten besondere Risiken vom Schädiger abgenommen werden sollten, die ihm durch den Eingriff in sein Rechtsgut auferlegt worden seien.[365]

b) Kritik

Es sei *schlechthin überzeugend*,[366] dass nur solche Schäden zu ersetzen seien, die innerhalb des Bereichs der verletzten Norm liegen. Diese lege letztlich – wie auch von Kritikern der Schutzzwecklehre attestiert wird[367] – die Grenzen der Haftung und der Schadenszurechnung fest. Eine Schadensersatzpflicht bestehe nur, wenn der geltend gemachte Schaden nach Art und Entstehungsweise in den Schutzbereich der verletzten Norm falle. Es müsse sich also um Nachteile handeln, die aus dem Bereich der Gefahren stammten, zu deren Abwehr die verletzte Norm erlassen oder die verletzte vertragliche oder vorvertragliche Pflicht übernommen

[358] Grunsky, in MüKo^2,Vor § 249, Rn. 45; Heinrichs, in Palandt, Vorb. § 249, Rn. 63
[359] Kötz/Wagner, Rn. 158
[360] Kötz/Wagner, Rn. 160; Larenz, § 27 III 2
[361] Beispiel nach Kötz/Wagner, Rn. 160
[362] Grunsky, in MüKo^2, Vor § 249, Rn. 46
[363] Stoll, S. 26
[364] Huber, JZ 1969, 681; Kötz/Wagner, Rn. 160; Stoll, S. 26
[365] Huber, JZ 1969, 681
[366] Fikentscher, § 49 III 3 d
[367] Mertens, in Soergel, Vor § 249, Rn. 123

worden sei.[368] Es bedürfe eines inneren Zusammenhangs zwischen der vom Schädiger geschaffenen Gefahrenlage und dem entstandenen Nachteil, ein bloß zufällige äußere Verbindung genüge nicht.[369] Der Vorzug der Lehre vom Schutzzweck liege darin, dass sie dem Gebot der teleologischen Auslegung folgend ein in methodischer Hinsicht solides und bewährtes Handwerkszeug für die Zurechnung des Schadens an die Hand gebe.[370]

Diese *Besinnung auf den Grundsatz zweckausgerichteter Interpretation*[371] beantwortet aber noch nicht die Frage, was denn nun in welchem Umfang und im Hinblick auf welche Eingriffe geschützt werden soll. Die Kritik geht denn auch dahin, dass in vielen Fällen der Schutzzweck der Norm kaum zu ermitteln sei. Die Ermittlung des Schutzzwecks bereitet Schwierigkeiten, wenn die Ersatzpflicht wie im Falle des § 823 Abs. 1 BGB an einen Verletzungserfolg, und nicht an ein Verhalten knüpft. Im Hinblick auf diesen Erfolg können Beschränkungen über den Schutzzweck im Wege teleologischer Auslegung kaum getroffen werden.[372] Regelmäßig lassen sich solche Anhaltspunkte, die eine Haftung für bestimmte Schäden ausschließen sollen, aber dem Gesetz nicht entnehmen.

Gleichwohl könne davon ausgegangen werden, dass der Gesetzgeber wohl völlig entfernte Schäden ausgeschlossen hätte, hätte er an sie gedacht, obgleich eine teleologische Auslegung mangels objektiver Kriterien hier versagen muss.[373] Der Geltungsbereich der Rechtsgüter müsste vielmehr durch auf sie bezogene Verhaltensnormen von Fall zu Fall für jeweils bestimmte Situationen erst noch konkretisiert werden. Die Lehre vom Schutzzweck führe daher häufig zu keinen eindeutig kalkulierbaren Ergebnissen.[374] Deshalb wurde der Lehre vom Schutzzweck auch der Vorwurf gemacht, es bestimme *das gewünschte Ergebnis als Schutzzweck verkleidet die Haftung*.[375] Zu Recht weisen die Kritiker der Schutzzwecklehre darauf hin, diese könne zu einer ungerechtfertigten Einschränkung der Ersatzfähigkeit von Folgeschäden führen.[376] Für die Folgenzurechnung dürfe nicht verkannt werden, dass das Gesetz den genannten Rechtsgütern einen umfassenden Rechtsschutz habe zuteil werden lassen wollen. Die Nichtersatzfähigkeit von Folgeschäden müsse vielmehr die Ausnahme bleiben.[377] Insbesondere bedarf es im Einzelfalls keines Nachweises darüber, ob der Gesetzgeber diesen Schaden als ersatzfähig im Auge gehabt hat.

4. Adäquanz und Schutzzweck

Das Verhältnis der Adäquanz zur noch näher zu behandelnden Schutzzwecklehre ist in manchen Bereichen noch ungeklärt. Überwiegend wird angenommen, dass Adäquanz und Schutzzwecklehre selbständige und nebeneinander zu prüfende Zurechnungsvoraussetzungen seien.[378] Die Adäquanztheorie wird aber auch neben der Schutzzwecklehre für entbehrlich gehalten.[379] Zahlreiche Autoren, die eine Abkehr von der Adäquanztheorie fordern, berücksich-

---

[368] h. M., vgl. nur Heinrichs, in Palandt, Vorb. § 249, Rn. 62
[369] Heinrichs, in Palandt, Vorb. § 249, Rn. 62
[370] Medicus, Schuldrecht I AT, § 54 II 3
[371] Deutsch, C XII 1 b
[372] Larenz, § 27 III 2; Medicus, Schuldrecht I AT, § 54 II 3
[373] Larenz, § 27 III 2; Sourlas, Adäquanztheorie und Normzwecklehre, S. 37; Oetker, in MüKo, § 249, Rn. 119
[374] Raiser, JZ 1963, 462, 464
[375] Larenz, § 27 III 2
[376] Larenz, § 27 III 2; Keuk, Vermögensschaden und Interesse, S. 224 ff.; Rother, Haftungsbeschränkung, S. 12
[377] Larenz, § 27 III 2
[378] Deutsch, B VII 6 i; Fikentscher, § 49 III 3; Gottwald, Karlsruher Forum 1986, S. 104; Larenz, § 27 III 2; Kuckuk, in Erman, Vor § 249, Rn. 38
[379] Fikentscher, § 49 III 3; Lange, § 3 IX 2; Bernert, AcP 169 (1969), 421 ff.; Esser/Schmidt, § 33 II 1 b; Kötz/Wagner, Rn. 147 ff.; Heinrich Lange, AcP 156, 144 ff.; Sourlas, Adäquanztheorie und Normzwecklehre, S. 94 ff.; Grunsky, in MüKo^2, Vor § 249, Rn. 43 ff.

tigen Äquiditätserwägungen bei der Frage nach der generellen Eignung eines Verhaltens für eingetretene Erfolge im Rahmen des Schutzzwecks.[380] Das gelte in erster Linie für die Fälle, in denen eine Aussage über den konkreten Normzweck nicht möglich sei.[381] Hier könne zur Beschränkung der Zurechnung von Schadensfolgen mit der Wahrscheinlichkeit des Erfolgseintritts als äußerster Grenze der Haftung operiert werden. Ist die Adäquanz zu bejahen, entspricht es regelmäßig auch dem Zweck der Haftungsnorm, dass der Schädiger den Schaden zu tragen hat. Es wäre geradezu müßig, den genauen Schutzzweck absoluter Rechte, wie dem Eigentum oder der Gesundheit zu ermitteln, möchte doch § 823 Abs. 1 BGB diese Rechte schlechthin schützen.[382] Dem Kriterium der Adäquanz kommt gleichsam subsidiäre Bedeutung zu, indem es nur in Fällen zum Einsatz gelangt, in denen die Lehre vom Schutzzweck der Norm versagt. Für das Ergebnis der Frage nach der Zurechnung von Schadensfolgen ist es gleichwohl ohne Belang, ob man die Adäquanz als eigenes Kriterium erachtet oder in der Lehre vom Schutzzweck der Norm aufgehen lässt.

Im Detail weichen die Auffassungen voneinander ab. Teilweise wird verlangt, der Schaden müsse sowohl adäquat kausal verursacht sein als auch unter den Schutzzweck der Norm fallen. Die Frage nach dem adäquaten Kausalzusammenhang stellt sich daher für die meisten Vertreter der Adäquanztheorie vor Überlegungen zum Schutzzweck der Norm.[383] Eine andere Auffassung stellt die Erwägungen zum Schutzzweck vor der Frage nach der Adäquanz an. Diese stünden im gleichen Verhältnis wie Rechtswidrigkeit und Fahrlässigkeit.[384] Nach anderer Auffassung müssen Adäquanz und Schutzzweck nicht kumulativ erfüllt sein. Diejenige Auffassung, die für die Adäquanz an die Gefahrerhöhung anknüpft, macht die Adäquanz als normübergreifende Frage zum Ausgangspunkt der Zurechnungsproblematik. Die Einschränkung des Schadensersatzes nach dem Schutzzweck der Norm sei dann aber normalerweise ausgeschlossen, da die Haftungsnormen des deutschen Rechts einen umfassenden Schutz der geschützten Rechtsgüter enthielten.[385] Wieder eine andere Auffassung[386] will den Vorrang der Adäquanzformel mit Praktikabilitätsgesichtspunkten begründen. Die Adäquanzformel biete in der Großzahl der Fälle befriedigende Ergebnisse, die auch mit dem Schutzzweck der Norm im Einklang stünden. Die für die Adäquanz erforderliche Denkoperation sei einfacher als der mühsame Weg, in jedem Fall Kriterien für den maßgeblichen Normzweck zu ermitteln. Ihr komme daher die Aufgabe eines ersten Tests[387] zu, dessen Ergebnis dann gegebenenfalls auf zweiter Ebene korrigiert werden müsse. Dieser „Test" darf nicht so verstanden werden, dass man bei Verneinung der Adäquanz nicht mehr zur Prüfung des Schutzzwecks gelangte. Dies würde dazu führen, die Haftung für inadäquate Schadenseintritte generell und damit unter Umständen auch entgegen dem Normzweck verneinen zu müssen. Dies widerspreche aber gerade der Ausgleichsfunktion des Schadensrechts.[388]

Im Ergebnis bedeutet es keinen Unterschied, ob man für die Adäquanz an die statistische Wahrscheinlichkeit anknüpft und das Ergebnis auf der Ebene des Schutzzwecks korrigiert oder ob man schon die Pflichtwidrigkeit in die Adäquanz vorzieht. Exemplarisch seien hier die Fälle psychisch vermittelter Kausalität genannt. In den sogenannten Grünstreifenfällen weichen anlässlich eines Verkehrsunfalls nachfolgende Verkehrsteilnehmer, die keine Warte-

---

380 vgl. Esser/Schmidt, § 33 III 1
381 Esser/Schmidt, § 33 III 1
382 so auch der für die Aufgabe der Adäquanzlehre plädierende Esser/Schmidt, § 33 III 1
383 Oetker, in MüKo, § 249, Rn. 113; Mertens, in Soergel, Vor § 249, Rn. 123; Schiemann, in Staudinger, § 249, Rn. 20
384 Deutsch, B VII 6 i
385 Mertens, in Soergel, Vor § 249, Rn. 123
386 Oetker, in MüKo, § 249, Rn. 113; Schiemann, in Staudinger, § 249, Rn. 20, 22
387 Oetker, in MüKo, § 249, Rn. 113; Schiemann, in Staudinger, § 249, Rn. 20
388 Vor diesem Verständnis des „ersten Tests" warnt zurecht Oetker, in MüKo, § 249, Rn. 113

zeit auf sich nehmen wollen, auf angrenzende, dem Verkehr nicht offenstehende Grünflächen aus. Der Eigentümer der Grünflächen verlangt Schadensersatz für die Beschädigung der Grünflächen vom Urheber.[389] In den ähnlich gelagerten Herausforderungsfällen[390] geht es um Ersatz für Gesundheits- und Eigentumsschädigungen bei der Verfolgung des auf frischer Tat ertappten Diebs.

Es besteht Einigkeit, dass das Dazwischentreten eines Dritten den Kausalzusammenhang – besser wohl Zurechnungszusammenhang – grundsätzlich nicht unterbreche. Auch in der Begründung liegen beide Auffassungen ähnlich. Das entscheidende Zurechnungskriterium sei das der Gefahrerhöhung des schädigenden Verhaltens für die konkrete Rechtsgutsverletzung.[391] In den Grünstreifenfällen scheidet die Zurechnung daher aus. Die Schädiger durchfuhren den Günstreifen nicht wegen des Unfalls, sondern wegen des Staus. Der Unfall war daher bloß äußerer Umstand.[392] In den Herausforderungsfällen soll eine Haftung dann bestehen, wenn sich in dem eingetretenen Schaden das erhöhte Risiko der Verfolgung realisiert habe. Diese Überlegungen treffen generell auf alle Fälle zu, in denen sich im eingetretenen Schaden lediglich ein allgemeines Lebensrisiko[393] verwirklicht hat.

Einigkeit besteht dahingehend, dass eine Zurechnung der Umstände, in denen sich nicht die durch den Schädiger geschaffene Gefahr realisiert hat, diesem auch nicht zuzurechnen sind. Versteht man die Adäquanz nun als rein statistische Wahrscheinlichkeit, so kann die Adäquanz in den dargestellten Fällen unschwer bejaht werden, da die Reaktion nicht außergewöhnlich sei und im Rahmen des nach allgemeiner Lebenserfahrung Vorhersehbaren liege.[394] Die letztlich entscheidende Frage, ob sich denn nun im eingetretenen Erfolg eine spezifische Gefahr oder lediglich das allgemeine Lebensrisiko verwirklicht habe, gehöre dogmatisch zum Schutzzweck der Norm[395] oder stelle ein eigenes Kriterium der Haftungsbegrenzung dar.[396] Fragt man bereits im Rahmen der Adäquanz nach der Gefahrerhöhung durch das konkrete Verhalten des potentiellen Schädigers, so erweist sich das allgemeine Lebensrisiko als Frage der Adäquanz.[397]

III. Stellungnahme

Adäquanz und Schutzzwecklehre enthalten beide sinnvolle Kriterien für die Zurechnung von Schadensfolgen. Ihr Unterschied besteht darin, dass sie ihr Hauptaugenmerk auf andere Bezugspunkte richten. Während die Adäquanz zuerst auf den Schaden schaut und diesen dann zum Verhalten des potentiellen Schädigers in Beziehung setzt, geht die Lehre vom Schutzzweck genau andersherum vor. Sie schaut zunächst auf die verletzte Norm und blickt dann erst zum Schaden.

In den meisten Fällen führen beide Sichtweisen zu identischen Ergebnissen. Die Prüfungsreihenfolge ist letztlich egal. Entscheidendes Kriterium für die Zurechnung von Schadensfolgen

---

[389] näher dazu Lange, JuS 1973, 280 ff.
[390] Niebaum, NJW 1976, 1673 ff.
[391] Esser/Schmidt, § 33 II 2, operiert mit dem Kriterium der spezifischen Gefahrerhöhung, ordnet dies aber nicht naheliegenderweise der Adäquanz zu, obwohl er kritisiert, die Adäquanz lasse nicht mehr ihren ursprünglichen Kern, die Gefahrerhöhung erkennen, § 33 II 1 a; für die andere Auffassung Mertens, in Soergel, Vor § 249, Rn. 121
[392] Schiemann, in Staudinger, § 249 Rn. 58
[393] ausführlich hierzu Mädrich, Das allgemeine Lebensrisiko, 1980
[394] Esser/Schmidt, § 33 II 2 b; Schiemann, in Staudinger, § 249, Rn. 58
[395] Oetker, in MüKo, § 249, Rn. 188; Heinrichs, in Palandt, Vorb. § 249, Rn. 88
[396] Lange, Schadensersatz, § 3 X 4; Mädrich, Das allgemeine Lebensrisiko, S. 89 ff.
[397] Mertens, in Soergel, Vor § 249, Rn. 131

sollte letztlich der Normzweck sein. Das gilt insbesondere auch im Bereich des § 823 Abs. 1 BGB. Der Schutzzweck ergibt sich hier aufgrund der geschützten Rechtsgüter, denen das Recht einen umfassenden Schutzanspruch gewährt. Ein Schaden, der auf einer rechtswidrigen und schuldhaften Rechtsgutsverletzung beruht, ist regelmäßig auch vom Schutzzweck der Vorschrift umfaßt. Im Bereich der mittelbaren Verletzungen, des Unterlassens sowie der Rahmentatbestände sind für den Geltungsanspruch der Rechtsgüter die Verkehrspflichten entscheidend, auf deren Schutzzweck abzustellen ist.

Der Vorrang des Schutzzwecks ist vernünftig, da in einigen Konstellationen die Adäquanzformel versagt. Das sind die Fälle, in denen eine Haftung auch für nicht vorhersehbare Schadensfolgen geboten erscheint. Dies betrifft vor allem den vertraglichen Bereich. Tritt ein Schaden zwar auf gänzlich unwahrscheinliche Weise ein, so ist dieser dem Schädiger auch dann zuzurechnen, wenn dieser sich vertraglich verpflichtet hatte, den Eintritt dieses Schadens zu vermeiden. Die Adäquanz versagt ebenso im Bereich der Gefährdungshaftung. Hier geht es nicht um menschliches Verhalten, sondern um Sachgefahren. Hier ist die Frage, ob ein Schaden *beim Betrieb* eingetreten ist, das entscheidende Kriterium.

Außerhalb dieser Fälle kann der Adäquanz eigenständige Bedeutung zukommen. Sie erfüllt allerdings keinen eigenen Zweck neben dem Kausalitätserfordernis, wenn man für die Ermittlung der Wahrscheinlichkeit die Sichtweise des allwissenden, optimalen Beobachters einnimmt. Anderes gilt, wenn man die Adäquanz tatsächlich – und nicht nur theoretisch – nicht als die statistische Wahrscheinlichkeit für den Eintritt eines gewissen Erfolgs versteht, sondern den eingetretenen Schaden mit dem Verhalten des Schädigers in Beziehung bringt und das Kriterium der Gefahrerhöhung für die Wahrscheinlichkeit den Ausschlag geben lässt. Dies hätte den Vorzug, dass bereits auf dieser Stufe und noch unabhängig vom Zweck der im Einzelfall verletzten Norm eine Zurechnung aufgrund das gesamte Haftungsrecht überwölbender Erwägungen ausgeschlossen werden könnte. Als Beispiel sei das bereits dargestellte, allgemeine Lebensrisiko erwähnt. Auf einer zweiten Stufe kann die Zurechnung des Schadens vor dem Hintergrund der konkret verletzten Norm problematisiert werden. Daher scheint ein Festhalten an der überkommenen Prüfungsreihenfolge Kausalität – Adäquanz – Schutzzweck sinnvoll. Selbstverständlich können die Überlegungen zur Adäquanz auch innerhalb des Schutzzwecks vorgenommen werden. Das macht in der Sache keinen Unterschied.

Zweiter Teil
Rechtswidrigkeit im Staatshaftungsrecht

A. Verfassungsrechtliche Anknüpfungspunkte

I. Das Sozialstaatsprinzip

Vereinzelt wurde behauptet, das Staatshaftungsrecht sei eine notwendige Folge des Sozialstaatsprinzips[1] oder – was in der Sache dasselbe meint – es sei sozial.[2] Begründet wurde dies damit, dass der Staat sich schützend vor seine Amtsträger stelle, indem er sie von der unmittelbaren Haftung befreie und zugleich durch seine größere Finanzkraft dem Geschädigten die Verwirklichung seines Anspruchs garantiere.[3] Beide Feststellungen sind richtig. Sie stellen aber keine Ausprägungen des Sozialstaatsprinzips in seiner spezifisch technischen Bedeutung dar. Eine Haftung des Staats für hoheitliches Unrecht gewährt nicht ein Mehr gegenüber dem status quo des Anspruchsträgers, sondern ersetzt einen bereits eingetretenen Schaden und ist somit auf die wertmäßige Wiederherstellung des status quo gerichtet.[4] Der Ausgleich für erlittene Rechtsverletzungen bestimmt sich vor allem nach deliktsrechtlichen Grundsätzen, ohne dass insoweit Raum für soziale Belange verbliebe. Vor allem der Umstand, dass man bei der Staatshaftung im Vergleich mit der inzwischen nur noch historisch erklärbaren Eigenhaftung des Beamten einen finanzkräftigeren Schuldner zur Seite gestellt bekomme, muss als Folge der nunmehr rechtsstaatlichen Anknüpfung der Staatshaftung gesehen werden, wonach der Staat, nicht der handelnde Amtswalter hoheitliches Unrecht zu verantworten hat.[5]

Die Staatsunrechtshaftung ist abzugrenzen von den Entschädigungsansprüchen, die auf dem Gedanken der Aufopferung für das gemeine Wohl basieren. Die Aufopferung und die enteignungsrechtliche Entschädigung von Sonderopferlagen beruhen auf den Prinzipien der Belastungsgleichheit aller Bürger und der Wahrung der gesellschaftlichen Solidargemeinschaft. Sie können daher zu einem beträchtlichen Teil als Ausprägungen des in der Verfassung in Art. 20 Abs. 1, 28 Abs. 1 GG verwurzelten Sozialstaatsprinzips angesehen werden.[6] Da in dieser Arbeit aber ausschließlich Überlegungen zur Haftung für staatliches Unrecht angestellt werden, führen diese Argumente nicht weiter.

II. Das Rechtsstaatsprinzip

Das Rechtsstaatsprinzip hat als allgemeiner Rechtsgrundsatz[7] in zahlreichen Vorschriften des Grundgesetzes seine Ausprägung erfahren. Das Ziel der Rechtsstaatlichkeit liegt in der Freiheit des Bürgers von staatlichem Zwang. Dabei kommt der Rechtsstaatskonzeption des Grundgesetzes nicht nur formelle Bedeutung zu, indem dem Staat der Missbrauch von Gewalt durch die Gewaltenteilung, die Gesetzesbindung der Exekutive und der Judikative, den Vorbehalt des Gesetzes, gerichtliche Kontrolle des Verwaltungshandelns und die Staatshaftung organisatorisch und verfahrenstechnisch erschwert wird. Vielmehr ist der Rechtsstaatlichkeit nach den Erfahrungen der nationalsozialistischen Unrechtszeit auch materieller Gehalt beige-

---

1 Hamann/Lenz, Art. 34, S. 440
2 Bettermann, Grundrechte III/2, S. 853
3 Hamann/Lenz, Art. 34, S. 440
4 Dagtoglou, in Bonner Kommentar, Art. 34, Rn. 30
5 Als Ausdruck des Rechtsstaatsprinzips sehen dies Dagtoglou, in Bonner Kommentar, Art. 34, Rn. 2; Papier, in Maunz/Dürig, Art. 34, Rn. 12; a. A. v. Danwitz, in v. Mangoldt/Klein/Starck, Art. 34, Rn. 42.
6 v. Danwitz, in v. Mangoldt/Klein/Starck, Art. 34, Rn. 42; Papier, in Maunz/Dürig, Art. 34, Rn. 12
7 Jarass, in Jarass/Pieroth, Art. 20, Rn. 29

messen worden, indem der staatliche Missbrauch von Gewalt nicht nur erschwert, sondern von Verfassungs wegen verboten wurde.[8]

Das Gebot des materiellen Rechtsstaats verlangt, dass der Staat die unmittelbaren Folgen seines rechtswidrigen Handelns behebt und weitergehende Einbußen des betroffenen Bürgers ersetzt oder zumindest entschädigt. Dieser Haftung für hoheitliches Unrecht darf sich der Staat nicht entziehen. Andernfalls seien der Rechtsschutz des Einzelnen und die Kontrolle der Verwaltung, die zum Kern der Rechtsstaatsidee gehörten, oft nur von theoretischer Bedeutung.[9] Die Haftung des Staats für hoheitliches Unrecht ist die Folge einer rechtsstaatlichen Konzeption, die ihre Grundlage in der Bindung aller Staatsgewalt an die Grundrechte und sonstigen Normen des einfachen Rechts hat.[10]

1. Gesetzesbindung aller Staatsgewalten, Art. 20 Abs. 3 GG

Als wohl eine der zentralsten Bestimmungen des Grundgesetzes überhaupt[11] bindet Art. 20 Abs. 3 GG die Gesetzgebung an die verfassungsmäßige Ordnung, die vollziehende Gewalt und die Rechtsprechung an Gesetz und Recht. Diese Vorschrift ist neben der Gewaltenteilung und dem Grundrechtskatalog unbestritten dem Themenkreis des Rechtsstaatsprinzips zuzuordnen.[12] Während die Vorschrift ihrem Wortlaut nach nur die Legislative an die verfassungsmäßige Ordnung bindet, besteht kein Zweifel daran, dass dies auch für die zweite und dritte Gewalt gelten muss. In seinem zweiten Halbsatz legt Art. 20 Abs. 3 GG die Gesetzmäßigkeit der Exekutive und der Legislative fest. Gesetzmäßigkeit der Verwaltung bedeutet jedenfalls[13] die Bindung der Verwaltung an die vom Gesetzgeber getroffenen Regelungen, sog. Vorrang des Gesetzes.

Verstößt eine der drei Gewalten gegen höherrangiges Recht, so ergeben sich hieraus unterschiedliche Rechtsfolgen. Der Gesetzgeber erzeugt beim Verstoß gegen Verfassungsbestimmungen nur nichtiges Recht. Das Verwerfungsmonopol liegt gemäß Art. 100 Abs. 1 GG beim Verfassungsgericht. Verstoßen indessen behördliche Akte gegen höherrangiges Recht, so tritt die Nichtigkeitsfolge nur in Ausnahmefällen und unter bestimmten Voraussetzungen ein, wie dies § 44 VwVfG des Bundes bzw. der Länder vorsehen. In der Großzahl der Fälle ist auch ein rechtswidriger Verwaltungsakt gültig und kann allenfalls durch eine gerichtliche Entscheidung aus der Welt geschafft werden. Nichtige Gerichtsentscheidungen gibt es überhaupt nicht.

Die Verbindung zwischen der Gesetzesbindung der Staatsgewalten und der Staatshaftung liegt auf der Hand, geben beide doch dem Rechtsstaatsgedanken Form und Inhalt. Gleichwohl knüpft Art. 20 Abs. 3 GG keine bestimmten Sanktionen an die Missachtung der Bindung an Recht und Gesetz.[14] Er bietet im Hinblick auf die Folgen rechtswidrigen Verhaltens nicht einmal einen Anhaltspunkt.[15] Das Prinzip der Gesetzesbindung enthalte seinem normativen Gehalt nach nur eine Sollensnorm an die Verwaltung, die Gesetze und etwa durch sie begründete Rechtskreise nicht zu verletzen, sage aber nichts darüber aus, ob und welche Rechtsfol-

[8] Herzog, in Maunz/Dürig, Art. 20 VII, Rn. 16 ff.
[9] Dagtoglou, in Bonner Kommentar, Art. 34, Rn. 29
[10] Papier, in Maunz/Dürig, Art. 34, Rn. 12
[11] Herzog, in Maunz/Dürig, Art. 20 VI, Rn. 1
[12] Herzog, in Maunz/Dürig, Art. 20 VI, Rn. 1
[13] Umstritten ist indes, ob sich auch der Vorbehalt des Gesetzes aus dieser Vorschrift ergibt, vgl. Herzog, in Maunz/Dürig, Art. 34 VI, Rn. 33 f.
[14] Weyreuther, Gutachten zum 47. DJT, 1968, Bd. I, Teil B, S. 28
[15] Weyreuther, S. 28

gen durch die Verletzung des normativen Sollensgebots ausgelöst werden.[16] Denn aus einem Sollensgebot erwachsen an sich nur Sollensimpulse, nicht aber unmitttelbar rechtliche Sanktionen für den Fall, dass die rechtliche Pflicht verletzt wird.[17] Nichts anderes habe zu gelten, wenn die Staatsgewalt durch ihr rechtswidriges Verhalten zugleich die Freiheitssphäre des einzelnen Bürgers verletze. Aus dieser subjektiven Komponente des Gesetzmäßigkeitsprinzips sei nicht ein Rechtssatz des Inhalts abzuleiten, dass bei der Verletzung dieses Freiheitsstatus irgendwelche Reaktionsrechte des Einzelnen abzuleiten seien.[18]

Nach anderer Auffassung liefert der Grundsatz von der Gesetzesbindung der Staatsgewalt dennoch Hinweise für den Haftungsgrund der Staatshaftung. Die Bindung der staatlichen Gewalt an Recht und Gesetz besteht schlechthin. Sie ist nicht davon abhängig, ob der handelnde Amtswalter die ihn bindende Vorschrift kannte oder nicht. Gewinne aber das Staatshaftungsrecht seinen inneren Gehalt aus dem Rechtsstaatsprinzip, so sei eine verschuldensunabhängige, objektive Rechtswidrigkeitshaftung des Staats für hoheitliches Unrecht zu fordern.[19] Der erstgenannten Ansicht ist der Vorzug zu gewähren. Die Gesetzesbindung der staatlichen Gewalt enthält für sich genommen noch keinen Hinweis darauf, welche Folgen mit einem Rechtsverstoß verbunden sind.

2. Rechtsschutzgarantie, Art. 19 Abs. 4 GG

a) Primärer und sekundärer Rechtsschutz

Das Staatshaftungsrecht steht zudem in unauflöslichem Zusammenhang mit der in Art. 19 Abs. 4 GG verbürgten Rechtsschutzgarantie als weiterer Konkretisierung des Rechtsstaatsprinzips. Wird jemand durch die öffentliche Gewalt in seinen Rechten verletzt, so steht ihm der Rechtsweg offen. Diese verwaltungsgerichtliche Generalklausel enthält ein subjektives Recht;[20] sie gewährleistet den sog. primären Rechtsschutz. Dieser ermöglicht die lückenlose Überprüfung hoheitlicher Akte durch die Verwaltungsgerichtsbarkeit. Öffentliche Gewalt im Sinne dieser Vorschrift ist nicht die Judikative, da Art. 19 Abs. 4 GG Schutz durch, nicht vor dem Richter gewähren solle. Umstritten ist – und die Rechtsprechung des BVerfG nimmt eine ablehnende Haltung ein[21] – die Frage, ob auch die parlamentarische Gesetzgebung öffentliche Gewalt sei.[22]

Der sekundäre Rechtsschutz beschäftigt sich mit den Folgen staatlichen Unrechts. Er ist nicht Gegenstand des Art. 19 Abs. 4 GG, aber wie dieser Ausfluss des Rechtsstaatsprinzips. Seine verfassungsrechtliche Verankerung findet er in Art. 34 S. 3 GG, der im Verhältnis zu Art. 19 Abs. 4 GG als die speziellere Rechtsschutzgarantie verstanden werden kann.

Eine lückenlose Rechtsschutzgarantie, wie Art. 19 Abs. 4 GG diese vorsieht, kennt der sekundäre Rechtsschutz des Art. 34 GG nicht. Der sekundäre Rechtsschutz ist geprägt durch seine historische Entwicklung. Die neben dem Amtshaftungsanspruch aus § 839 BGB, Art. 34 GG bestehenden richterrechtlichen Anspruchsgrundlagen waren durchweg aus der Notwendigkeit

---

16 Rupp, Grundfragen, S. 173
17 Rupp, S. 173
18 Rupp, S. 172
19 Maurer, Verwaltungsrecht, S. 813; Wieland, in Dreier, Art. 34, Rn. 39; Bonk, in Sachs, Art. 34, Rn. 83
20 Jarass, in Jarass/Pieroth, Art. 19, Rn. 19
21 BVerfGE 24, 33, 49; 24, 367, 401; 25, 352, 365; 45, 297, 334
22 bejahend v. Engelhardt, Der Rechtsschutz gegen Rechtsnormen, 1971, S. 126 ff.; Lorenz, Der Rechtsschutz des Bürgers und die Rechtsschutzgarantie, 1973, S. 162 ff.; Schenke, Rechtsschutz bei normativen Unrecht; 1979, S. 28 Schmidt-Aßmann, in Maunz/Dürig, Art. 19 Abs. 4, Rn. 93; a. A. Krebs, in v. Münch/Kunig, Art. 19, Rn. 56

geboren, Lücken des Amtshaftungsanspruchs zu schließen. Im Rahmen der Unrechtshaftung – nur diese ist hier von Bedeutung – sollen an dieser Stelle nur der Anspruch aus enteignungsgleichem Eingriff und der materielle Folgenbeseitigungsanspruch genannt sein.[23] Ersterer gewährt Entschädigung bei rechtswidrigen Eingriffen in Art. 14 GG, ohne dass es auf ein Verschulden ankäme.[24] Der Folgenbeseitigungsanspruch ist gerichtet auf die Wiederherstellung des status quo ante. Ihm geht es nicht um den Schadensersatz oder Entschädigung, jeweils in Geld, sondern um die Beseitigung der Folgen rechtswidrigen hoheitlichen Handelns.[25] Daneben existieren auf Länderebene verschuldensunabhängige Ersatzansprüche im Bereich des Ordnungsrechts[26] sowie des als Landesrecht übernommenen Staatshaftungsgesetzes der vormaligen DDR.[27] Von einem System des Staatshaftungsrechts kann man daher nicht sprechen.

Wie bereits Wortlaut[28] und Stellung des Art. 19 Abs. 4 im Bereich der Grundrechte zeigen, geht das Grundgesetz von einer Gewichtsverteilung zugunsten der Rechtmäßigkeitskontrolle gegenüber der nur unzureichend in Art. 34 GG geregelten Staatshaftung aus. Die Bedeutung einer durch unabhängige Gerichte gewährleisteten Rechtmäßigkeitskontrolle der Verwaltung für den Rechtsstaat liegt auf der Hand. Auch wenn diese Vorschrift in ihrer Rigorosität unbestreitbar eine Erfindung des Jahres 1949 sei,[29] so wurde sie wegen ihrer Bedeutung für das Rechtsstaatsprinzip als Schlussstein im Gewölbe des Rechtsstaats[30] bezeichnet. Die Weimarer Reichsverfassung sah einen derart umfassenden Rechtsschutz gegenüber Maßnahmen der hohen Hand nicht vor. Dem Art. 131 WRV, der erstmals für das gesamte Reich die Überleitung der Beamtenhaftung des § 839 BGB auf die Anstellungskörperschaft vorsah und dem Art. 34 GG weitgehend, bis auf wenige verbale Änderungen, entspricht, kam vor dem Hintergrund des lückenhaften verwaltungsgerichtlichen Rechtsschutzes justizstaatliche Garantiefunktion zu. Die politische Dimension dieser Überleitung und ihre Bedeutung für die Entwicklung des Rechsstaatsprinzips kommen dadurch zum Ausdruck, dass Staatshaftung als *ultima ratio des Rechtsstaates*[31] bezeichnet wurde.

Nach dem Ausbau eines lückenlosen Primärrechtsschutzes in Art. 19 Abs. 4 GG kann der Staatshaftung eine solche justizstaatliche Garantiefunktion nur noch in unzumutbaren, durch den Primärrechtsschutz nicht abwendbaren Vermögenseinbußen zukommen.[32] Diesen Vorrang hat auch das BVerfG ausdrücklich hervorgehoben und dem justizstaatlichen Prinzip[33]

---

[23] Daneben gibt es im Bereich der verwaltungsrechtlichen Schuldverhältnisse eine der vertraglichen Haftung im Zivilrecht angeglichene Haftung bei Unmöglichkeit, Verzug und aus positiver Forderungsverletzung. Nunmehr geklärt ist die Frage, ob auch der Rechtsgedanke eines Verschuldens bei Vertragsschluss auf öffentlich-rechtliche Verhältnisse anwendbar ist (bejahend BVerwG, DÖV 1974, 133, 134; BGHZ 76, 343, 348). Dieser Übertragung zivilrechtlicher Ansprüche in das öffentliche Recht liegt der Gedanke zugrunde, dass auch hier die Begründung eines Vertragsverhältnisses spezielle Rechtspflichten begründet und daher ein strengeres Haftungsregime bei der Verletzung solcher Pflichten zum Tragen kommen soll. Von der klassischen Haftung für hoheitliches Unrecht als deliktische Haftung unterscheidet sich die vertragliche Haftung dadurch, dass zwischen dem handelnden Hoheitsträger und dem Bürger kein Über-Unter-Ordnungsverhältnis besteht. Hinsichtlich der Rechtswidrigkeit ergeben sich keine Besonderheiten, so dass auf das in Teil A kurz Erwähnte verwiesen werden kann.

[24] s. unter C, II

[25] s. unter C, III

[26] s. unter C, II, Ziff. 6 lit. b

[27] s. im 3. Teil

[28] v. Danwitz, in v. Mangoldt/Klein/Starck, Art. 34, Rn. 41

[29] Herzog, in Maunz/Dürig, Art. 20 VII, Rn. 40

[30] so Thoma, in Recht-Staat-Wirtschaft, Bd. 3, S. 9

[31] Jellinek, Verwaltungsrecht, 3. Auflage 1931, S. 321

[32] BGHZ 102, 350, 362

[33] v. Danwitz, in v. Mangoldt/Klein/Starck, Art. 34, Rn. 41

des „*Dulde und Liquidiere*" eine klare Absage erteilt.[34] Lasse der Betroffene einen Eingriffsakt unanfechtbar werden, so verfalle seine Entschädigungsklage der Abweisung. Wer von dem ihm durch das Grundgesetz eingeräumten Möglichkeiten, sein Recht auf Herstellung des verfassungsgemäßen Zustands zu wahren, keinen Gebrauch mache, könne wegen eines etwaigen, von ihm selbst herbeigeführten Rechtsverlusts nicht anschließend von der öffentlichen Hand Geldersatz verlangen. Im Bereich des enteignungsgleichen Eingriffs ist – dieser Rechtsprechung folgend – das Unterlassen der von der Rechtsordnung zur Verfügung stehenden Rechtsbehelfe trotz Zumutbarkeit als negatives Tatbestandsmerkmal formuliert.[35] Die Nachrangigkeit des Sekundärrechtsschutzes findet bei der Amtshaftung ihren einfachgesetzlichen Niederschlag in § 839 Abs. 3 BGB. Dieser hat jedoch durch den breiten Ausbau der verwaltungsgerichtlichen Kontrolle eine Bedeutung erlangt, die ihm ursprünglich nicht zugedacht war.[36]

Damit richtet sich der Blick auf den spezifischen Zusammenhang zwischen dem unmittelbar wirkenden Primärrechtsschutz und dem mittelbar eingreifenden Sekundärrechtsschutz. Dieser ist geprägt vom Vorrang des primären Rechtsschutzes. Das Staatshaftungsrecht als weitere Konkretisierung des Rechtsstaatsprinzips ergänze und komplementiere den primären Rechtsschutz.[37] Die ergänzende Funktion des Staatshaftungsrechts ist dahin zu verstehen, dass es nicht über den lückenlos gewährleisteten Primärrechtsschutz hinausgehen solle. Art. 19 Abs. 4 GG enthält damit eine quantitative Beschränkung des sekundären Rechtsschutzes.

Die Säule, um die sich der gesamte Primärrechtsschutz rankt, ist das subjektiv-öffentliche Recht. Diese sich aus dem Grundrechtsbezug aller subjektiv-öffentlichen Rechte ergebende und damit rechtsstaatliche Notwendigkeit bleibt nicht ohne Auswirkungen auf den sekundären Rechtsschutz. Erschöpft sich dieser in seiner ergänzenden Funktion und setzt den primären Rechtsschutz voraus, so müsste auch er an die Verletzung subjektiver Rechte anknüpfen. Dies hätte nicht nur die Harmonisierung des primären Rechtsschutzes mit dem Staatshaftungsrecht zur Folge. Es ist vielmehr der von der Verfassung vorgegebene Rahmen für den sekundären Rechtsschutz. Art. 19 Abs. 4 GG enthält damit auch die qualitative Begrenzung des sekundären Rechtsschutzes.

b) Primärer Rechtsschutz und subjektives Recht

Der von Art. 19 Abs. 4 GG gewährleistete Primärrechtsschutz greift, wenn jemand durch die öffentliche Gewalt *in seinen Rechten verletzt* wird. Damit trifft das Grundgesetz eine Systementscheidung für den Individualrechtsschutz.[38] Die Verletzung solcher subjektiv-öffentlichen Rechte ist Voraussetzung und Schutzziel des gerichtlichen Prüfungsauftrags des Art. 19 Abs. 4 GG. Die subjektiv-öffentlichen Rechte basieren auf der Subjektstellung des Einzelnen, die vor der rechtsstaatlichen, sozialstaatlichen und demokratischen Prägung des GG als dessen Leitidee bezeichnet wurden.[39] Das durch die Elemente der Individualität und Personalität[40] geprägte grundrechtliche Menschenbild ist Ausdruck der Eigenverantwortlichkeit des Einzelnen und dient der Sicherung der Freiheit vor staatlicher Vereinnahmung. Allen subjektiven Rechten gemeinsam sei daher ein personales Interesse des Einzelnen, das norma-

---

[34] BVerfGE 58, 300, 324

[35] vgl. hierzu Ossenbühl, S. 260 f. mit Rechtsprechungsnachweisen

[36] Herzog, in Maunz/Dürig, Art. 20 VI, Rn. 43

[37] Maurer, S. 631, Bonk, in Sachs, Art. 34, Rn. 4

[38] Daneben ist eine gerichtliche Kontrolle staatlichen Handelns auch als objektive Rechtskontrolle denkbar, in der der Schutz subjektiver Rechte eingeschlossen ist, vgl. Krebs, in v. Münch/Kunig, Art. 19 Rn. 58.

[39] vgl. BVerwGE 1, 159, 162

[40] Schmidt-Aßmann, in Maunz/Dürig, Art. 19 IV, Rn. 117

tiv geschützt sei.[41] Das subjektiv-öffentliche Recht ist daher definiert als die dem Einzelnen kraft öffentlichen Rechts verliehene Rechtsmacht, vom Staat zur Verfolgung eigener Interessen ein bestimmtes Verhalten verlangen zu können.[42] Eine nur faktische Betroffenheit in Individualinteressen oder persönlichen Belangen reicht demnach nicht aus.[43] Diese nur faktische Betroffenheit vermag gerade nicht die Frage der rechtlichen Relevanz einer Beeinträchtigung zu beantworten. Sie ist umso konturenloser, je komplexer die Zusammenhänge sind. Bei groß dimensionierten Entscheidungen im Bereich der Umweltpolitik lassen sich aufgrund der weitreichenden Wirkung beinahe beliebig viele Betroffenheiten konstruieren.[44] Ohne normative Wertungen über die Zurechnung von Folgen kann die Rechtsordnung hier genausowenig auskommen wie bei der Schadenszurechnung mit der Formel von der Kausalität.

Art. 19 Abs. 4 GG selbst begründet solche subjektiv-öffentlichen Rechte nicht, er setzt sie vielmehr voraus.[45] Er enthalte auch keine Auslegungsregel dahingehend, wonach von einem subjektiv-rechtlichen Gehalt einfachgesetzlicher Normen im Zweifelsfalle auszugehen sei.[46] Existenz und Gehalt eines subjektiv-öffentlichen Rechts sind daher der Rechtsordnung selbst zu entnehmen. Da das subjektive Recht stets rechtlich geschütztes Individualinteresse ist, muss die als verletzt geltend gemachte Norm – zumindest auch – dem Schutz der Interessen des Berechtigten zu dienen bestimmt sein (sog. Schutznormtheorie).[47] Dies ist im öffentlichen Recht problematisch, da die Verwaltung grundsätzlich im öffentlichen Interesse tätig wird. Die in Rede stehende Norm müsse final auf den Schutz des Betroffenen zielen,[48] sie müsse dessen Freiheitssphäre auszuprägen bestimmt sein und damit statusbegründenden Charakter besitzen.[49] Diene die Norm nicht den Individualinteressen des Betroffenen, so liege allenfalls eine faktische Begünstigung vor, die nur ein Reflex des objektiven Rechts sei.[50]

Liegt ein Verstoß gegen die so ermittelte Schutznorm vor, so ist das subjektiv-öffentliche Recht gleichbedeutend mit dem verletzten verwaltungsrechtlichen Freiheitsstatus des Einzelnen. Dessen Verletzung kann wegen Art. 19 Abs. 4 GG vor den Verwaltungsgerichten geltend gemacht werden. Dies wird teilweise damit begründet, dass den Anfechtungssachen – wie der Staatshaftung – ein gemeinsamer Rechtsgrund der Wiedergutmachung zugrunde liege.[51]

Dagegen wird eingewandt, dass Statusverletzung und subjektives Recht nicht identisch seien.[52] Dem subjektiven Recht fehle andernfalls der eigene materiell-rechtliche Gehalt. Es gewinne seinen Gehalt allein aus Art. 19 Abs. 4 GG. Die bloße Statusverletzung verleihe dem Einzelnen nicht die für die subjektiven Rechte konstituierende Willens- oder Rechtsmacht.[53] Vielmehr setze ein subjektiv-öffentliches Recht im Sinne eines Reaktionsrechts die Verlet-

---

[41] Krebs, in v. Münch/Kunig, Art. 19 Rn. 60

[42] Maurer, S. 152; Peine, Verwaltungsrecht, S. 57; Schmidt-Aßmann, in Maunz/Dürig, Art. 19 IV, Rn. 120

[43] a. A. Henke, Das subjektive öffentliche Recht, S. 57 ff.

[44] Schmidt-Aßmann, in Maunz/Dürig, Art. 19 IV, Rn. 120

[45] BVerfGE 15, 275, 281; 51, 176, 185; 69, 1, 149; 83, 182, 194; Schenke, in Bonner Kommentar, Art. 19 Abs. 4, Rn. 287; Schulze-Fielitz, in Dreier, Art. 19 IV, Rn 43; Huber, in v. Mangoldt/Klein/Starck, Art. 19 Abs. 4, Rn. 397; Schmidt-Aßmann, in Maunz/Dürig, Art. 19 IV, Rn. 119

[46] Schenke, in Bonner Kommentar, Art. 19 Abs. 4, Rn. 287; Schulze-Fielitz, in Dreier, Art. 19 IV, Rn. 47; Jarass, in Jarass/Pieroth, Art. 19, Rn. 26; Schmidt-Aßmann, in Maunz/Dürig, Art. 19 IV, Rn. 143

[47] BVerfGE 31, 33, 39; Schulze-Fielitz, in Dreier, Art. 19 IV, Rn. 44; Schmidt-Aßmann, in Maunz/Dürig, Art. 19 IV, Rn. 118

[48] Schulze-Fielitz, in Dreier, Art. 19 IV, Rn. 44

[49] Rupp, S. 221

[50] Schmidt-Aßmann, in Maunz/Dürig, Art. 19 IV, Rn. 136

[51] Menger, Über die Identität des Rechtsgrundes der Staatshaftungsklagen und einiger anderer Verwaltungsstreitsachen, S. 347 ff.

[52] Rupp, S. 165

[53] Rupp, S. 170

zung der Freiheitssphäre voraus.[54] Diese lege gleichsam den Boden für das subjektive Recht, das aus der die Individualinteressen schützenden Norm zu entwickeln sei.

c) Bestimmung der subjektiven Rechte

Als subjektiv-öffentliche Rechte kommen alle Rechtssätze in Betracht, die einen Träger hoheitlicher Gewalt verpflichten können. Neben den Grundrechten[55] finden sich solche Rechtssätze vor allem in (einfachen) Gesetzen, Rechtsverordnungen oder Satzungen, auch im EG-Recht.[56] Die Rechtssätze müssen aber nicht zwingend dem öffentlichen Recht entstammen, auch wenn dies den Regelfall[57] bilden dürfte. Da auch der privatrechtlich handelnde Staat öffentliche Gewalt ausübt, sind auch privatrechtlich begründete subjektive Rechte erfasst.[58] Entscheidend könne nur sein, ob die subjektiven Rechte auch vor der öffentlichen Gewalt schützten.[59]

Die Suche nach dem subjektiv-öffentlichen Recht gestaltet sich einfach, wenn eine öffentlich-rechtliche Norm ausdrücklich Abwehr-, Leistungs-, Teilhabe- oder Gestaltungsrechte für den Bürger formuliert. Hier fallen der Anspruch auf Erteilung einer baurechtlichen Erlaubnis oder Ansprüche des Sozialrechts ein. Wird der vom Kläger geltend gemachte Anspruch, sei er nun gesetzlicher oder vertraglicher Art, durch die Behörden nur unzureichend erfüllt oder versagt, so ist der Kläger in seinen Rechten verletzt. In der Regel wird eine Norm des öffentlichen Rechts, die dem Betroffenen ein solches Recht ausdrücklich einräumt, nicht gegeben sein. Dann steht die Rechtsanwendung vor der oftmals schwierigen Ermittlungsaufgabe, ob einer Norm ein subjektives Recht des Betroffenen innewohnt. Diese Aufgabe kommt der Schutznormtheorie zu.

Die Schutznormlehre begreift die Ermittlung des subjektiv-rechtlichen Gehalts einer Norm als Aufgabe juristischer Auslegungslehren.[60] Ziel der Auslegung ist es, den bereits angesprochenen statusbegründenden Charakter der einzelnen Norm ausfindig zu machen. Nur dann könne sich aus der Verletzung der Norm ein subjektives Recht des Einzelnen ergeben, andernfalls erzeugt die Norm einen bloßen Rechtsreflex. Der statusbegründende Charakter muss über ein Herausfiltern der in der Norm enthaltenen Rechtspflichten für die Verwaltung ermittelt werden. Enthält der Wortlaut keine Hinweise auf ein subjektives Recht, so ist der gleichwohl mögliche subjektiv-rechtliche Gehalt nach den allgemeinen Auslegungsregeln zu erforschen. Mit Recht wird darauf hingewiesen, dass vor allem im Bereich der Gesetzesnormen von der historischen Auslegung Abstand zu nehmen sei, da dies eine zu starke Ausrichtung an der Begründungsabsicht des historischen Gesetzgebers bedeute.[61] Insbesondere könne nicht von einer fehlenden Begünstigungsabsicht des historischen Gesetzgebers auf das Fehlen eines subjektiv-rechtlichen Gehalts geschlossen werden.[62]

---

[54] Rupp, S. 171

[55] Papier, HdbStR VI, § 154, Rn. 139; Schenke, in Bonner Kommentar, Art. 19Abs. 4 , Rn. 285; Jarass, in Jarass/Pieroth, Art. 19 Rn. 25; Krebs, in v. Münch/Kunig, Art. 19 Rn. 59

[56] hierzu ausführlich Jarass, Grundfragen der innerstaatlichen Bedeutung des EG-Rechts, S. 57 ff. Völkerrechtliche Verträge bzw. deren Zustimmungsgesetze gewähren dagegen nur selten subjektive Rechte, vgl. BVerfGE 57, 9, 25.

[57] Krebs, in v. Münch/Kunig, Art. 19 Rn. 59; Schulze-Fielitz, in Dreier, Art. 19 IV, Rn 43

[58] Schenke, in Bonner Kommentar, Art. 19 Abs. 4 , Rn. 286; Krebs, in v. Münch/Kunig, Art. 19 Rn. 59

[59] Schenke, in Bonner Kommentar, Art. 19Abs. 4 , Rn. 286

[60] Schmidt-Aßmann, in Maunz/Dürig, Art. 19 IV, Rn. 128

[61] Schmidt-Aßmann, in Maunz/Dürig, Art. 19 IV, Rn 129

[62] Schmidt-Aßmann, in Maunz/Dürig, Art. 19 IV, Rn 138

Die Auslegung hat daher in erster Linie auf den Normzweck, die Normstruktur und das umgebende Normgefüge abzustellen.[63] Dabei[64] komme es zunächst darauf an, ob die Norm einen bestimmten, von der Allgemeinheit klar abgrenzbaren Personenkreis erkennen lasse, dessen Schutz sie diene. Dies sei regelmäßig dann der Fall, wenn das Gesetz den Kreis der Individualbegünstigten in einer hinreichend praktikablen Weise[65] umschreibe. In einem zweiten Schritt sei die Schutzfähigkeit der Individualberechtigten zu ermitteln. Erst die Anerkennung, dass der Interessenträger zum Schutz dieses Interesses die Rechtsprechung nach eigenem Entschluss in Bewegung setzen könne, begründe den vollen Tatbestand des subjektiven Rechts.

Gegen die Schutznormtheorie wurde der Vorwurf erhoben, es sei nicht vorhersehbar, ob einer Norm ein subjektives öffentliches Recht zu entnehmen sei oder nicht.[66] So sei es mehr oder weniger willkürlich, wann ein rechtliches Interesse zu bejahen sei und in der Praxis vom Rechtsgefühl des Richters abhängig.[67] Insbesondere im Baurecht habe die Schutznormtheorie zu einer verwirrenden Kasuistik geführt.[68] Gegen diesen Vorwurf der Rechtsunsicherheit wurde eingewandt, dass das Netz gesetzlicher Regelungen gerade in komplexen Regelungsbereichen eine Vielzahl von Interessen ordnen und in Ausgleich bringen müsse. Dieser Differenzierungsbedarf des Regelungsbestands dürfe nicht durch schematische Lösungen verdeckt werden. Zahlreiche Divergenzen bestünden ohnehin nur dem Anschein nach, erklärten sich aber aus dem landes- oder ortsunterschiedlichen Regelungsauftrag der das Baurecht prägenden Landesgesetze und Ortsstatuten.[69]

Nicht jeder Verstoß gegen eine wie dargestellt ermittelte Norm führt aber zur Verletzung eigener Rechte. Vielmehr müsse zwischen dem objektiven Rechtsverstoß und dem subjektiven Recht ein spezifischer Zusammenhang bestehen (Rechtswidrigkeitszusammenhang).[70] Dieser meint den Zusammenhang zwischen der objektiven Rechtsverletzung und der Beeinträchtigung der durch das subjektive Recht gewährleisteten Freiheitssphäre. Das ist regelmäßig der Fall, wenn es um eine den Kläger als Adressaten belastende Maßnahme geht. Im übrigen bedarf dieser Zusammenhang bei der Belastung von Drittbetroffenen einer eigenen Begründung. Für das Herausfinden der Freiheitssphäre wird vielfach an anderweitig bestehende Rechtspositionen angeknüpft. So seien subjektive Rechte betroffen, wenn die absoluten Rechtsgüter des § 823 Abs. 1 BGB durch die öffentliche Gewalt verletzt würden.[71]

Dieser Methode der Konturierung des subjektiven Rechts mittels bewährter Rechtspositionen ist aber eine falsche Herangehensweise attestiert worden.[72] Sie frage nicht danach, ob das verletzte Verwaltungsgesetz selbst einen subjektiven Freiheitsraum gegenüber der Verwaltung geschaffen habe.[73] Vielmehr versuche sie, diesen Freiheitsraum über die Verletzung irgendwelcher Rechtspositionen zu definieren, die nicht mit der individuellen Freiheit vor ungesetzlichem Zwang identisch sind. Diese Individualisierung einer objektiven Gesetzesverletzung durch die Verwaltung gehe von der unzulässigen Annahme aus, die Rechtsgüter des § 823 Abs. 1 BGB seien, weil sie mit Ansprüchen bewehrt sind, in gleicher Weise auch im

[63] Schmidt-Aßmann, in Maunz/Dürig, Art. 19 IV, Rn 139
[64] eingehend Bachof, GS Jellinek, S. 287, 296 ff.
[65] BVerwGE 66, 307, 308
[66] Bauer, AöR 1988, 582 ff.
[67] Rupp, S. 247
[68] vgl. Maurer, S. 158
[69] Schmidt-Aßmann, in Maunz/Dürig, Art. 19 IV, Rn. 130
[70] Schulze-Fielitz, in Dreier, Art. 19 IV, Rn. 57; Jarass, in Jarass/Pieroth, Art. 19 Rn. 28; Schmidt-Aßmann, in Maunz/Dürig, Art. 19 IV, Rn 156
[71] Papier, in MüKo,§ 839, Rn. 226
[72] Rupp, S. 223 ff.
[73] Rupp, S. 223

öffentlichen Recht, im Verhältnis des Einzelnen zur Exekutivgewalt apriorisch fest umrissene Individualbastionen.[74] Vielmehr seien auch die absoluten Rechte nur denkbar als Inbegriffe rechtlich geregelter sozialer Beziehungskomplexe. Das Rechtsgut gewinne seine Bedeutung erst dadurch, dass es in der Rechtsordnung zum Gegenstand subjektiver Rechte oder Pflichten gemacht werde. Der Gedanke des Rechtsguts sei deshalb schon irreführend, da er die Vorstellung erzeuge, Recht lasse sich in bestimmte, soziologisch vorgefundene Gegebenheiten einfangen.

Dieser Auffassung ist zuzustimmen. Auch der Verletzung der in § 823 Abs. 1 BGB geschützten Rechtsgüter geht die Verletzung einer Rechtspflicht voraus, diese Güter nicht zu beeinträchtigen. Den absoluten Rechten kommt keine vorrechtliche Bedeutung zu, sie stellen sich im Ergebnis als ein Bündel von Rechtspflichten dar. Die Verletzung dieser Rechtsgüter vermag aber dort kein subjektives Recht zu begründen, wo eine Norm verletzt wurde, die nicht diese Rechtsgüter schützt, sondern Rechtspflichten für die Verwaltung statuiert. Vielmehr ist aufgrund der Rechtspflichten zu ermitteln, ob ein individueller Belang eines Bürgers betroffen ist. Mag die verletzte Interessensphäre des Einzelnen durch andere Rechtsnormen noch so sehr geschützt sein, bleibt ein etwaiges Interesse des Betroffenen rechtlich irrelevant, sofern die verletzte Norm nicht diesen Schutzzweck erfüllt.

d) Grundrechte und subjektive Rechte

Grundrechte, namentlich die Freiheitsrechte, stellen nach einhelliger Auffassung subjektiv-öffentliche Rechte dar. Durch die Festlegung von Freiräumen vor hoheitlichem Zwang sind sie gleichsam Ursprung der subjektiven Rechte. Subjektive Rechte folgen aus Grundrechtsverbürgungen.[75] Dennoch machen sie die Vorschriften des einfachen Rechts nicht überflüssig. Dieser Feststellung kommt keine große Bedeutung im Bereich der klassischen Grundrechtseingriffe zu. Hier kann sich der Adressat eines an ihn gerichteten normativen Befehls regelmäßig auf die subjektiven Grundrechte berufen. Anderes gilt in Bereichen, in denen mehrere grundrechtlich geschützte Interessen einander gegenüberstehen. Dies gilt vor allem im Bereich mehrpoliger Verhältnisse wie in den Fällen von Drittbetroffenheit, bei denen abwehr- und leistungsrechtliche Konstellationen ineinander übergehen.

Andererseits könnten die Grundrechte auch nicht jede mittelbare Beeinträchtigung schützen. Hier bedürfe es einer Entscheidung über den Schutz der unterschiedlichen und in unterschiedlichem Ausmaß betroffenen Interessen.[76] Diese seien auf eine Grundrechtskoordination durch gesetzliche Ausformung angewiesen[77] Daher wird von einer Ausformungsbedürftigkeit[78] der Grundrechte durch das einfache Gesetz gesprochen. Diese Aufgabe fällt primär in den Kompetenzbereich des Gesetzgebers.[79] Er kann in diesem Kontext festlegen, ob und inwieweit die Interessen des Einzelnen zu schützen sind. Es sei einer der zutreffenden Gedanken der Schutznormlehre, dass die Suche nach dem subjektiven Recht im einfachen Recht anzusetzen habe, dem, soweit erforderlich, im Wege der Auslegung zu entnehmen sei, ob es den von ihm tatsächlich bewirkten Schutz faktischer Interessen auch rechtlich bezwecke.[80] Der Anwendungsvorrang des einfachen Rechts darf aber nicht dazu führen, dass die Ermittlung eines subjektiven Rechts sich auf dessen Interpretation beschränkt.[81] Da dieses in der

---

[74] Rupp, S. 223
[75] Schmidt-Aßmann, in Maunz/Dürig, Art. 19 IV, Rn. 121
[76] Krebs, in v. Münch/Kunig, Art. 19 Rn. 60
[77] Schmidt-Aßmann, in Maunz/Dürig, Art. 19 IV, Rn. 121
[78] Schmidt-Aßmann, in Maunz/Dürig, Art. 19 IV, Rn. 121
[79] Krebs, in v. Münch/Kunig, Art. 19 Rn. 60
[80] Krebs, in v. Münch/Kunig, Art. 19 Rn. 60
[81] Maurer, S. 158 f.; Peine, S. 60

Regel nicht bei der Beantwortung der Frage helfe, ob eine öffentlich-rechtliche Norm bestimmten Individualinteressen zu dienen bestimmt sei, müssten die Unterscheidungsmaßstäbe anderswo gesucht werden. Sie fänden sich in erster Linie im Verfasssungsrecht und ergäben sich aus der Grundstruktur des Verhältnisses des Einzelnen zum Staat.[82] Subjektive Rechte lassen sich gerade in den Fällen des Drittschutzes nur gewinnen, wenn man den Blick zwischen dem vorstrukturierenden Normenmaterial und den zentralen Grundrechtsaussagen hin- und herwandern lasse.[83] Der bereits vorhandene Garantiegehalt der einfachrechtlichen Vorschrift kann durch eine grundrechtsorientierte Auslegung angereichert werden. Hier wird auch von einem grundrechtlichen Wirkungszusammenhang gesprochen.[84]

Grundsätzlich wird man davon ausgehen können, dass, wenn ein Verwaltungsgesetz in den Entfaltungsbereich einer Person greift, die solcherart sich berührenden Interessen eines Einzelnen durch dieses Gesetz als geschützt angesehen werden. Dies ergebe sich daraus, dass das Individuum der staatlichen Gewalt vorgegeben und der Mensch auch im Verwaltungsbereich Subjekt sei.[85] Andererseits werden aber auch nicht alle so verstandenen Eigeninteressen nach der Struktur des Grundgesetzes gebilligt. Jedes Eigeninteresse steht in einem Spannungsverhältnis mit den Interessen anderer und der Gemeinschaft.[86] Bei Gesetzen, die widerstreitende Interessen in Einklang bringen müssen, kommt dem einfachen Recht oftmals die Aufgabe zu, die durch entgegengesetzte Grundrechtspositionen sich ergebenden Konflikte aufzulösen und zu koordinieren. Grundrechte können dann auch einer Auslegung einer einzelnen Vorschrift als Schutznorm entgegentreten.

Grundrechte selbst stellen nur in Ausnahmefällen unmittelbar subjektive Rechte dar, wenn Normen des einfachen Rechts fehlen. Dies scheint bereits deshalb geboten, weil sich allein aus den Grundrechten nur schwerlich der genaue Inhalt eines subjektiven Rechts ermitteln lasse. Vielmehr wird man versucht sein, insbesondere was das von Art. 14 GG geschützte Eigentum anbelangt, das, was das Zivilrecht unter Eigentum versteht, in das öffentliche Recht hinüberzuleiten und grundrechtlich als subjektives Recht auszustatten.[87] Damit unterschlägt man, dass das Grundgesetz, wie bereits Art. 14 Abs. 1 S. 2 GG andeutet, den Begriff des Eigentums anders definiert haben will als das bürgerliche Recht. Vielmehr sei von einem selbständigen staatsgerichteten Eigentum – und aller anderen Grundrechte – auszugehen.[88] Zudem führt die vorschnelle Annahme der Verletzung von Grundrechten zu einer ähnlichen Problematik wie oben bei § 823 Abs. 1 BGB dargestellt. Sie übergeht die Frage, ob durch die verletzte Rechtspflicht gerade das grundrechtlich verbürgte Eigentum geschützt werden sollte. Ob ein Interesse aber rechtlich geschützt ist, soll dem verletzten Verwaltungsgesetz entnommen werden. Dann aber bedarf es nicht mehr des Rückgriffs auf die Grundrechte.

Der Rückgriff auf Grundrechte wurde im Bereich der Art. 2 Abs. 1,[89] 12 Abs. 1,[90] 14 Abs. 1 GG, hier beim baurechtlichen Nachbarschutz,[91] vorgenommen. Da aber die Grundrechte nicht vor jeder nachteiligen Betroffenheit des Einzelnen schützen, kann ein solcher Rückgriff dann erfolgen, wenn der staatlichen Maßnahme Eingriffsqualität zukommt. Dies wird bejaht, wenn die Maßnahme final oder unmittelbar zur Grundrechtsbeeinträchtigung

[82] Rupp, S. 246
[83] Schmidt-Aßmann, in Maunz/Dürig, Art. 19 IV, Rn. 121
[84] Schmidt-Aßmann, in Maunz/Dürig, Art. 19 IV, Rn. 123
[85] Bachof, Jellinek-GS, S. 297 ff.
[86] Bachof, Jellinek-GS, S. 297 ff.
[87] Rupp, S. 235
[88] Rupp, S. 239
[89] BVerwGE 30, 191, 198; 60, 154, 159 f.; 65, 167, 174
[90] BVerwGE 71, 183, 191 ff.
[91] BVerwGE 32, 173, 178 f.

führt. Faktische Beeinträchtigungen reichen wiederum im Regelfall nicht aus, wurden aber teilweise bei besonders qualifizierter Betroffenheit als ausreichend angesehen.[92] Entscheidend sei in Ermangelung formaler Eingriffskriterien der Schutzzweck des jeweiligen Grundrechts.[93] Um aber der Gefahr der Unbestimmtheit eines solchen grundrechtlichen subjektiven Rechts entgegenzuwirken, versucht die Rechtsprechung, dem Grundrechtseingriff nur unter erschwerenden Voraussetzungen ein hieraus abgeleitetes subjektives Recht korrespondieren zu lassen. Durch den Eingriff muss der grundrechtliche Garantiegehalt betroffen sein. Der Eingriff müsse den Nachbarn schwer und unerträglich treffen.[94] Im Bereich des Subventionsrechts kann die Begünstigung eines Unternehmens ein anderes – mangels einfachgesetzlicher Regelung – in dessen durch Art. 2 Abs. 1 GG geschützter Wettbewerbsfreiheit betreffen.[95] Hier ist es freilich schwierig, klare Grenzen zu ziehen. Allein die nachteilige Veränderung der Wettbewerbsbedingungen genügt noch nicht, um einen Eingriff in Art. 2 Abs. 1 GG anzunehmen. Die Fähigkeit der Teilnahme am Wettbewerb müsse so eingeschränkt sein, dass die Möglichkeit des Betroffenen, sich als verantwortlicher Unternehmer zu betätigen, beeinträchtigt gewesen sei.[96]

Wesentlich problematischer ist die Frage, ob sich aus Grundrechten auch Leistunganspruche ergeben können. Dies wird überwiegend abgelehnt. Hier ist der Vorrang des einfachen Rechts unzweifelhaft, da aufgrund einer Grundrechtsnorm allein die nähere Ausgestaltung eines Anspruches vor allem auf die präzise, ziffernmäßig bestimmte Gewährung nicht geschlossen werden kann. Indessen können sich bezüglich Teilhabeansprüchen, die sich auf die Einbeziehung in eine staatliche Vergünstigung beziehen, subjektive Rechte über Art. 3 Abs. 1 GG ergeben.

3. Art. 34 S. 1 GG

a) Verankerung der Amtshaftung

Rechtsprechung und Schrifttum gehen nahezu einhellig davon aus, dass die grundgesetzlich durch Art. 34 GG gewährleistete Staatshaftung trotz ihrer systematischen Stellung nach der Regelung der staatsbürgerlichen Rechte und Pflichten und des Beamtentums als unmittelbarer Ausfluss des Rechtsstaatsprinzips zu sehen ist.[97] Art. 34 S. 1 GG regelt die grundsätzliche Verantwortlichkeit der öffentlichen Hand, wenn jemand in Ausübung eines öffentlichen Amts drittgerichtete Amtspflichten verletzt. Die überkommene Bedeutung dieser Vorschrift kann nur durch ihre Beziehung zu § 839 BGB verstanden werden. Dieser statuiert eine Eigenhaftung des Beamten bei Schädigung eines Bürgers durch die schuldhafte Verletzung drittgerichteter Amtspflichten. Trotz dieses seit der Wende vom 19. zum 20. bestehenden gesamtstaatlichen Zivilanspruchs gelang es zunächst nicht, gesamtstaatlich eine subsidiäre oder primäre Staatshaftung durchzusetzen.[98] Dies hat seinen Grund in der im 18. und 19. Jahrhundert herrschenden römisch-rechtlichen Mandatstheorie,[99] nach der das Beamtenverhältnis ein privatrechtlicher Mandatskontrakt war. Dieser sah eine Zurechnung des Beamtenverhaltens an den Staat nur dann vor, wenn dieser sich im Rahmen seines Mandats hielt. Rechtswidriges Verhalten war indessen *contra mandatum*; der Beamte handelte als Privatperson. *Si excessit,*

---

[92] BVerwGE 71, 183, 193 ff.
[93] BVerwGE 71, 183, 192
[94] seit BVerwGE 32, 173, 178
[95] BVerwGE 60, 154, 159; 65, 167, 174
[96] BVerwGE 65, 167, 174
[97] Ossenbühl, S. 9; Dagtoglou, in Bonner Kommentar, Art. 34, Rn 29; Bonk, in Sachs, Art. 34, Rn. 8; kritisch v. Danwitz, in v. Mangoldt/Klein/Starck, Art. 34, Rn. 40; Schröer, JZ 1958, S. 422
[98] Kühne, Die Reichsverfassung der Paulskirche, S. 421
[99] Zur Kritik hieran bereits Zoepfl, Grundsätze des allgemeinen und monarchischen Staatsrechts[3], 1846, S. 370 f.

privatus est.[100] Mit dem rechtswidrigen Verhalten des Beamten konnte der Staat wegen der ihm unterstellten Unrechtsunfähigkeit haftungsmäßig nach der These *the king can do no wrong* nichts zu tun haben.

Für die entgegengesetzte Repräsentations- oder Organtheorie, die bereits in der Vorschrift des § 138 Abs. 5 der Reichsverfassung der Paulskirche aus dem Jahre 1848 ihren Niederschlag gefunden hatte, wenn auch noch auf bestimmte Haftungsverpflichtungen beschränkt,[101] war die Zeit vor diesem Hintergrund noch nicht reif. Dies änderte sich langsam, als im 19. Jahrhundert allmählich ein öffentlich-rechtliches Verständnis des Beamtenverhältnisses die Oberhand gewann. Der Gesetzgeber des BGB überlies gleichwohl durch Art. 77 EGBGB dem Reich und den Ländern die Entscheidung, ob die Eigenhaftung auf den Staat übergeleitet werde oder nicht. Hiervon haben Reich und Länder in unterschiedlicher Weise Gebrauch gemacht, wobei die meisten Einzelstaaten eine Haftungsüberleitung auf den Staat normierten.[102] Erst Art. 131 WRV beseitigte die unterschiedlichen Regelungen der Haftungsübernahme und ordnete einheitlich die grundsätzliche Übernahme der Haftung durch die jeweilige Anstellungskörperschaft an. Diese Regelung übernahm Art. 34 S. 1 GG mit modifizierter Formulierung ohne inhaltliche Änderung.[103]

Die ursprüngliche Aussage des Art. 34 S. 1 GG liegt in der verfassungsrechtlichen Verankerung der Amtshaftung nach § 839 Abs. 1 BGB,[104] an den sie tatbestandlich, konstruktiv und dogmatisch angeseilt[105] ist. Die Verantwortlichkeit, die Art. 34 S. 1 GG meint, ist die Schadensersatzverpflichtung des Amtsträgers, die aus § 839 BGB oder einer anderen, die Eigenhaftung für Amtswalterverschulden regelnden Norm wie § 18 StVG folgt. Er normiert eine befreiende Schuldübernahme kraft Gesetzes.[106] Der Vorschrift komme daher jedenfalls – nach anderer Auffassung aussschließlich[107] – haftungsverlagernde, nicht haftungsbegründende Bedeutung zu.[108] Sie verschiebe lediglich die Passivlegitimation.[109] Wegen dieser Konstruktion bleibe die Staatshaftung als mittelbare Haftung durch die deliktische Ausgangsnorm begrenzt.[110]

b) Institutionelle Garantie der Staatshaftung

Aus dogmatischen Gründen dringt in jüngerer Zeit zunehmend die Auffassung durch, dass in Art. 34 GG die eigentliche Anspruchsnorm zu sehen sei, die durch § 839 BGB konkretisiert werde.[111] Zurecht wird ins Feld geführt, dass eine Verfassungsvorschrift niemals bloßes Anhängsel einer einfachgesetzlichen Regelung sein könne.[112] Vielmehr erschöpfe sich

---

[100] Papier, in HbStR VI, S. 1355
[101] Kühne, Die Reichsverfassung der Paulskirche, S. 421
[102] Vgl. das preußische Gesetz über die Haftung des Staates und anderer Verbände für Amtspflichtverletzungen von Beamten bei der Ausübung der öffentlichen Gewalt vom 1.8.1909, GS 691, und das Reich mit dem Reichsbeamtenhaftungsgesetz vom 22.5.1910, RGBl. 798
[103] zur historischen Entwicklung vgl. Ossenbühl, S. 6 ff.; Heidenhain, Amtshaftung und Entschädigung aus enteignungsgleichem Eingriff, 1965, S. 15 ff.; Wieland, in Dreier, Art. 34, Rn. 1; Bryde, in v. Münch/Kunig, Art. 34, Rn. 2; Bonk, in Sachs, Art. 34, Rn. 9; BVerfGE 61, 149; es soll darauf hingewiesen werden, dass die Haftungsübernahme durch den Staat zwar in der Regel, jedoch nicht ausnahmslos erfolgt, vgl. §§ 5 RBHG, 19 BNotO; zur Frage der Verfassungsmäßigkeit des Ausschlusses s. Maurer, S. 651
[104] v. Danwitz, in v. Mangoldt/Klein/Starck, Art. 34, Rn. 3
[105] nach der bekannten Begrifflichkeit von Jellinek, JZ 1955, 147
[106] Ossenbühl, S. 10; Bryde, in v. Münch/Kunig, Art. 34 Rn. 11
[107] Wieland, in Dreier, Art. 34, Rn. 23; BVerfGE 61, 149, 198 unter Hinweis auf die bisher h. M.
[108] Papier, S. 1358
[109] Wolff, Verwaltungsrecht, S. 395
[110] Bryde, in v. Münch/Kunig, Art. 34 Rn. 11
[111] Maurer, S. 634; Dagtoglou, in Bonner Kommentar, Art. 34, Rn. 43; Bonk, in Sachs, Art. 34, Rn. 53
[112] Dagtoglou, in Bonner Kommentar, Art. 34, Rn. 31

Art. 34 S. 1 GG nicht in seiner Funktion als unmittelbar geltende Zurechnungsnorm. Die primäre Funktion des Art. 34 GG wird vielmehr in einer institutionellen Staatshaftungsgarantie oder Einrichtungsgarantie gesehen.[113] Zwar handle es sich bei Art. 34 GG nicht um ein Grundrecht oder grundrechtsgleiches Recht, worauf bereits die Stellung des Art. 34 GG im Abschnitt *Der Bund und die Länder* hinweise[114] Dies folgt nunmehr auch aus Art. 93 Abs. 1 Ziff. 4 lit. a GG, der Art. 34 GG nicht zu den verfassungsbeschwerdefähigen Grundrechten oder grundrechtsgleichen Rechten rechnet. Während der Vorarbeiten zum Grundgesetz wurde der Staatshaftungsbestimmung indessen wiederholt Grundrechtscharakter zuerkannt und die Auffassung vertreten, diese Vorschrift gehöre – nach dem Vorbild des Art. 131 WRV – in den Grundrechtsteil des Grundgesetzes.[115]

Andererseits handelt es sich nicht um einen unverbindlichen Programmsatz oder eine bloße Staatszielbestimmung, sondern um unmittelbar geltendes und anwendbares Verfassungsrecht, das alle staatlichen Ebenen bindet.[116] Während für die Funktion der Haftungsverlagerung die Verfassungsrangigkeit des Art. 34 GG zu Recht als eher zufällig bezeichnet wurde, besteht die spezifische Wirkkraft der Verfassungsnorm in der ihr innewohnenden institutionellen Garantie, dass Ausschlüsse und Beschränkungen der *grundsätzlichen* Haftung der Hoheitsträger nur in Ausnahmefällen und nur aufgrund eines formellen Gesetzes[117] zulässig seien.[118] Das Vorhandensein eines Ausführungsgesetzes sei daneben für die grundsätzliche Existenz einer Staatshaftung nicht konstitutiv.[119]

Gleichwohl steht aber die Frage im Raum, ob Art. 34 GG ein impliziter Verfassungsauftrag an den Gesetzgeber zu entnehmen sei, das Staatshaftungsrecht einer konkretisierenden Regelung zuzuführen.[120] Dies muss vor dem Hintergrund gesehen werden, dass das durch das Zusammenspiel von Art. 34 GG und § 839 BGB geprägte Amtshaftungsrecht nur als rechtsstaatliche Mindestgarantie[121] zugunsten des durch die hoheitliche Gewalt Geschädigten angesehen wird. Diese beschränkte Funktion des Art. 34 GG verleiht ihm als staatsrechtlicher Grundsatznorm nicht die Bedeutung, die mit der anderer Einrichtungsgarantien vergleichbar wäre. Sie bewirkte vielmehr eine Akzentverlagerung, die das Normverständnis von einer bewahrenden Garantiefunktion der Einrichtungsgarantien zur Auslegung als gestaltungsoffene Grundsatznorm geführt und damit den Weg für eine weitreichende gesetzgeberische Ausgestaltung der Staatshaftung geebnet habe.[122]

c) Inhalt der Gewährleistung

Wegen des engen Kontexts des Art. 34 GG zur Regelung des § 839 BGB falle es nach zutreffender Auffassung schwer, der grundgesetzlichen Gewährleistung der Staatshaftung eine Zielsetzung zu entnehmen, aus der eine konkrete Regelungsidee gewonnen werden könne.[123]

---

[113] statt vieler Stern, Staatsrecht I, S. 387; Papier, in HbStR VI, S. 1359; Bonk, in Sachs, Art. 34, Rn. 3; a. A. Wieland, in Dreier, Art. 34, Rn. 23
[114] h. M., Windthorst/Detterbeck/Sproll, Staatshaftungsrecht;,S. 101; Rittstieg, in Alternativkommentar, Art. 34, Rn. 9; Dagtoglou, in Bonner Kommentar, Art. 34, Rn. 28; Bryde, in v. Münch/Kunig, Art. 34, Rn. 1; v. Danwitz, in v. Mangoldt/Klein/Starck, Art. 34, Rn. 37
[115] Dagtoglou, in BK, Art. 34, Rn. 28; a.A. Stern, Staatsrecht III/1, S. 378
[116] Pfab, S. 89; Detterbeck/Windthorst/Sproll, S. 100; Bonk, in Sachs, Art. 34, Rn. 2
[117] a.A. BayVGH, NVwZ 1985, 844 f., der auch eine Satzung ausreichend sein lässt.
[118] Papier, S. 1359 f.; Detterbeck/Windthorst/Sproll, S. 102
[119] Bonk, in Sachs, Art. 34, Rn. 2
[120] hierzu Pfab, S. 89 ff.; Windthorst, JuS 1995, 791, Detterbeck/Windthorst/Sproll, S. 101
[121] Papier, S. 1359 f.; Wieland, in Dreier, Art. 34, Rn. 23; Bryde, in v. Münch/Kunig, Art. 34, Rn. 1
[122] v. Danwitz, in v. Mangoldt/Klein/Starck, Art. 34, Rn. 43
[123] v. Danwitz, in v. Mangoldt/Klein/Starck, Art. 34, Rn. 36

Dennoch sei es an der Zeit, über die bisherige Amtshaftungskonstruktion hinwegzudenken.[124] Die derzeitige Konzeption der Staatshaftung als mittelbare, verschuldensabhängige Amtshaftung sei von Art. 34 GG verfassungsrechtlich nicht festgeschrieben.[125]

Vielmehr gilt es zu klären, welche Bindungen sich aus Art. 34 S. 1 GG ergeben, um so die Konturen der in dieser Norm angelegten institutionellen Garantie freizulegen. Ausgenommen von der Garantiefunktion ist das Verschulden.[126] Der Wortlaut des Art. 34 S. 1 GG verlangt ein solches nicht. Die Erwähnung in Art. 34 S. 2 GG zwingt nicht zum Gegenschluss. Dieser bezieht sich auf den Regress, also auf das Innenverhältnis zwischen verantwortlichem Hoheitsträger und handelndem Amtswalter. Zudem stehe die Vorschrift in ihrer jetzigen Fassung – wie auch das BVerfG[127] betont – einer unmittelbaren Staatshaftung nicht entgegen, auch wenn sie diese nicht gebiete.[128] Die früher gegen die unmittelbare Staatshaftung sprechende Auffassung von der Unrechtsunfähigkeit des Staats ist inzwischen jedenfalls überholt.

Art. 34 S. 1 GG enthält die verfassungskräftige Vorgabe, dass die Schädigung dem hoheitlichen Funktionskreis zuzurechnen und durch Verletzung einer drittgerichteten Amtspflicht erfolgt sein muss. Dem Merkmal der Drittgerichtetheit kommt haftungsbegrenzende Funktion zu.[129] Es reicht für den Anspruch aus Art. 34 GG nicht aus, dass jemand infolge einer Amtspflichtverletzung Nachteile erleidet. Die verletzte Amtspflicht muss gerade im Interesse bzw. zum Schutz des Einzelnen und nicht etwa im Interesse der Allgemeinheit oder des Staats bestehen.[130] Die keineswegs zufällige Parallele zum subjektiven Recht liegt auf der Hand.[131] Auch die Lehre vom subjektiven öffentlichen Recht bejaht ein solches dann, wenn eine zwingende Rechtsvorschrift nicht nur dem öffentlichen Interesse, sondern – zumindest auch – dem Interesse einzelner Bürger zu dienen bestimmt sei.[132] Der Drittbezug der Amtspflicht sei daher immer gegeben, wenn der verletzten Amtspflicht ein subjektives öffentliches Recht des Verletzten korrespondiere. Liege dagegen kein Eingriff in subjektiv-öffentliche Rechte vor, so bestimme sich der Kreis der anspruchsberechtigten Dritten nach dem Zweck der Amtspflichten.[133]

Ungenau und teilweise unzutreffend ist die Aussage, dass wegen der Drittrichtung der verletzten Amtspflicht Art. 34 GG keine reine Kausal-, Rechts- oder Pflichtwidrigkeitshaftung erlaube.[134] Zwar widerspricht eine Haftung für einen objektiven Rechtsverstoß ohne Beeinträchtigung subjektiver Rechte des Betroffenen dem Wortlaut des Art. 34 GG, eine „reine" Rechtswidrigkeitshaftung, die Haftungsfolgen allein an das Vorliegen der Verletzung eines subjektiven Rechts anknüpft ist aber mit Art. 34 GG nicht nur vereinbar, sondern auch erstrebenswert.

III. Stellungnahme

Vor dem Hintergrund des Rechtsstaatsprinzips können sich die Träger hoheitlicher Gewalt einer Unrechtshaftung nicht entziehen. Das Rechtsstaatsprinzip kann, wie in einer Zusam-

[124] Weyreuther, S. 54
[125] Papier, S. 1359 f.; Detterbeck/Windthorst/Sproll, S. 101
[126] Papier, S. 1359 f.; Detterbeck/Windthorst/Sproll, S. 102
[127] BVerfGE 61, 149, 198 ff.
[128] Bonk, in Sachs, Art. 34, Rn. 53
[129] statt aller Maurer, S. 640; Bonk, in Sachs, Art. 34, Rn. 70
[130] Papier, S. 1369
[131] Maurer, S. 640; Wieland, in Dreier, Art. 34, Rn. 34
[132] Maurer, S. 155
[133] Papier, S. 1370
[134] Bonk, in Sachs, Art. 34, Rn. 70

menschau der Artikel 20 Abs. 3, 19 Abs. 4 und 34 S. 3 GG zum Ausdruck kommt, als gestuft betrachtet werden. Art. 20 Abs. 3 GG stellt das unbedingte Postulat an jegliche Staatsgewalt zu rechtmäßigem Handeln auf. Bei möglicher Verletzung eigener Rechte der Untergebenen durch hoheitliches Handeln stellt Art. 19 Abs. 4 GG die Möglichkeit der lückenlosen Rechtsmäßigkeitskontrolle durch eine unabhängige Verwaltungsgerichtsbarkeit zur Verfügung. Art. 34 S. 3 GG manifestiert auf dritter Stufe die Verantwortlichkeit der Träger hoheitlicher Gewalt bei hoheitlich begangenem Unrecht.

Dabei weist die Formulierung des Art. 34 S. 1 GG Unzulänglichkeiten auf, da sie nicht wie Art. 19 Abs. 4 GG an die Verletzung eigener Rechte anknüpft, sondern an die Verletzung einer drittgerichteten Amtspflicht. Dieser Mangel ist historisch begründet, kann aber dadurch vermieden werden, dass beide Begrifflichkeiten synonym im Sinne der Verletzung eines eigenen Rechts zu verstehen sind. Sekundärer Rechtsschutz nach Art. 34 S. 1 GG wird dann gewährt, wenn ein subjektives Rechts des Betroffenen verletzt wird. Primärer und sekundärer Rechtsschutz knüpfen so an die gleiche Voraussetzung an. Der Zusammenhang zwischen dem objektiven Gebot der Gesetzmäßigkeit staatlichen Handelns in Art. 20 Abs. 3 GG und der Möglichkeit des Einzelnen, die Einhaltung dieses Gebots im Einzelfall und durch Verstöße verursachte Schäden ersetzt verlangen zu können, findet im Begriff der Verletzung eigener Rechte seinen augenfälligen Niederschlag. Wegen des objektiven Charakters des Art. 20 Abs. 3 GG versteht es sich fast von selbst, dass eine Unrechtshaftung nicht an ein Verschulden anknüpfen sollte. Ausschlaggebend soll allein die Rechtswidrigkeit hoheitlichen Handelns in ihrer subjektiven Komponente sein.

B. Reformbestrebungen in der Bundesrepublik Deutschland

I. Der Referentenentwurf aus dem Jahre 1967

Trotz der Lückenfüllung im staatshaftungsrechtlichen Bereich durch richterliche Rechtsfortbildung setzte sich auch in der Bundesrepublik die Meinung durch, dass der Gesetzgeber aufgerufen sei, den Themenbereich des Staatshaftungsrechts neu zu regeln. Der deutsche Juristentag 1955 in Berlin kam zu dem Ergebnis, dass man sich auf die Anpassung und Fortschreibung des geltenden Amtshaftungsrechts beschränken könne.[135] Ein erster, im Jahre 1967 veröffentlichter *Referentenentwurf eines Gesetzes zur Änderung und Ergänzung schadensersatzrechtlicher Vorschriften*[136] enthielt folgend keine umfassende Reform des Staatshaftungsrechts, sondern schloss an die zivilistische Auffassung an und trug dem Anliegen Rechnung, den längst anerkannten Grundsatz der Staatshaftung im Gesetz selbst ersichtlich zu machen.[137] Trotz dieser Verankerung des Staatshaftungsrechts im Zivilrecht sah der Referentenentwurf eine unmittelbare Haftung des Staats im Bereich hoheitlicher Gewaltausübung vor. Wegen zahlreicher Widerstände – vor allem seitens der Finanzminister – wurde der Referentenentwurf nie dem Bundeskabinett zur Beschlussfassung vorgelegt.

II. Der Kommissionsentwurf von 1973

Wegen der Beschränkung des Entwurfs von 1967 auf eine Überarbeitung des § 839 BGB, die nur eine Beseitigung der gröbsten Unzulänglichkeiten im Bereich der Amshaftung zur Folge gehabt hätte,[138] empfahl der 47. Deutsche Juristentag 1968, *die verschiedenen Bereiche der*

---

[135] Verhandlungen des 41. DJT 1955, Bd. I, S. 233

[136] Bundesminister der Justiz (Hrsg.), Reform des Staatshaftungsrechts, Referentenentwurf eines Gesetzes zur Änderung und Ergänzung schadensersatzrechtlicher Vorschriften (RE), 1967

[137] Schäfer/Bonk, Einführung, Rn. 29

[138] Schäfer/Bonk, Einführung, Rn. 37

Staatshaftung untereinander und mit dem Rechtsschutz zu harmonisieren und umfassend bundesgesetzlich zu regeln.[139] In diesem Zusammenhang wurde deutlich gefordert, dass Leitgedanke einer Haftung für staatliches Unrecht stets die unmittelbare Anknüpfung an die *Rechtswidrigkeit als solche* sein solle.[140] Die Bundesregierung setzte daraufhin im Januar 1970 eine unabhängige Kommission ein, um die angeregte Reform in die Wege zu leiten. Im Juni 1973 legte die Kommission ihren 172-seitigen Bericht vor.[141] Dieser enthielt zwei Gesetzesentwürfe. Der erste betraf die im Rahmen einer Staatshaftungsreform als erforderlich erachteten Änderungen des Grundgesetzes, der zweite enthielt die als einfaches Bundesgesetz zu erlassenden Vorschriften eines Staatshaftungsgesetzes, welches in 39 Paragraphen die Reformvorstellungen der Kommission widerspiegelte.

Der haftungsbegründende Tatbestand des § 1 Abs. 1 des Kommissionsentwurfs lautete:

> *Verletzt die öffentliche Gewalt jemanden in seinen Rechten, so haftet ihr Träger dem Verletzten nach diesem Gesetz. (In seinen Rechten wird jemand verletzt, wenn die öffentliche Gewalt gegen eine ihm gegenüber obliegende Pflicht des öffentlichen Rechts verstößt.)*

Dieser Tatbestand enthält eine umfassende Haftung des Staats für hoheitliches Unrecht, der den Amshaftungsanspruch, den enteigungs- und aufopferungsgleichen Eingriff sowie den Folgenbeseitigungsanspruch auf einen einzigen und klar verständlichen Haftungsgrund zurückführt.[142] Entscheidendes Merkmal für die Haftungsauslösung ist der Begriff der Rechtsverletzung. Die Rechtswidrigkeit ergibt sich danach allein aus der Verletzung subjektiver Rechte des Einzelnen.

Für das von den Vätern der Reform intendierte Verständnis der Rechtswidrigkeit gibt der folgende Klammerzusatz näheren Aufschluss. Eine Rechtsverletzung erfordert einen Verstoß gegen eine dem Betroffenen gegenüber obliegende *Pflicht des öffentlichen Rechts*. Die Bezugnahme auf § 839 BGB liegt auf der Hand. Gleichwohl bestand keine Notwendigkeit für eine speziell haftungsrechtliche Definition des Begriffs der Rechtsverletzung.[143] Da der Begriff der Rechtsverletzung ebenso in Art. 19 Abs. 4 GG und § 42 Abs. 2 VwGO verwendet wird, hätte auch auf die in diesem Zusammenhang durch Literatur und Rechtsprechung erfolgte Ausformung des Begriffs rekurriert werden können und sollen. Damit hätte der Zusammenhang von primärem und sekundärem Rechtsschutz seinen unmissverständlichen Ausdruck gefunden. Dieser Klammerzusatz war auch der Angriffspunkt, gegen den sich die Kritik am Kommissionsentwurf vorrangig richtete, hätte doch ein Verständnis der Rechtsverletzung im überkommenen Sinne gerade die besondere Fortschrittlichkeit der Regelung bedeutet.

Die Bezugnahme des Kommissionsentwurfs auf die Terminologie des Amtshaftungsanspruchs muss wohl in dem mangelnden Mut gesehen werden, sich von den überkommenen Vorstellungen zu lösen, sei es, weil ansonsten der angesammelte Erfahrungsschatz der Rechtsprechung zur Drittgerichtetheit der verletzten Amtspflicht verloren ginge, oder aber die Beschränkung des Haftungsgrunds nicht hinreichend deutlich werde.[144] Diese Argumente vermögen allesamt nicht zu überzeugen, ist doch nicht ersichtlich, warum eine Haftung des Staats für begangenes Unrecht sich auf die Verletzung drittgerichteter Pflichten beschränken

---

139 Verhandlungen des 47. DJT, 1968, Bd. II, Teil L, S. 145
140 ausführlich Weyreuther, S. 50 ff.
141 Der Bundesminister der Justiz/der Bundesminister der Inneren (Hrsg.), Reform des Staatshaftungsrechts, Kommissionsbericht, 1973
142 Schäfer/Bonk, Einführung, Rn. 81
143 Schäfer/Bonk, Einführung, Rn. 81
144 Kleinwefers/Boujong, Festschrift für Ernst Klingmüller, S. 232

muss. Andererseits kann aber die Frage in den Raum gestellt werden, ob denn zwischen der drittgerichteten Pflicht des öffentlichen Rechts und dem subjektiv-öffentlichen Recht überhaupt ein Unterschied besteht. Es scheint überzeugend, diese Begriffe als in der Sache identisch, nur von unterschiedlichen Blickwinkeln her gesehen zu betrachten. Letztlich muss jeder drittgerichteten Pflicht ein subjektives Recht korrespondieren. Dann aber ist der Klammerzusatz in keiner Weise notwendig.

Über das Verständnis der Rechtswidrigkeit lassen sich nur schwer Aussagen treffen. Es bestehen aber Hinweise darauf, dass das Haftungsmodell einem aus rechtsstaatlichen Erwägungen vorzuziehenden erfolgsbezogenen Rechtswidrigkeitsbegriff folgen sollte, wenngleich eine Diskussion über Erfolgs- und Handlungsunrecht im öffentlichen Recht noch nicht eingesetzt hatte. Die Umstände, die für ein Erfolgsunrecht sprechen, liegen einmal in der Abwendung vom Verschuldensprinzip. Der gänzliche Verzicht auf dieses von der Rechtsprechung ohnehin schon denaturierte Tatbestandsmerkmal[145] legt den Schluss nahe, dass Elemente der persönlichen Vorwerfbarkeit auch nicht im Rahmen der Rechtswidrigkeit Berücksichtigung hätten finden sollen. Dies wäre zudem ein Rückschritt im Verhältnis zum status quo gewesen, da in den richterrechtlich entwickelten Instituten dem erfolgsbezogenen Rechtswidrigkeitsverständnis gefolgt wird.

Ein weiterer Hinweis folgt aus § 2 Abs. 2 des Entwurfs. Dort heißt es, dass die Ersatzpflicht sich mindere, *soweit dies wegen der Geringfügigkeit der Rechtsverletzung oder eines etwaigen Verschuldens, wegen der mangelnden Vorhersehbarkeit des Schadens, ..., angemessen (sei). Eine Minderung der Ersatzpflicht trete nicht ein, wenn der Schaden vorsätzlich oder grob fahrlässig herbeigeführt worden sei.* Verschuldenselemente finden nach dieser Vorschrift im Bereich der Schadensberechnung Berücksichtigung.[146] Ein nur geringfügiges Fehlverhalten des handelnden Amtsträgers führt zur rechnerischen Verringerung der Anspruchshöhe. Damit ist im Grunde eine nachvollziehbare Einteilung von Risikobereichen vorgenommen worden. Diese würden zuungunsten des klagenden Bürgers verschoben, wenn Aspekte der Vorwerfbarkeit nochmals im Bereich der Rechtswidrigkeit in Ansatz gebracht würden.

III. Die Referentenentwürfe von 1976

Ganz ähnlich ist der Referentenentwurf von 1976[147] ausgestaltet, der die Unrechtshaftung des Staats aber ausschließlich an die Pflichtverletzung knüpft und den Terminus der *Rechtsverletzung* gar nicht mehr verwendet.
Der in § 1 Abs. 1 des Referentenentwurfs normierte Grundhaftungstatbestand lautete:

> *Wird jemand durch rechtswidrige Ausübung öffentlicher Gewalt geschädigt, so haftet ihr Träger dem Geschädigten nach diesem Gesetz, wenn die Gewalt eine Pflicht des öffentlichen Rechts verletzt, die ihr dem Geschädigten gegenüber obliegt.*

Dieser unterscheidet sich vom Kommissionsentwurf in zweierlei Hinsicht. Der Klammerzusatz wurde aus der Klammer gelöst und in den Haftungstatbestand als Nebensatz integriert. Bedeutsamer ist der zweite, bereits angschnittene Unterschied. Die Vorschrift stellt ausschließlich auf die Ausübung hoheitlicher Gewalt ab und erwähnt die Rechtsverletzung beim Bürger nicht ausdrücklich. Bei der Ausübung hoheitlicher Gewalt muss eine drittgerichtete Pflicht des öffentlichen Rechts verletzt werden. Der Grundhaftungstatbestand war überschrie-

---

145 Ossenbühl, S. 442
146 kritisch bezüglich eines Übergangs von der Verschuldens- zur Unrechtshaftung deshalb Ossenbühl, S. 442
147 Der Bundesminister der Justiz/Der Bundesminister des Inneren (Hrsg.) Reform des Staatshaftungsrechts, Gesetz zur Änderung des Grundgesetzes, Staatshaftungsgesetz – Referentenentwürfe – 1976

ben mit *„Haftung für rechtswidriges Verhalten öffentlicher Gewalt"*. In der Begründung heißt es nochmals explizit, dass sich das den Schadensersatz rechtfertigende Unrechtsurteil *ausschließlich auf die Rechtswidrigkeit des Verhaltens der öffentlichen Gewalt (öffentlichrechtliches Verhaltensunrecht), nicht aber auf den von der öffentlichen Gewalt herbeigeführten rechtswidrigen Zustand (Erfolgsunrecht)* beziehe.[148]

Die hierfür gegebene Begründung – die im Wesentlichen mit der des Kommissionsentwurfs übereinstimmt – vermag in den wesentlichen Punkten nicht zu überzeugen. Sie stützt sich hauptsächlich auf das *Verfassungsgebot der Rechtsstaatlichkeit*[149] und begreift dieses zutreffend als Verpflichtung der Staatsgewalten, Verfassung, Gesetz und Recht zu beachten. Deshalb sei rechtswidriges Verhalten mit objektiv-pflichtwidrigem Verhalten stets gleichzusetzen. In den weiteren Ausführungen wird der Fehler in der Begründung deutlich, wenn es heißt, *die Pflicht entfalte sich im Aussenverhältnis zwischen Staat und Bürger. Fehlerhafte oder unterlassene innerdienstliche Weisungen, die nach geltendem Recht haftungsrelevant sein können, kommen nur noch dann als Grundlage für Staatshaftungsansprüche in Betracht, wenn sie zugleich einen Verstoß gegen eine nach außen gerichtete öffentlichrechtliche Pflicht darstellen.*[150] Damit sollte in erster Linie der im Bereich des § 839 BGB bestehende Widerspruch aufgelöst werden, dass das Handeln eines Hoheitsträgers zwar rechtswidrig gewesen sein konnte, dem geschädigten Bürger ein Schadensersatzanspruch aber dennoch versagt blieb, wenn der Amtswalter sich im Rahmen seiner Weisungen und damit amtspflichtgemäß verhält.[151] Dieser Widerspruch wurde beseitigt. Es dient sicherlich dem Verfassungsgebot der Rechtsstaatlichkeit, wenn nunmehr auf die Pflichtverletzung im Aussenverhältnis abgestellt werden sollte.

Gegen die Anknüpfung der Staatshaftung an pflichtwidriges Verhalten wurde der Vorwurf erhoben, sie sei im Blick auf Art. 19 Abs. 4 GG zu bedauern und inkonsequent,[152] der Rechtsschutz bei Verletzung subjektiver Rechte[153] des Einzelnen durch die öffentliche Gewalt garantiere. Es verwundert in der Tat, dass die Begründung der Referentenentwürfe auf diese Verfassungsnorm ausdrücklich Bezug nimmt,[154] in der Formulierung hiervon – man denke nochmals an die Formulierung des Kommissionsentwurfs – jedoch abrückt. Zwar wird man zugute halten müssen, dass die Verletzung einer drittgerichteten, öffentlich-rechtlichen Pflicht wohl immer die Verletzung eines subjektiven Rechts des Einzelnen bedeutet, da im Zweifel mit einer Verhaltenspflicht der öffentlichen Hand immer ein subjektives Recht des Einzelnen einhergehen dürfte.[155] Es ist daher der Forderung Rechnung getragen, dass Rechtsschutz durch Staatshaftung nicht weiter reichen könne als der primäre Rechtsschutz.[156]

Dieser auch in der Begründung der Referentenentwürfe betonten Gleichtritt von primärem und sekundärem Rechtsschutz hätte seinen Niederschlag in der Formulierung des Haftungstatbestands finden sollen. Anstatt an Begrifflichkeiten aus dem zivilrechtlichen Bereich der Amtshaftung festzuhalten, hätte man sich solcher des Verwaltungsrechts bedienen sollen. Es

[148] Referentenentwürfe, S. 82
[149] Referentenentwürfe, S. 82
[150] Referentenentwürfe, S. 82
[151] Referentenentwürfe, S. 54
[152] Schäfer/Bonk, Einführung, Rn. 104
[153] Krüger, in Sachs, Art. 19, Rn. 126
[154] Referentenentwürfe, S. 52
[155] Schäfer/Bonk, § 1, Rn. 102
[156] Schäfer/Bonk, Einführung, S. 83; Diese Formel gilt aber nur für den Bereich hoheitlichen Unrechts. Im Fall der Aufopferungsansprüche für rechtmäßiges hoheitliches Handeln kann die Staatshaftung in einem weiter verstandenen Sinne Entschädigungsansprüche zubilligen. Hier geht es aber nicht um eine rechtsstaatlich motivierte Haftung.

war doch ein Ziel des Entwurfs, die Staatshaftung gerade aus dem zivilrechtlichen Umfeld zu lösen.[157] Insofern ist hier ein Rückschritt im Verhältnis zum Kommissionsentwurf festzumachen, der seine Ursache freilich in der fehlerhaften Unterscheidung zwischen rechtswidrigem Zustand und rechtswidrigem Erfolg hatte und daher unvermeidbar war.

Ob die Rechtswidrigkeit nach dem eingangs erläuternden Verständnis[158] erfolgs- oder handlungsbezogen zu beurteilen ist, wird erwartungsgemäß auch hier nicht problematisiert. Gleichwohl dürfte nichts anderes als das zum Kommissionsentwurf Gesagte gelten, sodass auch hier von einem erfolgsbezogenen Unrechtsbegriff ausgegangen werden kann.

IV. Das Staatshaftungsgesetz vom 26. Juni 1981

Der Referentenentwurf wurde inhaltlich weitgehend unverändert Grundlage eines Regierungsentwurfs zum Staatshaftungsgesetz[159] und zur Änderung des Grundgesetzes,[160] den die Bundesregierung in der achten Legislaturperiode den parlamentarischen Körperschaften am 3. Mai 1978 zur Beratung und Verabschiedung zuleitete.[161] Der Bundestag nahm am 12. Juni 1980 das Staatshaftungsgesetz gegen die Stimmen der Opposition in der vom Rechtsausschuss empfohlenen Fassung an. Der Bundesrat verweigerte jedoch seine Zustimmung zum Gesetz nach ergebnisloser Anrufung des Vermittlungsausschusses endgültig und legte hilfsweise – für den Fall der Nichtzustimmungsbedürftigkeit – Einspruch ein, da er erhebliche Zweifel an der Gesetzgebungskompetenz des Bundes hatte. Die Bundesregierung hatte sich auf die in Art. 74 Nr. 1 GG aufgeführte Materie des Zivilrechts berufen. Da der Bundestag nicht mehr zur Zurückweisung des Einspruchs kam, hatten sich Gesetzesvorlage und -beschluss mit Ablauf der achten Legislaturperiode erledigt.

Nach Konstituierung des neunten Bundestags brachten die Koalitionsfraktionen den Entwurf des Staatshaftungsgesetzes unmittelbar aus der Mitte des Bundestags erneut ein[162] und die Vorlage wurde mehrheitlich am 12. Januar 1981 verabschiedet. Der Bundesrat verweigerte erneut seine Zustimmung, deren Erfordernis er aus Art. 104 a Abs. 5 S. 2 GG herleitete. Dennoch kam es zu einer Ausfertigung des Gesetzes durch den Bundespräsidenten – allerdings unter Äußerung erheblicher Zweifel an der Gesetzgebungskompetenz des Bundes[163] – am 26. Juni 1981 und zur Verkündung im Bundesgesetzblatt Anfang Juli.[164] Die Landesregierungen von Baden-Württemberg, Bayern, Niedersachsen, Rheinland-Pfalz und Schleswig-Holstein reichten im November 1981 einen Normenkontrollantrag gemäß Art. 93 Abs. 1 Nr. 2 GG, § 76 Nr. 1 BVerfGG beim Bundesverfassungsgericht ein. Das Gericht erklärte mit Urteil vom 19. Oktober 1982 das Gesetz wegen Verstoßes gegen Art. 70 GG für nichtig, da dem *Bund für die weder nach heutigem noch traditionellem Verständnis in den Bereich des bürgerlichen Rechts gehörende Materie des Staatshaftungsrechts die Gesetzgebungskompetenz fehle.*[165] Dieses Problem ist zwischenzeitlich durch die Einführung der konkurrierenden Gesetzgebungskompetenz des Bundes in Art. 74 Nr. 25 GG obsolet geworden.

---

[157] vgl. Referentenentwürfe, S. 53 f.
[158] s. im 1. Teil unter A, V
[159] BT-Drucksache 8/2079
[160] BT-Drucksache 8/2080
[161] ausführlich hierzu Schäfer/Bonk, Einführung Rn. 149-228
[162] BT-Drucksache 9/25
[163] Pfab, S. 26
[164] BGBl I, S. 553
[165] BVerfGE 61, 149

Der haftungsbegründende Tatbestand des § 1 Abs. 1 StHG lautete:

> *Verletzt die öffentliche Gewalt eine Pflicht des öffentlichen Rechts, die ihr einem anderen gegenüber obliegt, so haftet ihr Träger dem anderen für den daraus entstehenden Schaden nach diesem Gesetz.*

Entscheidend für die Haftung ist auch hier wieder die Verletzung einer drittgerichteten Pflicht des öffentlichen Rechts. Damit dürfte für die Rechtswidrigkeit nichts anderes als das zum Reformentwurf Gesagte gelten. Begreift man jede Verletzung eines subjektiven Rechts des Einzelnen zugleich als Pflichtverletzung eines Amtsträgers,[166] so gewährt der Entwurf zwar umfassenden Rechtsschutz gegen rechtswidriges hoheitliches Handeln und stimmt in der Sache mit dem Primärrechtsschutz überein. Gleichwohl bleibt der Kritikpunkt aufrechterhalten, dass es dem Gesetzgeber nicht gelungen ist, sich von den Formulierungen des Zivilrechts zu lösen hin zu einer verbalen Angleichung an die Vorschriften des Art. 19 Abs. 4 GG, § 42 Abs. 2 VwGO. Hinsichtlich des Rechtswidrigkeitsverständnisses geht der Gesetzgeber auch weiterhin von der unzutreffenden Bedeutung von Erfolgs- und Handlungsunrecht aus.

V. Die Staatshaftungsmodelle von 1987

Die 55. Konferenz der Justizminister und -senatoren 1984 beschloss, eine Bund-Länder-Arbeitsgruppe ins Leben zu rufen, die sich der Neuregelung des Staatshaftungsrechts widmen sollte. Diese Arbeitsgruppe legte der 58. Konferenz der Justizverwaltungen des Bundes und der Länder am 5. März 1987 zur Vorbereitung der 58. JuMiKo ihre Ergebnisse vor.[167] Der vorgelegte Bericht enthielt drei Lösungsvorschläge, die Übernahme des Staatshaftungsgesetzes von 1981 nach Einführung einer entsprechenden Gesetzgebungskompetenz des Bundes, einen Mustergesetzentwurf eines Staatshaftungsgesetzes des Bundes und der Länder und die teilweise Novellierung des Amtshaftungsrechts unter Beibehaltung des geltenden Grundlagen in Verbindung mit der Einführung landesgesetzlicher Regelungen von Entschädigungs- und Folgenbeseitigungsansprüchen.

Was die Haftungsbegründung anbelangt, fand eine weitergehende Diskussion nicht mehr statt. Im Wesentlichen hielt man an der *Haftung des Staates für pflichtwidrige Ausübung öffentlicher Gewalt*[168] fest. Zur Begründung wurde auch nichts Neues vorgetragen, es sollte das durch das Tatbestandsmerkmal der Amtspflichtverletzung hervorgerufene, auch *von der Rechtsprechung nicht bewältigte und unbefriedigende Resultat, dass hoheitliche Maßnahmen keine Haftung auslösen, wenn der Amtswalter sich ... amtspflichtgemäß verhält,*[169] korrigieren. Darüber hinaus wurden auch Stimmen laut, die gegen eine Unrechtshaftung, für eine Beibehaltung der Amtspflichtsverletzung plädierten.[170]

VI. Stellungnahme

Es stand bei den Reformversuchen das Ziel im Vordergrund, die Differenzen zwischen Staatshaftung und Amtshaftung zu beseitigen. Dadurch war den Reformern die Sicht auf ein komplett neues Haftungsmodell mit Blickrichtung auf einen weitergehenden Rechtsschutz als

---

[166] Schäfer/Bonk, § 1, Rn. 102

[167] Bundesministerium der Justiz (Hrsg.), Zur Reform des Staatshaftungsrechts, gemeinsame Arbeitsgruppe des Bundes und der Länder, Bericht, Modelle, Materialien

[168] Modelle, S. 16

[169] Modelle, S. 14

[170] Modelle, S. 49 f.

bisher verstellt. Eine konsequente und in sich geschlossene Lösung bot der im Kommissionsentwurf verfolgte und als äußerst fortschrittlich zu bezeichnende Ansatz, der leider stark verwässert und schließlich ganz aufgegeben wurde. Es wurde zu Recht die Frage gestellt, ob diese Reform ihren Namen auch verdiente.[171] Das muss verneint werden. In der Formulierung des Tatbestands überwinden die dem Kommissionsentwurf folgenden Vorlagen nicht die Schwächen des § 839 BGB. Auf die vertane Chance zur Einbettung des Wortlauts in das verwaltungsrechtliche Umfeld wurde mehrfach hingewiesen. Dabei ist den Reformern allerdings zugute zu halten, dass die Diskussion über die Rechtswidrigkeit im öffentlichen Recht zum damaligen Zeitpunkt relativ jung war und deshalb vielleicht der Blick hierfür noch nicht die nötige Schärfe besaß.

Als weiterer Mangel ist festzuhalten, dass durch die Reformbemühungen ein erweiterter Rechtsschutz für den Bürger nicht erreicht wurde. Allein nur das Zusammenfassen von bisher schon praktizierten Ansprüchen kann aber als Reform kaum bezeichnet werden. Zu kritisieren ist ferner, dass es bei einer an § 839 BGB angelehnten Formulierung des Haftungstatbestands nicht gelingen konnte, die richterrechtlichen Institute des Folgenbeseitigungsanspruchs, sowie des Anspruchs aus enteignungsgleichem und aufopferungsgleichem Eingriff zu integrieren. Vielmehr bedurfte es spezieller Vorschriften, die diese Institute regelten oder aber man verzichtete ganz auf die Kodifizierung und klärte nur das Verhältnis zum Staatshaftungsanspruch. Damit wäre die Systemlosigkeit des Staatshaftungsrechts trotz gesetzlicher Kodifizierung erhalten geblieben. Dies hätte durch Anknüpfung an die Verletzung subjektiver Rechte vermieden werden können. Ohne Probleme könnten unter dieses Tatbestandsmerkmal alle richterrechtlichen Ansprüche subsumiert werden.

Gleichwohl war diese einfache Möglichkeit zumindest auch durch die falschverstandene Diskussion um die Begriffe Handlungs- oder Erfolgsunrecht verstellt, die von der zivilrechtlichen Problematik abweicht und einen speziell staatshaftungsrechtlichen Charakter trägt. Verhaltensunrecht bedeutet hiernach auf das Handeln bezogen, Erfolgsunrecht bedeutet auf die Folgen des Handelns bezogen, wie dies beim Folgenbeseitigungsanspruch durch das Merkmal des rechtswidrigen Zustands, beim enteignungs- und aufoperungsgleichen Eingriff durch die Rechtsgutsverletzung gefordert wird. Der Referentenentwurf geht richtigerweise davon aus, dass die Rechtswidrigkeit sich immer auf ein Verhalten bezieht. Die auch heute noch vertretene Annahme, dass es gleichsam isolierte rechtswidrige Zustände geben könne, ist fehlerhaft und liegt völlig neben der Sache. Richtiger Weise kann der Erfolg nicht von der Handlung getrennt werden. Nur rechtswidriges Handeln kann rechtswidrige Folgen nach sich ziehen. Rechtmäßiges Handeln kann indessen keine rechtswidrigen Folgen zeitigen. Eine Haftung kann dann lediglich unter Aufopferungsgesichtspunkten in Frage kommen. Wegen dieses Missverständnisses konnten auch die erwähnten richterrechtlichen Institute nicht unter den Grundtatbestand fallen, sondern behielten ihren eigenständigen Charakter. § 15 Abs. 2 RE-StHG regelte das Verhältnis der Vorschriften des RE-StHG zu den Instituten des enteignungsgleichen und des aufopferungsgleichen Eingriffs. Diese abstrakte Betrachtung von Handeln auf der einen und Auswirkungen oder Erfolg auf der anderen Seite ist nicht haltbar.

In diesem Kontext ist kurz auf die Frage nach der Kodifizierung des enteignenden und des Aufopferungsanspruchs hinzuweisen. Es wurde eine dogmatisch nicht überzeugende Lösung gewählt. Die crux bestand darin, dass diese Ansprüche keine Pflichtverletzung voraussetzen und deshalb von den haftungsbegründenden Tatbeständen der Reformentwürfe nicht umfasst waren und sein konnten. Deshalb wurden die Voraussetzungen dieser Ansprüche teilweise gesondert kodifiziert,[172] teilweise im Bezug auf die Rechtsfolgen den Ansprüchen für rechts-

---

[171] Schäfer/Bonk, Einführung, Rn. 174

[172] Modell I und II, jeweils § 14, S. 420

widriges hoheitliches Handeln gleichgestellt.[173] Der Referentenentwurf begründet dies damit, dass *jede Ausübung öffentlicher Gewalt in den Rechtsgüterbereichen der Artikel 2 Abs. 2 und 14 GG, die eines Sonderopferlage bewirkt ... als rechtswidrig zu beurteilen* ist.[174]

Dieser Begründung kann nur schwerlich gefolgt werden. Es sticht sofort ins Auge, dass wiederum der falsche Schluss von der Auswirkung auf die Rechtswidrigkeit gezogen wird. Es muss zwar berücksichtigt werden, dass ein Verständnis der Ansprüche aus allgemeiner Aufopferung zugrunde liegt, das seit dem Nassauskiesungsbeschluss des BVerfG[175] als überwunden betrachtet werden kann. Gleichwohl wird hier die Mangelhaftigkeit der Unterscheidung in rechtswidriges Verhalten und rechtswidrige Auswirkung offenbar, da sie die Grundproblematik offenbart. Woran nämlich soll Rechtswidrigkeit festgemacht werden, wenn nicht am Verstoß gegen Rechtsvorschriften durch menschliches Verhalten.

C. Ersatzansprüche für hoheitliches Unrecht im deutschen Recht

I. Der Amtshaftungsanspruch gem. § 839 BGB, Art. 34 GG

1. Begriff der drittbezogenen Amtspflicht

Weder § 839 Abs. 1 BGB noch Art. 34 S. 1 GG nennen die Rechtswidrigkeit als Anspruchsvoraussetzung. Statt dessen ist nach dem Wortlaut beider Vorschriften für die Auslösung der Haftung die Verletzung einer drittbezogenen Amtspflicht entscheidend. § 839 Abs. 1 BGB und Art. 34 S. 1 GG enthalten keine Definition der Amtspflichten. Vielmehr setzt der Amtshaftungstatbestand Amtspflichten voraus.[176] Amtspflicht meint die persönlichen Verhaltenspflichten des Amtswalters in Bezug auf seine Amtsführung.[177] Diese können sowohl in der Vornahme einer unzulässigen wie in der Unterlassung einer gebotenen Amtshandlung bestehen.[178] Die Amtshaftung knüpft damit an eine im Innenverhältnis zwischen Staat und seinen Bediensteten bestehende Dienstpflicht an, da durch Amtshandlungen allein keine Rechtsbeziehungen zwischen Staat und Bürger geknüpft werden können. Der Amtsträger steht als Person nur mit seinem Dienstherrn, nicht mit dem Bürger in einer rechtlichen Beziehung.[179] Zurechnungssubjekt der Amtspflichten ist allein der handelnde Beamte im haftungsrechtlichen Sinne.[180] Der Amtspflichtverstoß ist Ausdruck der konstruktiven Besonderheit[181] der auf den Staat übergeleiteten Beamtenhaftung.

Im Außenverhältnis zum Bürger tritt der Staat oder ein anderer Hoheitsträger, nicht der einzelne Amtswalter auf. Diesen treffen im Verhältnis zum einzelnen Bürger auf Normen des öffentlichen Rechts beruhende Rechtspflichten. Amtspflichten bestehen indessen nur im Verhältnis des Amtswalters zu seinem Dienstherrn, niemals aber zwischen Amtswalter und einzelnem Bürger. Deshalb wurde auch die Formulierung der drittgerichteten Amtspflicht bei wortlautgetreuer Betrachtung als in sich sinnwidrig,[182] die Verletzung solcher drittgerichteter Amtspflichten als undenkbar bezeichnet.[183] Dennoch legen die § 839 BGB, Art. 34 GG den

[173] § 15 Abs. 3 RE-StHG, § 14 Abs. 3 StHG von 1981
[174] Referentenentwürfe, S. 115
[175] BVerfGE 58,300
[176] Ossenbühl, S. 41; Küchenhoff/Hecker, in Erman, § 839, Rn. 41; Kreft, in RGRK, § 839, Rn. 147
[177] Papier, in MüKo, § 839, Rn. 189; Vinke, in Soergel, § 839, Rn. 133
[178] RGZ 56, 84, 92
[179] Küchenhoff/Hecker, in Erman, § 839, Rn. 41
[180] Rupp, S. 35 ff.; Ossenbühl, S. 42; Papier, in MüKo, § 839, Rn. 189; Vinke, in Soergel, § 839, Rn. 133
[181] Papier, in MüKo, § 839, Rn. 189
[182] Pfab, S. 74
[183] Rupp, S. 298

Amtspflichten auf eine dogmatisch schwer erklärbare Weise[184] Außenwirkung gegenüber dem Bürger bei, der für die Zwecke des Staatshaftungsrechts zum Pflichtbegünstigten wird.

Rechtsprechung und herrschende Lehre lösen diesen Widerspruch dadurch, indem sie bestimmten Amtspflichten Außenwirkung beilegen, die aufgrund ihrer Schutzrichtung zumindest auch im Interesse des Bürgers haftungsrelevant sein sollen.[185] Amtspflichten können sich aus allen denkbaren Rechtsquellen wie Verfassungen, Gesetzen, Rechtsverordnungen, Satzungen, Gewohnheitsrecht, Rechtsgrundsätzen und Verwaltungsvorschriften ergeben, sind aber in ihrer konkreten Gestalt im Regelfall durch die Rechtsprechung ausgeformt worden.[186] Für den Regelfall wird gleichsam der Pflichtenkreis des Verwaltungsträgers in den persönlichen Pflichtenkreis des Amtsträgers inkorporiert und auf diese Weise zu einer externen Amtspflicht des Organwalters ausgebildet,[187] wie etwa durch eine Amtspflicht zu rechtmäßigem Verhalten.[188] Dadurch wird Pflichtbegünstigter der Amtspflicht nicht nur der Staat bzw. die Anstellungskörperschaft, sondern auch der Bürger; der Staat selbst wird hingegen Pflichtsubjekt.

2. Amtspflichtwidrigkeit und Rechtswidrigkeit

Dennoch sind nach der überwiegenden Auffassung die Amtspflichten des Organwalters weder identisch noch notwendigerweise inhaltsgleich mit den den Bürgern gegenüber bestehenden, Rechtspflichten des Staats oder anderer Hoheitsträger.[189] Einem subjektiv-öffentlichen Recht des Bürgers korrespondieren nicht Amtspflichten des handelnden Amtswalters, sondern stets Rechtspflichten der zuständigen Körperschaft. Die Inkongruenz und die dogmatische Schwäche dieser Haftungskonstruktion[190] führen zu der eigenartigen Konsequenz, dass nicht jede Amtspflichtwidrigkeit im Innenverhältnis zugleich die Verletzung einer Rechtspflicht des Hoheitsträgers im Außenrechtsverhältnis ist und umgekehrt, dass eine gegenüber dem Bürger rechtswidrige Maßnahme amtspflichtgemäßes Verhalten des Organwalters sein kann, dass also dienstpflichtgemäßes und rechtmäßiges, bzw. dienstpflichtwidriges und rechtswidriges Verhalten nicht notwendigerweise übereinstimmen. Ein Verhalten, das gegen Verwaltungsvorschriften verstößt, kann im Verhältnis zum Bürger gleichwohl rechtmäßig sein, auch wenn es im Innenverhältnis amtspflichtwidrig ist, da Verwaltungsvorschriften nach herkömmlichem Verständnis als Regelungen begriffen werden, die nur den administrativen Innenbereich betreffen. Gleiches gilt für den Bereich interner Weisungen. Soweit die Amtspflichten über die Außenrechtspflichten eines Hoheitsträgers hinausreichen, kann folglich der Sekundärrechtsschutz weiter reichen als der Primärrechtsschutz.

Zwei Beispiele mögen diese Diskrepanz verdeutlichen. Einmal nimmt ein städtischer Beamter auf innerdienstliche Weisung des Regierungspräsidenten als staatlich übergeordneter Behörde einen Bauvorbescheid zurück oder erlässt einen solchen, wiewohl die gesetzlichen Voraussetzungen nicht vorliegen. Hier ist das Verhalten amtspflichtgemäß, aber rechtswidrig. Die andere Konstellation liegt vor, wenn ein Beamter aus tragfähigen sachlichen Gründen, aber entgegen einer ausdrücklichen Weisung der vorgesetzten Behörde eine einem Bürger erteilte Erlaubnis zurücknimmt, deren Widerruf sich als Ermessensentscheidung darstellt. Hier ist das Verhalten amtspflichtwidrig, aber rechtmäßig.[191]

---

184 Küchenhoff/Hecker, in Erman, § 839, Rn. 41
185 Diese Figur hat sich auch in gesetzlichen Vorschriften niedergeschlagen, vgl. § 56 Abs. 1 BBG.
186 Ossenbühl, S. 41 f.
187 Küchenhoff/Hecker, in Erman, § 839, Rn. 41; Vinke, in Soergel, § 839, Rn. 133
188 BGHZ 69, 128, 138; 78, 274, 279; 97, 97, 102
189 Ossenbühl, S. 42; Vinke, in Soergel, § 839, Rn. 133
190 Vinke, in Soergel, § 839, Rn. 133
191 Beispiele nach Ossenbühl, S. 56

Indessen bejaht die Rechtsprechung eine Amtspflichtverletzung dort nicht, wo außenrechtswidriges Verhalten auf einer bindenden innerdienstlichen Weisung beruht.[192] Hier bleibt es beim Vorrang der innerdienstlichen Amtsträgerpflichten vor den außenrechtlichen Pflichten des Verwaltungsträgers. Halte sich der Angewiesene Amtswalter an die ihn bindende, aber gesetzwidrige aufsichtliche Weisung, so handle er zwar rechtswidrig, habe aber seine Amtspflicht nicht verletzt.[193] Durch eine Verschiebung der Passivlegitimation stellt aber die Erteilung der außenrechtswidrigen Weisung eine Amtspflichtverletzung des Anweisenden dar, für die dessen Verwaltungsträger haftet.[194] Kennt der Geschädigte das behördeninterne Zusammenspiel nicht, läuft er Gefahr, den falschen Hoheitsträger zu verklagen. Daneben widerspricht der Gedanke, dass ein extern rechtswidriges Verhalten des Staats nur wegen intern amtspflichtgemäßen Handelns seines zur Ausführung beauftragten Amtswalters nicht haftungsbegründend sein soll, jedem rechtsstaatlichen Empfinden.[195]

Die Gegenauffassung[196] geht dagegen von einer Identität der drittbezogenen Amtspflichten und der Rechtspflichten aus und bringt den Amtshaftungstatbestand damit in die Nähe einer unmittelbaren Staatshaftung. Amtspflichtwidriges Handeln sei eo ipso rechtswidrig.[197] Durch stärkere Betonung der Drittrichtung der verletzten Amtspflicht soll zum Ausdruck gebracht werden, dass nicht auf interne Amtspflichten oder Dienstpflichten des Beamten gegenüber seinem Dienstherrn abzustellen ist, sondern dass daneben auch originär externe Amtspflichten bestehen.[198] Eine Außenhaftung könne sinnvollerweise nur bei extern gewendeten Pflichten in Betracht kommen. Als Fazit gelte daher, dass die Amtspflichten der Organwalter, die wegen ihrer Drittbezogenheit Grundlage einer Außenhaftung nach § 839 Abs. 1 BGB, Art. 34 S. 1 GG sein könnten, inhaltlich mit den Rechtspflichten der Träger öffentlicher Gewalt übereinstimmten; Amtspflichtverstoß und Staatsunrecht decken sich.

3. Drittbezogenheit

Der Amtshaftungsanspruch ist nur gegeben, wenn die verletzte Amtspflicht dem Dritten gegenüber besteht, der nunmehr den Anspruch geltend macht. Aktivlegitimation und Umfang des Schadensersatzes werden durch Inhalt, Umfang und Zielrichtung der Amtspflicht festgelegt.[199] Diesem Tatbestandsmerkmal kommt die Funktion zu, nicht jeden Schaden, der von einem Amtswalter durch Verletzung einer Amtspflicht verursacht wird, dem Amtshaftungsanspruch zu unterstellen. Mithin geht es um die Begrenzung der Haftung. Das Erfordernis der Drittbezogenheit bilde ein funktionales Äquivalent zur Eingrenzung des Kreises der Ersatzpflichtigen auf die unmittelbar Verletzten im zivilen Deliktsschutz der §§ 823 BGB ff.[200] Eine bloße nachteilige Betroffenheit des Geschädigten reiche danach nicht aus,[201] vielmehr bedürfe es einer besonderen Beziehung zwischen der verletzten Amtspflicht und dem Geschädigten.[202]

Ob im Einzelfall der Geschädigte zum Kreis der ersatzberechtigten Dritten gehört, ist maßgeblich danach zu beantworten, ob die Amtspflicht – wenn auch nicht notwendig allein – das

---

192 Küchenhoff/Hecker, in Erman, § 839, Rn. 41
193 BGH, NJW 1959, 1629, 1630; 1977, 713
194 BGH, NJW 1959, 1629, 1630; 1977, 713, 714
195 Papier, in Maunz/Dürig, Art. 34, Rn. 146
196 Papier, in MüKo, § 839, Rn. 190; ders., in Maunz/Dürig, Art. 34, Rz. 18 ff., 142 ff.; Bettermann, Die Grundrechte III/1, S. 841; Jarass, in Jarass/Pieroth, Art. 34, Rn. 11
197 Dagtoglou, in Bonner Kommentar, Art. 34, Rn. 143
198 In diese Richtung scheint auch die jüngste Rechtsprechung zu tendieren, vgl. BGHZ 146, 122
199 Ossenbühl, S. 57
200 BGH, NJW 1971, 1699
201 BGHZ 110, 1, 9
202 BGHZ 117, 240, 244

im Einzelfall berührte Interesse nach dem Zweck und der rechtlichen Bestimmung des Amtsgeschäfts schützen sollte.[203] Entscheidend ist damit der Schutzzweck der verletzten Amtspflicht.[204] Das Zweckkriterium ergibt sich aus den Bestimmungen, die die Amtspflicht begründen und umreißen, aus der besonderen Natur des Amtsgeschäfts und der Stärke der daraus folgenden Verknüpfung der Amtshandlung mit den Interessen einzelner Bürger.[205] Ein Drittbezug der Amtspflicht ist dann zu verneinen, wenn die Amtspflicht ausschließlich der Wahrung allgemeiner Belange des Gemeinwesens oder dem reibungslosen Ablauf des inneren Dienstbetriebs dient.[206] Gleiches gelte, wenn die Amtspflicht den Schutz eines so großen Kreises an Personen bezwecke, dass ihre Interessen denen der Allgemeinheit gleichzusetzen seien.[207] Eine Ersatzpflicht wird selbst dann nicht begründet, wenn sich die Amtspflichtverletzung den Betroffenen gegenüber nachteilig auswirkt.

Mit diesen als allgemeinen Ausgangserwägungen zutreffenden Gedanken ist zwar die Richtung gewiesen,[208] sie enthalten aber keine Konkretisierung dahingehend, ob die Amtspflicht im Einzelfall dem klagenden Bürger gegenüber besteht oder nicht. Die Feststellung der Drittbezogenheit bleibt äußerst schwierig.[209] Allgemein gilt, dass Dritter derjenige ist, dessen Interessen die Amtspflicht dient und in dessen Rechtskreis durch die Amtspflichtverletzung eingegriffen wird, auch wenn er nur mittelbar oder unbeabsichtigt betroffen ist oder zu einem Eingriff in seine Rechtsstellung veranlasst wird.[210] Die im folgenden aufgezählten Konkretisierungen sind von dem Bemühen getragen, den Begriff der Drittbezogenheit mit Hilfe gängiger Rechtsbegriffe darzustellen.

Ein schädigendes Verhalten eines Amtswalters stellt stets dann die Verletzung einer drittbezogenen Amtspflicht dar, wenn der Amtspflicht ein subjektiv-öffentliches Recht des Geschädigten korrespondiert.[211] Dies ist im Hinblick auf die grundsätzliche Ausrichtung des Verwaltungsrechtsschutzes auf die Wahrung subjektiver Rechte gut nachvollziehbar.[212] Besteht die Amtspflichtverletzung in der Versagung, der Schlecht- oder verzögerten Erfüllung eines öffentlich-rechtlichen gesetzlichen oder vertraglichen Leistungsanspruchs oder eines solchen auf Erteilung eines begünstigenden Verwaltungsakts, oder wird ein gegenüber der öffentlichen Gewalt bestehender Unterlassungsanspruch beeinträchtigt, so ist der Betroffene Dritter im Sinne des Amtshaftungstatbestands. Bei verwaltungsrechtlichen Sonderverbindungen kann Dritter nicht nur der Partner dieser Verbindung sein, sondern auch ein am Amtsgeschäft nicht unmittelbar Beteiligter, der in den Schutzbereich der Amtstätigkeit einbezogen ist.[213] Während bei der amtspflichtwidrigen Versagung einer Baugenehmigung nur der abschlägig beschiedene Antragsteller Ansprüche herleiten kann, so können im Fall der amtspflichtswidrigen Erteilung gegebenenfalls auch den Nachbarn Rechte zustehen. Im vertraglichen Bereich können neben den Vertragspartnern auch Unbeteiligte Dritte sein, wenn der Vertrag diesen

---

[203] grundlegend RGZ 78, 241, 243; BGHZ 63, 35, 39; 108, 224, 227; 110, 1, 9, 122, 317, 320; 137, 11, 15; 146, 366, 368; BGH, NJW 1995, 1828, 1830; Ossenbühl, S. 58; Vinke, in Soergel, § 839, Rn. 148
[204] Küchenhoff/Hecker, in Erman, § 839, Rn. 52; Papier, in MüKo, § 839, Rn. 226; Thomas, in Palandt, § 839 Rn. 47; Vinke, in Soergel, § 839, Rn. 151
[205] BGHZ 56, 40, 45; 69, 128, 136; 74, 144, 146 f.; 93, 87, 91; 106, 323, 331; 108, 224, 227; 110, 1, 8; BGH, NJW 1994, 2091 f., 2415, 2416
[206] Küchenhoff/Hecker, in Erman, § 839, Rn. 51
[207] Vinke, in Soergel, § 839, Rn. 148
[208] Ossenbühl, S. 58
[209] Ossenbühl, S. 58.
[210] BGH, NJW 1966, 157
[211] Küchenhoff/Hecker, in Erman, § 839, Rn. 51; Papier, in MüKo, § 839, Rn. 226; Thomas, in Palandt, § 839, Rn. 50; Vinke, in Soergel, § 839, Rn. 148 f.
[212] Küchenhoff/Hecker, in Erman, § 839, Rn. 50
[213] Ossenbühl, S. 59

gegenüber Schutzwirkung entfaltet. Dritter sei generell derjenige, dem die verwaltungsgerichtliche Klagebefugnis nach § 42 Abs. 2 VwGO zustehe.[214]

Neben diesen relativen sind zudem absolute, also gegenüber jedermann bestehende Amtspflichten[215] anerkannt. Dazu zählt insbesondere die Amtspflicht, unerlaubte Handlungen zu unterlassen.[216] Drittbezogenheit ist daher auch stets dann zu bejahen, wenn die Amtspflichtverletzung gegenüber dem betroffenen Bürger eine unerlaubte Handlung darstellt.[217] Die Amtspflicht, unerlaubte Handlungen zu unterlassen, ergebe sich aus der Position des Amtshaftungstatbestands im Bereich der unerlaubten Handlungen. Das, was jedermann durch die Deliktsnorm des § 823 Abs. 1 BGB verboten ist, ist auch den Amtsträgern bei ihrer Tätigkeit untersagt, da der Tatbestand des § 839 BGB unerlaubte Handlungen mit einschließe. Dritter im Sinne dieser Amtspflichten sind nur die unmittelbar Verletzten, also die Inhaber der in § 823 Abs. 1 BGB genannten Rechtsgüter.[218]

Auch die Verwirklichung des § 823 Abs. 2 BGB durch einen Amtswalter stelle die Verletzung einer drittbezogenen Amtspflicht dar.[219] Gleich, ob man die Amtspflicht aus § 823 Abs. 2 BGB oder der verwaltungsrechtlichen Klagebefugnis des § 42 Abs. 2 VwGO herleitet, stößt man in allen Fällen auf die gleichen Schwierigkeiten. Sie geben keine Hilfestellung für eine abstrakte Ermittlung der Drittbezogenheit. Inhalt, Umfang und Adressatenkreis der Schutzwirkung sind nicht abstrakt feststellbar. Die Frage der Drittbezogenheit kann letzten Endes nur von Fall zu Fall gesondert nach den allgemeinen Auslegungsmethoden beantwortet werden. Die Tatbestandsvoraussetzung der Drittbezogenheit kann somit in sachlicher wie in persönlicher Hinsicht als relativ bezeichnet werden.[220]

Die Rechtsprechung zur Drittbezogenheit zerfließt[221] daher im Wesentlichen auch – und das ist nicht verwunderlich – in Kasuistik. Auf eine Darstellung der umfangreichen Rechtsprechung und eine Aufteilung nach Fallgruppen soll an dieser Stelle mangels Notwendigkeit verzichtet werden.[222] Kritik wurde an der Rechtsprechung vor allem dahin geübt, dass diese den Kreis der Dritten sehr weit ziehe und auch Personen einschließe, die an dem Amtsgeschäft nicht unmittelbar beteiligt seien.[223] Dritter sei, wen die Rechtsprechung – immer öfter ohne Rechtfertigung – als Dritten erkläre.[224] Die Rechtsprechung habe den personellen Schutzumfang über denjenigen auf Primärebene hinausgezogen.[225]

Diese Diskrepanz zwischen primärem und sekundärem Rechtsschutz ist auch auf die unglückliche Rechtswegzuweisung des Amtshaftungsanspruchs zu den Zivilgerichten in Art. 34 S. 3 GG zurückzuführen. Dennoch ist in den jüngsten Entscheidungen des BGH die Tendenz zu beobachten, Remedur zu schaffen. Wenn der BGH formuliert, für die Drittbezogenheit komme es vor allem darauf an, ob bei der betreffenden Amtshandlung in qualifizierter und zugleich individualisierter Weise auf schutzwürdige Interessen eines klar abgrenzbaren

---

[214] BGH, VersR 1994, 856 f., BGHZ 125, 258; Ossenbühl, S. 59
[215] Ossenbühl, S. 59; Vinke, in Soergel, § 839, Rn. 150
[216] Vinke, in Soergel, § 839, Rn. 150
[217] Ossenbühl, S. 59; Küchenhoff/Hecker, in Erman, § 839, Rn. 51; Papier, in MüKo, § 839, Rn. 226; Vinke, in Soergel, § 839, Rn. 148 f.
[218] BGHZ 78, 274, 279
[219] Papier, in MüKo, § 839, Rn. 226
[220] Pfab, S. 79
[221] Ossenbühl, S. 59
[222] vgl. Ossenbühl, S. 59 ff., sowie die erwähnte Kommentarliteratur, v. a. Kreft, in RGRK, § 839, Rn. 145 ff.
[223] Vinke, in Soergel, § 839, Rn. 148
[224] Ossenbühl, S. 58 f.
[225] Küchenhoff/Hecker, in Erman, § 839, Rn. 50

Kreises Dritter Rücksicht zu nehmen sei,[226] so bringt er diese Annäherung des sekundären Rechtsschutzes vor den Zivilgerichten an den primären Rechtsschutz der Verwaltungsgerichte bereits durch die Wahl der Formulierung Ausdruck.

4. Erfolgsbezogenheit der Verletzung drittgerichteter Amtspflichten

Nach der Darstellung der begrifflichen und inhaltlichen Differenzen soll nun die Frage aufgeworfen werden, ob die Verletzung der drittbezogenen Amtspflicht im erfolgs- oder im handlungsbezogenen Sinne zu verstehen oder ob dieser Unterscheidung in Bereich des Amtshaftungsanspruchs keinerlei Bedeutung beizumessen ist. Zu Recht wurde darauf hingewiesen, dass das Wort Amtspflichtverletzung auf das Verhalten und damit auch auf dessen Rechtswidrigkeit, nicht nur auf die des Eingriffs hinweise.[227] Daraus wird geschlussfolgert, dass der Begriff der Amtspflichtwidrigkeit verhaltensbezogen zu verstehen sei.[228] Dies sei evident für die Amtspflichten zur Schonung unbeteiligter Dritter, zu rücksichtsvollem Verhalten gegenüber Dritten und die Beschleunigungspflicht.[229]

Der Verhaltensbezug der Amtspflichten, der nicht angezweifelt werden soll, ist aber nicht zur Begründung der Verhaltensbezogenheit der Amtspflichtwidrigkeit ausreichend. Amtspflichtwidrigkeit bzw. Rechtswidrigkeit bezieht sich immer auf ein menschliches Verhalten. Entscheidend ist vielmehr, ob sich die Bestimmung der Amts- bzw. Rechtswidrigkeit aufgrund des tatbestandlichen Erfolgs ergibt oder ob den Schädiger zusätzlich noch ein Sorgfaltsverstoß treffen muss.[230] Diese Maßstäbe gelten im Bereich des § 839 BGB wie im Bereich der unerlaubten Handlung im Übrigen. Nach dem hier vertretenen erfolgsbezogenen Handlungsbegriff ist die Rechtswidrigkeit gegeben, wenn die drittgerichtete Amtspflicht verletzt ist. Diese Verletzung einer Rechtspflicht ist der tatbestandliche Erfolg. Dieser liegt nicht – wie teilweise angenommen – in der Eingriffswirkung beim Betroffenen in Form einer Beeinträchtigung geschützter Rechtsgüter.[231] Denn, ob den beeinträchtigten Rechtsgütern im konkreten Fall Schutz zukommen soll, entscheidet sich vom Standpunkt der einschlägigen Haftungsnorm aus und nicht vom verdinglichten Rechtsmonolith einer Sache oder eines Genius aus.[232] Der in § 823 Abs. 1 BGB vorgesehene Rechtsgüterschutz gilt nur dort in dieser Form und ist nicht die Leitlinie jeglichen Schadensersatzrechts. Erfolgsbezogene Rechtswidrigkeit meint nicht rechtsgutbezogene Rechtswidrigkeit.[233] Entsprechende Anhaltspunkte lassen sich auch dem Wortlaut der § 839 BGB, Art. 34 GG nicht entnehmen.

Die weitere Frage, ob der handelnde Amtswalter die verkehrserforderliche Sorgfalt im Sinne des § 276 Abs. 2 BGB beachtet hat oder nicht, ist für die Verletzung der objektiven Rechtspflicht ohne Bedeutung.[234] Dies betreffende Erwägungen sind im Verschulden anzustellen. Andernfalls erhielte man wieder die bereits als systemwidrig kritisierte Vermengung von für alle in gleicher Weise geltenden Sorgfaltsmaßstäben und individuellem Verschulden. Es ist richtig, dass die Verhaltensgebote an den Amtswalter vielfach mit Sorgfaltskriterien angereichert sind.[235] Die so gefassten Amtspflichten sind aber dennoch nach den jeweiligen Amtserfordernissen streng objektiv, fragen sie doch mit keinem Wort danach, ob der Sorgfaltsverstoß

---

[226] BGHZ 146, 366, 368
[227] Michaelis, in FS Larenz, S. 937
[228] Papier, in MüKo, § 839, Rn. 223
[229] Papier, in MüKo, § 839, Rn. 223
[230] s. im 1.Teil unter A, II, V
[231] Michaelis, S. 937 ff.
[232] Rupp, S. 224
[233] ausführlich hierzu Rupp, S. 224 ff.
[234] Rupp, S. 226
[235] Papier, in MüKo, § 839, Rn. 223

dem handelnden Amtswalter vorgeworfen werden kann.[236] Ein Widerspruch in der Lehre vom Erfolgsunrecht kann hier nicht ausgemacht werden.

5. Stellungnahme

Was das Verhältnis der Amtspflichtwidrigkeit zur Rechtswidrigkeit anbelangt, so ist zwischen beiden kein Unterschied zu machen. Amtspflichtwidriges Handeln ist zugleich rechtswidrig. Gleichwohl führt die Verletzung rein interner Amtspflichten oder Dienstpflichten nicht zu einem Schadensersatzanspruch des Bürgers gegen den Staat. Für die Staatshaftung als Folge staatlichen Unrechts müssen sich die für das Unrecht konstituierenden Elemente aus der Beziehung des Staats zum Bürger und nicht aus der Beziehung des einzelnen Amtswalters zum Dienstherrn ergeben. Für das Staatshaftungsrecht allein entscheidend ist das Außenrecht.[237] Daher darf der Begriff der Amtspflicht nicht isoliert betrachtet werden, sondern muss stets im Hinblick auf seine Drittgerichtetheit untersucht werden. Nur bei Verletzung einer drittgerichteten Amtspflicht kommt ein Ersatzanspruch des Bürgers in Frage.

Die Verletzung einer drittgerichteten Amtspflicht ist gleichbedeutend mit der Verletzung einer dem Bürger gegenüber bestehenden Rechtspflicht. Dem liegt der Gedanke zugrunde, dass ein Bedürfnis nach Rechtsschutz nur dann besteht, wenn ein eigenes Recht des Klägers betroffen ist. Dieser so verstandenen Rechtspflicht korrespondiert ein eigenes Recht auf Seiten des Betroffenen. Die Drittgerichtheit der verletzten Amtspflicht ist gleichbedeutend mit der Frage, ob der Betroffene vom Schutzzweck der verletzten Rechtspflicht erfasst wird. Die Verletzung einer drittgerichteten Amtspflicht durch einen Amtswalter kann nichts anderes bedeuten als die Verletzung eines eigenen Rechts des Betroffenen. Lediglich der Standpunkt ist ein anderer. Ein Verletzung eigener Rechte des Betroffenen scheidet daher aus, wenn ein Amtswalter einen rechtmäßigen, belastenden Verwaltungsakt entgegen einer rechtswidrigen innerdienstlichen Weisung erlässt.[238] Auch wenn die Bejahung einer Amtspflichtsverletzung vor dem Wortlaut des § 839 BGB, Art. 34 GG folgerichtig sein mag, besteht kein rechtsstaatliches Bedürfnis, dem Bürger einen Ersatzanspruch gegen die öffentliche Hand zuzugestehen. Möchte man die Verletzung einer drittgerichteten Amtspflicht dennoch bejahen, so würde die Verneinung eines Anspruchs nur mit einer Billigkeitsargumentation gelingen, die letztlich zu einer Umkehr rechtsstaatlicher Prinzipien führte.[239] Was die Frage nach dem Verständnis der Rechtswidrigkeit im handlungs- oder erfolgsbezogenen Sinne angeht, so ist wiederum auf die unterschiedliche und unzutreffende Verwendung dieser Begrifflichkeiten hinzuweisen. In der Sache wird einem erfolgsbezogenen Rechtswidrigkeitsverständnis gefolgt.

II. Der enteignungsgleiche Eingriff

1. Begriff und Entwicklung

Der enteignungsgleiche Eingriff ist eine Schöpfung des Richterrechts.[240] Er ist auf die Entschädigung rechtswidriger hoheitlicher Eingriffe in das Eigentum gerichtet.[241] Das Motiv der rechtschöpferischen Maßnahme bestand darin, Ersatz für staatliches Unrecht auch dort zu begründen, wo der Amtshaftungsanspruch mangels Verschuldens versagt.[242] Bereits das

[236] Michaelis, S. 941
[237] Rupp, S. 297
[238] Näher zur Frage, inwieweit ein Verhalten im Innenverhältnis amtspflichtwidrig, im Außenverhältnis aber rechtmäßig sein kann, Pfab, S. 76 f.
[239] Rupp, S. 297
[240] eingehend zur Entwicklung Ossenbühl, S. 214 ff.
[241] Klein, in Soergel, Anh. § 839, Rn. 170
[242] Ossenbühl, S. 214

Reichsgericht hatte hier eine Entschädigung aus dem Aufopferungsgedanken des Art. 75 Einl. ALR zugebilligt.[243] Diesen Gedanken griff der BGH in einem Vorlagebeschluss des Großen Senats für Zivilsachen auf, der rechtswidrige Maßnahmen des Wohnungsamts auf dem Gebiet der Wohnraumbewirtschaftung betraf.[244] Der BGH trat in dieser Entscheidung für einen umfassenden Eigentumsschutz[245] ein und entwarf einen entschädigungsrechtlichen Enteignungsbegriff, der über den verfassungsmäßigen hinausging. Enteignung war danach nicht nur die rechtmäßige Entziehung von Eigentumspositionen durch finales Hoheitshandeln, sondern jeder Eingriff, der eine gewisse Intensität überschritt. Der BGH stützte den Entschädigungsanspruch folgerichtig auf eine entsprechende Anwendung[246] von Art. 14 GG insgesamt,[247] in der Sache, wenn auch nicht ausdrücklich, orientierte sich die Rechtsprechung an Art. 14 Abs. 3 GG.[248] Die Enteignungsentschädigung des Art. 14 Abs. 3 S. 4 GG sah der BGH – von seinem weiten Enteignungsbegriff ausgehend – als einen Sonderfall des allgemeinen Aufopferungstatbestands[249] an.

In der Folge stützte der BGH den Entschädigungsanspruch für rechtswidrig-schuldhafte Eingriffe in das Eigentum auf einen Erst–recht–Schluss: Müsse der Staat schon für rechtmäßige Eingriffe Entschädigung zahlen, dann gelte dies erst recht, wenn ein Eingriff rechtswidrig und schuldhaft vorgenommen worden sei.[250] Die Grenze zwischen Entschädigung für rechtmäßige Ausübung hoheitlicher Gewalt und Schadensersatz wegen rechtswidriger Ausübung hoheitlicher Gewalt wurde damit verwischt.[251] Die Rechtsprechung eröffnete dem Betroffenen ein Wahlrecht, sich gegen den Eingriff zu wehren oder diesen gegen Entschädigung hinzunehmen.[252] In einer weiteren Entwicklungsstufe verzichtete der BGH auf die Feststellung eines Sonderopfers. Dessen Vorliegen war durch die Rechtswidrigkeit der Maßnahme indiziert.[253] Damit wurde also auf die Fragestellung verzichtet, ob die Beeinträchtigungen auch bei Rechtmäßigkeit der Maßnahme ein Sonderopfer darstellten. Der enteignungsgleiche Eingriff war damit zu einem Institut der allgemeinen Staatshaftung für rechtswidrige Eigentumsbeeinträchtigung geworden.[254] Eine Erweiterung des entschädigungsrechtlichen Enteignungsbegriffs ergab sich daraus, dass der BGH auf das Merkmal der Finalität des Eingriffs[255] verzichtete und eine unmittelbare Beeinträchtigung des Eigentums durch hoheitliche Maßnahmen als ausreichend ansah.[256]

Der Nassauskiesungsbeschluss des BVerfG[257] setzte dieser steten Erweiterung des Enteignungsbegriffs ein Ende. Dieser hat zwar nicht – wie verschiedentlich angenommen[258] – zum

---

[243] RGZ 140, 276
[244] BGHZ 6, 270
[245] Ossenbühl, S. 217
[246] Es handelte sich ja nicht um eine Enteignung im verfassungsrechtlichen Sinne, weshalb eine direkte Anwendung des Art. 14 GG ausschied.
[247] BGHZ 6, 270, 291
[248] Klein, in Soergel, Anh. § 839, Rn. 170
[249] so auch ausdrücklich BGHZ 13, 88, 91
[250] BGHZ 7, 296, 298; 13, 88, 91; kritisch zu diesem Erst-Recht-Schluss Heidenhain, Amtshaftung und Entschädigung aus enteignungsgleichem Eingriff, 1965, S. 71 f.
[251] Papier, in Maunz/Dürig, Art. 14, Rn. 686
[252] Klein, in Soergel, Anh. § 839, Rn. 170
[253] BGHZ 32, 208, 211 f.
[254] Ossenbühl, S. 226; ders., in FS für Geiger, S. 475 ff.; Detterbeck/Windthorst/Sproll, S. 353; Klein, in Soergel, Anh. § 839 Rn. 172; a. A. Krohn, Enteignung, Entschädigung , Staatshaftung, S. 52; Steinberg/Lubberger, Aufopferung – Enteignung und Staatshaftung, kritisieren, dass der Anspruch aus enteignungsgleichem Eingriff durch die ständige Ausweitung in die Nähe einer staatlichen Gefährdungshaftung gerückt sei, S. 333 f., so auch Olivet, S 438
[255] und damit des „Eingriffs“ selbst
[256] BGHZ 37, 44, 47
[257] BVerfGE 58, 300

Wegfall des Anspruchs geführt, wohl aber seinen Anwendungsbereich deutlich eingeschränkt.[259] Nach der vom Bundesverfassungsgericht entwickelten Systematik der Eigentumsgarantie ist die Enteignung im verfassungsrechtlichen Sinne etwas gänzlich anderes als der rechtswidrige Eingriff in Eigentumspositionen und nicht lediglich qualitative Nuance eines weiten Enteignungsbegriffs. Im Bereich der Enteignung gelte der Grundsatz der Gesetzmäßigkeit der Entschädigung uneingeschränkt.[260] Die entsprechende Anwendung des Art. 14 GG war damit als Rechtsgrundlage eines Entschädigungsanspruchs wegen rechtswidriger Eigentumsbeeinträchtigungen nicht mehr haltbar. Ebenso betonte des BVerfG den vorrangig in Anspruch zu nehmenden Primärrechtsschutz. Dem Grundsatz des „Dulde und liquidiere" war damit eine Absage erteilt. Ist primärer Rechtsschutz möglich und zumutbar, so führt der Verzicht auf dessen Inanspruchnahme zum Verlust des Entschädigungsanspruches.[261] Dies bedeutet in der Sache keine Einschränkung des Anwendungsbereichs, sondern es handelt sich um ein negatives Tatbestandsmerkmal.[262]

Der BGH[263] hat zu Recht[264] an dem Rechtsinstitut festgehalten und stützt den Anspruch nunmehr auf den allgemeinen Aufopferungsgedanken der Art. 74, 75 Einleitung ALR in seiner richterrechtlich geprägten Ausformung.[265] Der enteignungsgleiche Eingriff sei zwar aus dem Eigentumsschutz des Art. 14 GG abgeleitet, seine tatbestandliche Ausgestaltung liege aber auf dem Gebiet des einfachen Rechts.[266] Trotz der Abkoppelung[267] des Haftungsinstituts von Art. 14 GG hält der BGH an der vielfach kritisierten[268] Beschränkung des Anspruchs auf von dieser Vorschrift umfasste Vermögenspositionen fest. Der Kritik ist beizupflichten. Die Beschränkung auf Eigentum im Sinne des Art. 14 GG, der eine Entschädigungsregelung enthält, auf die voreilig zurückgegriffen wurde, ist eng mit dem Ursprungsfall verknüpft. Der allgemeine Aufopferungsgedanke ist aber sachlich nicht mit Art. 14 GG verknüpft,[269] insbesondere bedarf es nicht der Regelung des Art. 14 Abs. 3 GG. Zu Recht wurde darauf hingewiesen, dass die rechtssystematisch-dogmatischen Probleme bei einer Entfaltung des Anspruches unmittelbar aus dem Aufopferungsgedanken selbst – ohne den Irrweg über Art. 14 GG – wahrscheinlich geringer gewesen wären.[270] Einer Ausweitung auf weitere Grundrechtspositionen, etwa Art. 12 GG, steht nichts entgegen.

2. Anspruchsvoraussetzungen und Fallgruppen

Der Anspruch aus enteignungsgleichem Eingriff erfasst solche Eigentumsbeeinträchtigungen, die sich nicht als Enteignungen im Sinne des Art. 14 Abs. 3 GG qualifizieren lassen. Nach dem derzeitigem Verständnis ist ein Entschädigungsanspruch gegeben, wenn rechtswidrig in

---

[258] Nachweise bei Papier, in Maunz/Dürig, Art. 14, Fn. 2 zu Rn. 714
[259] Detterbeck/Windthorst/Sproll, S. 353
[260] BVerfGE 58, 300, 312
[261] BVerfGE 58, 300, 322
[262] Klein, in Soergel, Anh. § 839, Rn. 176
[263] BGHZ 90, 17
[264] Ossenbühl, S. 222 ff.; Papier, in Maunz/Dürig, Art. 14, Rn. 631 ff.
[265] BGHZ 90, 17, 29 f.. Daneben wird die Auffassung vertreten, der Anspruch finde seine Anspruchsgrundlage nach wie vor in Art. 14 GG oder er sei gewohnheitsrechtlich anerkannt, vgl. Ossenbühl, S. 226
[266] BGHZ 90, 17, 30
[267] Nüßgens/Boujong, Eigentum, Sozialbindung, Enteignung, S. 194; Ossenbühl, S. 225
[268] Bender, Die Rechtsprechung des BGH zum Staatshaftungsrecht, 1984/85, JZ 1986, 888, 890; Schenke, Staatshaftung und Aufopferung – Der Anwendungsbereich des Aufopferungsanspruchs, NJW 1991, 1777, 1779; Klein, in Soergel, Anh. § 839, Rn. 223
[269] Weshalb Rupp, S. 260, auch von einer irreführenden Ableitung aus Art. 14 GG spricht.
[270] Ossenbühl, Abschied vom enteignungsgleichen Eingriff ?, NJW 1983, 1 ff.

eine durch Art. 14 GG geschützte Rechtsposition von hoher Hand unmittelbar eingegriffen[271] wird, die hoheitliche Maßnahme also unmittelbar eine Beeinträchtigung des Eigentums herbeiführt und dem Berechtigten dadurch ein besonderes, anderen nicht zugemutetes Opfer für die Allgemeinheit auferlegt wird.[272] Als negatives Tatbestandsmerkmal kommt hinzu, dass Primärrechtsschutz nicht möglich oder nicht zumutbar ist.[273]

Wegen der Anbindung an Art. 14 GG stellt sich die Frage, ob der hoheitliche Eingriff gemeinwohlbezogen sein müsse.[274] Die Rechtsprechung hält es für unerheblich, ob das dem einzelnen auferlegte Sonderopfer tatsächlich dem Wohl der Allgemeinheit dient.[275] Dieser Auffassung ist beizupflichten, als es in der Tat kaum vorstellbar ist, dass eine rechtswidrige Maßnahme sich als gemeinwohlbezogen erweist.[276] Statt dessen sei danach zu fragen, ob der hoheitliche Eingriff dem Gemeinwohl oder lediglich privatnützigen Zwecken diene (Gemeinwohlmotivation). Bei staatlichen Vollstreckungsmaßnahmen zugunsten privater Gläubiger liege auch im Falle der Rechtswidrigkeit kein enteignungsgleicher Eingriff vor.[277] Die Rechtsprechung des BGH muss allerdings vor dem Hintergrund der Rechtsprechung des Bundesverfassungsgerichts als bedenklich[278] erscheinen, wonach auch bei derartigen verfahrensrechtlichen Entscheidungen Verstöße gegen die verfassungsrechtliche Eigentumsgarantie in Betracht kommen können.[279] Mit der fehlenden Legitimation durch Gemeinwohlinteressen wird man das Vorliegen eines enteignungsgleichen Eingriffs daher kaum noch verneinen können.[280]

Der enteignungsgleiche Eingriff hat ein bedeutendes Anwendungsfeld[281] bei Eigentumsbeeinträchtigungen durch den rechtswidrigen Vollzug verfassungsgemäßer Gesetze. In der Regel werden Tatbestandsvoraussetzungen verkannt oder fehlerhafte Ermessenserwägungen angestellt. Insoweit ist an rechtswidrig erlassene Bausperren oder die Ausführung von Straßenbauarbeiten unter Verstoss gegen das Verhältnismäßigkeitsprinzip[282] – und damit rechtswidrig – zu denken. Hierher gehört auch das Versagen technischer Einrichtungen, wo sie Gesetzesvollzug darstellen,[283] sowie unvermeidbare Verzögerungsschäden durch die rechtswidrige Vorenthaltung einer Erlaubnis.[284]

Eine Entschädigung unter dem Gesichtspunkt des enteignungsgleichen Eingriffs kommt ferner auch dann in Betracht, wenn die Verwaltung ein verfassungsgemäßes Enteignungsgesetz rechtswidrig anwendet. Sind im konkreten Fall die gesetzlichen Voraussetzungen verkannt worden, so ist die Entschädigungsregelung des Gesetzes nicht anwendbar.[285] Gleichwohl darf nicht übersehen werden, dass die Entschädigung in diesen letztgenannten Fällen nicht wegen,

---

[271] zur Frage des Eingriffs durch Unterlassen s. Ossenbühl, S. 255 ff.; Papier, in Maunz/Dürig, Art. 14, Rn. 695 ff.

[272] vgl. aus jüngerer Zeit BGHZ 117, 240, 252; 125, 19, 21; Aust/Jacobs/Pasternak, Die Enteigungsentschädigung, S. 90; Krohn, Rn. 25; Krohn/Löwisch, Eigentumsgarantie, Enteignung, Entschädigung, Rn. 224 ff.

[273] Ossenbühl, S. 262; Klein, in Soergel, Anh. § 839, Rn. 184

[274] Ossenbühl, S. 242

[275] BGHZ 13, 88, 92

[276] Steinberg/Lubberger, S. 331, näher Ossenbühl, S. 259, Papier, im Maunz/Dürig, Art. 14, Rn. 699

[277] BGHZ 32, 240, 244 f; Ossenbühl, S. 259

[278] Kreft, öffentlich-rechtliche Ersatzleistungen, Rn. 128

[279] BVerfGE 46, 325, 333 ff.

[280] In diese Richtung geht auch BGHZ 76, 387, 393 f, wonach ein Entschädigungsanspruch auch dann bestehe, wenn der Eingriff außerhalb der Legitimation durch das „Wohl der Allgemeinheit" erfolgt sei.

[281] zahlreiche Einzelfälle bei Aust/Jacobs/Pasternak, S. 88 ff.; Kreft, Rn. 129; Ossenbühl, S. 237 ff.

[282] BGHZ 57, 359; BGH, NJW 1965, 1907, 1908

[283] BGHZ 99, 249

[284] BGH, DÖV 1997, 464

[285] Nüßgens/Boujong, Rn. 413; Ossenbühl, S. 229; Klein, in Soergel, Anh. § 839, Rn. 178

sondern trotz der Rechtswidrigkeit des eigentumsbeeinträchtigenden Eingriffsakts gewährt wird.[286]

Eigentumseingriffe durch faktisches Handeln der öffentlichen Hand können gleichfalls enteignungsgleiche Eingriffe darstellen. Die bisher entschiedenen Fälle sind so vielgestaltig, dass sie sich kaum typisieren lassen. Hier ist an – die wenigen – Fälle unerlaubter Handlungen durch die öffentliche Hand zu denken,[287] an das Versagen technischer Einrichtungen, wo es sich nicht um Gesetzesvollzug handelt, an die Vernichtung von Holz durch Artillerieschussübungen,[288] vor allem aber an Eingriffe im Zusammenhang mit dem Bau von Verkehrsanlagen[289] oder den Betrieb von Kläranlagen[290] und Mülldeponien.[291] Ferner sind hierzu auch durch rechtswidrige, untergesetzliche Normen, also Rechtsverordnungen, Satzungen und Verwaltungsvorschriften verursachte Eigentumseingriffe zu rechnen, sog. normatives Unrecht. Dies hat der BGH namentlich für nichtige Bebauungspläne[292], rechtswidrige Veränderungssperren[293] und verfassungswidrige Verordnungen[294] entschieden.

Ein Eingriff durch legislatives Unrecht führt nach der aktuellen Rechtsprechung des BGH indessen nicht mehr zur Entschädigung auf Grundlage des enteignungsgleichen Eingriffs.[295] Der BGH begründet dies damit, dass die Zubilligung einer Entschädigung die Grenzen richterlicher Rechtsfortbildung überschreite. Wegen der möglicherweise weitreichenden Folgen für die Staatsfinanzen könne zudem die Haushaltsprärogative des Parlaments verletzt sein. Aufgrund der verschiedenen Lösungsmöglichkeiten für dieses Problem solle die Materie dem parlamentarischen Gesetzgeber vorbehalten bleiben.[296] Ein Anspruch aus enteignungsgleichem Eingriff scheidet auch dann aus, wenn der die Eigentumsbeeinträchtigung begründende Vollzugsakt auf einem verfassungswidrigen förmlichen Gesetz beruht (Beruhensfälle). Der Erlass des verfassungswidrigen Gesetzes und sein Vollzug werden haftungstechnisch als eine Einheit angesehen.[297]

3. Rechtswidrigkeit und Sonderopfer

Die hoheitliche Maßnahme muss, um einen Entschädigungsanspruch aus enteignungsgleichem Eingriff zu begründen, rechtswidrig sein. Darin unterscheidet sich der enteignungsgleiche Eingriff von der Enteignung. Gemeinsam ist der Enteignung und dem enteignungsgleichen Eingriff das dem Betroffenen durch die hoheitliche Maßnahme auferlegte Sonderopfer. Beiden liegt der allgemeine Rechtsgrundsatz zugrunde, dass demjenigen von der Gemeinschaft eine billige Entschädigung zu gewähren ist, dem durch hoheitlichen Zwang unter Durchbrechung des Gleichheitssatzes und zum Wohle der Allgemeinheit ein Sonderopfer abverlangt worden ist.[298] Die Entschädigung aus dem Aufopferungsgedanken ist originär eine Entschädigung für die dem Einzelnen ein Sonderopfer auferlegenden Folgen rechtmäßigen

---

286 Detterbeck/Windthorst/Sproll, S. 357; Nüßgens/Boujong, Rn. 413; Ossenbühl, S. 229
287 BGH, NJW 1984, 1878
288 BGHZ 37, 44
289 BGHZ 57, 359; 72, 289; OLG Frankfurt, VersR 1987, 710; BGHZ 94, 373
290 BGHZ 91, 20
291 BGH, NJW 1980, 770
292 BGHZ 92, 34, 110, 1
293 BGHZ 58, 128; 90, 17
294 BGHZ 78, 41; BGH, VersR 1988, 1022, 1023; BGHZ 90, 17, 21
295 BGHZ 100, 136, 145 f.; 102, 350, 362; 111, 349, 354 f; zur überholten Rechtsprechung BGHZ 56, 40, 42; im Hinblick auf EG-widrige formelle Gesetze gilt diese Begründung nicht, vgl. BVerfGE 31, 145, 174
296 so auch Kreft, Rn. 110; kritisch Ossenbühl, S. 233 f.; Klein, in Soergel, Anh. § 839, Rn. 344
297 BGHZ 100, 136, 145
298 BGHZ 25, 238, 242

hoheitlichen Handelns.[299] Das Reichsgericht und in der Folge der BGH verzichteten auf das Merkmal der Rechtmäßigkeit. Zwar sehe Art. 75 Einl. ALR die Entschädigungspflicht gerade für solche Fälle vor, in denen der Eingriff nach öffentlichem Recht zulässig sei. Es führe aber zu widersinnigen Ergebnissen, dem Geschädigten die vorgesehene Entschädigung dann zu versagen, wenn sich die Obrigkeit über ihre gesetzlichen Befugnisse geirrt, die Handlung dem Staat aber den erstrebten Vorteil gebracht habe.[300]

Der BGH übernahm diese Argumentation zunächst ohne Veränderung in der Sache, stützte den Entschädigungsanspruch aber auf Art. 14 GG. Eine Haftung solle auch in den Fällen bestehen, in denen ein rechtswidriger Eingriff in die private Eigentumssphäre seinem Inhalt und seiner Wirkung nach einer Enteignung gleichkomme. Dabei handle es sich zwar nicht um Enteignung im verfassungsrechtlichen Sinne. Diese Fälle seien aber wie eine Enteignung zu behandeln, wenn sie sich für den Fall der gesetzlichen Zulässigkeit nach ihrem Inhalt und nach ihrer Wirkung als Enteignung darstellen würden und wenn sie in ihrer tatsächlichen Wirkung dem Betroffenen ein besonderes Opfer auferlegt hätten.[301] Die Haftung ergab sich allein aufgrund des dem Einzelnen aufgebürdeten Sonderopfers, ungeachtet[302] der Rechtswidrigkeit der hoheitlichen Maßnahme.

Methodisch liegt dieser Ausdehnung des Aufopferungsgedankens auf rechtswidrige Eingriffe in das Eigentum ein Erst-Recht-Schluss[303] zugrunde. Sei der rechtmäßige Eingriff wegen des Sonderopfers zu entschädigen, so müsse für den rechtswidrigen Eingriff erst recht gelten, was für den rechtmäßigen gelte.

Diese Argumentation übersieht gleichwohl, dass ein rechtswidriger Eingriff, wenn er rechtmäßig wäre, wegen der Sozialbindung des Eigentums eine entschädigungslos hinzunehmende Eigentumsbeschränkung sein kann, die dem Betroffenen kein Sonderopfer abverlangt.[304] Rechtswidrige Maßnahmen von hoher Hand können indessen nie die Sozialbindung des Eigentums konkretisieren.[305] Der BGH korrigierte seine Rechtsprechung dahingehend, dass nicht zu prüfen sei, ob der rechtswidrige Eingriffsakt auch dann eine enteignende, dem Betroffenen ein Sonderopfer auferlegende Maßnahme gewesen wäre, wenn er rechtmäßig ergangen wäre.[306] Die Entschädigung werde nicht gewährt, obwohl der Eingriff rechtswidrig war, sondern gerade weil er rechtswidrig war.[307] Der Betroffene werde allein durch die Rechtswidrigkeit der Maßnahme in einer die allgemeine Opfergrenze überschreitenden Weise und damit allen anderen gegenüber ungleich belastet. Das Sonderopfer liege daher beim enteignungsgleichen Eingriff in der Rechtswidrigkeit der Maßnahme.[308] Die Rechtswidrigkeit „indiziere“ vielmehr das Sonderopfer,[309] löst es also regelmäßig aus. Auf eine eigenständige Sonderopferlage wird damit verzichtet, da der Begriff des Sonderopfers im Bereich der Unrechtshaftung kein geeignetes Kriterium für die Frage der Haftungstragung ist. Der enteignungsgleiche Eingriff wurde damit zu einem Institut der zumindest teilweisen unmittelbaren Staatshaftung.

---

299 RGZ 140, 276, 283
300 RGZ 140, 276, 283
301 BGHZ 6, 270, 290
302 Papier, in Maunz/Dürig, Art. 14, Rn. 683
303 Ossenbühl, S. 217; Papier, in Maunz/Dürig, Art. 14, Rn. 684
304 so auch BGHZ 32, 208, 210; Aust/Jacobs/Pasternak, S. 94
305 Nüßgens/Boujong, Rn. 414
306 BGHZ 32, 208, 210 f.
307 Nüßgens/Boujong, Rn. 414; Ossenbühl, S. 230
308 BGHZ 32, 208, 210; Aust/Jacobs/Pasternak, S. 94; Nüßgens/Boujong, Rn. 414
309 Papier, in Maunz/Dürig, Art. 14, Rn. 687

Gleichwohl scheint der BGH den Ursprung des enteignungsgleichen Eingriffs im Aufopferungsgedanken weiterhin berücksichtigen zu wollen. Dies zeigt sich in den Fällen, in denen ein Eingriff seinen Auswirkungen nach ein Sonderopfer darstellt. In diesen Fällen lässt es der BGH dahingestellt sein, ob der Eingriff rechtmäßig oder rechtswidrig war.[310] Wegen Vorliegens eines Sonderopfers braucht die Frage, ob ein Entschädigungsanspruch aus enteignendem oder enteignungsgleichen Eingriff besteht, für die Bejahung des Anspruchs nicht beantwortet zu werden.[311] Das Kriterium des Sonderopfers ist auch dann von Bedeutung, wenn der Eingriff nur an einem formellen Rechtsfehler leidet. Dieser Mangel führt nicht notwendig zu einer Entschädigungspflicht.[312] Dies gilt namentlich dann, wenn der Eigentümer den Eingriff bei Vorliegen der formellen Voraussetzungen aus dem Gesichtspunkt der Sozialpflichtigkeit des Eigentums hätte hinnehmen müssen, dieser also nach materiellen Recht nicht zu beanstanden war. Zwar kann sich der Bürger gegen einen formell-rechtswidrigen Akt der Verwaltung im Wege des Primärrechtsschutzes zur Wehr setzen und dessen Aufhebung verlangen. Da die zuständige Behörde den angegriffenen Rechtsakt unter Beachtung aller formellen Voraussetzungen ohne Änderung in der Sache erneut erlassen könnte, kann in den Auswirkungen des nur formell-rechtswidrigen Bescheides kein Sonderopfer gesehen werden.

4. Handlungs- oder Erfolgsunrecht

Die Frage nach dem Verständnis der Rechtswidrigkeit stellt sich aufgrund der Provenienz des enteignungsgleichen Eingriffs im Bereich des allgemeinen Aufopferungsgedankens etwas anders dar als beim Amtshaftungsanspruch. Dies liegt daran, dass die Rechtswidrigkeit nicht Tatbestandsmerkmal eines Aufopferungsanspruchs ist. Vielmehr wurde der allgemeine Aufopferungsanspruch instrumentalisiert, um eine unmittelbare Staatshaftung für rechtswidrige Eingriffe in Art. 14 Abs. 1 GG zu begründen.

Dies geschieht in der Weise, dass die Rechtswidrigkeit der hoheitlichen Maßnahme das Sonderopfer regelmäßig auslöst und diesem als eigene Haftungsvoraussetzung bis auf die dargestellten Ausnahmen keine Bedeutung mehr zukommt. Man befindet sich damit auf dem Gebiet der Grundrechtsbeeinträchtigungen durch hoheitliche Maßnahmen. Die Entschädigung wegen enteignungsgleichen Eingriffs bildet gleichsam die dritte Stufe[313] des Eigentumsschutzes, wenn der Abwehranspruch und der Folgenbeseitigungsanspruch nicht in ausreichendem Maße greifen. Für die Verletzung der durch hoheitliches Handeln beeinträchtigten, von Art. 14 Abs. 1 GG geschützten Rechtsposition ist allein der Verstoß gegen eine Rechtsnorm ausschlaggebend. Die objektive Rechtswidrigkeitshaftung ist erfolgsbezogen. Die Einhaltung der individuellen Sorgfalt ist für die Verletzung der Rechtspflicht ohne Bedeutung, wie dies nach § 113 Abs. 1 S. 1 VwGO für die verwaltungsgerichtliche Anfechtungsklage gilt.

Die erfolgsbezogene Rechtswidrigkeit kann nicht damit begründet werden, dass das Sonderopfer sich stets auf den Erfolg beziehe, aber in der Regel durch die Eingriffshandlung indiziert werde.[314] Beim enteignungsgleichen Eingriff ergibt sich das Sonderopfer aufgrund der Rechtswidrigkeit der hoheitlichen Maßnahme bzw. aus der Rechtswidrigkeit des Eingriffs. Beide Formulierungen meinen dasselbe. Rechtswidrig kann immer nur ein Verhalten sein. Die Rechtswidrigkeit folgt aus dem Normverstoß. Wirkt sich der Normverstoß, wenn auch ungewollt, unmittelbar auf den Schutzbereich des Art. 14 Abs. 1 GG aus, so ist auch der Eingriff rechtswidrig. „Indiziere" die Rechtswidrigkeit aber das stets in der Eingriffswirkung liegende

---

[310] BGHZ 117, 240, 253

[311] Wurm, Staudinger, § 839, Rn. 450

[312] BGHZ 58, 124, 127 f.

[313] Maurer, S. 722

[314] Maurer, S. 727

Sonderopfer, so wird deren Prüfung vom Bereich der Haftungsvoraussetzung in den Bereich des Eingriffs verschoben. Die Rechtswidrigkeit werde als Eingriffsvoraussetzung bei gleichzeitiger Beibehaltung ihrer Bedeutung für die Qualifikation der Eingriffsauswirkung als Sonderopfer eliminiert.[315]

Fälle, in denen das Handeln der Verwaltung rechtmäßig, der Eingriff aber rechtswidrig ist, sind nicht denkbar. Dies gilt vor allem für rechtswidrige Entscheidungen mit vorläufiger Legitimationskraft. Diese vorläufige Legitimationskraft führt dazu, dass der Adressat oder ein betroffener Dritter den Eingriff bis zu dessen Aufhebung zu dulden haben. Die Duldungspflicht führt regelmäßig zum Ausschluss von Abwehransprüchen. Dennoch ist die Entscheidung nach allein den Ausschlag gebenden materiellem Recht rechtswidrig, auch wenn die richtige Erkenntnis des Rechts ein Prozess sein mag.[316] Andererseits sind solche Eingriffe rechtmäßig, die aufgrund begrenzter und vorliegender Prüfungspflichten erfolgten, auch wenn sie sich im Nachhinein als tatsächlich unrichtig herausstellen sollten.[317] Die Rechtsprechung hat für die ein Sonderopfer auferlegenden Folgen rechtmäßigen Handelns daher auch das Institut des enteignenden Eingriffs kreiert. Die Frage nach einer Entschädigungspflicht wird hier aufgrund von Zumutbarkeitserwägungen beantwortet.[318]

5. Begrenzung der Haftung

a) Von Art. 14 Abs. 1 GG umfasste Rechtspositionen

Die enteignungsgleiche Wirkung des Eingriffs von hoher Hand ergibt sich nicht allein aus dessen Rechtswidrigkeit. Vielmehr muss die hoheitliche Maßnahme ihrer Natur nach, bezogen auf Art und Wirkung, den Tatbestand eines enteignenden Akts bilden.[319] Das ist der Fall, wenn die hoheitliche Maßnahme unmittelbar auf eine in die Eigentumsgarantie des Art. 14 Abs. 1 GG einbezogene Rechtsposition einwirkt.[320] Die unmittelbare Auswirkung auf eine von Art. 14 GG geschützte Rechtsposition entspricht der Verletzung eigener Rechte nach Art. 19 Abs. 4 GG und den einfachgesetzlichen Ausformungen wie in § 113 Abs. 1 S. 1 VwGO beim Primärrechtsschutz.

b) Drittschützende Wirkung der verletzten Norm

Gleichwohl steht die Frage im Raum, ob jede rechtswidrige hoheitliche Maßnahme, die von Art. 14 GG umfasste Rechtspositionen des Betroffenen berührt, einen Anspruch aus enteignungsgleichem Eingriff auslöst oder ob vielmehr die verletzte Vorschrift dem Schutz des Betroffenen dienen soll. Der BGH verneint eine Haftung unter dem Gesichtspunkt des enteignungsgleichen Eingriffs, wenn die in Rede stehende Norm keinen drittschützenden Charakter hat, sondern nur dem Allgemeininteresse dient.[321] Zustimmung hat diese Auffassung vor allem deshalb erfahren, weil damit die strukturelle Gleichstellung zum Amtshaftungsanspruch einerseits, zum primären Rechtsschutz und zum Aufhebungsanspruch andererseits erreicht

---

[315] Michaelis, S. 948

[316] Michaelis, S. 956 f., der zugleich auch auf die bislang ungelöste Frage der Gemeinwohlbezogenheit bei solchen rechtswidrigen, aber vorläufig zu duldenden Eingriffen eingeht.

[317] Michaelis, S. 938 ff, der als Beispiele die polizeiliche Scheingefahr und die Tiertötung bei Verdacht einer Erkrankung nach dem Viehseuchengesetz nennt.

[318] BGHZ 57, 359

[319] Krohn, Rn. 33

[320] ausführlich zu den geschützten Rechtsgütern Krohn, S. 42; Ossenbühl, S. 242

[321] BGHZ 102, 350, 360

werde, die auch auf den Schutzzweck der verletzten Norm – als festem Bestandteil des Schadensersatzrechts – abstellen.[322]

Nach anderer Auffassung sei eine Begrenzung der Haftung durch Schutzzweckerwägungen nicht geboten. Die Begrenzung des Anspruchs auf Beeinträchtigung von Eigentumspositionen im Sinne des Art. 14 Abs. 1 GG durch die unmittelbaren Auswirkungen der rechtswidrigen untergesetzlichen Norm reiche voll aus.[323] Die erstgenannte Auffassung verdient den Vorzug. Der enteignungsgleiche Eingriff verlangt keinen Eingriff in Art. 14 Abs. 1 GG im Sinne der klassischen Eingriffsdefinition, vielmehr können auch nur ungezielte und ungewollte Beeinträchtigungen des von Art. 14 Abs. 1 GG geschützten Eigentums enteignungsgleiche Eingriffe darstellen. Eine faktische Beeinträchtigung besagt aber noch nichts darüber aus, ob auch eine subjektive Rechtsverletzung im Grundrecht aus Art. 14 Abs. 1 GG vorliegt. Dies kann nur anhand des im Einzelfall verletzten Rechtssatzes ermittelt werden. Dieser muss zumindest auch dem Schutz des Eigentums zu dienen bestimmt sein. Die Gegenauffassung argumentiert vom Sonderopfer her. Das Sonderopfer ist aber nicht davon abhängig, ob die verletzte Rechtsnorm dem Schutz des Betroffenen dienen sollte. Diese Sichtweise überzeugt im Bereich einer Haftung für hoheitliches Unrecht nicht.

c) Unmittelbarkeit des Eingriffs

Die eigentliche Einschränkung der Haftung erfolgt über das Merkmal der Unmittelbarkeit des Eingriffs. Die in der früheren Rechtsprechung des BGH geforderte Finalität des Eingriffs[324] im Sinne eines zielgerichteten Handelns als klares Haftungsbegrenzungsmerkmal[325] wurde zwar aufgegeben, ein lediglich adäquater Kausalzusammenhang zwischen der hoheitlichen Maßnahme und dem Eigentumsnachteil reicht aber dennoch nicht aus.[326] Die Änderung des Eingriffsbegriffs im Sinne des enteignungsgleichen Eingriffs diente der Ausdehnung auch auf solche Fälle, in denen die Eigentumsbeeinträchtigung zufällig erfolgte, eine Haftung aber dennoch geboten schien. Es genüge daher in jedem Falle, dass eine Maßnahme „unmittelbar" – nicht nur mittelbar mit Ausnahme der rechtsähnlichen Fälle der §§ 844, 845 BGB – Auswirkungen auf das Eigentum in all seinen Ausstrahlungen habe.[327] Die Kritik am Begriff der Unmittelbarkeit ging dahin, dass er unbestimmt[328] und Ausdruck der dogmatischen Verlegenheit sei, nicht ganz präzise sagen zu können, was überhaupt gemeint sei.[329]

Um ein Ausufern der Haftung zu vermeiden, wandte der BGH das Merkmal der „Unmittelbarkeit" äußerst restriktiv an und verneinte die Haftung beispielsweise beim Versagen technischer Einrichtungen.[330] Als unmittelbar galt nur solches Handeln, dass ohne Zwischenursache den schädigenden Erfolg herbeiführte. Dies wurde in den sog. Ampelfällen zunächst verneint.[331] Im der weiteren Entwicklung der Rechtsprechung wurde deutlich, dass es sich bei der „Unmittelbarkeit" nicht um ein bloßes Kausalitätskriterium handeln kann. Wie im übrigen Schadensersatzrecht kann es auch im Bereich des enteignungsgleichen Eingriffs nicht darauf ankommen, dass die zum Schadensersatz führende Kausalkettte geschlossen sei, oder darauf,

---

322 Steinberg/Lubberger, S. 368
323 Boujong, in FS Geiger, S. 442; Klein, in Soergel, Anh. § 839, Fn. 70 zu Rn. 190
324 so noch BGHZ 12, 52, 57; 23, 235, 240
325 Ossenbühl, S. 249
326 Krohn, Rn. 42
327 BGHZ 37, 44, 47
328 Wolf/Bachof/Stober, Verwaltungsrecht, Bd. 2, S. 180
329 Nipperdey, Tatbestandsaufbau und Systematik der deliktischen Grundtatbestände, NJW 1967, 1985, 1990
330 BGHZ 54, 332, 337
331 anders unter Bezugnahme auf § 39 Abs. 1 lit. b OBG NW später BGH, NJW 1987, 1945; BGHZ 99, 249, 255

wer die letzte Bedingung für den Schadenseintritt gesetzt habe.[332] Vielmehr ist das Tatbestandsmerkmal der unmittelbaren Auswirkung der Standort für die wertende Eingrenzung der Haftungszurechnung auf den Hoheitsträger, die in der neueren Rechtsprechung mittels einer Abgrenzung nach Verantwortungsbereichen und Risikosphären vorgenommen wird.[333] Danach führen solche Auswirkungen zu einem Haftungsanspruch, in denen sich eine für die konkrete Betätigung der Hoheitsgewalt typische Gefahr verwirklicht habe,[334] die aus der Eigenart der hoheitlichen Maßnahme folge.[335]

Diese Kriterien wurden der Kritik ausgesetzt, der BGH versuche über dieses Rechtsinstitut zu einer partiellen Gefährdungshaftung zu gelangen.[336] In der Tat hat der BGH den Weg einer Annäherung an die Gefährdungshaftung[337] im Bereich des enteignungsgleichen Eingriffs gewählt, als auch die Schaffung einer erlaubten Gefahrenquelle Gegenstand der Haftung sein kann.[338] Andererseits aber ist die Rechtswidrigkeit des Eingriffs Tatbestandsvoraussetzung des enteignungsgleichen Eingriffs. Die Gefährdungshaftung fragt aber gerade nicht nach Recht oder Unrecht. Sie will Schäden verteilen nach dem Grundsatz, dass der, der Gefahrenquellen schafft und beherrscht und in dessen Interessen ein gefährlicher Betrieb gestattet wird, auch die damit verbundenen Wagnisse tragen soll. Wird durch rechtswidriges hoheitliches Handeln eine Gefahrenlage für das Eigentum Dritter geschaffen, die sich verwirklicht, so liegt strukturell keine Gefährdungshaftung, sondern Unrechtshaftung vor.[339]

6. Vergleichbare Regelungen

a) Aufopferungsanspruch im engeren Sinne

Ein Anspruch aus dem allgemeinen Aufopferungsgedanken kann auch dann in Betracht kommen, wenn ein hoheitlicher Eingriff in nicht von Art. 14 Abs. 1 GG geschützte Rechtsgüter erfolgt und dadurch dem Betroffenen ein Sonderopfer auferlegt wird. Im Vordergrund stehen hier die Rechtsgüter des Art. 2 Abs. 2 GG, Leben und Gesundheit. Aber auch Freiheit, Ehre und Privatsphäre sind grundsätzlich vom Anwendungsbereich erfasst.[340]

Das Vorliegen eines Sonderopfers wird wie beim enteignungsgleichen Eingriff dann bejaht, wenn die hoheitliche Maßnahme rechtswidrig ist. In diesem Fall wird auch teilweise von einem aufopferungsgleichen Eingriff gesprochen.[341] Die Rechtsprechung nimmt eine solche begriffliche Unterscheidung nicht vor, da das Sonderopfer und die mit ihm zusammenhängenden Frage der Rechtswidrigkeit nicht im Eingriff, sondern in den Folgen des Eingriffs zu sehen sei. Eine Abgrenzung zwischen Rechtmäßigkeit und Rechtswidrigkeit sei im Bereich des aufopferungsgleichen Eingriffs ohnehin nicht in gleicher Weise von Bedeutung wie beim enteignungsgleichen Eingriff, da rechtmäßige Eingriffe des Staats in Leben, Gesundheit und Freiheit nur schwer denkbar seien.[342] Ansonsten gilt nichts anderes als beim enteignenden und enteignungsgleichen Eingriff. Gibt ein Polizist einen Schuss ab und geht dieser fehl, obwohl

---

332 Ossenbühl, S. 250
333 Ossenbühl, S. 250; Windthorst/Detterbeck/Sproll, S. 362 f.
334 BGH, NJW 1980, 770
335 BGHZ 100, 335, 337 f.; 102, 350, 358
336 Papier, in Maunz/Dürig, Art. 14, Rn. 700
337 Steinberg/Lubberger, S. 334 f.
338 Wiewohl der BGH eine allgemeine Gefährdungshaftung mangels gesetzlicher Grundlage ausdrücklich ablehnt, BGHZ 54, 332, 336 f.; 55, 229, 234
339 so auch Steinberg/Lubberger, S. 335
340 Ossenbühl, S. 134
341 Wolf/Bachof/Stober, S. 635
342 Einen solchen Fall behandelt BGHZ 9, 83 für Impfschäden; vgl. dazu jetzt §§ 51 ff. BSeuchG

alle Rechtspflichten beachtet wurden, so entsteht ein Anspruch nur, wenn der so getroffene Dritte ein Sonderopfer erlitten hat. Verletzt der Polizist dagegen den Verhältnismäßigkeitsgrundsatz, so ist bereits das hoheitlichen Handeln rechtswidrig und die noch so geringe Verletzung des Betroffenen ein Sonderopfer.[343]

b) Staatsunrechtshaftung im Polizei- und Ordnungsrecht

Zahlreiche Polizeigesetze der Länder gewähren einen generellen Entschädigungsanspruch wegen rechtswidriger Maßnahmen.[344] Diese Regelungen werden als spezialgesetzliche Konkretisierungen des Anspruchs aus enteignungsgleichem Eingriff verstanden. Soweit diese Ansprüche nicht eingreifen, bestehen die allgemeinen Ansprüche wegen enteignungsgleichen Eingriffs und Aufopferung.[345] Die Haftung knüpft an eine rechtswidrige Maßnahme an. Diese ist gegeben, wenn das Verhalten der Polizei- oder Ordnungsbehörden gegen eine Rechtsvorschrift verstößt. Die weite Fassung des Tatbestands enthält jedoch keine Einschränkung hinsichtlich des Kreises der Anspruchsberechtigten sowie der ersatzfähigen Schadenspostitionen. Eine Haftungsbegrenzung erreicht der BGH durch den Schutzzweck der verletzten Norm[346] und das Erfordernis der unmittelbaren Schadensverursachung.[347]

7. Stellungnahme

Trotz seines Ursprungs im Aufopferungsrecht ist der enteignungsgleiche Eingriff – und mit ihm der aufopferungsgleiche – ein Institut der staatlichen Unrechtshaftung. Zu begrüßen ist, dass die Haftung an die Rechtswidrigkeit anknüpft und auf ein Verschulden des handelnden Hoheitsträgers verzichtet. Der Rechtswidrigkeitsbegriff erfolgt einem erfolgsbezogenen Verständnis. Die widersinnige Trennung zwischen der Rechtswidrigkeit der Handlung und der Rechtswidrigkeit des Erfolgs wird im Bereich des enteignungsgleichen und aufopferungsgleichen Eingriffs nicht vorgenommen. Vielmehr geht es um die Rechtswidrigkeit des hoheitlichen Handelns, das ein Sonderopfer auf Seiten des Betroffenen auslöst.

Letztlich bedeutet dies, dass die durch das rechtswidrige Verhalten gezeitigten Folgen auch rechtswidrig sein müssen. Wie selbstverständlich geht man im Rahmen des enteignungs- und aufopferungsgleichen Eingriffs davon aus, dass für die Beurteilung der Rechtswidrigkeit der Folgen die Rechtswidrigkeit des Handelns den Ausschlag gibt und keine isolierte Betrachtung eines durch den Eingriff geschaffenen Zustands erfolgt. Die Vorschriften des Polizei- und Ordnungsrechts[348] gehen den gleichen Weg, indem sie von der Rechtswidrigkeit der Maßnahme sprechen.

Die Beschränkung des Rechtsgüterschutzes auf Art. 14 Abs. 1 GG und Art. 2 Abs. 2 GG mag unvollständig erscheinen. Ein Interesse an Entschädigung besteht auch im Bereich des an Art. 12 GG festgemachten Erwerbsschutzes.[349] Die Rechtsprechung hält sich hier zurecht zurück, um nicht die Haushaltsprärogative des entscheidungsunwilligen Gesetzgebers zu beeinträchtigen. Ein genereller Vermögensschutz wirft zudem die Frage auf, ob damit nicht die

---

[343] Erichsen, S. 736

[344] § 59 Abs. 2 Bln. ASOG, § 38 Abs. 1 lit. b Bbg. OBG, § 56 Abs. 1 S. 2 Brem PolG, § 64 Abs. 1 S. 2 H SOG, § 80 Abs. 1 S. 2 N GefAG, § 39 Abs. 1 lit. b NW OBG, § 68 Abs. 1 S. 2 RP POG, § 68 Abs. 1 S. 2 S PolG, § 69 Abs. 1 S. 2 SOG LSA, § 68 Abs. 1 S. Thür. PAG

[345] Erichsen, S. 740

[346] BGHZ 86, 356: 109, 380, 393 ff.; 123, 191, 198

[347] BGHZ 131, 163, 166 f.

[348] vgl. Fn. 166

[349] zu den eigentumsrechtlichen Rechtspositionen gehört aber der „eingerichtete und ausgeübte Gewerbebetrieb" in seiner Sach- und Rechtsgesamtheit, vgl. Ossenbühl, S. 161 mit Rechtsprechungsnachweisen.

staatliche Haftung zu sehr überdehnt würde. Jedenfalls müssten für den Fall einer solch weiten Staatshaftung wirksame Kriterien zur Haftungsbegrenzung entwickelt werden, um keine einseitige Risikoverteilung zuungunsten der öffentlichen Hand vorzunehmen.

Ob das Kriterium der „Unmittelbarkeit des Eingriffs“ diese Aufgabe in befriedigender Weise zu erfüllen vermag, begegnet Zweifeln. Die Bestimmung der Unmittelbarkeit ist mannigfach und wird mal eher kausalitätsbezogen, in jüngerer Zeit zutreffenderweise als Zurechnungskriterium verstanden. Insgesamt bietet das Merkmal ein Gehäuse,[350] in dem alle gerade tunlich erscheinenden Zurechnungskriterien angesiedelt werden. Es ist daher zu fordern, dass der Begriff der „Unmittelbarkeit“ zunehmend klare Konturen gewinnt, um zu wissen, was damit im Kern gemeint sein soll.[351] Hier scheint ein Rückgriff auf die Schutzzwecklehre naheliegend. Es wurde darauf hingewiesen, dass es wegen der Berücksichtigung rein zufälliger Beeinträchtigungen an einer Schutznorm vielfach fehlen wird.[352] Wenn es aber an einer verletzten Schutznorm fehlt, stellt sich die Frage, wie dann die Rechtswidrigkeit der hoheitlichen Maßnahme beurteilt werden soll. Daher muss gelten, dass die Schutznormtheorie auch hier Anwendung findet.

Die Abgrenzung der Verantwortungsbereiche mit den Kriterien der „typischen Gefahr“ und der „Eigenart der hoheitlichen Maßnahme“ enthält darüber weitere, zur Konkretisierung der Unmittelbarkeit wichtige Ansätze. Da im Bereich des enteignungsgleichen Eingriffs vielfach nicht die rechtswidrige hoheitliche Maßnahme die Eigentumsverletzung auslöst, sondern eine weitere Ursache dazwischentritt, bedarf es einer wertenden Zurechnung der Eigentumsverletzung. Diese Zurechnung erfolgt sachgerecht mit den beiden vorstehend genannten Topoi.[353] Sie sind das maßgebliche Kriterium dafür, ob die abstrakt zu ermittelnde Verletzung einer drittschützenden Norm im konkreten Fall zu einer Rechtsverletzung beim Betroffenen führt.

III. Der Folgenbeseitigungsanspruch

1. Begriff

Der Folgenbeseitigungsanspruch ist ebenso wie der Anspruch aus enteignungsgleichem Eingriff eine Schöpfung des Richterrechts. Ziel des Anspruchs ist die Wiederherstellung des ursprünglichen Zustands durch Beseitigung der Folgen eines rechtswidrigen Eingriffs (actio restitutoria). Orientierungspunkt ist der frühere, vor dem rechtswidrigen Eingriff bestehende status quo ante.[354] Davon zu unterscheiden ist der bloße Abwehranspruch, der auf die Unterlassung des Eingriffs selbst gerichtet ist (actio negatoria).[355] Während letzterer durch ein Aufhören erfüllt wird, verlangt der Folgenbeseitigungsanspruch ein positives Tätigwerden, um den früheren Zustand wiederherzustellen. Im Gegensatz zum Anspruch aus enteignungsgleichem Eingriff ist der Folgenbeseitigungsanspruch nicht auf Kompensation in Form geldwerter Entschädigung, sondern auf Restitution gerichtet.[356]

---

[350] Ossenbühl, S. 251
[351] Nipperdey, Tatbestandsaufbau und Systematik der deliktischen Grundtatbestände, NJW 1967, 1985 1990
[352] Ossenbühl, S. 250
[353] vgl. hierzu das Mülldeponie-Urteil: eine kommunale Mülldeponie lockt Möwen an, die das Saatgut auf benachbarten Feldern fressen, BGH, NJW 1980, 770
[354] Maurer, S. 784; Klein, in Soergel, Anh § 839, Rn. 225
[355] So mit nur terminologischen Unterschieden auch Ossenbühl, der von einem grundrechtlichen Schutzanspruch ausgeht, der zu unterschiedlichen Rechtsfolgen führen kann, nämlich Unterlassung, Beeinträchtigung und Wiederherstellung.
[356] Dieser Restitutionszweck wirft die Frage auf, ob der Folgenbeseitigungsanspruch im Bereich des primären Rechtsschutzes (so Klein, in Soergel, Anh. § 839, Rn. 227; Schoch, VerwArch 79, 62 f.) oder des sekundären Rechtsschutzes anzusiedeln ist (so Ossenbühl, S. 333).

Ausgangspunkt der Entwicklung waren die Folgen eines sofort vollzogenen, aber rechtswidrigen und später auch aufgehobenen Verwaltungsakts, sog. Vollzugsfolgenbeseitigungsanspruch, der in der Literatur gefordert[357] und von der Rechtsprechung übernommen wurde.[358] Diese Rechtsprechung ist dann dahin weiterentwickelt worden, dass der Folgenbeseitigungsanspruch bei allen Amtshandlungen, also auch hoheitlichen Realakten,[359] besteht, die rechtswidrige Folgen nach sich gezogen haben.[360]

2. Rechtsgrundlage

Das Bestehen eines Folgenbeseitigungsanspruchs ist allgemein anerkannt und gewohnheitsrechtlich verfestigt.[361] Auch das Prozessrecht regelt beispielsweise in § 113 Abs. 1 S. 2 VwGO dessen Geltendmachung und setzt folglich das Bestehen eines solchen Anspruchs im materiellen Recht voraus. Gleichwohl findet der Folgenbeseitigungsanspruch im materiellen Recht, von einigen Spezialregelungen abgesehen,[362] keine Grundlage.

Dementsprechend uneinheitlich und verwirrend ist das Bild, das Rechtsprechung und Literatur hier bieten. Bei Schaffung des Folgenbeseitigungsanspruchs vertrat *Bachof*[363] die Ansicht, er habe seine Wurzel im Grundsatz der Gesetzmäßigkeit der Verwaltung und einer Analogie zu den zivilprozessualen Vorschriften der §§ 717 Abs. 2, 945, 302 Abs. 4, 600 Abs. 2 ZPO, die dem Beklagten im Falle vorläufiger Vollstreckbarkeit des Urteils einen Schadensersatzanspruch gewährten. Andere Stimmen im Schrifttum plädierten für eine – in Zusammenhang mit dem Grundsatz der Gesetzmäßigkeit der Verwaltung stehenden – ungeschriebenen Grundnorm auf Wiedergutmachung[364] oder für Art. 19 und 34 GG.[365] Eine weitere Auffassung nahm an, der Folgenbeseitigungsanspruch folge einer Analogie zu den Vorschriften der §§ 12, 861, 862, 1004 BGB.[366] Daneben wird vertreten, der Folgenbeseitigungsanspruch sei in den Freiheitsgrundrechten verankert. Der Abwehrfunktion der Grundrechte korrespondiere ein Anspruch auf Unterlassung von Grundrechtsbeeinträchtigungen gegen den Staat,[367] der sich nach Verletzung der Grundrechte in einen Beseitigungsanspruch wandle.[368] In die gleiche Richtung geht die Ansicht, die im Folgenbeseitigungsanspruch einen Reaktionsanspruch auf Verletzungen des grundrechtlich geschützten Freiheitsraums des Einzelnen, des sog. status negativus, erblickt.[369] Der status negativus sei dabei nicht selbst ein Recht, sondern bestenfalls

---

[357] Entwickelt wurde der Folgenbeseitigungsanspruch von Bachof, Die verwaltungsgerichtliche Klage auf Vornahme einer Amtshandlung, 1951, 2. Aufl. 1968, der vertreten hat, dem durch einen rechtswidrigen Verwaltungsakt Betroffenen stehe nicht nur ein Anspruch auf Aufhebung des Verwaltungsakts, sondern auch auf Beseitigung der nachteiligen Folgen des aufgehobenen Verwaltungsakts, S. 98 ff.

[358] BVerwG, DVBl. 1959, 580; 1960, 255; 1960, 854; 1963, 377; BVerwGE 28, 155

[359] zahlreiche Beispiele bei Ossenbühl, S. 288 ff., der insbesondere auch auf die kompliziert gelagerten Fälle der Immissionen von hoher Hand, der ehrverletzenden Äußerungen von Beamten und hoheitlichen Organen sowie der hoheitlichen Warnungen, Empfehlungen und Bewertungen eingeht.

[360] BVerwG, DVBl. 1971, 858; BVerwGE 38, 336; BVerwG, NJW 1973, 1854; BVerwGE 59, 319

[361] Detterbeck/Windthorst/Sproll, S. 220

[362] z. B. Art. 39 bay. VwZVG, § 44 thür.VwZVG; der Anspruch auf Vernichtung erkennungsdienstlicher Unterlagen, § 13 Abs. 3 PolG Bbg.; der Herausgabeanspruch betreffend sichergestellter und beschlagnahmter Sachen nach Wegfall der Sicherungsvoaussetzungen, § 28 Abs. 1 PolG Bbg., Vorschriften zur Löschung, Sperrung und Berichtigung von Daten, § 47 PolG Bbg.

[363] Bachof, S. 132 f.

[364] Menger, in GS für Jellinek, S. 350 ff.

[365] Haas, System der öffentlich-rechtlichen Entschädigungspflichten, S. 60 ff.

[366] Bettermann, Zur Lehre vom Folgenbeseitigungsanspruch, DÖV 1955, 528

[367] Weyreuther, S. 106 ff.

[368] Ossenbühl, S. 300

[369] Begriff nach Jellinek, System der subjektiven öffentlichen Rechte, 2. Aufl., 1905, S. 94 ff.

ein gesetzlich umrissener Zustand, dessen Verletzung subjektive Rechte erst zur Entstehung bringe.[370]

Ähnlich uneinheitlich ist das von der Rechtsprechung gebotene Bild. Lange Zeit wurde die Rechtsgrundlage ausdrücklich offen gelassen und der Grundsatz der Folgenbeseitigung als allgemeiner Grundsatz des Verwaltungsrechts bezeichnet.[371] Der vierte Senat des BVerwG neigte später dazu, die Rechtsgrundlage in den Freiheitsrechten und dem Vorbehalt des Gesetzes zu sehen.[372] Der dritte Senat stimmte darin insoweit überein, dass der Folgenbeseitigungsanspruch aus dem Bundesverfassungsrecht herzuleiten sei, nannte aber Art. 20 Abs. 3 GG als rechtliche Grundlage.[373] In jüngerer Zeit ist die Tendenz zu beobachten, auf die Benennung einer konkreten Rechtsgrundlage zu verzichten. Vielmehr begnügt sich der vierte Senat mit der Feststellung, es sei Aufgabe effektiven Rechtsschutzes und ein Grundsatz geltenden Rechts, rechtswidrige Beeinträchtigungen, welche einem Träger hoheitlicher Macht zuzuordnen sind, zu beseitigen.[374]

Die Zusammenschau dieser zahlreichen Begründungsansätze zeigt die Selbstverständlichkeit, mit der vom Bestehen des Folgenbeseitigungsanspruchs ausgegangen wird, verbunden mit einer gewissen Unfähigkeit, die Frage nach dem Woher präzise beantworten zu können. Seine Verankerung im Verfassungsrecht ist zu Recht allgemein anerkannt,[375] wenngleich Verfassungsvorschriften für die Gestaltung konkreter Anspruchsgrundlagen wenig ergiebig sind. Vor diesem Hintergrund können auch die Versuche gesehen werden, Normen des einfachen Rechts als Anspruchsgrundlagen zu benennen. Infolge der langjährigen Ausgestaltung durch die Rechtsprechung ist eine solche Anknüpfung an Vorschriften des einfachen Rechts aber nicht erforderlich. Vielmehr genügt der Hinweis auf die gewohnheitsrechtliche Geltung.

3. **Anspruchsvoraussetzungen**[376]

Mit dem Anspruch auf Folgenbeseitigung kann der Betroffene[377] die Wiederherstellung des ursprünglichen Zustands verlangen, wenn durch einen hoheitlichen Eingriff[378] in ein subjektives Recht ein rechtswidriger Zustand geschaffen worden ist, der noch andauert.[379] In neueren Entscheidungen nennt die Rechtsprechung als Anspruchsvoraussetzung nicht nur den Eingriff in ein subjektives Recht, sondern spricht präziser von der Verletzung eines subjektiven Rechts durch hoheitlichen Eingriff.[380] Der Anspruch besteht nicht, wenn die Wiederherstellung rechtlich oder tatsächlich unmöglich oder unzumutbar[381] ist oder wenn den Betroffenen an der

---

[370] Rupp, S. 258 ff., Stern/Sachs, Staatsrecht, Bd. III/1, S. 674
[371] BVerwG, DVBl. 59, 580, 581; 60, 854, 855
[372] BVerwG, NJW 1972, 269 f.
[373] BVerwGE 69, 366, 370
[374] BVerwGE 94, 100, 114
[375] BVerwG, NJW 1989, 2272, 2277; Ossenbühl, S. 300. Folgerichtig ergibt sich hieraus die Revisibilität des Anspruchs, BVerwG, DÖV 1971, 857 f.
[376] zu den Tatbestandsvoraussetzungen im Einzelnen Ossenbühl, S. 307 ff.
[377] Zur zunehmend diskutierten Frage, ob der Folgenbeseitigungsanspruch auch gegenüber einem Dritten, der nicht Adressat der hoheitlichen Maßnahme ist, eine ausreichende Grundlage biete, vgl. die Nachweise bei Klein, in Soergel, Anh. § 839, Fn. 60 zu Rn. 249
[378] Nach h. L. löst ein pflichtwidriges Unterlassen der Verwaltung keinen Folgenbeseitigungsanspruch aus, also wenn Leistungsansprüche entweder durch ausdrückliche Ablehnung oder schlichte Untätigkeit nicht erfüllt werden. Begründet wird dies damit, dass die erstrebte Begünstigung noch nicht vorhanden gewesen ist, der gewollte Zustand also auch nicht wiederhergestellt werden könne, vgl. BVerwGE 28, 155, 165. Kritisch zu dieser Verneinung der Tatbestandserfüllung von der nicht als passend erachteten Rechtsfolge her Schoch, VerwArch 79, 41; Klein, in Soergel, Anh. § 839, Rn. 230
[379] st. Rspr., vgl. BVerwGE 80, 178, 179; 82, 76, 95
[380] BVerwGE 94, 100, 104; OLG Düsseldorf, NVwZ 2001, 594, 596
[381] BVerwGE 94, 100, 112 ff.

Entstehung des Schadens eine ins Gewicht fallende Mitverantwortlichkeit[382] trifft.[383] Nach neuerer Rechtsprechung ist ein Ausschluss des Folgenbeseitigungsanspruchs bei überwiegender Mitverantwortung des Betroffenen nur dann billigenswert, wenn sich seine Verwirklichung als unzulässige Rechtsausübung darstellt.[384]

Nicht abschließend geklärt ist die Frage, ob bei Unzumutbarkeit der Folgenbeseitigung an die Stelle des Folgenbeseitigungsanspruchs ein Geldersatzanspruch tritt.[385] Das BVerwG hat ausgeführt, es sei naheliegend, dass sich der Folgenbeseitigungsanspruch in einem Entschädigungsanspruch fortsetze, wenn die Gründe für die Unzumutbarkeit allein oder doch überwiegend in der Handlungssphäre des anspruchsverpflichteten Hoheitsträgers lägen.[386] Ein allgemeines Wahlrecht zwischen Folgenbeseitigung und Folgenentschädigung hat sich aber nicht durchgesetzt.[387]

4. Verletzung eines subjektiven Rechts und rechtswidriger Zustand

a) Erfolgsunrecht als Anknüpfung

Der von der Rechtsprechung entwickelte Tatbestand des Folgenbeseitigungsanspruchs knüpft nach den in jüngster Zeit gebräuchlichen Formulierungen in zweierlei Hinsicht an die Rechtswidrigkeit an. Er verlangt die *Verletzung eines subjektiven Rechts* und sich daraus ergebend, die Entstehung eines *rechtswidrigen, noch andauernden Zustands*. Der Schaffung eines rechtswidrigen Zustands muss die Verletzung eines subjektiven Rechts vorangehen. Damit wird die Notwendigkeit der Verletzung eines eigenen Rechts als Voraussetzung für den Individualrechtsschutz und der Zusammenhang mit dem primären Rechtsschutz verdeutlicht. Andererseits enthält die Frage nach der Verletzung eines subjektiven Rechts noch nicht die für den Folgenbeseitgungsanspruch entscheidende Antwort, ob der dadurch geschaffene Zustand rechtswidrig ist. Eine solche Perpetuierung der Rechtsverletzung in Form eines rechtswidrigen Zustands wird zwar regelmäßig vorliegen, ist aber nicht zwingend der Fall. Die ursprünglich gegebene Rechtsverletzung kann etwa in der Zwischenzeit legalisiert worden sein.

Das Begriffsverständnis der Rechtswidrigkeit ist auch im Rahmen des Folgenbeseitigungsanspruchs im erfolgsbezogenen Sinne zu verstehen. Der Folgenbeseitigungsanspruch ist ursprünglich in engem Zusammenhang mit der Anfechtungsklage gesehen und auf diese Weise in Nachbarschaft des rechtswidrigen Verwaltungsakts platziert worden.[388] Das Prinzip der Gesetzmäßigkeit der Verwaltung gebietet die Aufhebung eines Verwaltungsakts, wenn dieser gegen einen Rechtssatz verstößt und den Kläger in seinen Rechten verletzt. Für die Berücksichtigung eines Sorgfaltsmaßstabs ist kein Raum, aber auch kein Bedürfnis. Es sind keine Interessen der öffentlichen Hand ersichtlich, die der Rücknahme eines rechtswidrigen Verwaltungsakts entgegen stehen könnten.

Gleiches gilt für die Veränderung des status quo durch den Eingriff. Hier verlangt das Prinzip der Gesetzmäßigkeit der Verwaltung die Wiederherstellung desjenigen Zustands, der vor dem

---

[382] BVerwGE 82, 24, 26 ff.; Die Rechtsprechung berücksichtigt diese Mitverantwortlichkeit über den Rechtsgedanken des § 254 BGB. Kritisch dazu im Hinblick auf die grundrechtliche Fundierung des Folgenbeseitigungsanspruchs Schenke, JuS 1990, 370, 373 ff.; Schoch, VerwArch 79, 53 f.

[383] Davon unberührt bleibe aber Geldersatz aufgrund sonstiger Ausgleichs- und Ersatzansprüche, BVerwG, DÖV 1971, 857, 859

[384] BVerwGE 82, 24, 26 ff.

[385] Grundlegend zum sog. Folgenentschädigungsanspruch Weyreuther, S. 135 ff.

[386] BVerwGE 94, 100, 117

[387] Klein, in Soergel, Anh. § 839, Rn. 254

[388] Ossenbühl, S. 312

rechtswidrigen Eingriff bestand. Die Zurechnung eines Verursachungsbeitrags des Betroffenen erfolgt über § 254 BGB. Nach heutigem Verständnis umfasst der Folgenbeseitigungsanspruch auch die Folgen schlicht-hoheitlichen Handelns, denen kein Verwaltungsakt zugrundeliegt. Auch in diesen Fällen gilt hinsichtlich der Rechtswidrigkeit das gerade Gesagte. Entscheidend ist die Verletzung einer Rechtspflicht durch den handelnden Hoheitsträger, dem ein subjektives Recht auf Seiten des Betroffenen korrespondiert.

b) Rechtswidrigkeit von Handlung und Zustand

Umstritten ist der Zusammenhang zwischen Eingriffsakt und Eingriffserfolg. Nach Ansicht der Rechtsprechung[389] und der überwiegenden Meinung in der Literatur[390] knüpft der Folgenbeseitigungsanspruch nicht an die Rechtswidrigkeit des Eingriffsakts, sondern an die Rechtswidrigkeit des dadurch geschaffenen Zustands an.[391] Dies soll exemplarisch anhand der Fälle erläutert werden, die die Zwangseinweisung in eine Wohnung zum Gegenstand haben.[392] Entfällt der Rechtsgrund der Einweisungsverfügung beispielsweise durch Zeitablauf und verbleibt der Eingewiesene trotzdem in der Wohnung des Betroffenen, so besteht ein Folgenbeseitigungsanspruch gegen die einweisende Behörde, der auf Exmittierung des Eingewiesenen gerichtet ist.[393] Der Grund für den Folgenbeseitigungsanspruch liegt in dem nunmehr rechtswidrigen Zustand, da für die Beschlagnahme der Wohnung kein Rechtsgrund mehr besteht. Es spielt keine Rolle, ob der zu beseitigende Zustand schon ursprünglich rechtswidrig war oder erst später rechtswidrig wurde.[394]

Es wird fälschlicher Weise der Eindruck erweckt, dass die Frage der Rechtmäßigkeit oder Rechtswidrigkeit der Handlung, die diesen Zustand bewirkt hat, für die Tatbestandsvoraussetzungen des Folgenbeseitigungsanspruchs ohne Bedeutung wäre. Um über die Rechtswidrigkeit eines Zustands befinden zu können, muss auch im Falle von Realakten vielmehr immer die auslösende Handlung betrachtet werden. Dies gilt auch im Falle des Vollzugsfolgenbeseitigungsanspruchs. Ein Anspruch auf Beseitigung der Vollzugsfolgen eines rechtswidrigen Verwaltungsakts entsteht nicht, weil diese Folgen wegen der Aufhebung des Verwaltungsakts rechtswidrig sind. Der Vollzug eines rechtswidrigen Verwaltungsakts ist vielmehr selbst rechtswidrig, muss aber, solange der Verwaltungsakt in der Welt ist, geduldet werden.

Muss man, wie in den Einweisungsfällen, ausnahmsweise nicht auf die Rechtswidrigkeit der Handlung zurückgreifen, so ist man gleichwohl ungehindert, das hinter der rechtswidrigen Folge stehende Verhalten näher zu beleuchten. Man wird hier stets zu dem Ergebnis gelangen,

---

389 BVerwGE 82, 76, 95

390 Weyreuther, S. 67

391 Dem Folgenbeseitigungsanspruch ähnlich ist der sozialrechtliche Herstellunganspruch, den das BSG seit BSG, MDR 1962, 1022 in seine Spruchpraxis aufgenommen und weiterentwickelt hat. Dieser ist auch auf die Beseitigung von hoheitlichem Unrecht gerichtet. Hier geht es um den Ausgleich von Schäden aus Fehldispositionen eines Sozialversicherten wegen mangelhafter behördlicher Information, insbesondere wegen falscher Auskunft. Hier kommt es auf die Pflichtwidrigkeit und damit nach hier vertretenem, erfolgsbezogenen Rechtswidrigkeitsverständnis des Handelns der Sozialbehörde, i. d. R. Auskunftserteilung an. Erleidet der Sozialversicherte hierdurch einen Anspruchsverlust und damit eine Verletzung eigener Rechte, so ist dieser Nachteil auszugleichen. Näher hierzu Ossenbühl, S. 326 ff. mit Nachweisen in Fn. 1.

392 BGHZ 130, 332

393 BGHZ 130, 332, Leitsatz a); differenzierend hierzu Roth, DVBl 1996, 1401 ff., der einen Folgenbeseitigungsanspruch in der zugrundeliegenden Fallkonstellation ablehnt, wenn der wirksam gekündigte Mieter in die von ihm noch bewohnte, aber noch nicht geräumte Wohnung eingewiesen wird, weil ihm ansonsten Obdachlosigkeit drohte. Der rechtswidrige Besitzzustand ergebe sich nicht aus der Einweisungsverfügung, sondern habe schon vorher bestanden. Der Anspruch auf Exmittierung überstiege ferner den Inhalt des Folgenbeseitigungsanspruchs, da er dem Eigentümer mehr gebe als ihm materiell zustünde.

394 Roth, DVBl. 1996, 1401

dass dieses rechtswidrig ist. Insofern gilt, und das trifft für den Bereich hoheitlichen Handelns durch Verwaltungsakt als auch im Bereich der Realakte in gleicher Weise zu, dass der rechtswidrige Zustand stets auf einer rechtswidrigen Handlung beruht.[395] Anders gesagt, kann es ohne rechtswidriges Handeln keine rechtswidrigen Folgen geben.[396] Andererseits dürfte bloß formell rechtswidriges Handeln nie einen Folgenbeseitigungsanspruch auslösen. Dies ist aber dann der Fall, wenn die Behörde eine Vorschrift verletzt hat, aus der sich ergibt, dass die Regelung des Verwaltungsverfahrens mit einer eigenen Schutzfunktion zugunsten Einzelner ausgestattet ist, und zwar in der Weise, dass der Begünstigte unter Berufung allein auf einen ihn betreffenden Verfahrensmangel die Aufhebung bzw. den Erlass einer verfahrensrechtlich gebotenen Entscheidung gerichtlich soll durchsetzen können.[397]

In den Einweisungsfällen liegt das rechtswidrige Verhalten der Behörde in einem Unterlassen. Die Behörde unterlässt die Herstellung des rechtmäßigen Zustands nach Ablauf der Einweisungsverfügung. Diesem Unterlassen kommt hier Eingriffsqualität zu. Ist der Folgenbeseitigungsanspruch auf Wiederherstellung des rechtmäßigen Zustands gerichtet, so ist kein Grund ersichtlich, warum er nicht auch dann greifen sollte, wenn der Eingriff durch ein Unterlassen erfolgt. Diese Ausnahmesituation resultiert daraus, dass der vorangegangene, die Rechtssphäre des Betroffenen beeinträchtigende Realakt der Einweisung nicht zu einem rechtswidrigen Zustand führte, da dieser aufgrund der Einweisungsverfügung rechtens war.[398] Mit Ablauf oder Aufhebung des Verwaltungsakts ist dieser Zustand nicht mehr „gedeckt". Als actus contrarius[399] zur Einweisung muss die Entsetzung erfolgen.[400] Die Untätigkeit der Verwaltung steht wegen der Rechtspflicht zur Schaffung eines rechtmäßigen Zustands dem positiven Tun gleich.[401]

Eine andere Auffassung sieht die Begründung darin, dass sich das ursprünglich gerechtfertigte Eingriffsverhalten nach Entfallen der Legalisierungsfunktion des Verwaltungsakts als faktisch fortwirkender Eingriff fortsetze.[402] Diese Aufspaltung eines einheitlichen Vorgangs scheint trotz des in der Sache minimalen Unterschieds gekünstelt. Der Folgenbeseitigungsanspruch knüpft nicht deshalb an die Rechtswidrigkeit des durch hoheitliches Verhalten geschaffenen Zustands an, damit er auch bei Rechtmäßigkeit des eingreifenden Verhaltens Anwendung findet.[403] Ein einheitlicher Lebensvorgang kann nicht derart aufgespalten werden, dass er von der Handlung her gesehen Recht, vom Erfolg her gesehen Unrecht ist.[404]

---

[395] Obermayer, JuS 1963, 110, 113; Schoch, VerwArch 79 (1988), 43, der zutreffend feststellt, dass es auf die Rechtswidrigkeit der Handlung oder der Folgen nicht ankomme, S. 42.

[396] a. A. Ossenbühl, S. 312 f.

[397] BVerwG, NJW 1981, 239, 240; s. auch Ossenbühl, S. 313

[398] Ist die Einweisungsverfügung – was in der Regel der Fall sein wird – sofort vollziehbar oder bestandskräftig, so kommt es noch nicht einmal auf deren Rechtmäßigkeit an.

[399] Roth, DVBl. 1996, 1401, 1403. Diese Formulierung nimmt sehr für die von Roth vertretene Ansicht ein, Fälle der „unechten" Wiedereinweisung vom Anwendungsbereich des Folgenbeseitigungsanspruchs auszunehmen.

[400] Die Begründung von Roth, DVBl. 1996, 1401, 1402, dass der Folgenbeseitigungsanspruch von vornherein gegeben sei, allerdings für die Dauer der Einweisungsverfügung aufschiebend bedingt, erscheint sehr konstruiert, wenngleich sie die notwendige Unterscheidung zwischen Realakt „Einweisung" und Rechtsakt „Einweisungsverfügung" erkennt. Die aufschiebende Bedingung des Folgenbeseitigungsanspruchs legt den Schluss nahe, dass die Einweisung von vornherein rechtswidrig sei, nur während der Dauer der Verfügung hingenommen werden müsse. Dieser Schluss lässt aber außer Acht, dass die Einweisung der Vollzug der Beschlagnahmeverfügung ist, Realakt und Rechtsakt also eine Einheit darstellen. Der gesetzeskonforme Vollzug eines rechtmäßigen Verwaltungsakts kann aber nicht rechtswidrig sein. Diese Argumentation würde nur dann Sinn machen, wenn schon die Verfügung rechtswidrig ist.

[401] Maurer, S. 788; Schoch, VerwArch 79, 40

[402] Pietzko, Der materiell-rechtliche Folgenbeseitigungsanspruch, S. 298 f.

[403] Weyreuther, S. 67.; Klein, in Soergel, Anh § 839, Rn. 234

[404] Leisner, VVDStRL 20, 185, 204 ff.

Damit bedeutet die Anknüpfung an einen rechtswidrigen Zustand nicht das Abstellen auf einen abstrakten Zustand unter Ausblendung der Handlung, sondern bewertet diesen ausgehend von der Handlung. Andernfalls würde der von der Rechtsprechung als Grundlage herangezogene Grundsatz der Gesetzmäßigkeit der Verwaltung keinen Sinn machen. Ein Folgenbeseitigungsanspruch muss gleichwohl nur dann gewährt werden, wenn das rechtswidrige Verhalten zu einem rechtswidrigen Zustand führt, der im Zeitpunkt der Geltendmachung des Anspruchs überhaupt (noch) besteht. Verfahrensrechtlich darf in diesem Kontext nicht übersehen werden, dass auch ein rechtswidriger Verwaltungsakt wegen § 113 Abs. 1 S. 1 VwGO der Folgenbeseitigung entgegensteht. Zudem kann der rechtswidrige Zustand zwischenzeitlich legalisiert worden sein.

5. Haftungsbegrenzende Elemente

a) Haftungsbegründende und haftungsausfüllende Kausalität

Der Tatbestand des Folgenbeseitigungsanspruchs ist zweistufig. Zunächst bedarf es der Verletzung eines subjektiven Rechts des Klägers. Hieraus muss sich ein rechtswidriger, noch andauernder Zustand ergeben haben. Allgemein wird verlangt, dass zwischen der Amtshandlung und den Folgen Kausalität bestehen muss.[405] Teilweise wird deshalb auch in Anlehnung an § 823 Abs. 1 BGB von haftungsbegründender und haftungsausfüllender Kausalität gesprochen.[406] Diese Terminologie trifft die Sache jedoch nicht, kommt doch der Ebene der „Haftungsausfüllung“ andere Bedeutung zu als im Deliktsrecht. Hier geht es um im Kern um eine wertende Zurechnung von Schadensfolgen. Der Folgenbeseitigungsanspruch erfasst als Restitutionsanspruch die Rückgängigmachung der Folgen des hoheitlichen Eingriffs, nicht jedoch aus dem Eingriff resultierende Schäden. Der Restitutionsanspruch ist gegenüber einer Frage wertender Zurechnung resistent. Seine verfassungsrechtliche Verankerung zieht die Notwendigkeit nach sich, die Folgen eines rechtswidrigen Handelns zu beheben und den ursprünglichen Zustand wiederherzustellen. Auf Rechtsfolgenseite geht es darum, ob der rechtswidrige Zustand im Zeitpunkt der Geltendmachung noch besteht und nicht zu dulden ist.

b) Die Unmittelbarkeit der Rechtsbeeinträchtigung

Wie im Deliktsrecht nur der unmittelbar Geschädigte anspruchsberechtigt sein soll, so wird beim Folgenbeseitigungsanspruch eine Begrenzung der Haftung durch das Unmittelbarkeitskriterium erreicht.[407] Nicht zweifelhaft[408] ist, dass diejenigen Folgen erfasst sind, auf welche die verursachende Amtshandlung unmittelbar gerichtet war. Solche Folgen, die auf einer eigenen Entschließung des Betroffenen beruhten, könnten dagegen der Behörde nicht zugerechnet werden.[409] Hier geht es um die vom Folgenbeseitigungsanspruch nicht erfassten Schadenspositionen.[410] Auch Schädigungen Dritter, die infolge des rechtswidrigen, hoheitlichen Handelns an Rechtsgütern des Betroffenen vorgenommen werden, sind keine unmittelbare

405 Wolf/Bachof/Stober, S. 180

406 Detterbeck/Windthorst/Sproll, S. 229, 237 f.; Wolf/Bachof/Stober, S. 180; bei Ossenbühl, S. 302, tritt diese Unterscheidung nicht zutage.

407 Detterbeck/Windthorst/Sproll, S. 229; Ossenbühl, S. 302, die allerdings beide eine Einschränkung auch des Kreises der Anspruchsberechtigten in diesem Zusammenhang nicht erwähnen.

408 BVerwGE 36, 366, 367

409 BVerwGE 36, 366, 367 f.

410 So gibt es nach erfolgreichem Widerspruchsverfahren keinen Anspruch auf Ersatz der Anwaltskosten, nach einer Abschlepp- und Verwahrmaßnahme keinen Anspruch auf Ersatz entstandener Taxikosten, und auch die Kosten einer vom Straßenverkehrsamt veranlassten medizinisch-psychologischen Untersuchung können nicht verlangt werden, vgl. Wolf/Bachof/Stober, S. 180

Folge. Die rechtswidrige Einweisung eines Obdachlosen in eine Wohnung gibt dem Eigentümer – nach Aufhebung der Einweisungsverfügung – nur einen Anspruch auf Exmittierung, nicht dagegen auf Ersatz von Schäden, die der Eingewiesene angerichtet haben mag.[411] Entscheidend ist, dass die Rechtsbeeinträchtigung selbst, der eigentliche Eingriff in die subjektive Rechtsstellung als Quelle des rechtswidrigen Handelns erfasst werden soll.[412]

c) Anspruch „Dritter" auf Folgenbeseitigung

Die Tatbestandsvoraussetzungen des Folgenbeseitigungsanspruchs legen den Kreis der möglichen Anspruchsinhaber nicht auf diejenigen fest, gegen die sich eine behördliche Maßnahme richtet. Es kann daher nicht darauf ankommen, ob die beeinträchtigende Folge von der Verwaltung bezweckt[413] wird. Das Prinzip der Gesetzmäßigkeit der Verwaltung gebietet auch die Beseitigung der Folgen rechtswidriger, ungezielter Beeinträchtigungen. Entscheidend ist vielmehr die Entstehung eines rechtswidrigen Zustands als unmittelbare Folge hoheitlichen Handelns. Ein Folgenbeseitigungsanspruch kann daher sowohl dem zustehen, dem durch einen gegenüber einem Dritten erlassenen, rechtswidrigen Verwaltungsakt ein rechtswidriger Zustand entsteht, als auch demjenigen, für den sich infolge ungezielter, rechtswidriger Behördentätigkeit ein rechtswidriger Zustand ergibt. Entscheidend ist allein, ob sein „eigenes" Recht verletzt ist.

Ob dem Betroffenen ein „eigenes" Recht zusteht, wird sich oftmals nur mit Hilfe der Schutznormtheorie feststellen lassen. Diese spielt im Bereich des Folgenbeseitigungsanspruchs im Gegensatz zum enteignungsgleichen Eingriff eine Rolle, da der Geltungsbereich des ersteren nicht auf Rechtsgüter im Sinne des Art. 14 Abs. 1 GG beschränkt ist. Vielmehr muss die Rechtsposition, in die eingegriffen worden sein könnte und aus der sich ein subjektives Recht ergibt, erst ermittelt werden.

6. Stellungnahme

In erster Linie unterscheidet sich der Folgenbeseitigungsanspruch von den bisher behandelten durch die Rechtsfolge. Dieser ist kein Schadensersatz- bzw. Entschädigungsanspruch, sondern auf die Wiederherstellung der durch den Eingriff erfolgten Veränderung der tatsächlichen Situation, des status quo ante gerichtet. Er ist Bestandteil der Verpflichtung der Exekutive, die Folgen rechtswidrigen Handelns wieder rückgängig zu machen. Dies betrifft neben der Maßnahme selbst auch die hierdurch angeordneten Folgen. Im sog. Bardepotfall hat das BVerwG zutreffend einen Folgenbeseitigungsanspruch für entgangene Zinsen verneint.[414]

Damit stellt sich die Frage, ob der Folgenbeseitigungsanspruch nicht eher zum primären Rechtsschutz als zum Staatshaftungsrecht gerechnet werden muss. Dies ist aber kein Widerspruch, da Staatshaftungsrecht nicht nur sekundären Rechtsschutz meint. Ob der Anspruch nun auf Kompensation oder Restitution gerichtet ist, ist für die Frage der Zuordnung ohne Belang.[415] Da es dem Folgenbeseitigungsanspruch um eine Beseitigung der Auswirkungen rechtswidrigen, hoheitlichen Handelns geht, ist eine Verortung beim Staatshaftungsrecht na-

---

[411] Ossenbühl, S. 302; Wolf/Bachof/Stober, S. 180
[412] BverwG, NVwZ 1994, 275, 276 Ls. 7
[413] so aber Wolf/Bachof/Stober, S. 182
[414] BVerwGE 69, 366, 371; allerdings mit der unzutreffenden Begründung, dieser sei nicht unmittelbare Folge der rechtswidrigen Bardepotbescheide. Richtiger Weise kann der Folgenbeseitigungsanspruch nicht mehr gewähren, als die Rückzahlung der deponierten Gelder, da er auf Wiederherstellung des status-quo-ante und nicht mehr gerichtet ist, vgl. Ossenbühl, S. 303 f.
[415] vgl. auch die überkommene Definition des Staatshaftungsrechts bei Ossenbühl, S. 1

heliegend. Er gehört also zum Staatshaftungsrecht, obgleich er dem primären Rechtsschutz zuzuordnen ist.

Überlegungen einer „wertenden Zurechnung" können im Gegensatz zum Schadensersatzrecht keine Rolle spielen, da es dem Folgenbeseitigungsanspruch nicht um eine gerechte Risiko- und Schadensverteilung geht, sondern er allein ein rechtsstaatliches Gebot erfüllt.. Eine Beschränkung des Folgenbeseitigungsanspruchs ist vor dessen rechtsstaatlichem Hintergrund nicht vertretbar. Dies gilt insbesondere für das Merkmal der Unmittelbarkeit. Die hierzu beim enteignungsgleichen Eingriff entwickelten Maßstäbe können aber Anwendung finden, wenn es darum geht, den Kreis der Anspruchssteller einzugrenzen.

D. Die Haftung für hoheitliches Unrecht im europarechtlichen Kontext

I. Die außervertragliche Haftung der EG nach Art. 288 Abs. 2 EG

1. Einführung

Art. 288 Abs. 2 EG[416] begründet die außervertragliche[417] Haftung der Unionsorgane und deren Bediensteter im Anwendungsbereich des EG-Vertrags. Nach dem Wortlaut der Vorschrift ersetzt die Gemeinschaft *den durch ihre Organe oder Bediensteten in Ausübung ihrer Amtstätigkeit verursachten Schaden nach den allgemeinen Rechtsgrundsätzen, die den Rechtsordnungen der Mitgliedstaaten gemeinsam sind.*

Der Wortlaut der Vorschrift liefert damit nur wenige Anhaltspunkte für die Haftungsvoraussetzungen. Die Ausfüllung des Tatbestands erfolgte trotz des Verweises auf die Rechtsordnungen der Mitgliedstaaten nicht durch die Ermittlung des gemeinsamen Bestands an Haftungsgrundsätzen in den einzelnen Mitgliedstaaten oder der „fortschrittlichsten" und „überlegensten" nationalen Regelung.[418] Vielmehr besteht heute Einigkeit dahingehend, dass der Verweis in Art. 288 Abs. 2 EG in Verbindung mit dem ausschließlichen Rechtsprechungsauftrag in Art. 235 EG eine Ermächtigung an den EuGH zur richterlichen Ausprägung des Haftungstatbestands enthält.[419] Die allgemeinen Rechtsgrundsätze der Mitgliedstaaten hat der EuGH als Grenzen seiner Rechtschöpfungsbefugnis[420] verstanden, wiewohl er für die Konkretisierung allgemeiner Rechtsbegriffe auf die Haftungsinstitute der Mitgliedstaaten zurückgreift[421] und bis auf wenige Ausnahmen im Rahmen der nationalen Haftungsregeln bleibt.[422]

---

[416] Eine mit Art. 288 Abs. 2 EG wortgleiche Bestimmung enthält Art. 188 EAGV. Beide Bestimmungen werden in gleicher Weise – abgesehen von atomrechtlichen Besonderheiten, die im Bereich des Art. 188 EAGV berücksichtigt werden müssen – ausgelegt. Auf Art. 288 EG verweist Art. 35.3 Protokoll über die Satzung der EZB. Die Rechtsprechung des in der Praxis die größte Rolle spielenden Art. 288 Abs. 2 EG kann daher übertragen werden, weshalb auch nur auf diese eingegangen werden soll. Eine weitere Anspruchsgrundlage bieten die Art. 34, 40 EGKSV, die abweichende Haftungsvoraussetzungen enthalten. Art. 34 EGKSV gibt Unternehmen der Montanunion einen Entschädigungsanspruch gegen die Kommission, wenn diese infolge einer für nichtig erklärten Empfehlung oder Entscheidung einen Schaden erlangt haben. Art. 40 EGKSV regelt einen vor dem EuG geltend zu machenden Schadensersatzanspruch bei rechtswidrigem Verhalten („Amtsfehler") der Gemeinschaft, wobei für Unternehmen der Montanunion Art. 34 EGKSV zu beachten ist. Wegen der materiellen Anknüpfung an die Rechtswidrigkeit besteht in diesem Punkt kein wesentlicher Unterschied zu Art. 288 Abs. 2 EG, weshalb auf eine gesonderte Darstellung hier verzichtet werden soll. Eingehend Much, Die Amtshaftung im Recht der Europäischen Gemeinschaft für Kohle und Stahl, 1952.

[417] Die vertragliche Haftung ist in Art. 288 Abs. 1 EG geregelt. Näher hierzu Detterbeck/Windthorst/Sproll, S. 28 ff.; Ossenbühl, S. 618 ff.; v. Bogdandy, in Grabitz/Hilf, Art. 288, Rn. 19 ff.; Gilsdorf/Oliver, in v. der Groeben/Thiesing/Ehlermann, Art. 215, Rn. 7 ff.

[418] Ossenbühl, S. 578 f. mit den entsprechenden Nachweisen, v. Bogdandy, in Grabitz/Hilf, Art. 288, Rn. 28

[419] Ossenbühl, S. 579; v. Bogdandy, in Grabitz/Hilf, Art. 288, Rn. 29

[420] Ossenbühl, S. 579

[421] Ossenbühl, S. 579

2. Haftungsvoraussetzungen[423]

Nach ständiger Rechtsprechung des EuGH und des EuG setzt die außervertragliche Haftung der Gemeinschaft die Rechtswidrigkeit des dem Organ vorgeworfenen Verhaltens, das Vorliegen eines Schadens und das Bestehen eines ursächlichen Zusammenhangs zwischen dem Verhalten und dem geltend gemachten Schaden voraus.[424] Mit dieser Formulierung sind die Konturen des Anspruchs freilich nicht klar umrissen, sondern nur vage formuliert. Die auf die Rechtsprechung des EuGH[425] angewiesene Darstellung begegnet ganz allgemein der Schwierigkeit, dass der Gerichtshof die Kriterien oftmals nur ansatzweise konkretisiert, nicht immer konsistent ausweist und auf Änderungen der Rechtsprechung nur in den seltensten Fällen hinweist.[426] Zudem bewegen sich die Urteile zumeist in sehr speziellen und stark vom politischen Einfluss dominierten Gebieten wie der Landwirtschaft und der Stahlerzeugung. Der Vorwurf einer Billigkeitsrechtsprechung ist daher naheliegend.[427] Die Beschreibung der einzelnen Tatbestandsvoraussetzungen kann daher nicht mehr sein als eine Darstellung des derzeitigen Verständnisses des EuGH davon.

Ersatzfähig sind nach dem Wortlaut des Art. 288 Abs. 2 EG grundsätzlich alle Schäden, die von Organen und Bediensteten der Union in Ausübung ihrer Amtstätigkeit verursacht worden sind. Der EuGH hat indessen bislang nur für solche Schäden Ersatz zugesprochen, die durch eine rechtswidrige Amtstätigkeit verursacht wurden.[428] Da der Wortlaut des Art. 288 Abs. 2 EG die Rechtswidrigkeit nicht nennt, ist die Zuerkennung von Schadensersatzansprüchen auch für rechtmäßiges Handeln denkbar.[429] Der EuGH hat einen solchen Anspruch bisher weder anerkannt noch abgelehnt.[430] In einer jüngeren Entscheidung stellt das EuG Überlegungen an, unter welchen Voraussetzungen eine Haftung auch bei rechtmäßigem Handeln der EG eingreifen könnte.[431] Ähnliches gilt für das Verschulden, das von Art. 288 Abs. 2 EG ebenso wie die Rechtswidrigkeit nicht genannt wird. Dieses ist entgegen früheren Entscheidungen[432] keine eigenständige Haftungsvoraussetzung mehr. Allerdings kann ein Verschulden im Rahmen der Frage, ob ein hinreichend qualifizierter Rechtsverstoß vorliegt, Bedeutung erlangen.[433]

Eine Rechtsverletzung zieht nur dann einen Ersatzanspruch nach sich, wenn die erlittene Einbuße einen Schaden im Sinne des Art. 288 Abs. 2 EG darstellt. Die Vorschrift selbst trifft keine Aussage darüber, welche Einbußen als Schaden gelten. Die Rechtsprechung fasst den Schadensbegriff weit. Jeder Nachteil, den der Betroffene an seinem Vermögen oder sonstigen geschützten Rechtsgütern erleidet, ist grundsätzlich ein ersatzfähiger Schaden.[434] Die Festlegung limitierender Merkmale sei bisher ohne dogmatische Stringenz erfolgt.[435] Zwischen dem rechtswidrigen Verhalten und dem Schaden muss ein ursächlicher Zusammenhang beste-

---

422 v. Bogdandy, in Grabitz/Hilf, Art. 288, Rn. 29

423 im Einzelnen dazu Detterbeck/Windthorst/Sproll, S. 32 ff.; Ossenbühl, S. 563 ff.; v. Bogdandy, in Grabitz/Hilf, Art. 288, Rn. 31 ff.; Gilsdorf/Oliver, in v. der Groeben/Thiesing/Ehlermann, Art. 215, Rn. 12 ff.

424 Slg. 1982, 3057, Rn. 16

425 Eine Auflistung der jüngsten Urteile des EuGH findet sich im Internet unter http://europa.eu.int/cj/index.htm.

426 v. Bogdandy, in Grabitz/Hilf, Art. 288, Rn. 30

427 v. Bogdandy, in Grabitz/Hilf, Art. 288, Rn. 30

428 Slg. 1996, II-195, Rn. 42

429 Detterbeck/Windthorst/Sproll, S. 35; Auch die Frage, ob Art. 288 EG eine Gefährdungshaftung umfasst, ist noch unbeantwortet, bejahend. Gilsdorf/Oliver, in v. der Groeben/Thiesing/Ehlermann, Art. 215, Rn. 48.

430 Slg. 1972, 391, Rn. 45 f.; 1984, 4057, Rn. 27 ff.

431 Slg. 1998, II-667, Rn. 59

432 Slg. 1978, 1209, 1232 f.

433 v. Bogdandy, in Grabitz/Hilf, Art. 288, Rn. 110

434 Slg. 1976, 1, Rn. 4 ff.

435 v. Bogdandy, in Grabitz/Hilf, Art. 288, Rn. 100

hen.[436] Bisweilen, in komplizierter gelagerten Fällen, wird zusätzlich ein unmittelbarer, ursächlicher Zusammenhang verlangt.[437] Andererseits entfällt eine Zurechnung, wenn der gleiche Erfolg auch bei rechtmäßiger Amtshandlung auf dieselbe Art und Weise eingetreten wäre.[438] Zwischen Verhalten und Erfolg muss vielmehr ein Rechtswidrigkeitszusammenhang bestehen, der innerhalb der Kausalität Berücksichtigung findet.

Von erheblicher Schwierigkeit ist das Verhältnis der Schadensersatzklage zu anderen Rechtsbehelfen. Die Frage der Subsidiarität behandelt der EuGH in der Zulässigkeit beim Rechtsschutzbedürfnis. Sie ist in zweierlei Hinsicht bedeutsam. Einmal geht es um das Verhältnis der Schadensersatzklage zu anderen Rechtsbehelfen des EG-Vertrages.[439] Auf der anderen Seite steht das Verhältnis zu den staatlichen Rechtsbehelfen und Ersatzansprüchen. Was das Verhältnis zu anderen Rechtsbehelfen des EG-Vertrages anbelangt, so steht fest, dass die Klage nach Art. 288 Abs. 2 EG einen eigenständigen Rechtsbehelf bildet.[440] Der EuGH begründet dies damit, dass die Schadensersatzklage einen anderen Zweck verfolge als die Anfechtungs- und Nichtigkeitsklage. Diese seien auf Beseitigung und Durchführung einer Maßnahme gerichtet, jene auf Ersatz des von einem Organ bei seiner Tätigkeit verursachten Schadens. Die Schadensersatzklage wirke zudem nur gegenüber dem Kläger, Anfechtungs- und Nichtigkeitsklage gegenüber jedermann. Etwas anderes soll nur dann gelten, wenn die Erhebung der Schadensersatzklage eine Umgehung der Voraussetzungen der Art. 230, 232 EG darstellen würde.[441]

Von besonderer Schwierigkeit ist das Verhältnis zu den staatlichen Ersatzansprüchen und Rechtsbehelfen beim Zusammenwirken von nationalen Stellen und Unionsorganen. Fällt der Rechtsverstoß einem Gemeinschaftsorgan zur Last, so ist der Gemeinschaftsrichter gemäß Art. 288 Abs. 2 EG ausschließlich zur Entscheidung über eine Klage auf Schadensersatz zuständig, sodass mit einer Klage vor den nationalen Gerichten wirksamer Rechtsschutz nicht gewährt werden könnte.[442] Vielfach wird die Schadensverursachung durch die EG jedoch nicht eindeutig feststehen, sondern es werden auch Umstände vorliegen, die für eine mitgliedstaatliche Haftung sprechen. Daher wird der Anspruchsteller in aller Regel zunächst auf den nationalstaatlichen Rechtsweg einschließlich des Verfahrens nach Art. 234 EG angewiesen sein. Die mögliche und zumutbare Inanspruchnahme nationaler Rechtsbehelfe begreift die Rechtsprechung des EuGH als Zulässigkeitsvoraussetzung.[443]

---

436 Slg. 1992, I-2533, Rn. 18

437 Slg. 1979, 3091, Rn. 21; 1995, II-2627, Rn. 40

438 Slg. 1995, II-2025, Rn. 65

439 Als solche kommen vor allem die Anfechtungsklage nach Art. 230 EG und die Nichtigkeitsklage nach Art. 232 EG in Betracht.

440 Rspr. seit Slg. 1971, 325, Rn. 6

441 Slg. 1981, 2669, Rn. 28; eine solche Umgehung liegt auch dann vor, wenn die Klage auf Zahlung eines Betrages gerichtet ist, der Gegenstand einer Einzelfallentscheidung war, mit der Klage in Wirklichkeit die Aufhebung der Einzelfallentscheidung begehrt wird, vgl. Slg. 1986, 753, Rn. 32 f., 1993, I-1719, Rn. 15. Eine Schadensersatzklage kann nicht greifen, wenn die Rechtswirkungen einer Entscheidung damit beseitigt würden, die Entscheidung gleichwohl bestehen bliebe. Vielmehr bedarf es in diesen Fällen zunächst der Anfechtungs- oder Nichtigkeitsklage. Handelt es sich bei der Entscheidung um einen Rechtsakt mit genereller Natur und nicht um einen Einzelakt, so bleibt die Klage zulässig.

442 Slg. 2001, II-913, Rn. 26 f.

443 Slg. 1990, I-2189, Rn. 12 ff.; s. auch die Rechtsprechung des EuG, Slg. 2001, II-913, Rn. 26 ff.

3. Rechtswidrigkeit

a) Allgemeines

Maßgeblich für die außervertragliche Haftung der EG ist die Rechtswidrigkeit des schädigenden Verhaltens. Auch ohne in Art. 288 Abs. 2 EG genannt zu sein, hat der EuGH die Anerkennung eines Schadensersatzanspruchs von Anfang an[444] vom Vorliegen eines rechtswidrigen Verhaltens abhängig gemacht. Terminologisch stand zunächst zwar das dem Art. 40 EGKSV entnommene Tatbestandsmerkmal des Amtsfehlers *(faute de service)* im Vordergrund. Wiewohl eine allgemeinverbindliche Definition dieses Begriffs ausblieb,[445] verstand die Judikatur unter dem Amtsfehler vor allem die Verletzung des Gemeinschaftsrechts und der sich hieraus ergebenden Pflichten der Organe und Bediensteten.[446] Die Rechtswidrigkeit ist als Haftungsvoraussetzung den Rechtsordnungen aller Mitgliedstaaten gemeinsam, gleich ob diese, wie das französische Recht, an den Begriff des Amtsfehlers, wie das deutsche Recht, an die Verletzung einer Amtspflicht, oder wie das englische Recht, an das allgemeine Deliktsrecht anknüpfen.[447]

Der Rechtsverstoß allein genügt jedoch noch nicht, um eine Haftung auszulösen. Zu Recht wurde darauf hingewiesen, dass eine reine Rechtswidrigkeitshaftung die Gefahr einer Einzelfalljudikatur und einer Ausuferung der Haftung bei der Beeinträchtigung von Vermögenspositionen in sich berge.[448] Auch auf rechtsvergleichender Ebene findet eine reine Rechtswidrigkeitshaftung keine Grundlage. Die Verletzung von Normen, die ausschließlich den Interessen der Allgemeinheit zu dienen bestimmt sind, reicht fast nirgendwo zur Begründung der Haftung aus. Auch der EuGH verlangt über das Erfordernis der Rechtswidrigkeit hinaus die Verletzung einer höherrangigen Rechtsnorm mit Schutznormcharakter.[449] Die Verletzung einer höherrangigen Norm verlangt nicht, dass es sich bei der Norm um eine durch ihren Gehalt und ihre Bedeutung innerhalb der Gemeinschaftsrechtsordnung besonders herausgehobene Rechtsnorm[450] handeln müsse, sondern wird heute einstimmig als Hinweis auf die Normenhierarchie verstanden.[451]

b) Schutznormverletzung

Auch wenn die an eine Schutznorm gestellten Erfordernisse in groben Zügen[452] der deutschen Schutznormtheorie entsprechen, so stellt der EuGH doch geringere Anforderungen an das Erfordernis der drittschützenden Wirkung. So können Vorschriften, die in erster Linie Interessen allgemeiner Art und nur mittelbar die individuellen Interessen schützen sollen, Schutznorm sein.[453] Entscheidend ist, ob die verletzte Norm den Geschädigten in eine nähere Beziehung zur handelnden Verwaltung bringt als die ebenfalls am rechtmäßigen Vorgehen der Verwaltung interessierte Allgemeinheit.[454] Schutznormcharakter hat eine Norm – über das

[444] Schweitzer, Europäisches Verwaltungsrecht, S. 176
[445] Fuß, Grundfragen der Gemeinschaftshaftung, EuR 1968, 353, 356
[446] Fuß, EuR 1968, 353, 357, Nachweis in Fn. 19
[447] Gilsdorf/Oliver, in v. der Groeben/Thiesing/Ehlermann, Art. 215, Rn. 31
[448] Herdegen, Die Haftung der Europäischen Gemeinschaft für fehlerhafte Rechtsetzungsakte, S. 111
[449] Dieses Erfordernis stellte der EuGH bereits in seiner Rechtsprechung zu Art. 40 EGKSV auf, vgl. Slg. 1967, 429, 467 f., die dann auf Art. 215 Abs. 2 (jetzt Art. 288 Abs. 2) EGV übertragen wurde, vgl. Slg. 1967, 332, 368
[450] Herdegen, S. 122 f.
[451] v. Bogdandy, in Grabitz/Hilf, Art. 288, Rn. 70
[452] Schweitzer, S. 176
[453] so bereits Slg. 1967, 331, 355
[454] Fuß, EuR 1968, 353, 359

deutsche Verständnis hinausgehend – dann, wenn sie auch den Schutz der Interessen des Klägers oder einer Gruppe, welcher der Kläger angehört, bezweckt.[455]

Der EuGH hat sich damit weder für eine reine Rechtswidrigkeitshaftung entschieden, noch verlangt er die Verletzung eines subjektiven Rechts, wie dies den Rechtsordnungen Deutschlands, der Beneluxstaaten und Italiens eigen ist. Er hat gleichsam die Mitte[456] gewählt. Dagegen wurde freilich eingewandt, eine Haftung bei Verletzung lediglich öffentlich-rechtlicher Interessen führe zu einer Ausuferung der Haftung und zu einem nicht mehr akzeptablen Schutz von wirtschaftlichen Chancen und Rahmenbedingungen.[457] Dem wurde zu Recht entgegengehalten, dass die angegriffenen Maßnahmen, die in aller Regel wirtschaftslenkender Natur sind, Ausdruck öffentlicher Interessen sind, aber trotzdem die Vermögenssphäre des Einzelnen entscheidend beeinflussen können, ohne ihm ein subjektives Recht zu verleihen. Eine Beschränkung auf subjektive Rechte würde eine Haftung für hoheitlich begangenes Unrecht auf dem für die Politik der EU wichtigen Gebiet der Wirtschaftslenkung ausschließen.[458] Ein wirksamer Rechtsschutz würde damit in weiten Bereichen nicht existieren.

Als Schutznormen[459] kommen zahlreiche Vorschriften des EG-Vertrags in Betracht, vor allem die Grundfreiheiten der Art. 28 und 29 EG,[460] Art. 33 EG[461] oder das Diskriminierungsverbot des Art. 34 Abs. 2 UAbs. 2 EG,[462] nicht hingegen Kompetenzbestimmungen,[463] Vorschriften, die Aufsichtspflichten der Kommission[464] betreffen, oder Form- und Verfahrensbestimmungen. Solche Bestimmungen dienen in der Regel nicht dem Schutz des Einzelnen, sondern sind aus allgemeinen rechtsstaatlichen oder institutionellen Gründen getroffen worden. Sie können daher im Wesentlichen keine Haftung auslösen. Etwas anderes kann nur dann gelten, wenn der Form- oder Verfahrensverstoß selbst schadensbegründend war. So beschränkt sich die Schutzfunktion der Begründungspflicht auf die Überprüfbarkeit der Rechtsakte und ist nicht geeignet, eine Haftung der Gemeinschaft auszulösen.[465] Die Problematik der Aufsichtspflichten über mitgliedstaatliches Verhalten hat für den Bereich des Art. 288 Abs. 2 EG an Bedeutung verloren, da die Geschädigten nunmehr von den nationalen Stellen Ersatz verlangen können. Gleichwohl kann die Billigung nationaler Durchführungsakte Anknüpfungspunkt einer Haftung sein, wenn der nationale Akt Bestimmungen des Gemeinschaftsrechts und die Kommission ihre spezifische Aufsichtspflicht verletzt hat.[466]

Neben den Bestimmungen des EG-Vertrags kommen auch ungeschriebene primärrechtliche Bestimmungen in Betracht. Genannt seien hier nur der Schutz von Leben und Gesundheit,[467] das Eigentum,[468] der Schutz des eingerichteten und ausgeübten Gewerbebetriebs, der Grundsatz des Vertrauensschutzes,[469] der Grundsatz der Verhältnismäßigkeit,[470] das allgemeine

---

[455] Slg. 1992, I-1937, Rn. 19 ff.)
[456] Fuß, EuR 1968, 353, 359
[457] Herdegen, S. 113 ff.
[458] Schweitzer, S. 177
[459] vgl. die Aufstellung bei v. Bogdandy, in Grabitz/Hilf, Art. 288, Rn. 70 ff.
[460] Slg 1987, 1155, Rn. 39 f.
[461] Slg. 1985, 2925, Rn. 13; 1994, I-4199, Rn. 60 f.
[462] Slg. 1971, 975, Rn. 12 f.; 1987, 4833, Rn. 10; 1995, II-421, Rn. 69 ff.
[463] Slg. 1992, I-1937, Rn. 20
[464] Slg. 1995, II-2379, Rn. 60; 1997, II-1081, Rn. 30
[465] Slg. 1982, 2885, Rn. 14; 1990, I-2189, Rn. 20
[466] Slg. 1992, I-2533, Rn. 18 ff.
[467] Slg. 1994, I-341, Rn. 8
[468] Slg. 1973, 1229, Rn. 29 f; 1987, 49, Rn. 25 ff.
[469] Slg. 1975, 531; 1992, I-3061, Rn. 15; 1999, II-3, Rn. 41
[470] Slg. 1987, 1069, Rn. 33 ff.; 1987, 1129, Rn. 30 ff.; 1987, 1155, Rn. 30 ff.

Diskriminierungsverbot[471] sowie das Sorgfaltsprinzip bei der Ermittlung von Tatsachen und der Durchführung von Verfahren.[472] Gegenüber Bediensteten bestehen dienstrechliche Schutz- und Fürsorgepflichten.[473] Bei den zuletzt genannten allgemeinen Rechtsgrundsätzen kann eine Haftung nur dann eingreifen, wenn der Schutzeffekt des verletzten Rechtsgrundsatzes dem Geschädigten gegenüber im konkreten Fall zum Tragen kommt.[474]

Ein Anspruch wegen Verletzung des Grundsatzes des Vertrauensschutzes greift nur ein, wenn der Einzelne sich in einer Situation befindet, aus der sich ergibt, dass die Gemeinschaftsverwaltung dadurch, dass sie ihm bestimmte Zusicherungen gegeben hat, bei ihm begründete Erwartungen erweckt hat.[475] Einen derartigen Vertrauenstatbestand kann bereits ein schlichtes Schreiben begründen. Ist diese Äußerung eines Organs als Zusicherung zu verstehen, so kommt es darauf an, ob die verletzte Norm den Schutz vor dem eingetretenen Schaden bezweckt.[476] Im Hinblick auf das allgemeine Diskriminierungsverbot wurde die Rechtsprechung des EuGH[477] als zu weitgehend kritisiert, da der EuGH auch den nur mittelbar von einer für nichtig erklärten Norm Betroffenen Ersatzansprüche zuerkannte. Vielmehr solle nur derjenige die Gemeinschaft haftbar machen können, der zum Kreis der Diskriminierten gehöre.[478]

Auch völkerrechtliche Bestimmungen[479] und sekundärrechtliche Bestimmungen können Schutznormcharakter aufweisen. Im Bereich der sekundärrechtlichen Bestimmungen kommen insbesondere Anhörungsrechte in Betracht, wobei zu berücksichtigen ist, dass die Begründung der Ursächlichkeit des Unterlassens der Anhörung für den Schaden meist schwer fällt.[480]

c) Verstoß gegen Gemeinschaftsrecht

Jedes Verhalten, das einem Organ der EU zurechenbar ist, kann grundsätzlich die Haftung nach Art. 288 Abs. 2 EG auslösen. Dies gilt für alle Rechtsakte, gleichgültig ob es sich dabei um ein Handeln nach innen oder den Abschluss völkerrechtlicher Verträge handelt.[481] Wird der Gemeinschaft ein Unterlassen vorgeworfen, so muss sich aus der verletzten Norm eine Rechtspflicht zum Handeln[482] ergeben, die jedoch bei Härtefällen nunmehr im Zweifel angenommen werden kann.[483] Auch Realakte können nach neuerer Rechtsprechung zur Haftung führen.[484] Dies betrifft bisher Fälle der indirekten Schadenszufügung durch informelle Beeinflussung der nationalen Stellen. Auch indirekte Schadenszufügung durch Empfehlungen oder Stellungnahmen, die nach Art. 249 Abs. 5 EG nicht verbindlich sind, können die Haftung auslösen. Nicht nur administrative Einzelakte führen zur Haftung, sondern auch Akte der Rechtsetzung. Hier ist insbesondere auf Art. 249 Abs. 1 EG hinzuweisen, der Verordnungen, Richtlinien und Entscheidungen nennt. Die Entwicklung der Rechtsprechung geht dahin, dass für die Haftungsauslösung nicht maßgeblich ist, ob der zugrundeliegenden Handlung rechtliche Wirkung zukommt oder nicht, sondern ob diese in tatsächlicher Hinsicht zur Schadensverursachung beigetragen hat. Dies bedeutet eine Aufwertung des Individualrechtsschutzes.

---

[471] Slg. 1978, 1209, Fn. 5; 1992, I-2457, Rn. 54 f.
[472] Slg. 1995, II-2589, Rn. 73 ff.
[473] vgl. die Nachweise bei Czaja, S. 140 f.
[474] Gilsdorf/Oliver, in v. der Groeben/Thiesing/Ehlermann, Art. 215, Rn. 40
[475] Slg. 1995, II-2025, Rn. 41; 1997, II-1739, Rn. 83; 1998, II-4242, Rn. 74
[476] Slg. 1995, II-2379, Rn. 72 f.
[477] Slg. 1978, 1209
[478] Gilsdorf/Oliver, in v. der Groeben/Thiesing/Ehlermann, Art. 215, Rn. 40
[479] hierzu v. Bogdandy/Nettesheim, in Grabitz/Hilf, Art. 1, Rn. 24 ff.
[480] Slg. 1997, II-1739, Rn. 88 f.
[481] v. Bogdandy, in Grabitz/Hilf, Art. 288, Rn. 74
[482] EuG EuR 1998, 350, 358
[483] Slg 1996, I-6065, Rn. 37 f., 57 f.
[484] Slg. 1994, I-4199, Rn. 27 ff.; anders noch Slg. 1991, I-4837, Rn. 14, 20

Während im Bereich administrativer Entscheidungen im Grundsatz jede Verletzung einer Schutznorm die Haftung auslösen kann, verlangt der EuGH im Bereich der Rechtsetzungsakte eine hinreichend qualifizierte Verletzung einer höherrangigen, dem Schutz des Einzelnen dienenden Rechtsnorm.[485] Diese vom EuGH aufgestellte Hürde konnten bisher nur wenige Klagen überwinden.[486] Problematisch ist in diesem Zusammenhang die Abgrenzung zwischen Rechtsetzungsakten und Einzelfallentscheidungen. Nach der jüngsten Rechtsprechung kommt es für die Qualifizierung einer Handlung als Akt der Rechtsetzung auf deren allgemeine Geltung an, nicht auf ihre äußere Form.[487] Ob sich Zahl und Identität der Rechtssubjekte, auf die der Rechtsakt Anwendung findet, genau bestimmen lassen, ist ohne Bedeutung, solange feststehe, dass die Anwendung aufgrund einer objektiven Sach- oder Rechtslage erfolge, die in dem Rechtsakt aufgrund seiner Zielsetzung festgelegt sei.[488] Grundsätzlich können danach alle Handlungsformen des Art. 249 EG Rechtsakte sein. Selbst die individuelle Betroffenheit des Geschädigten muss nicht gegen die allgemeine Geltung einer Maßnahme sprechen.[489]

Bei diesem weiten Verständnis des Rechtsetzungsakts stellt sich die Frage, ob überhaupt noch Fälle administrativer Einzelentscheidungen denkbar sind, oder ob nicht der hinreichend qualifizierte Verstoß vor dem Hintergrund der Rechtsprechung zur mitgliedstaatlichen Haftung als allgemeines Tatbestandsmerkmal etabliert werden soll, um die in der Literatur geforderte Übereinstimmung der Haftungsvoraussetzungen zu erreichen.[490] In diese Richtung deuten auch die Formulierungen in jüngst ergangenen Entscheidungen, in denen ein hinreichend qualifizierter Verstoß gefordert wird, ohne diese höhere Haftungsschwelle mit einem Verstoß gegen einen Akt der Rechtsetzung in Verbindung zu bringen.[491]

Der Verzicht auf das Erfordernis eines Rechtsetzungsakts scheint eine Entwicklung hin zum allgemeinen Tatbestandsmerkmal anzukündigen und bedeutet eine Korrektur der Rechtsprechung des EuGH und des EuG. Dies darf freilich nicht zu einer Absenkung des Haftungsniveaus führen, sondern bedeutet eine weniger restriktive Handhabung des Tatbestandsmerkmals im Bereich derjenigen Entscheidungen, bei denen keinerlei Gestaltungsspielraum besteht, gleich ob diese normativer oder administrativer Natur sind. Hier sollte der Rechtsverstoß genügen. Dies gilt im normativen Bereich vor allem bei der Festsetzung normaler Abschöpfungen, die die Kommission nach nahezu arithmetischen Regeln vornimmt.[492]

d) Normatives Unrecht

Neben dem denkbar weit gesteckten Bereich[493] des administrativen Handelns der Organe löst auch der Bereich normativen Unrechts eine Haftung gemäß Art. 288 Abs. 2 EG aus. Die Haftung für Akte der Rechtsetzung ist angesichts der Tätigkeit der Gemeinschaft von wesentlich größerer Bedeutung als im nationalen Haftungsrecht. In der Praxis betreffen nahezu alle

---

[485] Slg. 1971, 975, Rn. 11
[486] Slg. 1975, 533; 1979, 2955; 1979, 3017; 1979, 3045; 1979, 3091; 1983, 1707; 1990, I-2477; 1992, I-3061; 1997, II-2247
[487] Slg. 1995, II-2941, Rn. 86; 1997, II-501, Rn. 54
[488] Slg. 1994, I-1853, Rn. 18
[489] Slg. 1999, II-769, Rn. 62
[490] v. Bogdandy, in Grabitz/Hilf, Art. 288, Rn. 75
[491] Slg. 2000, I-5291, Rn. 41 f.; dem folgend das EuG, Slg. 2001, II-913, Rn. 45
[492] Gilsdorf/Oliver, in v. der Groeben/Thiesing/Ehlermann, Art. 215, Rn. 66, Fn. 222
[493] v. Bogdandy, in Grabitz/Hilf, Art. 288, Rn. 77

Haftungsprozesse normative Rechtsakte, vorwiegend im Bereich des Agrarrechts. Gegenstand der Klagen waren bislang vorwiegend EG-Verordnungen.[494]

Eine Haftung für normatives Handeln ist in Hinblick auf eine effektive Durchsetzung des Grundrechtsschutzes angezeigt.[495] Weiterhin wird die Amtshaftung für normatives Handeln damit begründet, dass wegen der mangelhaften demokratischen Legitimation des Gemeinschaftshandelns und des Fehlens einer echten parlamentarischen Kontrolle wenigstens eine wirkungsvolle gerichtliche Kontrolle dieser Organe dringend geboten erscheine.[496] Diesem Argument ist aber entgegenzuhalten, dass ein Mehr an Rechtsschutz keine Mängel demokratischer Legitimation zu beheben vermag.[497] Vielmehr ist wirkungsvoller Individualrechtsschutz Grund genug für eine Haftung für fehlerhafte Rechtsetzungsakte.

Während bei Einzelfallentscheidungen die Verletzung einer Schutznorm zur Haftung führt, kann die Haftung der Gemeinschaft im Bereich der Rechtsetzungsakte für den Einzelpersonen entstandenen Schaden *nur durch eine hinreichend qualifizierte Verletzung einer höherrangigen, dem Schutz des einzelnen dienenden Rechtsnorm ausgelöst werden.*[498] Diese Einschränkung findet ihren Grund darin, dass die gesetzgebende Gewalt selbst dann, wenn ihre Handlungen richterlicher Kontrolle unterworfen sind, bei ihrer Willensbildung nicht jedesmal durch die Möglichkeit von Schadensersatzklagen behindert werden dürfe. Die Haftung der Gemeinschaft auf einem gemeinschaftlichen Rechtsetzungsgebiet, das durch ein *unerläßlich weites Ermessen* gekennzeichnet sei, solle daher nur *ausnahmsweise und unter besonderen Umständen* gegeben sein.[499] Der Begriff des Ermessens ist dabei freilich nicht im Sinne deutscher Dogmatik zu verstehen, sondern umfasst alle Fälle, in denen das handelnde Organ keiner strikten Normbindung unterliegt. Die Frage des Ermessens beurteilt sich nach materiellen Gesichtspunkten.

Der EuGH hat daher anfänglich die Staatshaftung für normatives Unrecht nur auf Rechtsetzungsakte mit wirtschaftspolitischem Gehalt beschränkt.[500] Wiewohl der Gerichtshof keine allgemeine Definition dieses Begriffs gegeben hat, zeigt die Praxis, dass dieser weit verstanden wird.[501] So können auch Duchführungsverordnungen des Rats oder der Kommission mit mehr oder weniger technischen Detailordnungen die Haftung auslösen.[502] Zwischenzeitlich beschränkt der EuGH die Anwendung des hinreichend qualifizierten Verstoßes nicht mehr ausschließlich auf Rechtsetzungsakte wirtschaftspolitischen Inhalts, sondern dehnt dieses Tatbestandsmerkmal auf alle Rechtsetzungsakte aus, die durch ein weites Ermessen gekennzeichnet sind.[503] Die Anwendung des haftungsbegrenzenden Kriteriums des hinreichend qualifizierten Verstoßes kann auf diesem Feld heute als weitgehend gesichert[504] angesehen werden.

---

[494] v. Bogdandy, in Grabitz/Hilf, Art. 288, Rn. 80 mit zutreffenden Hinweis darauf, dass grundsätzlich auch EG-Richtlinien die Haftung auslösen können. Davon geht das EuG in Slg. 1998, II-2805, Rn. 50 auch aus, die Klage ist jedoch mangels Rechtsverstoßes der Richtlinie nicht begründet.

[495] Gilsdorf/Oliver, in v. der Groeben/Thiesing/Ehlermann, Art. 215, Rn. 65

[496] Gilsdorf/Oliver, in v. der Groeben/Thiesing/Ehlermann, Art. 215, Rn. 65

[497] v. Bogdandy, in Grabitz/Hilf, Art. 288, Rn. 82

[498] st. Rspr. seit Slg. 1971, 975, Rn. 11

[499] Slg. 1978, 1209, Rn. 5

[500] Slg. 1971, 975, Rn. 11

[501] Ossenbühl, S. 596 f.; v. Bogdandy, in Grabitz/Hilf, Art. 288, Rn. 85; Gilsdorf/Oliver, in v. der Groeben/Thiesing/Ehlermann, Art. 215, Rn. 66

[502] v. Bogdandy, in Grabitz/Hilf, Art. 288, Rn. 85 mit Nachweisen aus der Rechtsprechung; Gilsdorf/Oliver, in v. der Groeben/Thiesing/Ehlermann, Art. 215, Rn. 66

[503] Slg. 1999, I-769, Rn. 57

[504] v. Bogdandy, in Grabitz/Hilf, Art. 288, Rn. 84

Im Ergebnis wird hier auf dem Gebiet der Schadensersatzhaftung die zurückgenommene richterliche Kontrolldichte bei Ermessensentscheidungen berücksichtigt. Die Rechtmäßigkeitskontrolle müsse sich daher auf die Prüfung beschränken, *ob der Behörde kein offensichtlicher Irrtum oder Ermessensmißbrauch unterlaufen sei oder ob sie die Grenzen ihres Ermessensspielraums nicht offensichtlich überschritten habe.*[505] Der Begriff des Ermessens bezieht sich dabei nicht auf ein Ermessen im formellen Sinne, sondern meint alle Auslegungs- und Anwendungsfragen.[506]

Wegen dieser zurückgenommenen Kontrolldichte stellt sich die Frage, ob Rechtswidrigkeit nicht generell erst dann angenommen werden soll, wenn ein hinreichend qualifizierter Rechtsverstoß vorliegt.[507] In diese Richtung deuten Entscheidungen des EuG, die nicht den Rechtsverstoß allein, sondern die hinreichend schwere Verletzung einer höherrangigen, dem Schutz des Einzelnen dienenden Rechtsnorm als Tatbestandsvoraussetzung nennen.[508] In der Tat wirkt die Trennung zwischen Normverstoß und dessen Qualifikation gekünstelt. Denn der Normverstoß kann streng genommen nur im Zusammenhang mit den qualifizierenden Merkmalen ermittelt werden, da er andernfalls im Hinblick auf den Ermessensspielraum verneint werden müsste.

e) Hinreichend qualifizierter Verstoß

Der EuGH hat zunächst nicht erkennen lassen, unter welchen Voraussetzungen ein qualifizierter Rechtsverstoß vorliegen soll. Eine erste, und bis heute gültige Aussage zur genaueren Umschreibung des Haftungskriteriums erfolgte im Jahr 1978.[509] *Auf einem Rechtsetzungsgebiet wie dem vorliegenden, das durch ein für die Durchführung der gemeinsamen Agrarpolitik unerläßliches weites Ermessen gekennzeichnet ist, kann die Haftung der Gemeinschaft somit nur ausgelöst werden, wenn das handelnde Organ die Grenzen seiner Befugnisse offenkundig und erheblich überschritten hat.* In dieser Entscheidung lehnte der EuGH eine Haftung ab, da die Maßnahme eine sehr große Gruppe von Marktteilnehmern betraf und sich die Verordnung nur in bescheidenem Umfang auswirkte.[510]

In einer stattgebenden Entscheidungen aus dem Jahre 1979[511] argumentiert der EuGH damit, dass die Verletzung des besonders bedeutsamen Gleichheitsgrundsatzes eine begrenzte und klar umrissene Gruppe von Unternehmen betreffe und der behauptete Schaden über die wirtschaftlichen Risiken hinausgehe, die eine Betätigung in dem betroffenen Wirtschaftszweig mit sich bringe. Zudem sei die Gleichbehandlung mit anderen Herstellern desselben Produkts vom Rat im Jahre 1974 ohne hinreichende Begründung aufgegeben worden.[512] Damit lässt sich feststellen, dass hinsichtlich der Erheblichkeit und Offensichtlichkeit auf die Auswirkungen des Verstoßes, die Zahl der Betroffenen und den Umfang der Belastung geblickt wurde, schließlich darauf, dass eine zunächst erfolgte Gleichbehandlung ohne hinreichende Begründung aufgegeben worden sei.[513] In einem anderen Fall wurde der Anspruch deshalb verneint, weil das Verhalten nicht einen derart schweren Fehler darstellte, dass es an Willkür grenzte.[514]

---

[505] Slg. 1995, II-2379, Rn. 49
[506] v. Bogdandy, in Grabitz/Hilf, Art. 288, Rn. 84
[507] Ossenbühl, S. 597
[508] Slg. 1995, II-2379, Rn. 32, 1995, II-2589, Rn. 51; anders aber wieder jüngst Slg. 2001, II-913, Rn. 44
[509] Slg. 1978, 1209, Rn. 6
[510] Slg. 1978, 1209, Rn. 7
[511] Slg. 1979, 2955
[512] Slg. 1979, 2955, Rn. 11
[513] Welche Kriterien nunmehr die Erheblichkeit, welche die Offenkundigkeit des Verstoßes ausmachen, lässt sich daraus nicht entnehmen. Anders, und um klare Bestimmung der Begrifflichkeiten bemüht, sieht dies v. Bogdandy, in Grabitz/Hilf, Art. 288, Rn. 88. Ebenso lässt der EuGH offen, ob bereits eine dieser Begründungen

Die Kriterien, die der EuGH entwickelt hat, lassen sich demnach so zusammenfassen, dass es zunächst eines schwerwiegenden Rechtsverstoßes bedarf. Dieser kann bei Verstoß gegen eine Rechtsvorschrift von besonderer Bedeutung oder bei an Willkür grenzendem Verhalten gegeben sein, das nach der Rechtsprechung des EuGH dann vorliegt, wenn der Rechtsverstoß ohne hinreichende Begründung erfolgt. Diese Voraussetzung trifft das Verhalten der handelnden Bediensteten und ist strukturell als Abwägungsfehler oder Abwägungsausfall einzuordnen. Weiterhin muss der Schaden über die Grenze hinausgehen, die eine Betätigung in dem betroffenen Wirtschaftszweig mit sich bringt. Die Gruppe der Betroffenen muss zudem zahlenmäßig begrenzt sein. Nach deutscher Terminologie könnte man davon sprechen, dass die Belastung ein Sonderopfer bedeuten müsse.[515]

Der EuGH setzte die Haftungsschwelle in diesen Entscheidungen sehr hoch an. Damit betonte er den Ausnahmecharakter des Haftungsinstituts und stellte einseitig den Zweck der Funktionsfähigkeit der Gemeinschaftsorgane in den Vordergrund. In diese Richtung zielt auch die Kritik an der hoch angesetzten Haftungsschwelle.[516] Zudem wurde diese Rechtsprechung vor dem Hintergrund der Parallelisierung von gemeinschaftlicher und mitgliedstaatlicher Haftung als unhaltbar bezeichnet.[517] Gleichwohl änderte der EuGH seine Rechtsprechung nicht wesentlich. Nach wie vor hielt er an den von ihm entwickelten Kriterien fest. Die Anforderungen an die qualifizierte Verletzung der höherrangigen Schutznorm wurden allerdings gelockert. In einer Entscheidung aus dem Jahre 1990 bejahte der EuGH eine Überschreitung der Grenzen der wirtschaftlichen Risiken der Tätigkeit in dem betroffenen Sektor, da die Kommission es vollkommen unterlassen habe, der Lage von Wirtschaftsteilnehmern wie der Klägerin unter Verstoß gegen den Vertrauensgrundsatz Rechnung zu tragen, ohne sich hierbei auf ein unbestreitbares öffentliches Interesse berufen zu können.[518]

In die ähnliche Richtung geht eine Entscheidung aus dem Jahr 1992. Der EuGH hielt am Kriterium der klar abgegrenzten Gruppe fest, diese musste aber nicht mehr zahlenmäßig begrenzt sein. Es konnte sich auch um eine große Gruppe handeln.[519] Der EuGH bejahte die Haftung, weil der Gemeinschaftsgesetzgeber diese Gruppe unter Verstoß gegen den Vertrauensgrundsatz völlig unberücksichtigt gelassen hat, ebenso ohne hierfür ein unbestreitbares öffentliches Interesse anführen zu können. Der EuGH lockerte seine Anforderungen an die Gruppe weiter, indem er es genügen ließ, dass diese nicht vor der schädigenden Maßnahme bereits bestand, sondern dass sie erst nach Eintritt der Schadensfolgen bestimmt werden kann.[520] Im Bezug auf das Willkürkriterium führte der EuGH aus, dieses sei ein hinreichendes, indessen kein notwendiges Kriterium.[521] Das EuG scheint indessen am Willkürkriterium festzuhalten. In einer Entscheidung aus dem Jahr 1995 lehnte es die Haftung mit der Begründung ab, der behauptete Verstoß gegen das Verhältnismäßigkeitsgebot liege mangels Willkür des Verhaltens, hier der Kommission, nicht vor.[522]

Der EuGH lockert in seiner jüngeren Rechtsprechung die Anforderungen an die Kriterien, die das Sonderopfer betreffen. So gibt er das Erfordernis einer zahlenmäßigen Begrenzung der

---

ausgereicht hätte, um den qualifizierten Rechtsverstoß zu begründen, vgl. Gilsdorf/Oliver, in v. der Groeben/Thiesing/Ehlermann, Art. 215, Rn. 69

[514] Slg. 1979, 3583, Rn. 16

[515] Detterbeck/Windthorst/Sproll, S. 38, Fn. 63; v. Bogdandy, in Grabitz/Hilf, Art. 288, Rn. 89

[516] Nachweise bei v. Bogdandy, in Grabitz/Hilf, Art. 288, Rn. 89

[517] v. Bogdandy, in Grabitz/Hilf, Art. 288, Rn. 89

[518] Slg. 1990, I-2477, Rn. 22 ff.

[519] Slg. 1992, I-3061, Rn. 16

[520] Slg. 1997, II-2247, Rn. 67

[521] Slg. 1993, I-2393, Rn. 51 zum EGKSV

[522] Slg. 1995, II-2941, Rn. 128; so auch Slg. 2001, II-913, Rn. 77

Gruppe ganz auf. Dagegen stellt er in stärkerem Maße auf das Fehlverhalten der Organe ab, das bereits unter der Schwelle der Willkür eine Haftung auslösen kann. Vieles deute deshalb nach Ansicht mehrerer Stimmen in der Literatur daraufhin, dass nunmehr maßgeblich auf eine das Verhalten des Organs qualifizierende Gesamtbetrachtung abzustellen sei.[523] Diese Entwicklung hat leider nicht zur Folge, dass Klagen von Unionsbürgern nun größerer Erfolg beschieden wäre. Der EuGH spricht die Organe der EU regelmäßig von der Verantwortung frei, wenn diese eine mehr oder weniger vernünftige Rechtfertigung für ihr Handeln vorbringen können.[524] Der Auffassung, wonach sich eine ausgewogenere Rechtsprechung abzeichne, die nicht mehr einseitig den Zweck der Funktionstüchtigkeit der Organe der EU in den Vordergrund stelle, kann nicht gefolgt werden.[525] Vielmehr halten die Gerichte an der groben Linie der weitestgehenden Schonung der Gemeinschaftsorgane fest. Ein Ausgleich mit dem Grundsatz der vollen Wirksamkeit des Gemeinschaftsrechts ist nicht erkennbar.

f) Charakterisierung der Rechtswidrigkeit

Der Begriff der Rechtswidrigkeit darf im Kontext des Art. 288 Abs. 2 EG nicht isoliert, sondern muss stets mit Blick auf das haftungsbegrenzende Kriterium der hinreichenden Qualifikation gesehen werden. Der Rechtsverstoß ist dann hinreichend qualifiziert, wenn das handelnde Organ die Grenzen seines Ermessens offensichtlich und erheblich überschritten hat. Dies bejaht der EuGH dann, wenn die Ermessensüberschreitung dem handelnden Amtswalter vorwerfbar ist. Dabei bedarf es nicht mehr zwingend eines an Willkür grenzenden Verhaltens.[526] Eine Haftung kann auch bestehen, wenn die Lage einer klar abgegrenzten Gruppe von Wirtschaftsteilnehmern vollständig und ohne Berufung auf ein unbestreitbares öffentliches Interesse unberücksichtigt bleibt.[527] Dies ist der Fall, wenn das handelnde Organ sein Verhalten gar nicht begründet oder die Betroffenheit der Geschädigten völlig außer Acht gelassen hat.[528] Erforderlich ist damit ein schlechterdings unentschuldbares, von keinem Gemeinwohlinteresse gerechtfertigtes Verhalten der Gemeinschaftsorgane.[529]

Die Berücksichtigung von Elementen der persönlichen Vorwerfbarkeit im Rahmen der Rechtswidrigkeit bedeutet im Grunde nichts anderes als ein Verständnis der Rechtswidrigkeit, das auch Elemente des Handlungsunrechts berücksichtigt, allerdings mit dem Unterschied, dass entsprechende Erwägungen innerhalb des haftungsbegrenzenden Merkmals der hinreichenden Qualifikation vorgenommen werden, nicht beim Begriff der Rechtswidrigkeit selbst. Gleichwohl schließt aber im Ergebnis die Berücksichtigung bestimmter Sorgfaltsanforderungen die hinreichend qualifizierte Rechtswidrigkeit aus.

Ein hinreichend qualifizierter Verstoß verlangt zudem, dass eine klar abgegrenzte Gruppe von Unionsbürgern betroffen ist, wenngleich das Kriterium der zahlenmäßigen Begrenzung aufgegeben wurde. Der Schaden, den diese Gruppe erleidet, muss die Grenzen der wirtschaftlichen Risiken überschreiten, die mit den Tätigkeiten auf dem einschlägigen wirtschaftlichen Sektor typischerweise verbunden sind. Ein solches Abstellen auf den Kreis der Betroffenen und die Schwere der Schädigung greift Erwägungen auf, die nach deutscher Terminologie zur Begründung eines Sonderopfers herangezogen würden.[530] Die damit in Verbindung stehende

---

523 vgl. Ossenbühl, S. 600 f.; v. Bogdandy, in Grabitz/Hilf, Art. 288, Rn. 92; Gilsdorf/Oliver, in v. der Groeben/Thiesing/Ehlermann, Art. 215, Rn. 72 f.
524 Ossenbühl, S. 603
525 v. Bogdandy, in Grabitz/Hilf, Art. 288, Rn. 91
526 Slg. 1993, I-2393, Rn. 51; a. A. Ossenbühl, S. 601
527 Slg. 1990, I-2477, Rn. 27
528 Ossenbühl, S. 601
529 Ossenbühl, S. 601
530 Ossenbühl, S. 601 f.

Haftung aus Aufopferungsgesichtspunkten ist grundsätzlich an rechtmäßiges Verhalten geknüpft. Es geht um eine Entschädigung des Einzelnen, der im Verhältnis zur Allgemeinheit infolge rechtmäßigen Verhaltens schwer und unerträglich betroffen wurde. Bei einer Unrechtshaftung soll es auf die Folgen für den Einzelnen gerade nicht ankommen. Für die durch rechtswidriges Handeln entstandenen Schäden gilt vielmehr, dass diese grundsätzlich auszugleichen sind, nicht nur im Falle besonderer Schwere und Unzumutbarkeit. Dogmatisch wenig nachvollziehbar ist auch, dass die Sonderopferkriterien letztlich dazu dienen, den – nicht technisch verstandenen – Ermessensfehler zu begründen.

4. Kausalität

Neben der Frage, ob der geltend gemachte Schaden unter den Schutzzweck der verletzten Norm fällt, muss zwischen dem Schaden und dem fehlerhaften Verhalten eines Organs der Union oder eines Bediensteten ein ursächlicher Zusammenhang bestehen.[531] Dies bedeutet keinen Unterschied zur Äquivalenztheorie. In komplex gelagerten Fällen wird darüber hinaus ein unmittelbarer ursächlicher Zusammenhang verlangt.[532] Dieses dem französischen Recht entnommene Kriterium der Haftungsbegrenzung meint eine subjektiv geprägte Adäquanzformel, die auf die Perspektive eines im Politikbereich erfahrenen Teilnehmers abstellt.[533] Es dient dem Ausschluss entfernterer Folgen.[534] Auch hier fehlt es an einer klaren Umschreibung. Entscheidend wird es wohl auf eine gerechte Schadensverteilung nach Risikogesichtspunkten ankommen. Ruft eine fehlerhafte Auskunft einen Schaden hervor, so kommt es für die unmittelbare, ursächliche Verursachung darauf an, dass die Auskunft bei einem verständigen Adressaten diesen Irrtum hervorrufen konnte und musste.[535]

Dies überzeugt. Hätte der verständige Adressat die Fehlerhaftigkeit der Auskunft erkannt und ihr dennoch Folge geleistet, so scheint es unbillig, den Schaden der EG anzulasten. Vielmehr ist hier an Erwägungen im Zusammenhang mit § 254 BGB zu denken. Die Zurechnung des Schadens entfällt auch in den Fällen hypothetischer Kausalität, wenn derselbe Schaden auch bei rechtmäßigem Verhalten auf dieselbe Art und Weise eingetreten wäre.[536] Die Haftung entfällt aber auch dann mangels Unmittelbarkeit des Kausalzusammenhangs, wenn die nationale Maßnahme an einem eigenständigen Fehler leidet und dieser ebenso kausal für den Schaden ist.[537]

5. Stellungnahme

Der Begriff der Rechtswidrigkeit darf im Kontext der Haftung nach Art. 288 Abs. 2 EG nicht auf den Rechtsverstoß beschränkt werden, sondern muss stets mit Blick auf das haftungsbegrenzende Kriterium der hinreichenden Qualifikation gesehen werden. Dieses stellt eine notwendige Korrektur für die weit verstandene Schutzformel dar. Eine Geltung als allgemeines Tatbestandsmerkmal wäre zu begrüßen, wiewohl die Entwicklung dahin vom EuGH eingeleitet scheint. Trotz aller Kritik[538] kann an den vom EuGH aufgestellten Kriterien festgehalten

531 Slg. 1992, I-2533, Rn. 18
532 Slg. 1995, II-2627, Rn. 40
533 v. Bogdandy, in Grabitz/Hilf, Art. 288, Rn. 106
534 Slg. 1979, 3091, Rn. 19 ff.
535 Slg. 1975, 117, Rn. 22 f.
536 Slg. 1995, II-2025, Rn. 65
537 Slg. 1987, 3005, Rn. 18 ff.
538 Die Vorschläge zur Bestimmung haftungsbegrenzender Kriterien sind auch höchst unterschiedlich. Gilsdorf/Oliver, in v. der Groeben/Thiesing/Ehlermann, Art. 215, Rn. 75 wollen auf die Auswirkungen des Verstoßes abstellen. Danach sollen Zahl der Betroffenen und Schwere der Einbuße im Vergleich zu normalen Geschäftsrisiken für die Beurteilung der Haftungsfrage ausschlaggebend sein. Ipsen, in FS für Jahrreiß, S. 85, 96,

werden. Eine dogmatische Neuordnung der Rechtsprechung erscheint mit Blick auf die stark differierenden Rechtsordnungen der Mitgliedstaaten sehr unwahrscheinlich. Es ist zudem ungewiss, ob die stattgebenden Urteile zunehmen würden, wenn der EuGH andere Kriterien für den hinreichend qualifizierten Rechtsverstoß zugrunde legte. Zu kritisieren ist im Grunde nicht die Art und Weise der Rechtsfortbildung, die größtenteils einleuchtet, sondern die unionsbürgerunfreundliche Rechtsprechung des EuGH mit ihrer viel zu hoch angesetzten Haftungsschwelle.[539]

Die weit verstandene Schutznormtheorie ist vor dem Hintergrund überzeugend, dass auch wirtschaftslenkende Maßnahmen eine Haftung auslösen können, ohne dass diese in subjektive Rechte der Betroffenen eingreifen. Um eine ausufernde Haftung zu vermeiden, ist auch nichts dagegen einzuwenden, dass ein Verstoß gegen Gemeinschaftsrecht zusätzlich hinreichend qualifiziert sein muss. Dies gilt vor allem mit Blick auf die Haftung für normatives Unrecht, um die Entscheidungsfreudigkeit des Gesetzgebers nicht über die Maßen einzuschränken. Die Erhöhung der Haftungsschwelle mit zunehmender Gestaltungsfreiheit des handelnden Organs ist nachvollziehbar. Auch die strengeren Anforderungen an die Kausalität können hier zu einer sinnvollen Risikobegrenzung führen.

Wenig strukturiert und willkürlich erscheinen indes die Kriterien, die einen hinreichend qualifizierten Verstoß ausmachen sollen. Die Haftung stellt sich dar als ein Gemisch aus Unrechtshaftung, die erfolgs- und handlungsbezogene Kriterien anwendet, und Haftung aus Aufopferungsgesichtspunkten. Hier wird offenbar, dass sich der EuGH bei seiner Rechtsfortbildung nicht von übergeordneten rechtlichen Prinzipien, sondern vom Ziel der möglichst geringen Inanspruchnahme der EG und ihrer Organe hat leiten lassen.

II. Die mitgliedstaatliche Haftung

1. Begriff und Entwicklung

Weder der EGV noch das sonstige Gemeinschaftsrecht enthalten eine dem Art. 288 EG entsprechende Regelung für das gemeinschaftsrechtswidrige Verhalten der Mitgliedstaaten. Gleichwohl hat der EuGH bereits frühzeitig betont, wenn ein Schaden infolge Verletzung des Gemeinschaftsrechts entstanden sei, so sei der betreffende Staat verpflichtet, gegenüber dem Geschädigten im Rahmen der Bestimmungen des nationalen Rechts über die Staatshaftung die Folgen zu tragen.[540]

Eine massive Innovation[541] stellte schließlich das Urteil in der Rechtssache *Andrea Francovich*[542] dar. Nach einer EG-Richtlinie über den Schutz von Arbeitnehmern bei Zahlungsunfähigkeit des Arbeitgebers[543] waren die Mitgliedstaaten verpflichtet, bis zum 23. 10. 1983 nationale Rechts- und Verwaltungsvorschriften zur Errichtung von Garantiefonds zu erlassen, aus denen im Falle von Unternehmenskonkursen ausstehende Arbeitsengelte bezahlt werden sollten. Diese Umsetzungsfrist hielt der italienische Staat nicht ein. Der EuGH stellte mit Ur-

---

will die Haftung auf solche Rechtsetzungsakte begrenzen, die den Charakter von Maßnahme- und Einzelfallgesetzen haben. Nach neuerer Auffassung soll auf ein haftungsbegrenzendes Kriterium ganz verzichtet werden, dafür aber strengere Anforderungen an die Schutznormverletzung gestellt, vgl. Herdegen, S. 123 ff., oder ein weiterer Ermessensspielraum sichergestellt werden, vgl. Stein EuGRZ 1979, 540, 541.

[539] Ossenbühl, S. 603

[540] Slg. 1976, 45, Rn. 7/9

[541] v. Bogdandy, in Grabitz/Hilf, Art. 288, Rn. 123

[542] Slg. 1991, I-5357

[543] sog. Konkursausfallrichtlinie, 80/987/EWG v. 10.10.1980, geändert durch Richtlinie 87/164/EWG v. 2.3.1987

teil vom 2.2.1989[544] einen Verstoß Italiens gegen die Verpflichtung zur Richtlinienumsetzung nach Art. 249 Abs. 3 EG und zur Gemeinschaftstreue nach Art. 10 EG fest. Mehrere italienische Arbeitnehmer, deren Lohnansprüche infolge Konkurses der Arbeitgeber nicht mehr realisierbar waren, verklagten daraufhin die italienische Republik vor nationalen Gerichten auf Zahlung des rückständigen Lohns nach Maßgabe der Richtlinie, hilfsweise auf entsprechenden Schadensersatz.

In der Vorabentscheidung des EuGH nach Art. 234 EG lehnte dieser eine unmittelbare Wirkung der Richtlinie[545] ab, führte aber im Weiteren aus, dass – ungeachtet der Vorschriften des nationalen Haftungsrechts – die volle Wirksamkeit der gemeinschaftsrechtlichen Bestimmungen beeinträchtigt und der Schutz der durch sie begründeten Rechte gemindert wäre, wenn der Einzelne nicht die Möglichkeit hätte, für den Fall eine Entschädigung zu erlangen, dass seine Rechte durch einen Verstoß gegen das Gemeinschaftsrecht verletzt würden, der einem Mitgliedstaat zuzurechnen sei.[546] Dies gelte vor allem dann, wenn die gemeinschaftsrechtliche Bestimmung ein Tätigwerden des Staats verlange und deshalb der Einzelne wegen der Untätigkeit des Staats die ihm durch das Gemeinschaftsrecht zuerkannten Rechte vor den nationalen Gerichten nicht geltend machen könne.[547]

Die Voraussetzungen, unter denen diese gemeinschaftsrechtlich gebotene Staatshaftung einen Entschädigungsanspruch eröffne, hänge von der Art des Verstoßes ab, der dem verursachten Schaden zugrunde liege.[548] Im Falle der Nichtumsetzung einer Richtlinie komme ein Entschädigungsanspruch wegen Verstoßes gegen Art. 249 Abs. 3 EG in Betracht, wenn die Richtlinie die Verleihung von Rechten an Einzelne beinhalte, der Inhalt dieser Rechte aufgrund der Richtlinie bestimmt werden könne und ein Kausalzusammenhang zwischen dem Verstoß des Staats gegen die ihm auferlegte Verpflichtung und dem entstandenen Schaden bestehe.[549] Diese Voraussetzungen sah der EuGH als erfüllt an.[550]

Hinsichtlich des Umfangs des Schadensersatzes, der gerichtlichen Zuständigkeit und des Verfahrens verwies der EuGH mangels gemeinschaftsrechtlicher Regelungen auf die nationalen Rechtsordnungen.[551] Zugleich machte der EuGH darauf aufmerksam, dass die formellen und materiellen Voraussetzungen bei Verstößen gegen Gemeinschaftsrecht nicht ungünstiger sein dürften als bei ähnlichen Klagen, die nur nationales Recht betreffen, und sie dürften nicht so ausgestaltet sein, dass sie es praktisch unmöglich machten oder übermäßig erschwerten, die Entschädigung zu erlangen.[552]

Die *Francovich*-Entscheidung bildet Anfang und Grundlage[553] der mitgliedstaatlichen Haftung. Der EuGH hatte mit dieser Entscheidung den gemeinschaftsrechtlichen Staatshaftungsanspruch in freier Rechtsschöpfung[554] geschaffen. Die Entscheidung muss vor dem Hintergrund gesehen werden, dass eine Haftung für legislatives Unrecht nach den nationalen Rechtsordnungen der Mitgliedstaaten nicht oder nur in Ansätzen besteht.[555] Der EuGH sah

---

[544] Slg. 1989, 143
[545] zur unmittelbaren Anwendbarkeit von Richtlinien vgl. Slg. 1963, 1; 1970, 825; 1978, 629, 1982, 53; 1986, 723; 1990, I-4647 sowie die Nachweise aus dem Schrifttum bei Pfab, S. 102 f., Fn. 18
[546] Slg. 1991, I-5357, Rn. 33
[547] Slg. 1991, I-5357, Rn. 34
[548] Slg. 1991, I-5357, Rn. 38
[549] Slg. 1991, I-5357, Rn. 39 ff.
[550] Slg. 1991, I-5357, Rn. 44
[551] Slg. 1991, I-5357, Rn. 42
[552] Slg, 1991, I-5357, Rn. 43
[553] Greb, Der einheitliche gemeinschaftsrechtliche Staatshaftungsanspruch, S. 9
[554] Ossenbühl, S. 494
[555] Detterbeck/Windthorst/Sproll, S. 51

deshalb einen gemeinschaftsrechtlichen Staatshaftungsanspruch als geboten an, um die volle Wirksamkeit des Gemeinschaftsrechts zu gewährleisten.[556] Er ist gleichsam Sanktionskategorie[557] zur Durchsetzung des Gemeinschaftsrechts mit dem Ziel, die Vertragstreue der Mitgliedstaaten durch andernfalls drohende Schadensersatzzahlungen zu fördern. Deshalb wurde auch von einem Integrationsschub[558] gesprochen. Dies ist so zu verstehen, dass durch Verleihung von Rechten oder Rechtsschutzmöglichkeiten an den Einzelnen die Angleichung der Rechtsordnungen und die gemeinschafsrechtskonforme Auslegung des nationalen Rechts beschleunigt werden sollen. Nebenbei wird damit auch ansatzweise[559] eine Vereinheitlichung des Rechtsschutzes eingeleitet.

Die Formulierung des EuGH, die mitgliedstaatliche Haftung sei ein allgemeiner Grundsatz des Gemeinschaftsrechts,[560] weist darauf hin, dass ein Anspruch gegen einen Mitgliedstaat nicht nur im Falle der Nichtumsetzung einer Richtlinie besteht, sondern auch im Falle anderer Rechtsverstöße gegen Gemeinschaftsrecht denkbar ist.[561] Damit ist klargestellt, dass die Haftung für die Nichtumsetzung einer Richtlinie keine Einzelfallentscheidung ist und der gemeinschaftsrechtlichen Staatshaftung lediglich lückenfüllende Funktion[562] bei nicht unmittelbar wirksamen Richtlinien zukommt. Vielmehr soll ein entsprechender Anspruch mit identischen Voraussetzungen bei jedweder Verletzung von Gemeinschaftsrecht durch die Mitgliedstaaten bestehen, der nun erstmals für den Fall der Nichtumsetzung einer Richtlinie in concreto ausgestaltet worden war.

Es ist daher kein Widerspruch, wenn der EuGH ausführt, die Tatbestandsvoraussetzungen hingen von der Art des Verstoßes[563] ab. Dies betrifft die Handhabung der tatbestandlichen Voraussetzungen im Einzelfall.[564] Eine solche kasuistische Tendenz ist typisch für ein am Einzelfall entwickeltes richterrechtliches Institut, wie bereits die Ausführungen zu den nationalen, richterrechtlich entwickelten Haftungsinstituten gezeigt haben. Zudem hat sich der EuGH durch diese vage Formulierung die Herrschaft über die weitere Entwicklung des Instituts reserviert, da die weite Formulierung die nationalen Gerichte dazu zwingt, weitere Vorlagefragen an den EuGH zu stellen.[565]

Wegen der Begründung einer flächendeckenden[566] mitgliedstaatlichen Haftung wurde dem EuGH vorgeworfen, seine Rechtsprechungskompetenz überschritten und ultra vires judiziert zu haben.[567] Dessen ungeachtet haben die Gerichte der Mitgliedstaaten die Staatshaftungsrechtsprechung des EuGH inzwischen aufgenommen und umgesetzt.[568] Die mitgliedstaatlichen Gerichte wenden das Haftungsinstitut zwischenzeitlich auch eigenständig, ohne Vorlage

[556] Ossenbühl, S. 494
[557] v. Danwitz, DVBl. 1997, 1, 3
[558] v. Danwitz, DVBl. 1997, 1, 2
[559] v. Bogdandy, in Grabitz/Hilf, Art. 288, Rn. 124
[560] Slg. 1991, I-5357, Rn. 37
[561] Detterbeck/Windthorst/Sproll, S. 54
[562] vgl. v. Bogdandy, in Grabitz/Hilf, Art. 288, Rn. 125
[563] Slg. 1991, I-5357, Rn. 38
[564] Detterbeck/Windthorst/Sproll, S. 55
[565] Ossenbühl, S. 498
[566] Ossenbühl, S. 496
[567] Cornils, der gemeinschaftsrechtliche Staatshaftungsanspruch, S. 139 ff.; v. Danwitz, DVBl. 1997, 1, 2 ff.; Ossenbühl, DVBl. 1992, 993, 995; Die Einführung neuer Sanktionen sei durch die Mitgliedstaaten zu regeln. Die Schaffung einer mitgliedstaatlichen Haftung stelle daher einen unzulässigen Eingriff in die Regelungskompetenz der Mitgliedstaaten dar. Der EuGH beruft sich dagegen auf Art. 220 EGV, wonach er die Wahrung des Rechts bei der Auslegung und Anwendung des Vertrags sichert. Da der Vertrag selbst keine Vorschriften über die mitgliedstaatliche Haftung enthalte, dürfe der EuGH über diese Frage nach den allgemein anerkannten Auslegungsregeln entscheiden, vgl. Slg. 1996, I-1029, Rn. 27, zust. Diehr, Staatshaftungsanspruch des Bürgers, S. 56 f
[568] vgl. nur BGHZ 134, 30; Ossenbühl, S. 497

an den EuGH, an.[569] Wegen dieser, nunmehr im Grundsatz bestehenden allgemeinen Akzeptanz des gemeinschaftsrechtlichen Staatshaftungsanspruchs soll daher auf den Streit um die Legitimation nicht weiter eingegangen werden, sondern vielmehr die Umsetzung durch die nationalen Gerichte untersucht werden.

In nachfolgenden Entscheidungen hat der EuGH seine Rechtsprechung fortentwickelt und präzisiert. Neben der Nichtumsetzung von Richtlinien hat der EuGH eine mitgliedstaatliche Haftung im Grundsatz auch bejaht in Fällen der fehlerhaften[570] und nicht fristgerechten[571] Umsetzung von Richtlinien. Der Fall *Hedley Lomas*[572] betraf die Verweigerung einer Ausfuhrgenehmigung für lebende Schafe nach Spanien durch britische Behörden, die gegen Gemeinschaftsrecht verstieß, mithin eine gemeinschaftsrechtswidrige, administrative Einzelentscheidung.

In zwei weiteren Fällen ging es um legislatives Unrecht.[573] Die elsässische Brauerei *Brasserie du Pêcheur* verlangte von der Bundesrepublik Deutschland Ersatz für Umsatzeinbußen, die sie aufgrund von Einfuhrbeschränkungen in den Jahren 1981-1987 erlitten hatte. Nach den damals geltenden §§ 9, 10 BierStG hatten die deutschen Behörden die Einfuhr von Bier verboten, welches nicht dem sog. Reinheitsgebot entsprach. Der EuGH hatte 1987 in einem Vertragsverletzungsverfahren entschieden, dass die §§ 9, 10 BierStG mit Art. 28 EGV unvereinbar waren.[574] Der BGH sah in der Nichtanpassung der §§ 9, 10 BierStG, einem Unterlassen des Gesetzgebers, einen Verstoß gegen Gemeinschaftsrecht. Da das deutsche Staatshaftungsrecht jedoch keinen Schadensersatzanspruch für legislatives Unterlassen vorsieht, legte der BGH dem EuGH die Frage vor, ob der gemeinschaftsrechtliche Grundsatz der Staatshaftung auch dann gelte, wenn der Gemeinschaftsrechtsverstoß darin bestehe, dass ein formelles innerstaatliches Parlamentsgesetz nicht an höherrangige Normen des Gemeinschaftsrechts angepasst wurde.

In der damit verbundenen Rechtssache *Factortame* hatte das Vereinigte Königreich mit dem Seehandelsgesetz von 1988 die Bestimmung für die Registrierung britischer Fischereifahrzeuge geändert. Dies hatte zur Folge, dass spanische Eigner von bisher in Großbritannien registrierten Fischerbooten diese von da an nicht mehr als britisch registrieren lassen konnten und damit keinen Zugang zu den britischen Fangquoten mehr hatten. Der EuGH stellte in einem Vertragsverletzungsverfahren fest, dass das Registrierungsverfahren durch die Einbindung der Staatsangehörigkeit unvereinbar mit Art. 43 EGV sei.[575] Die Kläger verlangten nunmehr Schadensersatz für die Umsatzeinbußen für den Zeitraum vom Inkrafttreten der Gesetzesnovelle bis zu deren Aufhebung. Das zuständige britische Gericht legte dem EuGH die Frage vor, ob hier ein Schadensersatzanspruch für legislatives Handeln zu bejahen sei.

Der EuGH antwortete, dass der Grundsatz, wonach Mitgliedstaaten zum Ersatz der Schäden verpflichtet seien, die dem Einzelnen durch diesen Staaten zuzurechnende Verstöße gegen das Gemeinschaftsrecht entstehen, auch dann anwendbar sei, wenn die Verstöße auf den nationalen Gesetzgeber zurückgingen. Der EuGH erklärte in aller Deutlichkeit, dass dieser Grundsatz für jeden Fall eines Verstoßes eines Mitgliedstaats gegen Gemeinschaftsrecht gelte, unabhängig davon, welches staatliche Organ durch sein Handeln oder Unterlassen den Verstoß verursacht habe; das Erfordernis der einheitlichen Anwendung des Gemeinschaftsrechts dürfe nicht

---

[569] vgl. LG Bonn, NJW 2000, 815
[570] Slg. 1996, I-1631; 1996, I-5063
[571] Slg. 1996, I-4845
[572] Slg. 1996, I-2553
[573] verbundene Rechtssachen C-46/93 und C-48/93; Slg. 1996, I-1029
[574] Slg. 1987, I-1227
[575] Slg. 1991, I-4585

von internen Vorschriften über die Verteilung der Zuständigkeiten auf die durch die Verfassung eingesetzten Organe abhängen.[576] Wegen des weiten Ermessensspielraums des Gesetzgebers präzisierte der EuGH die oben genannten Haftungsvoraussetzungen dahingehend, dass im Falle legislativen Unrechts der Rechtsverstoß hinreichend qualifiziert sein müsse.[577] Einen solchen hinreichend qualifizierten Verstoß wollte der EuGH in der Rechtssache *Brasserie du Pêcheur* nicht feststellen.[578] In der Rechtssache *Factortame* bejahte der EuGH hingegen den hinreichend qualifizierten Verstoß.[579]

2. Rechtsgrundlagen[580]

Wie die oben dargelegte Entwicklung zeigt, so steht bei dem gemeinschaftsrechtlichen Staatshaftungsanspruch nicht so sehr der Individualrechtsschutz im Vordergrund, wie dies im nationalen Recht der Fall ist. Vielmehr ist die Schaffung des neuen Anspruchs von pragmatischen und zielgerichteten Erwägungen geprägt, dem Gemeinschaftsrecht durch Bildung einer Sanktionskategorie verstärkt Geltung zu verschaffen. Die Position des Einzelnen werde dazu benutzt, eine Vertragsverletzung der Mitgliedstaaten nicht ohne spürbare Folgen zu lassen.[581] Tragendes Prinzip[582] des gemeinschaftsrechtlichen Staatshaftungsanspruchs ist nach dem *Francovich*-Urteil der – ebenso richterrechtlich entwickelte – Grundsatz der vollen Wirksamkeit des Gemeinschaftsrechts. Als weitere Stütze verweist der Gerichtshof auf das sich aus Art. 10 EG ergebende Prinzip der Gemeinschaftstreue.

Seit der Entscheidung *Brasserie du Pêcheur* greift der EuGH auch auf Art. 288 Abs. 2 EG zurück und wendet die zur außervertraglichen Haftung der EG entwickelten Grundsätze entsprechend an. Die angeführten Begründungsansätze mögen zwar für eine mitgliedstaatliche Haftung sprechen, vermögen aber die Schaffung einer mitgliedstaatlichen Haftung in freier Rechtsschöpfung nicht zu begründen. Sie stellen Versuche dar, der Schöpfung Plausibilität und Überzeugungskraft zu verleihen sowie Akzeptanz zu verschaffen,[583] lassen diese aber keinesfalls als zwingend erscheinen. Zudem haftet ihnen der Mangel an, dass sie aufgrund ihrer Vagheit und Unbestimmtheit hinsichtlich der Haftungsvoraussetzungen und -folgen keinerlei Anhaltspunkte bieten.[584] Auch die in den Entscheidungen regelmäßig vorgenommene Bezugnahme auf die im konkreten Fall verletzte Norm führt nicht weiter. Zwar mag das Verhalten eines Mitgliedstaats gegen Art. 249 Abs. 3 EG verstoßen, wenn er eine Richtlinie nicht umsetzt oder bei der Festlegung von Einfuhrbeschränkungen gegen Art. 30 EG verstößt. Dies besagt jedoch nichts darüber, dass dieser Verstoß zu sanktionieren ist. Ohne gesetzliche Fixierung kann ein solcher Anspruch immer nur auf wackligen Füßen stehen und ist berechtigter Kritik ausgesetzt, wenngleich ein praktisches Bedürfnis nach einer mitgliedstaatlichen Haftung nicht geleugnet werden kann, wie die gerichtliche Praxis beweist.

3. Rechtsnatur[585]

Trotz der inzwischen allgemeinen Akzeptanz und praktischen Tauglichkeit der mitgliedstaatlichen Haftung ist die Rechtsnatur des Anspruchs nach wie vor heftig umstritten. Trotz der

[576] Slg. 1996, I-1029, Rn. 3
[577] Slg. 1996, I-1029, Rn. 4
[578] Slg. 1996, I-1029, Rn. 59
[579] Slg. 1996, I-1029, Rn. 62
[580] eingehend Greb, S. 32 ff.
[581] Slg. 1996, I-1029, Schlussanträge des GA Tesauro, Rn. 17
[582] Ossenbühl, S. 494
[583] Ossenbühl, S. 499
[584] Ossenbühl, S. 499; Pfab, S. 123
[585] eingehend Pfab, S. 116 ff.

unzureichenden Rechtsgrundlagen im Europarecht selbst gehen zahlreiche Stimmen in Rechtsprechung und Literatur von einem originär gemeinschaftsrechtlichen Anspruch aus.[586] Häufig wird zur Rechtfertigung dieser Ansicht der Satz des EuGH zitiert, dass die von ihm beschriebenen Voraussetzungen ausreichten, um dem Einzelnen einen Anspruch auf Entschädigung zu geben, der unmittelbar im Gemeinschaftsrecht begründet sei.[587] Diese Wortlautinterpretation verliert jedoch an Eindeutigkeit, wenn man die anschließende Verweisung auf das nationale Haftungssystem betrachtet.[588] Spätere Entscheidungen sprechen auch von einem Anspruch auf Schadensersatz, den das Gericht im Rahmen des nationalen Haftungsrechts sicherzustellen habe.[589]

So eindeutig, wie teilweise behauptet wird,[590] ist die gemeinschaftsrechtliche Verankerung des Anspruchs nicht. Eher handelt es sich um einen nationalen Anspruch, für den der EuGH jedoch gemeinschaftsrechtliche Vorgaben aufgestellt hat, an denen sich dieser orientieren muss. Es gilt der Grundsatz, dass die Mitgliedstaaten für ihr gemeinschaftsrechtswidriges Verhalten gegenüber dem Gemeinschaftsbürger zu haften haben.[591] Vielmehr als einen originär gemeinschaftsrechtlichen Anspruch zu schaffen, ging es dem EuGH wohl einerseits darum, dass die von ihm aufgestellten Vorgaben dem Zugriff der mitgliedstaatlichen Gerichte entzogen und nicht von diesen verwässert werden können, andererseits darum, die eigene Fortentwicklungskompetenz zu sichern. Gegen die gemeinschaftsrechtliche Provenienz spricht schließlich auch die Notwendigkeit einer Komplettierung des Anspruchs durch nationales Recht, die nichts weiter verdeutlicht als das offensichtliche Fehlen[592] einer Gemeinschaftskompetenz zur Schaffung dieser Haftung.

4. Haftungsvoraussetzungen

Die Haftung setzt voraus, dass gegen eine Norm des Gemeinschaftsrechts verstoßen wurde, die bezweckt, dem Einzelnen Rechte zu verleihen. Diese Voraussetzung zielt auf den individuellen Schutzzweck der verletzten Norm. Der Verstoß muss hinreichend qualifiziert sein. Zwischen dem Verstoß und dem entstandenen Schaden muss ein unmittelbarer Kausalzusammenhang bestehen. Ursprünglich verlangte der EuGH, dass der Inhalt des verliehenen oder zu verleihenden Rechts hinreichend bestimmt sei. Dieses Tatbestandsmerkmal ist nicht obsolet geworden, sondern in der erst später gefassten hinreichenden Qualifikation des Rechtsverstoßes aufgegangen. Eigenständige Bedeutung kommt diesem Merkmal nach wie vor dann zu, wenn es um die Nichtumsetzung einer Richtlinie geht, da das Bestehen eines Anspruchs davon abhängt, wie detailliert das zu verleihende Recht von der Richtlinie beschrieben wird. Diese drei Voraussetzungen werden gleichsam als Mindeststandard[593] für die mitgliedstaatliche Haftung verstanden. Sie sind erforderlich und ausreichend für die Entschädigung.

Ein Verschulden ist nicht Voraussetzung der Haftung. Verschuldenskriterien können aber im Bereich des hinreichend qualifizierten Rechtsverstoßes Bedeutung erlangen. Für den Geschädigten günstigere Regelungen können Anwendung finden und werden dies vor dem Hinter-

---

[586] Cornils, S. 107; Detterbeck/Windthorst/Sproll, S. 52; Greb, S. 124; Ossenbühl, S. 494; v. Bogdandy, in Grabitz/Hilf, Art. 288, Rn. 127; auch der BGH spricht in Anlehnung an den EuGH von der unmittelbaren Herleitung des Anspruchs aus dem Gemeinschaftsrecht, vgl. BGHZ 134, 30, 36
[587] Slg. 1996, I-2533, Rn. 31; 1996, I-1029, Rn. 67
[588] Pfab, S. 118
[589] Pfab, S. 119
[590] Detterbeck/Windthorst/Sproll, S. 52
[591] v. Danwitz, DVBl. 1997, 1 ff.; Pfab, S. 194
[592] v. Danwitz, DVBl. 1997, 1, 7
[593] Ossenbühl, S. 505

grund des Diskriminierungsverbots oftmals auch müssen.[594] Generell dürfen die im Haftungsrecht der einzelnen Mitgliedstaaten festgelegten Voraussetzungen nicht ungünstiger sein als bei ähnlichen Klagen, die nationales Recht betreffen.[595] Schließlich darf nach dem Vereitelungsverbot das nationale Recht nicht so ausgestaltet sein, dass die Erlangung einer Entschädigung unmöglich gemacht oder übermäßig erschwert wird.[596]

Damit ist zugleich auch ein Rahmen vorgegeben, innerhalb dessen sich die den Staatshaftungsanspruch ergänzenden mitgliedstaatlichen Regelungen bewegen müssen. Dies gilt insbesondere für Haftungsausschlüsse und -beschränkungen. Mitverschulden gemäß § 254 BGB und Haftungsausschluss bei Versäumen des Primärrechtsschutzes nach § 839 Abs. 3 BGB können als Haftungsbegrenzungen für den gemeinschaftsrechtlichen Staatshaftungsanspruch ausdrücklich vorgesehen werden. Zwar ist die vorherige Feststellung eines Rechtsverstoßes durch den EuGH im Verfahren nach Art. 226, 227 EG oder indirekt im Verfahren nach Art. 234 EG nicht erforderlich. Gleichwohl muss der Geschädigte im Rahmen des primären Rechtsschutzes die Wahrung seiner Rechte verfolgen. Der Ersatzanspruch ist letztes Mittel.[597] Dies hat zur Folge, dass ein Ersatzanspruch ausscheidet, soweit es der Geschädigte pflichtwidrig unterlassen hat, durch vorhandenen primären Rechtsschutz den Schaden zu vermeiden oder zu mindern.[598] Dabei ist die gemeinschaftsrechtliche Überlagerung des nationalen Rechtsschutzes im Auge zu behalten.[599]

Umstritten ist die Anwendbarkeit des § 839 Abs. 1 S. 2 BGB. Überzeugender scheint diejenige Ansicht, die die Vorschrift nicht anwenden möchte, da es sich bei der gemeinschaftsrechtlichen Staatshaftung nicht um einen vom Amtsträger auf den Staat übergeleiteten Anspruch handle.[600] Ebenso umstritten ist die Anwendbarkeit des § 839 Abs. 2 BGB. Diese widerspricht im Hinblick auf gemeinschaftsrechtswidrige Rechtsprechung dem Diskriminierungsverbot. Eine Haftung muss in diesen Fällen unter den gleichen Voraussetzungen, die für das exekutive und legislative Unrecht gelten, ausgelöst werden.[601] Es kann nicht damit argumentiert werden, dass alle Mitgliedstaaten eine Haftungsfreistellung für judikatives Unrecht vorsehen.[602]

Ungeklärt ist ebenso die Frage der Verjährung. Hier kommen entweder die Fünf-Jahres-Frist aus Art. 43 EuGH-Satzung oder die Fristen aus §§ 195 ff. BGB in Betracht. Die durch den EuGH vorgenommene Angleichung an die außervertragliche Haftung der EG nach Art. 288 Abs. 2 EG sprechen für die Anwendung des Art. 43 EuGH-Satzung. Die zivilgerichtliche Zuständigkeit folgt aus Art. 34 S. 3 GG oder § 40 Abs. 2 S. 1 VwGO. Sachlich zuständig sind nach § 71 Abs. 2 Nr. 2 GVG die Landgerichte. Anspruchsgegner ist nach einer Auffassung immer der Bund,[603] da sich ein Mitgliedstaat bezüglich der Nichteinhaltung der in einer Richtlinie festgesetzten Verpflichtungen nicht auf die Umstände seiner internen Rechtsordnung berufen können soll.[604] Dann könnte der Bund aber zu einer Handlung verurteilt werden, die er aus kompetenzrechtlichen Gründen nicht erfüllen kann. Insofern scheint es

594 Slg. 1996, I-1029, Rn. 66 f.
595 Slg. 1997, I-4046, Rn. 28
596 Slg. 1991, I-5357, Rn. 42 f.
597 Slg. 1993, I-6911, Rn. 23
598 v. Bogdandy, in Grabitz/Hilf, Art. 288, Rn. 160 f.
599 v. Bogdandy, in Grabitz/Hilf, Art. 288, Rn. 162 m. w. N.
600 Detterbeck/Windthorst/Sproll, S. 67 f.; Ossenbühl, S. 518; Nachweise für die Gegenmeinung in Fn. 112
601 Diehr, S. 244 f.
602 so aber Detterbeck/Windthorst/Sproll, S. 67
603 Ossenbühl, S. 520 f.
604 Slg. 1996, I-4845, Rn. 53

angezeigt, die Klage gegen den nach der grundgesetzlichen Kompetenzverteilung verantwortlichen Vewaltungsträger zu richten.[605]

5. Rechtswidrigkeit

a) Rechtsnorm, die bezweckt, dem Einzelnen Rechte zu verleihen

Erste Voraussetzung des mitgliedstaatlichen Staathaftungsanspruchs ist der Verstoß gegen eine Rechtsnorm, die bezweckt, dem Einzelnen Rechte zu verleihen. Diese tatbestandliche Voraussetzung weist die mitgliedstaatliche Haftung als ein Instrument zur Förderung des subjektiven Rechtsschutzes, nicht der allgemeinen Legalitätskontrolle, aus.[606] Die so gewählte Formulierung gebrauchte der EuGH erstmals in den verbundenen Rechtssachen *Brasserie* und *Factortame*.[607] In der Entscheidung *Francovich* war die Formulierung abweichend. Dort heißt es, das durch die Richtlinie vorgeschriebene Ziel müsse die Verleihung von Rechten an Einzelne beinhalten.[608] Der Inhalt dieser Rechte, so die zweite Voraussetzung, müsse auf der Grundlage dieser Richtlinie bestimmt werden können.[609]

Die Formulierung des *Francovich*-Urteils läßt den Zusammenhang des gemeinschaftsrechtlichen Staatshaftungsanspruchs mit der Rechtsprechung zur unmittelbaren Wirksamkeit von Richtlinienbestimmungen deutlich erkennen.[610] Der Einzelne kann sich auf Bestimmungen der Richtlinie berufen, wenn diese Rechte festlegt, die dem Staat gegenüber geltend gemacht werden können. Dies ist gegeben, wenn die Bestimmungen der Richtlinie unbedingt und hinreichend genau sind.[611] Diese Voraussetzungen sah der EuGH als erfüllt an, lehnte eine unmittelbare Wirksamkeit aber ab, da die Person des Schuldners der Garantieansprüche sich nicht aus der Richtlinie ergab.[612]

Um die Wirksamkeit der im Hinblick auf die Rechte der Bürger hinreichend bestimmten Richtlinie dennoch sicherzustellen, schuf der EuGH den Grundsatz der mitgliedstaatlichen Haftung. Die Konkretisierung der Voraussetzungen der mitgliedstaatlichen Staatshaftung ist in der *Francovich*-Entscheidung nur im Hinblick auf die Nichtumsetzung einer Richtlinie erfolgt. An diesen Voraussetzungen hat der Gerichtshof bis heute im Wesentlichen festgehalten.[613] Die nunmehr gebräuchliche Formulierung ist gegenüber der gerade dargestellten allgemeiner und trägt dem Umstand Rechnung, dass der EuGH das zunächst nur als Tatbestandstorso[614] formulierte Institut in der Zwischenzeit nicht nur für die Nichtumsetzung von Richtlinien, sondern auch für deren fehlerhafte Umsetzung, die Nichtanpassung von Gesetzen oder den Erlass gemeinschaftsrechtswidriger Gesetze und administrativer Akte angewandt hat. Diese Erweiterung des Anwendungsbereichs erforderte eine allgemeinere Fassung des Haftungstatbestands.[615]

---

[605] Diehr, S. 153 f.
[606] Ossenbühl, S. 506; v. Bogdandy, in Grabitz/Hilf, Art. 288, Rn. 130
[607] Slg. 1996, I-1029, Rn. 51
[608] Slg. 1991, I-5357, Rn. 40
[609] Slg. 1991, I-5357, Rn. 40
[610] Cornils, S. 125; Triantafyllou, DÖV 1997, 192, 194 f.; v. Bogdandy, in Grabitz/Hilf, Art. 288, Rn. 130,
[611] st. Rspr. vgl. nur Slg. 1982, 53, Rn. 24, 25, Slg. 1991, I-5357, Rn. 11, 12
[612] Slg. 1991, I-5357, Rn. 26
[613] Slg. 1996, I-4845, Rn. 22
[614] v. Danwitz, DVBl. 1997, 1, 5
[615] Von einem normlogischen wie auch rechtspraktisch bedeutsamen Unterschied, vgl. v. Danwitz, DVBl. 1997, 1, 7, kann daher nicht gesprochen werden.

In der *Brasserie*-Entscheidung kommt zusätzlich das Bestreben des EuGH zum Ausdruck, eine Angleichung zwischen der außervertraglichen Haftung der EG und ihrer Organe gemäß Art. 288 Abs. 2 EG und der mitgliedstaatlichen Haftung zu erreichen.[616] Dies zeigt sich auch in der Formulierung der Tatbestandsvoraussetzungen. So nähern sich die Anspruchsvoraussetzungen der mitgliedstaatlichen Haftung denen der außervertraglichen Haftung der EG an. Damit ist zugleich die Entfernung der Formulierungen vom ursprünglichen Ausgangspunkt der unmittelbaren Wirksamkeit von Richtlinienbestimmungen verbunden. Die Voraussetzung der hinreichenden Bestimmtheit der Richtlinie im Hinblick auf die individuellen Rechtspositionen wird nicht mehr als eigene Voraussetzung genannt. Gleichwohl ist dieses Tatbestandsmerkmal nicht obsolet geworden.[617] Die hinreichende Bestimmtheit einer Norm ist vielmehr Voraussetzung für die Frage der Verleihung eigener Rechte[618] und daher in diesem Kontext weiterhin zu prüfen.[619] Im Falle der Nichtumsetzung von Richtlinien betont der EuGH diese Parallele zur unmittelbaren Wirkung von Richtlinien ausdrücklich.[620]

Die Verletzung eines Rechtssatzes, der bezweckt, dem Einzelnen Rechte zu verleihen, dürfte in der Sache nichts anderes bedeuten als die Verletzung einer Rechtsnorm mit Schutznormcharakter, wie dies der EuGH bei der außervertraglichen Haftung der EG nach Art. 288 Abs. 2 EG fordert.[621] Diese Ansicht findet ihre Stütze in der Rechtsprechung des EuGH, wonach die Voraussetzungen der mitgliedstaatlichen Haftung im Wesentlichen denen entsprächen, die der Gerichtshof im Rahmen von Art. 215 Abs. 2 EGV (nunmehr Art. 288 Abs. 2 EG) in seiner Rechtsprechung zur Haftung der Gemeinschaft für Schäden entwickelt habe, die dem Einzelnen durch rechtswidrige Rechtsetzungsakte der Gemeinschaftsorgane entstehen.[622] Diese Identität der Haftungsvoraussetzungen wird dadurch unterstrichen, dass der EuGH sich in jüngeren Entscheidungen zu Art. 288 Abs. 2 EG der zur mitgliedstaatlichen Haftung entwickelten Formulierung bedient, den terminologischen Unterschied damit ganz aufhebt.[623]

Der terminologische Unterschied findet seinen Grund darin, dass die mitgliedstaatliche Haftung gerade dann greifen soll, wenn eine individuelle Rechtsposition des Einzelnen noch nicht besteht, da sie im Kern dem Grundsatz der vollen Wirksamkeit des Gemeinschaftsrechts verpflichtet ist. Dies betrifft gerade die besonders praxisrelevante Fallgruppe der Nicht- bzw. fehlerhaften Umsetzung von Richtlinien, denen eine unmittelbare Wirksamkeit nicht zukommt.[624] Hier ist Grund der Haftung nicht die Verletzung einer individuellen Rechtsposition durch einen Mitgliedstaat, da diese dem Einzelnen noch nicht verliehen worden ist. Vielmehr geht es um den Ersatz des Schadens, der dadurch entstanden ist, dass dem Einzelnen die von der Richtlinie vorgesehene Rechtsposition noch nicht verliehen worden ist.[625]

In der Begründung ist diese praktisch überzeugende Rechtsprechung umstritten. Während eine Auffassung an die Richtlinie selbst anknüpft und in dieser eine staatengerichtete Verpflichtung zur Umsetzung der entsprechenden Regelungen entnehmen will,[626] stellt die inzwi-

[616] Ossenbühl, S. 506; v. Bogdandy, in Grabitz/Hilf, Art. 288, Rn. 130
[617] Detterbeck/Windthorst/Sproll, S. 58
[618] v. Bogdandy, in Grabitz/Hilf, Art. 288, Rn. 137
[619] nicht indessen beim hinreichend qualifizierten Verstoß, vgl Detterbeck/Windthorst/Sproll, S. 58, da es hier um die Qualifikation des Verstoßes, nicht des Rechts geht.
[620] Greb, S. 77
[621] Detterbeck/Windthorst/Sproll, S. 57; Ossenbühl, S. 506; Triantafyllou, DÖV 1997, 192, 196; v. Bogdandy, in Grabitz/Hilf, Art. 288, Rn. 130
[622] Slg. 1996, I-1029, Rn. 53
[623] vgl. Slg. 2001, I-5291, Rn. 42; dieser Linie folgend auch das EuG, Slg. 2001, II-913, Rn. 45
[624] vgl. nur Slg. 1991, I-5357; 1996, I-4845; 1999, I-3499
[625] v. Bogdandy, in Grabitz/Hilf, Art. 288, Rn. 132
[626] Geiger, Der gemeinschafsrechtliche Grundsatz der Staatshaftung, S. 76 f.; Scherzberg, Jura 1992, 572, 576

schen wohl überwiegende Meinung auf die Umsetzungspflicht aus Art. 249 Abs. 3 EG ab.[627] Dies entspricht auch der Rechtsprechung des EuGH. Die Verpflichtung des Mitgliedstaats, alle erforderlichen Maßnahmen zur Erreichung des durch die Richtlinie vorgeschriebenen Ziels zu erlassen, folge aus Art. 189 Abs. 3 EGV (nunmehr Art. 249 Abs. 3 EG).[628] Dem ist zu folgen. Art. 249 Abs. 3 EG bestimmt, dass das von der Richtlinie zu erreichende Ziel verbindlich ist. Daraus folgt die Umsetzungsverpflichtung. Zwar ist die Vorschrift für sich genommen nicht drittschützend.[629] Eine drittschützende Wirkung ergibt sich aber aus der Richtlinie, wenn es deren Ziel im Sinne des Art. 249 Abs. 3 EG ist, dem Einzelnen Rechte zu verleihen. Dann kommt auch Art. 249 Abs. 3 EG drittschützende Wirkung zu.[630] Ähnlich wird ja im deutschen Recht beim an sich objektiven Rücksichtnahmegebot verfahren.

Stimmen die Voraussetzungen der Haftung nach Art. 288 Abs. 2 EG und die mitgliedstaatliche Haftung überein, so gilt auch für diesen Bereich, dass der Begriff des subjektiven Rechts sehr weit zu verstehen ist.[631] Auffassungen, die das subjektive Recht im Sinne des im deutschen Verwaltungsrecht gebräuchlichen subjektiv-öffentlichen Rechts verstehen wollen,[632] haben nach dieser Rechtsprechung des EuGH keine Grundlage mehr. Vielmehr reicht nach der vom EuGH aufgestellten Schutznormlehre aus, wenn die verletzte Norm auch die Interessen Einzelner umfasst, selbst wenn diese in erster Linie Interessen allgemeiner Art verfolgt und der Einzelne nicht unmittelbar und individuell betroffen ist. Ob die Norm zum Primär- oder Sekundärrecht gehört, spielt keine Rolle. Auch Normen, die sich allein an die Mitgliedstaaten wenden und auf die Förderung allgemeiner Belange abzielen, kommen in Betracht.[633] Auch privatrechtsgestaltende Normen können die Haftung auslösen und tun dies praktisch auch vielfach.

Zu Recht haftet der Staat nach der überwiegenden Meinung[634] unabhängig davon, ob das durch die Richtlinie verliehene Recht gegenüber dem Staat oder gegenüber Privaten besteht. Dabei ist aber zu beachten, dass der verbindliche Charakter einer Richtlinie nur für den Mitgliedstaat gilt, an den sie gerichtet ist. Ein Privater kann sich also stets nur auf die Verpflichtungen des Mitgliedstaats, niemals auf Verpflichtungen Privater berufen.[635] Andernfalls würde letztlich auf einem Umweg die vom EuGH abgelehnte, horizontale Drittwirkung von Richtlinien entstehen.[636]

b) Verstoß gegen Gemeinschaftsrecht

Als tatbestandliches Handeln kommen grundsätzlich alle mitgliedstaatlichen Verstöße gegen Vorschriften des Gemeinschaftsrechts in Betracht.[637] Der EuGH macht dabei keinen Unterschied zwischen Handeln und Unterlassen. So stellte der EuGH in der *Brasserie*-Entscheidung den Erlass eines gemeinschaftsrechtswidrigen Gesetzes der unterlassenen Anpassung eines solchen gleich. Da Anspruchsverpflichtete der gemeinschftsrechtlichen Staatshaftung die Mitgliedstaaten sind,[638] spielt es für den EuGH keine Rolle, welches Organ auf

---

[627] Albers, S. 97 f.; Detterbeck/Windthorst/Sproll, S. 57; v. Bogdandy, in Grabitz/Hilf, Art. 288, Rn. 132
[628] Slg. 1991, I-5357, Rn. 39, 1993, I-4367; Rn. 17
[629] Detterbeck/Windthorst/Sproll, S. 57
[630] Albers, S. 98 ff.; Detterbeck/Windthorst/Sproll, S. 57; v. Bogdandy, in Grabitz/Hilf, Art. 288, Rn. 132
[631] Ossenbühl, S. 506
[632] vgl. die Nachweise bei Greb, S. 78, Fn. 333
[633] vgl nur die Ausführungen zu Art. 249 Abs. 3 EGV auf dieser Seite
[634] Geiger, in DVBl. 1993, 465, 470
[635] Geiger, in DVBl. 1993, 465, 470
[636] Slg. 1986, 723, Rn. 48
[637] v. Bogdandy, in Grabitz/Hilf, Art. 288, Rn. 138
[638] Ossenbühl, S. 510

welcher Ebene Gemeinschaftsrecht verletzt hat. Vielmehr müsse jeder Mitgliedstaat sicherstellen, dass dem Einzelnen der Schaden ersetzt wird, der ihm durch einen Verstoß gegen Gemeinschaftsrecht entstanden sei.[639] Hintergrund dieser Rechtsprechung ist der Umstand, dass die Mitgliedstaaten gemäß Art. 249 Abs. 3 EG selbst über das Wie der Richtlinienumsetzung entscheiden.[640] Die innerstaatliche Kompetenzverteilung kann aber mit Blick auf das Postulat einer einheitlichen Anwendung des Gemeinschaftsrechts für den Umfang gemeinschaftsrechtlicher Pflichten und die Konsequenzen aus einem Verstoß nicht von Bedeutung sein.[641]

Eine grundlegende Neuerung dieser Rechtsprechung bedeutet die Begründung eines Anspruchs für legislatives Unrecht in den nationalen Rechtsordnungen bei Verstößen gegen Gemeinschaftsrecht durch die Gesetzgebung. Die Rechtsordnungen der Mitgliedstaaten kennen eine solche maximal in Ansätzen.[642] In Deutschland wurde eine Staatshaftung für legislatives Unrecht bisher unter Hinweis auf die kaum erfüllbare Dimension der Schadensersatzansprüche verneint.[643] Das Budgetrecht des Parlaments wurde als die verfassungsrechtliche Grenze der richterlichen Rechtsfortbildung gesehen. Diese auch im nationalen Staatshaftungsrecht umstrittenen Erwägungen greifen im europarechtlichen Kontext nicht durch, geht es doch hier um den Aspekt einheitlicher Anwendung des Gemeinschaftsrechts. In gleicher Weise wie der parlamentarische Gesetzgeber muss auch der durch Verordnung ermächtigte exekutive Gesetzgeber für den Erlass gemeinschaftsrechtswidriger materieller Rechtssätze haften, da es aus europarechtlicher Sicht unerheblich ist, wie weit in den einzelnen Mitgliedstaaten der Vorbehalt des Gesetzes reicht.[644]

Ob auch Akte der Judikative eine Haftung auslösen können, wurde bisher noch nicht entschieden. Nach einer Auffassung wird dies wegen der besonderen Verantwortung der nationalen Gerichte bei der Verwirklichung wirksamen Rechtsschutzes bejaht. Tatbestandliches Verhalten könne insbesondere in der unterlassenen Anwendung gemeinschaftsrechtlicher oder der unterlassenen gemeinschaftsrechtskonformen Auslegung nationaler Bestimmungen liegen.[645] Die Gegenauffassung stellt die Rechtskraft richterlicher Urteile in den Vordergrund und lehnt deshalb eine Staatshaftung für judikatives Unrecht gemäß der Vorschrift des § 839 Abs. 2 S. 1 BGB ab, es sei denn, das Urteil sei durch strafbares Handeln zustande gekommen.[646]

Eine differenzierende Ansicht hält den kategorischen Ausschluss von Urteilen und anderen rechtskräftigen Entscheidungen unter Hinweis auf die unterschiedliche Reichweite richterlicher Prüfungspflichten in den einzelnen Mitgliedstaaten für problematisch. Eine Staatshaftung für richterliche Verstöße gegen Gemeinschaftsrecht solle aber dann regelmäßig ausscheiden, wenn die richterliche Entscheidungsmacht für den jeweiligen Handlungsbereich sich in mehreren Mitgliedstaaten oder gar im Gemeinschaftsrecht selbst finde.[647] Ist eine Haftung der Mitgliedstaaten nach der Formulierung des EuGH für Verstöße gegen das Gemeinschaftsrecht gegeben, die diesen zuzurechnen sind,[648] so schließt diese Formulierung eine Haftung für ju-

[639] Slg. 1999, I-3099, Rn. 62; EuGH, EuZW 2000, 733, Rn. 27
[640] Der alleinige Erlass von Verwaltungsvorschriften genügt jedoch nicht, s. EuGH 1991, I-2567
[641] Slg. 1996, I-1029, Rn. 33; Slg. 1999, I-3099, Rn. 63, EuGH, EuZW 2000, 733, Rn. 28.
[642] vgl. den Überblick bei Fetzer, S. 49 ff.
[643] Eine Ausnahme hiervon bilden die sog. Maßnahme- und Einzelfallgesetze, vgl. BGHZ 102, 350, 367 f.; BGH, NJW 1989, 101
[644] v. Bogdandy, in Grabitz/Hilf, Art. 288, Rn. 146
[645] Diehr, S. 244 f.; v. Bogdandy, in Grabitz/Hilf, Art. 288, Rn. 153
[646] Ossenbühl, S. 514
[647] Herdegen/Rensmann, ZHR 161 (1997), 522, 555
[648] st. Rspr. vgl. nur Slg. 1996, I-1029, Rn. 17; Slg. 1999, I-3099, Rn. 62; EuGH, EuZW 2000, 733, Rn. 27

dikatives Unrecht nicht aus. Hierfür spricht auch die unterschiedliche Kompetenz der nationalen Gerichte, die für eine einheitliche mitgliedstaatliche Haftung keine Bedeutung haben darf. Gleichwohl besteht das gewichtige Argument der Rechtssicherheit. Die Rechtskraft eines Urteils soll nicht durch einen nachträglichen Staatshaftungsprozess durchbrochen werden.[649] Dies muss jedenfalls dann gelten, wenn ein entsprechender Grundsatz sich den Rechtsordnungen mehrerer Mitgliedstaaten entnehmen ließe. Der letztgenannten, differenzierenden Meinung ist daher der Vorzug zu gewähren.

c) Hinreichend qualifizierter Verstoß

Die haftungsbegründende Wirkung jeglichen Verstoßes gegen Vorschriften des Gemeinschaftsrechts durch nationale Stellen bedarf zu ihrer Korrektur eines haftungsbegrenzenden Kriteriums. Seit der *Brasserie*-Entscheidung verlangt der EuGH in Anlehnung an die Rechtsprechung zu Art. 288 Abs. 2 EG einen hinreichend qualifizierten Verstoß.[650] Dieser liege vor, wenn ein Mitgliedstaat die Grenzen, die seinem Ermessen gesetzt seien, offenkundig und erheblich überschritten habe.[651]

Den Rückgriff auf die zu Art. 288 Abs. 2 EG entwickelten Grundsätze begründet der EuGH zutreffender Weise damit, dass im Falle eines weiten Ermessens, das mit dem vergleichbar sei, das die Gemeinschaftsorgane bei der Durchführung der Gemeinschaftspolitiken besäßen, die Voraussetzungen, unter denen eine Haftung eines Mitgliedstaates ausgelöst werden könne, grundsätzlich die gleichen sein müssten, von denen die Haftung der Gemeinschaft in einer vergleichbaren Situation abhänge.[652] In Ermangelung einer gemeinschaftsrechlichen Harmonisierung auf dem Gebiet des Lebensmittelrechts, speziell dem des Biers, wurde ein solches weites Ermessen bejaht.[653] Damit dieses nicht durch die Möglichkeit einer Schadensersatzklage behindert werde, seien an die Rechtswidrigkeit besondere Anforderungen zu stellen.[654] Dies gelte nicht nur für die parlamentarische Gesetzgebung, sondern auch in den Fällen exekutiver Rechtsetzung.[655] Diese Beschränkung auf gesetzgeberische Akte gab der EuGH alsbald auf und brachte das Merkmal des hinreichend qualifizierten Verstoßes auch im Bereich der administrativen Einzelfallentscheidungen zur Anwendung.[656] Es kann daher als allgemeines Tatbestandsmerkmal bezeichnet werden.[657]

Als Gesichtspunkte für eine offensichtliche und erhebliche Überschreitung des Ermessens nennt der EuGH das Maß an Klarheit und Genauigkeit der verletzten Vorschrift, den Umfang des Ermessensspielraums, den die verletzte Vorschrift den nationalen oder Gemeinschaftsbehörden belässt, die Frage, ob der Verstoß vorsätzlich oder nicht vorsätzlich begangen oder der Schaden vorsätzlich oder nicht vorsätzlich zugefügt wurde, die Entschuldbarkeit oder Unentschuldbarkeit eines etwaigen Rechtsirrtums und den Umstand, dass die Verhaltensweisen eines Gemeinschaftsorgans möglicherweise dazu beigetragen haben, dass nationale Maßnahmen oder Praktiken in gemeinschaftsrechtswidriger Weise unterlassen, eingeführt oder aufrechterhalten wurden.[658]

---

[649] Ossenbühl, S. 514
[650] Slg. 1996, I-1029, Rn. 51
[651] Slg. 1996, I-1029, Rn. 55
[652] Slg. 1996, I-1029, Rn. 47
[653] Slg. 1996, I-1029, Rn. 48
[654] Slg. 1996, I-1029, Rn. 44 ff.
[655] Slg. 1996, I-1631, Rn. 39
[656] Slg. 1996, I-2553, Rn. 25 f.; 1996, I-4845, Rn. 21; 1998, I-5411, Rn. 31;EuGH, EuZW 2001, 477
[657] Darauf weist auch die Formulierung in EuGH, EuZW 2000, 733, Rn. 37 hin; s. auch Herdegen/Rensmann, ZHR 161 (1997), 522, 537; v. Bogdandy, in Grabitz/Hilf, Art. 288, Rn. 139
[658] Slg. 1996, I-1029, Rn. 56

Diese Kriterien für die Offensichtlichkeit und Erheblichkeit der Ermessensüberschreitung weichen von den zu Art. 288 Abs. 2 EG entwickelten ab. Die Übernahme der Rechtsprechung zu Art. 288 Abs. 2 EG erfolgte damit hinsichtlich der Tatbestandsvoraussetzung, nicht aber hinsichtlich deren Ausgestaltung. Der EuGH rekurriert im Kontext der mitgliedstaatlichen Haftung weder auf die klar abgegrenzte Gruppe noch stellt er Erwägungen über den Umfang des Schadens an, ebensowenig verlangt er ein an Willkür grenzendes Verhalten. Es wurde der Vorwurf erhoben, diese nur partielle Übernahme der Rechtsprechung widerspreche dem allgemeinen Grundsatz paralleler Haftungsgrundsätze.[659]

Diesem Argument kann nicht gefolgt werden. Der EuGH hat in der Rechtssache Stahlwerke *Peine-Salzgitter* in einem obiter dictum zum Ausdruck gebracht, dass er ein an Willkür grenzendes Verhalten nicht mehr als zwingende Voraussetzung einer außervertraglichen Haftung der Gemeinschaft betrachte.[660] In der genannten, allerdings zu Art. 34 EGKSV ergangenen Entscheidung fragt der EuGH danach, ob die Entscheidung auf einem irrigen, aber entschuldbaren oder nicht entschuldbaren Fehler beruhe.[661] Die Nennung beider Aspekte in unmittelbarem Zusammenhang deutet an, dass dieses letztgenannte Kriterium auch für die Qualifizierung des Gemeinschaftsrechtsverstoßes in Art. 288 Abs. 2 EG geeignet sei.[662] Es ist davon auszugehen, dass der EuGH seine Rechtsprechung zu Art. 288 Abs. 2 EG der Rechtsprechung zur mitgliedstaatlichen Haftung annähern und diese vor dem Hintergrund der zur mitgliedstaatlichen Haftung entwickelten Grundsätze überdenken wird. Dies wird letztlich eine Frage der Zeit sein.

Die unterschiedliche Ausgestaltung der Tatbestandsmerkmale muss auch vor dem Hintergrund gesehen werden, dass beide Haftungsinstitute einen unterschiedlichen Zweck verfolgen. Die hohen Anforderungen an eine Haftung nach Art. 288 Abs. 2 EG im Falle normativen Unrechts hatten zum Ziel, politische Gestaltungsspielräume des Gesetzgebers zu sichern.[663] Aus diesem Kontext löst der EuGH diese Haftungsvoraussetzung und wendet sie im Bereich der mitgliedstaatlichen Haftung an, um die volle Wirksamkeit des Gemeinschaftsrechts sicherzustellen. Dem Merkmal kommt daher generelle Bedeutung für die Frage der Gemeinschaftsrechtswidrigkeit bestimmter Verhaltensweisen zu.

Allgemeinheit und Vielgestaltigkeit der Kriterien ermöglichen es dem EuGH, eine flexible Zuordnung der in Rede stehenden Verhaltensweisen nach Risikobereichen vorzunehmen. Sie erlauben zudem eine Berücksichtigung zahlreicher Aspekte des Sachverhalts.[664] Dies hat insbesondere den Vorzug, dass die Anforderungen an den hinreichend qualifizierten Rechtsverstoß je nach Umfang des Ermessens variiert werden können.[665] Deshalb nennt der EuGH auch zunächst Gesichtspunkte, die die Frage der Normbindung der nationalen Hoheitsträger klären sollen. In diese Richtung zielt das Maß an Klarheit und Genauigkeit der verletzten Vorschrift und der Umfang des Ermessensspielraums. Im Anschluss daran ist dann nach dem Verhalten des handelnden Hoheitsträgers zu fragen, letztendlich ist noch eine Art Mitverschulden eines

---

[659] v. Bogdandy, in Grabitz/Hilf, Art. 288, Rn. 139

[660] Slg. 1993, I-2393, Rn. 51; Obwohl diese Entscheidung die außervertragliche Haftung der Gemeinschaft nach Art. 34 EGKSV betrifft, hat der EuGH ausdrücklich darauf hingewiesen, dass die Willkür auch nicht Voraussetzung einer Haftung im Rahmen des EWG-Vertrages (EG-Vertrages) sei. Das EuG indessen hält nach wie vor an dem starren Willkürkriterium fest, vgl. Slg. 1995, II-2941, 128; 1997, II-2247, 58 ff.

[661] Slg. 1993, I-2393, Rn. 50

[662] Herdegen/Rensmann, ZHR 161 (1997), 522, 541

[663] Herdegen/Rensmann, ZHR 161 (1997), 522, 545

[664] v. Bogdandy, in Grabitz/Hilf, Art. 288, Rn. 140

[665] Der Begriff des Ermessens ist nicht im Sinne deutscher Dogmatik zu verstehen, sondern umfasst alle Fälle, in denen der handelnde Hoheitsträger keiner strikten Normbindung unterliegt. Entscheidend sind also materielle Aspekte.

Gemeinschaftsorgans zu berücksichtigen. Entscheidend ist der Ermessenspielraum. Dies gilt unabhängig vom handelnden staatlichen Organ.[666] Der EuGH führt aus, es könne die bloße Verletzung des Gemeinschaftsrechts durch einen Mitgliedstaat, der zum Zeitpunkt dieser Rechtsverletzung nicht zwischen verschiedenen gesetzgeberischen Möglichkeiten zu wählen hatte und über einen erheblich verringerten oder gar auf Null reduzierten Gestaltungsspielraum verfüge, ausreichen, um einen hinreichend qualifizierten Verstoß anzunehmen.[667] Dies ist der Fall, wenn der Mitgliedstaat trotz der Pflicht aus Art. 249 Abs. 3 EG und offensichtlicher Unzulänglichkeit der nationalen Rechtslage überhaupt keine Anstrengungen zur Umsetzung einer Richtlinie trifft.[668]

Seit der Entscheidung in der Rechtssache *Rechberger*[669] gelten diese strengen Voraussetzungen auch im Falle der Schlechtumsetzung einer Richtlinie.[670] Ein hinreichend qualifizierter Verstoß besteht danach auch dann, wenn lediglich eine einzelne Vorschrift der Richtlinie nicht umgesetzt wurde. Der Umstand, dass der Mitgliedstaat alle anderen Vorschriften der Richtlinie durchgeführt habe, ändere nichts an dem Zustand.[671] Zuvor stellte der EuGH die bekannten Erwägungen zur Beeinträchtigung der gesetzgeberischen Tätigkeit durch die Möglichkeit von Schadensersatzklagen an.[672]

Bei einem wenig klaren Wortlaut einer gemeinschaftsrechtlichen Vorschrift oder weitem Ermessensspielraum wird den Mitgliedstaaten dagegen eine großzügige Irrtumsmarge eingeräumt.[673] Es dürfen letztlich keine Schwierigkeiten und Auslegungsspielräume verbleiben.[674] Die Auslegung müsse *vertretbar* sein, die ihr zugrundeliegenden Erwägungen dürften *nicht völlig von der Hand zu weisen* sein. Für die Vertretbarkeit spricht, wenn andere Mitgliedstaaten die Rechtsauffassung teilen und diese nicht in einem offenkundigen Widerspruch zu Wortlaut und Zielsetzung der Richtlinie steht.[675] Bei vagen Bestimmungen ist das Merkmal nach der Rechtsprechung des EuGH aber dann erfüllt, wenn das fehlerhafte Verhalten trotz Erlasses eines Urteils, in dem der zur Last gelegte Verstoß festgestellt werde, oder eines Urteils im Vorabentscheidungsverfahren oder aber einer gefestigten einschlägigen Rechtsprechung des Gerichtshofs, aus denen sich die Pflichtwidrigkeit des vertraglichen Verhaltens ergebe, fortbestanden habe.[676]

d) Handlungsrecht als Anknüpfungspunkt der mitgliedstaatlichen Haftung

Alle Gesichtspunkte, die eine Überschreitung des mitgliedstaatlichen Gestaltungsspielraums als offensichtlich und erheblich qualifizieren sollen, stellen auf ein Fehlverhalten des handelnden Hoheitsträgers ab. So nennt der EuGH die Vorsätzlichkeit des Rechtsverstoßes oder

---

[666] Die Anforderungen an eine Haftung für administrative Einzelakte ist danach im Regelfall weniger hoch als eine Haftung im Bereich der Umsetzung von Vorschriften des Gemeinschaftsrechts, da im Bereich administrativer Tätigkeit die Voraussetzungen des Handelns klarer umrissen und nicht von dem weiten Ermessen im gesetzgeberischen Bereich gekennzeichnet sein werden.

[667] Slg. 1996, I-2553, Rn. 28

[668] Slg. 1998, I-5411, Rn. 28; 1996, I-4845, Rn. 26 mit Verweis auf die Francovich-Entscheidung, wo die Tatbestandsvoraussetzung des Rechtsverstoßes noch nicht allgemeingültig konkretisiert worden war, wegen der Offensichtlichkeit des Verstoßes nach den Kriterien des EuGH aber auch nicht problematisch gewesen wäre, so auch der Gerichtshof selbst, vgl. Slg. 1996, I-4845, Rn. 23

[669] Slg. 1999, I-3499

[670] vgl. hierzu v. Bogdandy, in Grabitz/Hilf, Art. 288, Rn. 148

[671] Slg. 1999, I-3499, Rn. 52

[672] Slg. 1996, I-1631, Rn. 40

[673] Herdegen/Rensmann, ZHR 161 (1997), 522, 543

[674] v. Bogdandy, in Grabitz/Hilf, Art. 288, Rn. 142

[675] Slg. 1996, I-1631, Rn. 43

[676] Slg. 1996, I-1029, Rn. 57

der Schadenszufügung oder die Entschuldbarkeit eines etwaigen Rechtsirrtums als Indizien für den hinreichend qualifizierten Verstoß.[677] Wenig verwunderlich ist daher die Behauptung, die Staatshaftung werde zur Verschuldenshaftung.[678] Dieser Einwand ist nicht von der Hand zu weisen. Die Formulierung des EuGH deutet in der Tat darauf hin, dass ein vorsätzlicher Verstoß gegen gemeinschaftsrechtliche Bestimmungen regelmäßig eine Haftung nach sich ziehen wird.[679] Fahrlässiges Handeln führt dagegen nicht regelmäßig zu einer Haftung. Dies wird im Einzelfall von der Weite des Ermessensspielraums abhängen. Die völlige Untätigkeit des nationalen Gesetzgebers trotz eines eindeutigen Umsetzungsauftrags und eindeutigen Inhalts der umzusetzenden Richtlinie ist jedenfalls grob fahrlässig und löst daher wegen des geringen oder auf Null reduzierten Ermessensspielraums eine Haftung aus.

Dieses gilt in gleicher Weise bei Verstößen gegen die Rechtsprechung des EuGH. Bei einem weiten Gestaltungsraum wird man den Rechtsirrtum dem handelnden Hoheitsträger nur ausnahmsweise vorwerfen können und sollen. Das Verhalten ist nicht vorwerfbar, wenn es auf Erwägungen beruht, die nicht von der Hand zu weisen sind. Eine Haftung wird daher im Ergebnis nur bei vorwerfbarem, also pflichtwidrigem Verhalten bestehen. In die Richtung ist auch die Äußerung des EuGH zu verstehen, es seien objektive und subjektive Gesichtspunkte, die im Rahmen einer nationalen Rechtsordnung mit dem Begriff des Verschuldens in Verbindung gebracht werden könnten, für die Beurteilung der Frage von Bedeutung, ob ein Verstoß gegen das Gemeinschaftsrecht qualifiziert sei.[680]

Die daraus abgeleitete Folgerung, ein Verschulden sei niemals eine notwendige, könne aber eine hinreichende Voraussetzung für die Haftung sein,[681] ist dagegen so nicht richtig. Dies mag zwar für die außervertragliche Haftung der EG nach Art. 288 Abs. 2 EG gelten, da hier auch die Zahl der Verletzten und der Umfang des Schadens den hinreichend qualifizierten Verstoß ausmachen können. Im Bereich der mitgliedstaatlichen Haftung orientiert sich der hinreichend qualifizierte Verstoß ausschließlich am Verhalten des handelnden Hoheitsträgers. Dennoch geht die gerade zitierte Ansicht zu Recht davon aus, dass eine Verschuldenshaftung im Ergebnis nicht vorliege. In der Vielzahl der Fälle wird Fahrlässigkeit zur Bejahung einer Haftung nicht ausreichen, das Verschulden muss an die Schwelle des Vorsatzes heranreichen.[682]

6. Unmittelbarer Kausalzusammenhang

Die Frage der haftungsausfüllenden Kausalität zwischen Rechtsverstoß und Schaden beantwortete der EuGH in der *Francovich*-Entscheidung dahingehend, dass ein Kausalzusammenhang zwischen dem Verstoß für die dem Staat auferlegte Verpflichtung und dem dem Geschädigten entstandenen Schaden bestehen müsse.[683] Dieses Tatbestandsmerkmal wurde dahingehend konkretisiert, dass der Zusammenhang unmittelbar sein müsse.[684] Dies entspricht den Anforderungen der Haftung der EG nach Art. 288 Abs. 2 EG, so dass auf die dortigen Ausführungen verwiesen werden kann. Der Anspruch setzt eine wertende, auf den Haftungstatbestand bezogene Zurechnung der Haftungsfolgen im Sinne der nach deutschem Recht geläufigen Adäquanztheorie voraus.[685] Damit ist die weiterführende Frage verbunden, ob das

677 Slg. 1996, I-1029, Rn. 56
678 Herdegen/Rensmann, ZHR 161 (1997), 522, 542
679 v. Bogdandy, in Grabitz/Hilf, Art. 288, Rn. 148
680 Slg. 1996, I-1029, Rn. 78
681 v. Bogdandy, in Grabitz/Hilf, Art. 288, Rn. 159
682 Ossenbühl, S. 509
683 Slg. 1991, I-5357, Rn. 40
684 Slg. 1996, I-1029, Rn. 51, 1996, I-1631, Rn. 39
685 BGHZ 134, 30, 40

Merkmal der Unmittelbarkeit auch die Berücksichtigung von Schutzzweckerwägungen zulässt. Der BGH hat diese Frage ausdrücklich offengelassen.[686] Der EuGH hat sich hierzu nicht geäußert, da er die Prüfung des unmittelbaren Kausalzusammenhangs dem nationalen Richter zuweist.[687] Da der EuGH bereits jetzt wertende Krtierien berücksichtigt, ist kein Grund ersichtlich, weshalb nicht auch Erwägungen zum Schutzzweck in die Prüfung des unmittelbaren Kausalzusammenhangs Eingang finden sollten. Die vom EuGH angestellten Erwägungen zum Rechtswidrigkeitszusammenhang bedeuten in der Sache nichts anderes.[688]

Eine Berücksichtigung von Schutzzweckerwägungen im Bereich des unmittelbaren Kausalzusammenhangs ist auch nicht deshalb ausgeschlossen, weil die Erlangung eines Anspruchs dann unmöglich wäre oder erschwert würde oder die Voraussetzungen ungünstiger wären.[689] Die deutsche Rechtsprechung berücksichtigt generell Schutzzweckerwägungen bei der Zurechnung des Schadens. Der Begriff des unmittelbaren Kausalzusammenhangs hat eine dem entsprechende spezifische Bedeutung vor allem im Bereich des enteignungsgleichen Eingriffs.[690]

7. Stellungnahme

Die Rechtsprechung steht im Bereich der mitgliedstaatlichen Haftung vor dem gleichen Dilemma wie bei der außervertraglichen Haftung der EG nach Art. 288 Abs. 2 EG. Den handelnden Hoheitsträgern steht oftmals ein sehr weiter Handlungsrahmen zur Verfügung. Die Entscheidung darüber. ob eine im Einzelfall getroffene Entscheidung rechtmäßig oder rechtswidrig ist, obliegt in der Regel im Nachhinein einem Gericht. Befindet das Gericht eine hoheitliche Maßnahme für rechtswidrig, so ist das Prinzip der vollen Wirksamkeit des Gemeinschaftsrechts verletzt. Dieses Schutzgut hat jedoch keine klar umrissenen Grenzen. Insbesondere stellt sich die Frage, ob jede Verletzung dieses Prinzips eine Haftung auslösen muss. In Anbetracht des weiten Ermessens ist eine objektive Unrechtshaftung unbillig.

Eine Haftungsbegrenzung kann einmal im Bereich der Zurechnung von Schadenspositionen erfolgen. Der EuGH berücksichtigt vor allem Elemente persönlicher Vorwerfbarkeit im Rahmen des hinreichend qualifizierten Rechtsverstoßes. Dies ist nachvollziehbar. Aufgrund des weiten Handlungsrahmens ist ein Verstoß gegen Vorschriften des Gemeinschaftsrechts aber vielfach gar nicht vorhersehbar. Eine Haftung soll daher nur dann in Betracht kommen, wenn der Rechtsverstoß dem handelnden Hoheitsträger erkennbar und vermeidbar war oder hätte sein können.

Die Erkennbarkeit des Rechtsverstoßes ist an die Weite des Ermessensspielraums geknüpft. Damit ist die Frage der Sorgfalt des mitgliedstaatlichen Handelns angerissen. Hängt der hinreichend qualifizierte Rechtsverstoß von der Sorgfalt des handelnden Hoheitsträgers ab, bedeutet dies im Kern nichts anderes als ein handlungsbezogenes Rechtswidrigkeitsverständnis. Rechtswidrigkeit liegt vor, wenn der Handelnde die zur Vermeidung des Schadenseintritts erforderliche Sorgfalt nicht eingehalten hat.[691] Kriterien für die Einhaltung der verkehrserforderlichen Sorgfalt stellt der EuGH in der *Brasserie*-Entscheidung auf. Damit ist den Mitgliedstaaten gleichsam ein Leitfaden an die Hand gegeben, an dem sie ihr Verhalten orientieren können.

---

[686] BGHZ 134, 30, 40
[687] Slg. 1996, I-1029, Rn. 65
[688] so auch Detterbeck/Windthorst/Sproll, S. 61
[689] vgl. Slg. 1996, I-1029, Rn. 67
[690] Ossenbühl, S. 509
[691] Löwisch, in Staudinger, § 276, Rn. 10

Zu weit ginge es, die mitgliedstaatliche Haftung als Verschuldenshaftung zu qualifizieren.[692] In der Tat ist die Überlegung aber der näheren Betrachtung wert, ob nicht auch andere Merkmale eine Haftungsbegrenzung hätten genauso gut übernehmen können.[693] Ein Bedürfnis hierfür besteht nicht, kommt der EuGH vor dem Hintergrund einer gerechten Risikoverteilung regelmäßig zu billigen Ergebnissen. Es fällt ins Auge, dass der EuGH auf die Schonung des mitgliedstaatlichen Säckels nicht in gleicher Weise bedacht ist wie auf die Kassen der Gemeinschaft.

III. Staatshaftung wegen Verletzung der Europäischen Menschenrechtskonvention

1. Allgemeines

Neben der Haftung der EG und ihrer Organe nach Maßgabe des Art. 288 Abs. 2 EG und der mitgliedstaatlichen Haftung ist die dritte Säule des europäischen Staatshaftungsrechts[694] die Haftung der Vertragsstaaten nach der Europäischen Menschenrechtskonvention (EMRK). Die EMRK ist ein völkerrechtlicher Vertrag, dessen Bestimmungen in der Bundesrepublik Deutschland zum einfachen Gesetzesrecht gehören.[695] Bei Geltendmachung einer Verletzung von Bestimmungen der Konvention entscheidet hierüber der Europäische Gerichtshof für Menschenrechte mit Sitz in Straßburg.

Der EGMR entscheidet dabei nicht nur über Streitigkeiten zwischen den Völkerrechtssubjekten (Art. 33 EMRK), sondern auch über Individualbeschwerden von natürlichen Personen, nichtstaatlichen Personenvereinigungen und Personengruppen, die eine Rechtsverletzung geltend machen (Art. 34 EMRK). Nach Art. 46 Abs. 1 EMRK verpflichten sich alle Vertragsstaaten zur Befolgung der endgültigen Urteile des Gerichtshofs. Während die Beschwerdeverfahren zum EGMR primär die Feststellung einer Verletzung der in der EMRK und den Zusatzprotokollen anerkannten, materiellen Rechte zum Inhalt haben, enthält die EMRK an zwei Stellen Regelungen über eine dem Verletzten zu gewährende Kompensation.

2. Die Haftung nach Art. 41 EMRK

Art. 41 EMRK ist anders als Art. 5 Abs. 5 EMRK, der ein materielles Recht begründet, eine Kompetenznorm.[696] Die Vorschrift begründet den Anspruch nicht, sie setzt ihn vielmehr voraus.[697]

Sie lautet:

> *Stellt der Gerichtshof fest, dass diese Konvention oder die Protokolle dazu verletzt worden sind, und gestattet das innerstaatliche Recht des beteiligten Hohen Vertragschliessenden Teils nur eine unvollkommene Wiedergutmachung für die Folgen dieser Verletzung, so spricht der Gerichtshof der verletzten Partei eine gerechte Entschädigung zu, falls dies nötig ist.*

Die in Art. 41 EMRK festgelegte Haftung ist eine völkerrechtliche Haftung. Sie geht aber insoweit über völkerrechtliche Haftungsregeln hinaus, als sie den einzelnen betroffenen Bür-

---

[692] vg. GA Tesauro, Schlussanträge in Slg. 1996, I-1029, 1066 ff., Rn. 88
[693] v. Bogdandy, in Grabitz/Hilf, Art. 288, Rn. 139
[694] Ossenbühl, S. 527
[695] BGHZ 45, 46, 49; Das Zustimmungsgesetz wurde am 7.8.1952 erlassen, BGBl. II, S. 685.
[696] Ossenbühl, S. 530
[697] Peukert, in Peukert/Frowein, EMRK-Kommentar, Art. 50, Rn. 25

ger zum Inhaber des Anspruchs erhebt.[698] Der Anspruch kann aber nicht gesondert geltend gemacht werden, sondern ist an das Verfahren zur Feststellung eines Konventionsverstoßes vor dem EGMR gebunden und in diesem geltend zu machen. Art. 46 Ziffer 1 EMRK begründet die Pflicht der Vertragsstaaten zur Befolgung des Urteils.

Die Haftung knüpft an die Verletzung eines in der Konvention oder den Zusatzprotokollen aufgeführten Menschenrechts,[699] das vom EGMR festgestellt worden ist. Die Verletzung kann durch ein Tun oder ein Unterlassen erfolgen, sofern in dem Unterlassen ein Verstoß gegen eine Rechtspflicht zu aktiver Gewährleistung der Menschenrechte liegt. Es spielt für den EGMR ebenso wie für den EuGH keine Rolle, welche staatliche Stelle das Unrecht begangen hat. Ein Verschulden ist ebenso nicht erforderlich. Entscheidend ist allein der Normverstoß. Die Entschädigung nach Art. 41 EMRK stellt sich als ein Fall objektiver und erfolgsbezogener Unrechtshaftung dar.

Ersetzt werden grundsätzlich alle materiellen und immateriellen Schäden.[700] Die Beweislast für Entstehung des Schadens und die Kausalität zwischen Schaden und Verletzungshandlung liegt beim Beschwerdeführer. Probleme bereiten insbesondere die Frage der Kausalität und der Zurechnungszusammenhang. So ist es im Zusammenhang mit der Verletzung von Verfahrensrechten in den meisten Fällen ungewiss, ob gerade der Verfahrensfehler zu dem eingetretenen Schaden geführt hätte, oder ob dieser nicht auch bei einem ordnungsgemäßen Verfahren eingetreten wäre. Es geht also um die Frage der hypothetischen Kausalität. In vielen Fällen wird es daher bereits an der Kausalität fehlen, da der Verfahrensfehler nicht mit Sicherheit, sondern nur vielleicht conditio sine qua non für den eingetretenen Schaden war. Etwas anderes kann nur dann gelten, wenn sich die Bedingung der Schadensfolge aus einer auf Erfahrungswissen gestützten Wahrscheinlichkeit ergibt.

3. Die Haftung nach Art. 5 Abs. 5 EMRK

In Art. 5 Abs. 5 EMRK heißt es:

> *jeder, der entgegen den Bestimmungen dieses Artikels von Festnahme oder Haft betroffen ist, hat einen Anspruch auf Schadensersatz.*

Nach dem eindeutigen Wortlaut enthält die Vorschrift eine unmittelbare Schadensersatzverpflichtung.[701] Da die Konvention Bestandteil des einfachen bundesrepublikanischen Gesetzesrechts ist, muss der Anspruch vor den nationalen Gerichten geltend gemacht werden.[702] Trotz der völkerrechtlichen Herkunft der Vorschrift handelt es sich um ein Institut des deutschen Staatshaftungsrechts.[703]

Die Vorschrift garantiert jedem, der entgegen den Garantien von Art. 5 Abs. 1-4 EMRK in Haft gehalten wurde, einen Anspruch auf Schadensersatz.[704] Haftungsbegründendes Merkmal ist allein der Verstoß gegen Art. 5 Abs. 1-4 EMRK. Der BGH hat den Anspruch dahingehend charakterisiert, dass er einem deliktischen Anspruch aus Gefährdungshaftung mehr ähnele als

[698] Ossenbühl, S. 531
[699] ausführlich Ossenbühl, S. 537 ff.
[700] zum Schaden Peukert, in Peukert/Frowein, EMRK-Handbuch, Art. 50 Rn. 6
[701] Sie geht also nicht dahin, dass die Vertragsstaaten sich verpflichten, durch die innerstaatliche Gesetzgebung dem Betroffenen Schadensersatz zu verschaffen, vgl. BGHZ 45, 46, 50.
[702] zum Verhältnis zur Haftung nach Art. 41 EMRK s. Villiger, Handbuch, Rn. 374ter
[703] Ossenbühl, S. 531 f.; Viliger, Rn. 374
[704] Villiger, Rn. 374

einem Aufopferungsanspruch.[705] Dies begründet er damit, dass Aufopferungsansprüche ein rechtswidriges Vorgehen gerade nicht voraussetzen würden und zudem auf Entschädigung, nicht auf Schadensersatz gerichtet seien.[706] Gleichwohl entspreche der Anspruch typologisch[707] dem aufopferungsgleichen Anspruch, da jeder rechtswidrige Eingriff der öffentlichen Gewalt ein Sonderopfer bedeute.[708] Der Einordnung als Gefährdungshaftung kann nicht gefolgt werden. Der Umstand, dass die Vorschrift kein Verschulden voraussetzt,[709] bedeutet nicht zugleich, dass dieses vermutet wird. Vielmehr handelt es sich um einen Fall der objektiven Unrechtshaftung im erfolgsbezogenen Sinne.

Für die Schadensberechnung und -zurechnung gilt das zur Haftung nach Art. 41 EMRK Gesagte.

[705] BGHZ 45, 58, 71
[706] BGHZ 45, 58, 71 f.
[707] Ossenbühl, S. 532
[708] BGHZ 45, 58, 81
[709] Peukert, in Peukert/Frowein, EMRK-Kommentar, Art. 5, Rn. 158

Dritter Teil
Die Auslegung des Begriffs der Rechtswidrigkeit in § 1 Abs. 1 Bbg. StHG

A. Allgemeines

I. Methodischer Hinweis

Auf Grundlage der bisher erzielten Ergebnisse soll im Wege der Auslegung des Begriffs der Rechtswidrigkeit in § 1 Abs. 1 Bbg. StHG der Frage nachgegangen werden, ob das Tatbestandsmerkmal der Rechtswidrigkeit erfolgs- oder handlungsbezogen zu verstehen ist. Die Beantwortung dieser Frage kann nicht aufgrund einer isolierten Betrachtung des Tatbestandsmerkmals selbst erfolgen. Es braucht nicht näher erörtert zu werden, dass der Begriff der Rechtswidrigkeit allein nichts über dessen Verständnis aussagt. Eine Auslegung, die allein nach dem Wortsinn fragt, ist daher wenig hilfreich. Aufschluss über das Verständnis des Begriffs der Rechtswidrigkeit ergibt sich aus dem Zusammenhang, innerhalb dessen er gebraucht wird. Der Bedeutungszusammenhang ist unentbehrlich, um die spezifische Bedeutung eines Ausdrucks oder eines Satzes gerade in diesem Textzusammenhang zu verstehen.[1]

Wegen des weiten Haftungsrahmens des § 1 Abs. 1 Bbg. StHG stellt sich die Frage, ob die Norm nicht eine ausufernde Haftung des Staates zur Folge hat. Eine Korrektur könnte durch die Berücksichtigung haftungsbegrenzender Merkmale erfolgen. Dazu bedarf es der Klarstellung des maßgebenden Sinnes[2] des § 1 Abs. 1 Bbg. StHG. Ausgehend vom Wortlaut der Vorschrift erschließt sich dessen Sinn nach subjektiven und objektiven Kriterien.[3] Subjektive Elemente enthält der Wille des historischen Gesetzgebers. Hinter dem Erlass eines Gesetzes steht eine bestimmte Regelungsabsicht, stehen Wertungen, Bestrebungen und sachliche Überlegungen derjenigen, die an ihm mitgewirkt haben.[4] Diese subjektiven Kriterien allein vermögen aber nicht, den Sinn der Regelung umfassend zu umschreiben, da ein Gesetz, sobald es angewandt wird, eine ihm eigene Wirksamkeit entfalte, die über das hinausgehe, was der Gesetzgeber beabsichtigt habe.[5] Daher müssen auch objektive Zwecke und Maßstäbe bei der Auslegung Berücksichtigung finden. Dabei kommt besondere Bedeutung dem Prinzip der Rechtsstaatlichkeit zu, in dem die Staatshaftung für hoheitliches Unrecht ihren verfassungsrechtlichen Anknüpfungspunkt findet.

Da § 1 Abs. 1 Bbg. StHG als Rechtsfolge Schadensersatz vorsieht, wird der Sinn der Vorschrift auch durch Überlegungen zum Zweck des Schadensersatzes bestimmt. Neben der primären Ausgleichsfunktion zielt dieser auch auf eine gerechte Zuordnung von Schadenslasten.[6] Der weite Haftungsrahmen des § 1 Abs. 1 Bbg. StHG birgt weiterhin die Gefahr von Wertungswidersprüchen mit gleichliegenden Tatbeständen. Solche Wertungswidersprüche sind aber mit der Idee der Gerechtigkeit im Sinne des „gleichen Maßes“ nicht zu vereinbaren.[7] Sie können durch einen Vergleich mit den bereits dargestellten Instituten der Haftung für hoheitliches Unrecht vermieden werden.[8] Deren Haftungsmaßstab und Kriterien der Haftungsbeschränkung können wertvolle Hinweise für die Auslegung des § 1 Abs. 1 Bbg. StHG liefern. Wegen der unterschiedlichen Voraussetzungen der einzelnen Tatbestände läuft dies nicht

---

[1] Larenz/Canaris, Methodenlehre, S. 164
[2] Enneccerus/Nipperdey, § 54
[3] zu der im 19. Jahrhundert entwickelten subjektiven und objektiven Auslegungstheorie und deren Bewertung vgl. Larenz/Canaris, Methodenlehre, S. 137 ff.
[4] Larenz/Canaris, Methodenlehre, S. 138
[5] Larenz/Canaris, Methodenlehre, S. 138
[6] s. im 1. Teil, unter C
[7] Larenz/Canaris, Methodenlehre, S. 155
[8] s. im. 2. Teil unter C und D

zwingend auf ein identisches Verständnis der Rechtswidrigkeit in allen Vorschriften hinaus. Ein unterschiedliches Verständnis kann der Normzweck gebieten, gerade vor dem Hintergrund, Wertungswidersprüche zu vermeiden.[9]

II. Begriffsverständnis von Erfolgs- und Handlungsunrecht

Vorab soll nochmals auf den unterschiedlichen Gebrauch der Begrifflichkeiten Erfolgs- und Handlungsunrecht im Zivilrecht und im Staatshaftungsrecht hingewiesen werden. Insbesondere soll aufgezeigt werden, dass die im Staatshaftungsrecht gebräuchliche Verwendung nicht zu überzeugen vermag. Auch im öffentlichen Recht soll daher das gleiche Verständnis der Begriffe herrschen wie im Zivilrecht, wo der Streit zwischen Erfolgs- und Handlungsunrecht seine Wurzeln hat. Auch vor dem Ziel einer einheitlichen Verwendung gleichlautender Termini ist diese Sichtweise zu begrüßen.

Wie zu den Ausführungen des Begriffs der Rechtswidrigkeit im Zivilrecht erläutert wurde, bedeutet Erfolgsunrecht, dass die Verwirklichung des tatbestandlichen Erfolgs die Rechtswidrigkeit indiziert.[10] Beurteilt man die Rechtswidrigkeit dagegen verhaltensbezogen, so ist die Verwirklichung des tatbestandlichen Erfolgs nur dann rechtswidrig, wenn der Handelnde die zur Vermeidung des Schadenseintritts erforderliche Sorgfalt nicht eingehalten[11] oder eine von der Rechtsordnung aufgestellte spezielle Verhaltensregel objektiv sorgfaltswidrig verletzt habe.[12]

Anknüpfungspunkt des Rechtswidrigkeitsurteils ist in beiden Fällen das menschliche Verhalten als solches, lediglich die Bestimmungskriterien sind andere.[13] Die Lehre vom Erfolgsunrecht bewertet ein Verhalten als rechtswidrig, weil es den tatbestandlichen Erfolg herbeigeführt hat, wenn dem Handelnden nicht Rechtfertigungsgründe zur Seite stehen. Nach der verhaltensbezogenen Sichtweise kann ein Verhalten nur rechtswidrig sein, wenn der Handelnde bei Beachtung aller Sorgfaltspflichten den Eintritt des Erfolgs hätte vermeiden können. Die Verwirklichung des tatbestandlichen Erfolgs trotz Einhaltung der menschenmöglichen Sorgfalt kann nach dieser Auffassung nicht mit dem Verdikt der Rechtswidrigkeit belegt werden. Auf die Vorzüge und Nachteile beider Auffassungen soll an dieser Stelle nicht mehr eingegangen werden.[14]

Im Staathaftungsrecht soll Rechtswidrigkeit im handlungsbezogenen Sinne dann vorliegen, wenn das hoheitliche Handeln rechtswidrig war.[15] Stellt man dagegen für die Beurteilung der Rechtswidrigkeit auf den missbilligten Erfolg[16] oder das Handlungsergebnis[17] ab, so spricht man von Erfolgsunrecht. Das öffentliche Recht unterscheidet zwischen dem Handeln und dem Handlungsergebnis, während im Zivilrecht rechtswidrig stets rechtswidriges Verhalten meint. Auch wenn im Bereich des § 823 Abs. 1 BGB die Verletzung einer der dort geschützten

---

[9] Im Bereich des § 823 Abs. 1 BGB ist nach hier vertretener Auffassung im Bereich der unmittelbaren Verletzung absoluter Rechte dem Erfolgsunrecht der Vorzug zu geben. Im Bereich mittelbarer Verletzungen ist der Schutzanspruch der absoluten Rechte aber nicht mehr so klar vorgegeben. Vor dem Hintergrund einer gerechten Verteilung der Schadenslasten soll der In Anspruch Genommene nur haften, wenn er eine Verkehrssicherungspflicht verletzt hat. Damit beurteilt sich die Rechtswidrigkeit im Bereich mittelbarer Verletzungen handlungsbezogen, s. im 1. Teil unter A, V, Ziff. 1, lit. b, VI

[10] s. im 1. Teil unter A, V, Ziff. 1, lit. a

[11] s. im 1. Teil unter A, V, Ziff. 2, lit. a

[12] Esser/Weyers, § 56 I

[13] s. im 1. Teil unter A, II, V, Ziff. 1, lit. a

[14] s. im 1. Teil unter A, V, Ziff. 1, lit. b, Ziff. 2, lit. b

[15] Ossenbühl, S. 272, 478

[16] Ossenbühl, S. 272

[17] Ossenbühl, S. 478

Rechte und Rechtsgüter die Rechtswidrigkeit nach der Lehre vom Erfolgsunrecht indiziert, so heißt das nichts anderes, als dass das Verhalten des Täters wegen dieses Eingriffs in den Rechtskreis Dritter als rechtswidrig zu bewerten ist. Das Gesetz möchte den in § 823 Abs. 1 BGB genannten Rechten und Rechtsgütern einen derart hohen Schutz angedeihen lassen. Diese zivilrechtliche Lehre vom Erfolgsunrecht übernimmt das Staathaftungsrecht in ungenauer und unzutreffender Weise. Sie stellt für die erfolgsbezogene Beurteilung der Rechtswidrigkeit auf die Folgen einer Handlung, für die handlungsbezogene Rechtswidrigkeit auf das Verhalten selbst ab. Die im Zivilrecht für das Handlungsunrecht maßgebliche Fragestellung nach dem Sorgfaltsverstoß spielt im öffentlichen Recht keine Rolle. Nach der im Zivilrecht gebräuchlichen Diktion ist die Rechtswidrigkeit im öffentlichen Recht stets erfolgsbezogen.[18]

Wenn im öffentlichen Recht für die Beurteilung der erfolgsbezogenen Rechtswidrigkeit ausschließlich auf die Folgen hoheitlichen Handelns abgestellt wird, so ist dieser Ansatz in zweierlei Hinsicht fehlerhaft. Einmal können die Folgen einer Handlung nicht isoliert von der Handlung selbst betrachtet werden. Entscheidend für die Frage nach der Rechtswidrigkeit ist stets menschliches Verhalten, da der Mensch Adressat von Rechtssätzen ist und damit allein menschliches Verhalten Regelungsgegenstand von Rechtsnormen sein kann. Zustände dagegen können nicht rechtswidrig oder rechtmäßig sein. Wird ein Haus durch einen Blitzschlag getroffen und beschädigt, so stellt auch niemand die Frage, ob dieser Zustand nun rechtswidrig ist oder nicht.[19] Verhalten und Erfolg müssen daher stets als eine Einheit erkannt werden. Der Eintritt des tatbestandlichen Erfolgs ist der Grund, nicht aber Gegenstand der Rechtswidrigkeit.

Nur so kann auch das widersprüchliche Ergebnis vermieden werden, dass rechtmäßiges Handeln zu einer rechtswidrigen Folge führt. Als Beispiel sei der auf einen fliehenden Verbrecher schießende Polizist genannt, der in voller Übereinstimmung mit dem Recht – also rechtmäßig – handelt, dessen Verhalten sich insbesondere als verhältnismäßig darstellt. Irrt die Kugel ab, und verletzt er einen unbeteiligten Dritten, so soll nach der Lehre vom Erfolgsunrecht die Rechtswidrigkeit zu bejahen sein.[20] War aber das Verhalten rechtmäßig, so scheint es keiner logischen Linie folgend, die hierdurch verursachten Folgen als rechtswidrig anzusehen. Dieses Ergebnis verwundert um so mehr, als auch Vertreter dieser so verstandenen Lehre vom Erfolgsunrecht erkennen, dass Eingriff und Erfolg als Gesamtvorgang zu bewerten seien.[21]

Auch aus Wertungsgesichtspunkten ist keine Korrektur dieses Ergebnisses erforderlich. Wäre eine Verletzung durch einen Privatmann rechtmäßig herbeigeführt worden, so würde ebenso kein Anspruch bestehen. Insofern muss der Betroffene nicht bessergestellt werden, weil ein Hoheitsträger handelt. Vor allem ist die Schussabgabe nicht deshalb rechtswidrig, weil sie von einem Hoheitsträger ausgeführt wurde. Ein rechtsstaatliches Erfordernis für die Gewährung eines Anspruchs aus Unrechtshaftung ist nicht feststellbar. Gleichwohl kann sich ein Entschädigungsanspruch aus aufopferungsrechtlichen Gesichtspunkten ergeben. Wegen der Belastung des Betroffenen scheint ein solcher angemessen. Insofern ist der durch den Hoheitsträger Geschädigte gegenüber dem vom Privatmann Geschädigten doch privilegiert.

Eng mit dem ersten Kritikpunkt ist der zweite verbunden. Während das Erfolgsunrecht im Zivilrecht das Rechtswidrigkeitsurteil an den tatbestandlichen Erfolg knüpft, stellt das Er-

---

[18] Lediglich die durch den EuGH geprägten Haftungsinstitute weisen hier in eine andere Richtung, s. im 2. Teil unter D, I, Ziff. 3, lit. f, II, Ziff. 5, lit. d
[19] s. im 1. Teil unter A, II
[20] Ossenbühl, S. 478; ders., NJW 1991, 1201, 1204
[21] Ossenbühl, S. 273

folgsunrecht öffentlich-rechtlicher Prägung auf die Folgen hoheitlichen Handelns ab. Eine durch hoheitliches Handeln verursachte tatsächliche Betroffenheit, auch ein Schaden, sagt noch nichts darüber aus, ob das betroffene Gut auch in seiner rechtlich geschützten Dimension beeinträchtigt ist. Dies kann sich wiederum nur nach der einschlägigen Rechtsnorm richten.

Hier soll wiederum das Beispiel der abirrenden Kugel bei der Verbrecherjagd bemüht werden. Man möchte hier einen Anspruch des Geschädigten spontan bejahen, weil dieser in seiner Gesundheit betroffen ist. Diese Bewertung ist aber nur auf den ersten Blick richtig. Zwar handelt es sich zweifelsfrei um ein von § 823 Abs. 1 BGB geschütztes Rechtsgut. Ob aber der Tatbestand des § 823 Abs. 1 BGB zu bejahen ist, kann bereits deshalb fraglich sein, weil wegen des Abirrens der Kugel der Verletzungserfolg dem Schützen nicht zuzurechnen ist. Aber selbst wenn man die haftungsbegründende Kausalität bejahen möchte, liegt nach dem zivilrechtlich verstandenen Handlungsunrecht die Rechtswidrigkeit nicht vor, da die äußere Sorgfalt nicht verletzt wurde. Bei erfolgsbezogener Sichtweise ist die Rechtswidrigkeit wegen des umfassenden Rechtsgüterschutzes des § 823 Abs. 1 BGB zu bejahen.[22] Da der Polizist aber als Beamter in Ausübung hoheitlicher Gewalt handelt, scheidet ein Anspruch gegen diesen selbst aus § 823 Abs. 1 BGB jedoch aus.

Vielmehr kommen nur Ansprüche gegen die Anstellungskörperschaft in Betracht. Hier ist an § 839 BGB, Art. 34 GG zu denken. Der tatbestandliche Erfolg liegt in der Verletzung einer nach außen bestehenden Rechtspflicht. Da die Schussabgabe durch den Polizisten aber rechtmäßig war, ist kein Grund, aber auch kein Bedürfnis ersichtlich, hierin die Verletzung einer drittgerichteten Amtspflicht zu sehen. Der Umstand allein, dass ein unbeteiligter Dritter verletzt wurde, vermag die Verletzung einer drittgerichteten Amtspflicht nicht zu begründen. Das ist einmal nicht der tatbestandliche Erfolg des § 839 Abs. 1 BGB. Und man wird kaum den Tatbestand des § 839 Abs. 1 BGB deshalb bejahen wollen, weil der Tatbestand des § 823 Abs. 1 BGB vorliegt. § 839 BGB dient nicht dem Schutz absoluter Rechte, sondern soll den Bürger vor amtspflichtwidrigem Verhalten eines Hoheitsträgers schützen. Es kann auch nicht damit argumentiert werden, dass es eine Amtspflicht gibt, unerlaubte Handlungen zu unterlassen. Man kann nicht den Tatbestand des § 839 Abs. 1 BGB damit begründen, dass der Tatbestand des § 823 Abs. 1 BGB vorliege. Damit drückt man sich um eine saubere Begründung der verletzten Amtspflicht, die im vorliegenden Beispiel nicht existiert. Zwar wird im Regelfall die Verwirklichung einer unerlaubten Handlung auch stets die Verletzung einer drittgerichteten Amtspflicht bedeuten. Dies muss aber, wie das Schuss-Beispiel zeigt, nicht so sein. Hier gilt wiederum, dass die Verletzung eines Nichtbeteiligten ein Unglück, aber kein Unrecht ist. Nichts anderes gilt für den Tatbestand des § 38 Abs. 1 lit. b Bbg. OBG. Hier fehlt es aus oben genannten Gründen an der Rechtswidrigkeit der Maßnahme.[23]

Damit ist belegt, dass eine tatsächliche Betroffenheit allein niemals der Ausgangspunkt des Rechtswidrigkeitsurteils sein kann. Ausgangspunkt kann immer nur der Eintritt des von der Anspruchsnorm umschriebenen Erfolgs sein. Dieser kann entweder in einer bestimmten Verhaltensweise liegen oder alle Verhaltensweisen unterbinden, die bestimmte Rechtsgüter gefährden. Dann stellt der Normtext wie § 823 Abs. 1 BGB auf die geschützten Rechtsgüter ab. Der Amtshaftungsanspruch nach § 839 BGB, Art. 34 GG und der Anspruch aus § 1 Abs. 1 Bbg. StHG dienen nicht dem Schutz bestimmter, in den Tatbestandsvoraussetzungen genannter Rechtsgüter. Eine Indikation der Rechtswidrigkeit aufgrund eines eingetretenen

---

[22] Eine Haftung würde gleichwohl am Verschulden scheitern.

[23] Ein Anspruch aus aufopferungsgleichem Eingriff entfällt, da der Anspruch aus § 38 Abs. 1 lit. a Bbg OBG spezieller ist. Bei Fehlen einer landesrechtlichen Regelung im Polizei- und Ordnungsrecht liegen die Voraussetzungen des aufopferungsgleichen Eingriffs nicht vor, da die Abgabe des Schusses nicht rechtswidrig ist.

Schadens verbietet sich daher. Die verletzte Verhaltenspflicht ist allein für die Rechtswidrigkeit ausschlaggebend. Das gilt in der gleichen Weise im Bereich des Folgenbeseitigungsanspruchs. Die Pflicht zur Wiederherstellung des status quo ante ergibt sich nicht aus der – wenn auch für den Bürger nachteiligen – Veränderung des status, sondern aus der Rechtswidrigkeit des hoheitlichen Handelns, das diese Veränderung ausgelöst hat. Der rechtswidrige Zustand ist nicht der tatbestandliche Erfolg des Folgenbeseitigungsanspruchs. Für den enteigungsgleichen und den aufopferungsgleichen Eingriff gilt diese Regelung ebenso.

B. Der Wortlaut des § 1 Abs. 1 Bbg. StHG

I. Textbefund

1. Allgemeines

Grundlage der Auslegung ist der Wortlaut des Gesetzes. Der dem allgemeinen Sprachgebrauch zu entnehmende Wortsinn dient der ersten Orientierung und bezeichnet die Grenze der eigentlichen Auslegung.[24]

§ 1 Abs. 1 Bbg. StHG lautet wie folgt:

> *Für Schäden, die einer natürlichen oder juristischen Person hinsichtlich ihres Vermögens oder ihrer Rechte durch Mitarbeiter oder Beauftragte staatlicher oder kommunaler Organe in Ausübung staatlicher Tätigkeit rechtswidrig zugefügt werden, haftet das jeweilige staatliche oder kommunale Organ.*

Es wurde bereits vermehrt darauf hingewiesen, dass das Bbg. StHG aufgrund seiner Entstehung in einem anderen Staats- und Rechtssystem einige Besonderheiten aufweist.[25] Dies betrifft einmal zahlreiche Formulierungen, die Folge einer unterschiedlichen Rechtsdogmatik und Nomenklatur in der vormaligen DDR sind.[26] Bei der Modifizierung des DDR-StHG im Einigungsvertrag sind diese sprachlichen Divergenzen vielfach nicht an das neue rechtliche Umfeld des Grundgesetzes angepasst worden. Diese sprachlichen Unebenheiten und Inkonsistenzen zu gleichlautenden Formulierungen in anderen Gesetzen sind bei der grammatischen Auslegung einzurechnen.[27] Die Auslegung hat diese sprachlichen Unebenheiten zu glätten, indem sie sich an den entsprechenden Begrifflichkeiten der bundesrepublikanischen Rechtsordnung orientiert.

Zudem ist zu berücksichtigen, dass das DDR-StHG in einem Kontext von Regelungen und Institutionen ergangen ist, die mit der Rechtsanpassung aufgrund des Einigungsvertrags entfallen sind.[28] Eine Auslegung in Übereinstimmung mit dem neuen rechtlichen Umfeld des Grundgesetzes betrifft auch die Berücksichtigung tatsächlicher Strukturen und gesetzlicher Regelungen, in deren Umkreis die Staatshaftung eingepasst ist und mit denen sie abgestimmt wird.[29] Bei der Auslegung des Bbg. StHG darf daher nicht mit der gleichen Elle[30] gemessen werden wie bei einem Gesetz, das im Umfeld des Grundgesetzes erlassen worden ist.

---

[24] Larenz/Canaris, Methodenlehre, S. 145
[25] Ossenbühl, S. 474, ders., NJW 1991, 1201, 1202
[26] Ossenbühl, S. 474, ders., NJW 1991, 1201, 1202
[27] Herbst/Lühmann, S. 116
[28] Ossenbühl, S. 474; ders., NJW 1991, 1201, 1202
[29] Dies gilt beispielsweise für die Bestimmung in § 3 Abs. 3 Bbg. StHG. Diese Vorschrift regelt die Subsidiarität der Staatshaftung. Ein Anspruch ist ausgeschlossen, wenn ein Ersatz des Schadens *auf andere Weise* erlangt werden kann. Eine anderweitige Ersatzmöglichkeit auch im privaten Bereich stellte regelmäßig die Staatliche Versicherung der Deutschen Demokratischen Republik dar, die sich seit der Wiedervereinigung in Abwicklung

2. Der Haftungstatbestand

§ 1 Abs. 1 Bbg. StHG normiert eine unmittelbare und verschuldensunabhängige Staatshaftung.[31] Anspruchsberechtigt sind natürliche und juristische Personen. Diesen steht ein Anspruch für Schäden zu, die Mitarbeiter oder Beauftragte staatlicher oder kommunaler Organe ihnen in Ausübung staatlicher Tätigkeit rechtswidrig zufügen. Mitarbeiter oder Beauftragte staatlicher Organe bedeutet nichts anderes als Beamte im haftungsrechtlichen Sinne.[32] Die Formulierung „in Ausübung staatlicher Tätigkeit" dient der Abgrenzung zum Handeln des Staates in Formen des Privatrechts[33] und soll den inneren oder rechtlich relevanten Zusammenhang zwischen hoheitlichem Handeln und Schadenszufügung verdeutlichen.[34] Die Beschränkung des hoheitlichen Handelns auf staatliche Tätigkeit und das Fehlen kommunaler Tätigkeit muss als redaktionelle Unvollständigkeit verstanden werden.[35] Entscheidend für den Anspruch ist die Rechtswidrigkeit der Schadenszufügung. Dabei kommt es nicht darauf an, ob ein Handeln oder ein Unterlassen ursächlich für den Schaden war.[36]

Als Rechtsfolge ordnet § 1 Abs. 1 Bbg. StHG die Haftung des jeweiligen staatlichen oder kommunalen Organs für Schäden hinsichtlich des Vermögens und der Rechte des Betroffenen an. Die Passivlegitimation bedarf der berichtigenden Auslegung. Schuldner des Anspruchs kann nur sein, wer rechtsfähig ist. Dazu gehören in der bundesrepublikanischen Rechtsordnung staatliche oder kommunale Organe nicht, außer dass ihnen im Rahmen der VwGO durch Landesrecht Beteiligtenfähigkeit zugesprochen wurde (§ 61 Nr. 3 VwGO).[37] § 1 Abs. 1 Bbg. StHG muss so umgelesen[38] werden, dass als Passivlegitimierte diejenigen Verwaltungsträger bestimmt sind, deren Bedienstete den Schaden verursacht haben.

Ersatzfähig sind solche Schadenspositionen, die an Vermögen und Rechten entstanden sind. Ob damit der Schadensbegriff hinsichtlich der ersatzfähigen Schadenspositionen geformt[39] wird, ist zweifelhaft, da eine klare Konturierung oder eine brauchbare Einschränkung der ersatzfähigen Schadenspositionen mit dieser Formulierung nicht erreicht wird. Eine derartige Umschreibung der ersatzfähigen Schadenspositionen ist im Grunde genommen entbehrlich. Nach § 3 Abs. 1 Bbg. StHG ist der Schadensersatz in Geld zu leisten. Für den Umfang des Schadensersatzes verweist § 3 Abs. 2 Bbg. StHG auf die zivilrechtlichen Vorschriften und damit auf die §§ 249 ff. BGB. Danach ist derjenige Zustand wiederherzustellen, der ohne das schädigende Ereignis bestünde.[40]

Der Schadensbegriff des BGB umfasst sowohl Vermögens- als auch Nichtvermögensschäden. Bei Vermögensschäden richtet sich der Ersatzanspruch nach Maßgabe der §§ 249-252 BGB auf den Ersatz des positiven Schadens inklusive des entgangenen Gewinns.[41] Der Schaden ist

---

befindet, also ausfällt. Nach der Rechtsprechung des BGH kommt ein Nachrang der Staatshaftung gegenüber den Leistungen privater Versicherer nicht in Betracht. Dies ist auch bei der Anwendung des § 3 Abs. 3 Bbg. StHG zu berücksichtigen. Ausführlich Ossenbühl, S. 481 f.; ders., NJW 1991, 1201, 1202

[30] Ossenbühl, S. 475; ders., NJW 1991, 1201, 1202

[31] Ossenbühl, S. 475

[32] zur Frage, ob die Formulierung Mitarbeiter und Beauftragte eine Staatshaftung für Kollektiventscheidungen ausschließt, Herbst/Lühmann, S. 177; Ossenbühl, S. 480

[33] Ossenbühl, S. 480

[34] Herbst/Lühmann, S. 191

[35] Herbst/Lühmann, S. 181; Ossenbühl, S. 479

[36] Herbst/Lühmann, S. 179 f; Ossenbühl, S. 477

[37] Ossenbühl, S. 484

[38] Ossenbühl, S. 484

[39] Herbst/Lühmann, S. 205

[40] s. im 1. Teil unter C, I, Ziff. 3, lit. a

[41] Krohn, VersR 1991, 1085, 1092

nach der Differenzhypothese zu ermitteln.[42] Der vom LG Potsdam in seinem Urteil vom 31.05.2000 vertretenen Auffassung, dass Schäden, die in einer entgangenen Vermögensmehrung liegen, nicht ersatzfähig seien, kann wegen des klaren Wortlauts der §§ 1 Abs. 1, 3 Abs. 1 und 2 Bbg. StHG nicht gefolgt werden.[43] Hinsichtlich der Darlegungs- und Beweislast gelten keine Besonderheiten. Der Geschädigte hat den ihm entstandenen Schaden darzulegen und zu beweisen. Der Schädiger trägt die Beweislast dafür, dass der Schaden auch bei rechtmäßigem Verhalten eingetreten wäre.[44]

Für Nichtvermögensschäden gilt § 253 BGB in der Fassung, die er durch das Zweite Schadensrechtsänderungsgesetz[45] erfahren hat. Eine billige Entschädigung in Geld ist auch wegen des Nichtvermögensschadens zu leisten, wenn Ersatzansprüche wegen der Verletzung des Körpers, der Gesundheit, der Freiheit oder der sexuellen Selbstbestimmung geltend gemacht werden. Ob auch Nichtvermögensschäden nach § 1 Abs. 1 Bbg. StHG ersatzfähig sein sollen, ist fraglich. Die Vorschrift spricht von Schäden hinsichtlich des Vermögens oder der Rechte. Wenngleich diese Formulierung nicht als glücklich bezeichnet werden kann, so wird man sie doch dahin verstehen können, dass nicht nur Vermögensschäden ersetzt werden sollen, sondern auch Schäden an nichtvermögenswerten Rechten und Rechtsgütern. Immaterielle Schäden, die bei Verletzung der in § 253 Abs. 2 BGB genannten Rechtsgüter eintreten, müssten daher auch nach § 1 Abs. 1 Bbg. StHG ersatzfähig sein. § 1 Abs. 1 StHG greift aber noch darüber hinaus, da er die Ersatzfähigkeit immaterieller Schäden nicht dahingehend begrenzt, dass ein Ersatz nur bei der Verletzung bestimmter Rechte oder Rechtsgüter in Betracht kommt.

Zudem bedarf es nach dem Wortlaut des § 1 Abs. 1 Bbg. StHG eines ursächlichen Zusammenhangs zwischen dem schädigenden hoheitlichen Handeln und dem eingetretenen Schaden hinsichtlich des Vermögens oder der Rechte. Damit ist das Erfordernis der haftungsausfüllenden Kausalität umschrieben. Die haftungsbegründende Kausalität spielt dagegen im Bereich des § 1 Abs. 1 Bbg. StHG keine Rolle. Diese stellt den Zusammenhang zwischen schädigendem Verhalten und verletztem Rechtsgut her.[46] Einen solchen dreistufigen, dem § 823 Abs. 1 BGB vergleichbaren Tatbestandsaufbau enthält § 1 Abs. 1 Bbg. StHG nicht, da dieser nicht auf den Schutz bestimmter Rechte und Rechtsgüter gerichtet ist. Die Satzstellung der Begriffe „Vermögen" und „Rechte" mit Bezugnahme auf das Wort Schaden erlaubt den Schluss, dass damit die ersatzfähigen Schadenspositionen beschrieben werden sollten, nicht die geschützten Rechtsgüter.[47] Die Struktur des § 1 Abs. 1 Bbg. StHG entspricht daher dem zweistufigen Aufbau der §§ 823 Abs. 2, 839 BGB.

II. Notwendigkeit haftungsbegrenzender Kriterien

Eine Haftung nach § 1 Abs. 1 Bbg. StHG knüpft lediglich an die Rechtswidrigkeit des hoheitlichen Verhaltens an. Nach dem Wortlaut der Vorschrift haften die Träger der hoheitlichen Gewalt im Grundsatz für jeden Schaden, den ihre Amtswalter in Ausübung hoheitlicher Gewalt einer natürlichen oder juristischen Person hinsichtlich ihres Vermögens oder ihrer Rechte rechtswidrig zufügen.[48] Dies bedeutet eine Haftung für jede Beeinträchtigung von Vermö-

---

[42] Herbst/Lühmann, S. 205

[43] LG Potsdam, LKV 2001, 182; zutreffend bemerkt Cornils, LKV 2003, 206 ff., dass die Grenzen richterlicher Gestaltungsmöglichkeit insoweit überschritten seien, dass der Anspruch auf Schadensersatz in einen Entschädigungsanspruch uminterpretiert würde.

[44] Thüringer OLG, OLG-NL 2002, 280, 281

[45] Zweites Gesetz zur Änderung schadensersatzrechtlicher Vorschriften vom 19.7.2002, BGBl I, S. 2674; s. im 1. Teil unter C, I, Ziff. 3, lit. b

[46] s. im 1. Teil unter C, I, Ziff. 1

[47] Büchner-Uhder, NJ 1991, 153, 154

[48] Schullan, in VersR 1993, 283, 284

genswerten, die kausal auf der rechtswidrigen Handlung beruht.[49] Eine Begrenzung der Haftung durch ein Verschuldenserfordernis oder andere Kriterien enthält der Tatbestand des § 1 Abs. 1 Bbg. StHG nicht. Dieses gänzliche Fehlen haftungsbegrenzender Kriterien innerhalb des Haftungstatbestands ist vor allem deshalb kritisch, als die Rechtsfolge nicht auf Entschädigung, sondern auf Schadensersatz und damit das positive Interesse gerichtet ist.[50] Der Tatbestand des § 1 Abs. 1 Bbg. StHG birgt das Risiko einer ausufernden Haftung des Staates und einer einseitigen Verschiebung des Haftungsrisikos zu dessen Lasten. Eine gerechte Verteilung der Schadenslasten zwischen dem Staat und dem Geschädigten würde nicht stattfinden.[51] Diese dem Sinn des Schadensersatzrechts widersprechende Konsequenz führt das Bedürfnis nach haftungsbegrenzenden Kriterien[52] deutlich vor Augen.

III. Möglichkeiten der Haftungsbegrenzung nach dem Wortlaut der Vorschrift

1. Erhöhte Anforderungen an das Kausalitätserfordernis

Hinweise für eine Begrenzung der Haftung werden in der Formulierung der „Zufügung eines Schadens" gesehen. Diese trage bei unbefangenem Wortverständnis ein hohes Maß an Finalität in sich.[53] Dies mag ein mögliches Einfallstor für haftungsbegrenzende Merkmale sein, die neben der bloßen Ursächlichkeit des Verhaltens für den Erfolg ein erhöhtes Kausalitätserfordernis aufstellen. Eine Eingrenzung kann erreicht werden, wenn der Eingriff nicht nur kausal, sondern darüber hinaus final sein muss. Vor dem Hintergrund einer gerechten Verteilung der Schadenslasten und rechtsstaatlichen Erwägungen scheint eine Beschränkung auf finale Eingriffe nicht vorzugswürdig. Die Beschränkung auf finale Eingriffe benachteiligt den betroffenen Bürger in unangemessener Weise und erscheint nicht sachgerecht. Vom Standpunkt des Geschädigten aus gesehen ist es gleichgültig, ob der eingetretene Schaden auf einem finalen, rechtswidrigen Eingriff beruht oder nur nicht finale Folge eines rechtswidrigen hoheitlichen Handelns ist. Es erscheint generell zweifelhaft, ob Verschärfungen des Kausalitätserfordernisses generell geeignet sind, den Haftungsrahmen sinnvoll zu begrenzen. Keinesfalls ist es nach dem Wortlaut geradezu zwingend,[54] durch eine restriktive Handhabung der Kausalität den Kreis der ersatzpflichtigen Eingriffe zu beschränken. Eine solche Sichtweise überstrapaziert die Bedeutung des Wortes „zufügen".

2. Berücksichtigung von Sorgfaltsstandards

Eine weitere Möglichkeit der Haftungsbegrenzung bietet die Berücksichtigung objektiver Sorgfaltsstandards. Neben dem Rechtsverstoß bedarf es zur Haftung der öffentlichen Hand einer Verletzung von Sorgfaltspflichten. Eine Haftung tritt nur dann ein, wenn der handelnde Hoheitsträger den Rechtsverstoß hätte erkennen und vermeiden können. Dieses Kriterium genießt den Vorzug, dass sie keinen überzogenen und unerfüllbaren Anforderungen an das Verhalten der öffentlichen Hand stellt. Führt ein unvermeidbarer und unvorhersehbarer Rechtsverstoß, den der handelnde Amtswalter trotz Einhaltung der erforderlichen Sorgfalt nicht erkennen konnte, zur Schädigung Dritter, so stellt sich die Frage, wer den Schaden tragen soll. Hier ist es nicht unbillig, dass diese Last dem Geschädigten auferlegt wird. Dies ist

---

[49] Ob es sich bei dieser Auslegung um eine „dem öffentlichen Recht eher fremde Gefährdungshaftung" handelt, wie Lühmann, in Herbst/Lühmann, S. 196 annimmt, ist fraglich, da § 1 Abs. 1 Bbg. StHG strukturell keine Haftung für vermutetes Verschulden ist.
[50] Krohn, VersR 1991, 1085, 1092
[51] Herbst/Lühmann, S. 196
[52] Schullan, VersR 1993, 283, 285
[53] Ossenbühl, S. 478; ders., in NJW 1991, 1201, 1204
[54] Ossenbühl, S. 478; ders., in NJW 1991, 1201, 1204

gleichsam der Preis der von ihm in Händen gehaltenen Rechtsposition, vergleichbar dem allgemeinen Lebensrisiko.

Bei der Ermittlung der Sorgfaltsstandards kann auf die umfängliche Rechtsprechung zum Amtshaftungsanspruch zurückgegriffen werden. Die Festlegung der Sorgfaltsstandards nach objektiven Kriterien lässt auch § 1 Abs. 1 Bbg. StHG nicht zur Verschuldenshaftung gerinnen. Die Frage der Verletzung einer Sorgfaltspflicht ist von der Frage zu trennen, ob dieser Sorgfaltsverstoß dem handelnden Amtswalter auch vorgeworfen werden kann. Letztere Fragestellung muss im Bereich des § 1 Abs. 1 Bbg. StHG außen vor bleiben.

Die Berücksichtigung von Sorgfaltsstandards kann innerhalb des Tatbestands an mehreren Stellen erfolgen. Die Rechtsprechung zum Amtshaftungsanspruch nimmt eine solche Bewertung des schädigenden Verhaltens überwiegend beim Verschulden vor.[55] Diese Möglichkeit scheidet im Bereich des § 1 Abs. 1 Bbg. StHG ohnehin aus, begegnet im übrigen vor dem subjektiven Charakter des Verschuldenserfordernisses grundsätzlichen Bedenken.[56] Bei der Rechtsprechung zum Vertrauensschutz findet eine Berücksichtigung von Merkmalen der Erkennbarkeit oder der Vermeidbarkeit bereits im Rahmen des Schutzzwecks statt.[57] Neben methodischen Unzulänglichkeiten besteht hier aber die Gefahr, dass das Merkmal des Schutzzwecks ausufert und seine Konturen verliert. Eine weitere Möglichkeit, die Frage der Verletzung einer Sorgfaltspflicht zu verorten, bietet ein handlungsbezogenes Verständnis der Rechtswidrigkeit. Diese Möglichkeit war noch nicht Gegenstand der Diskussion, da sich die Ausführungen in der Literatur auf einen staatshaftungsrechtlich verstandenen Begriff des Erfolgs- und Handlungsunrechts bezogen haben.[58]

Während in allen bisher genannten Konstellationen der Geschädigte die Beweislast trägt, ist auch die Möglichkeit denkbar, dass der Rechtsverstoß allein die Rechtswidrigkeit regelmäßig auslöst („indiziert“), die öffentliche Hand aber die durch den Nachweis sorgfältigen Verhaltens den Vorwurf der Rechtswidrigkeit ausräumen kann. Dieser Auffassung steht aber entgegen, dass das verkehrsrichtige Verhalten damit letztlich einen Rechtfertigungsgrund darstellt, was vor dem Hintergrund eines weitgehend abgeschlossenen Kanons von gesetzlich geregelten Rechtfertigungsgründen abzulehnen ist. Daher scheint ein handlungsbezogenes Rechtswidrigkeitsverständnis vorzugswürdig. Da es der Rechtswidrigkeit ohnehin darum geht, das Verhalten des handelnden Amtswalters zu bewerten, kann die Frage, ob der Amtswalter die Fehlerhaftigkeit seines Verhaltens hätte erkennen und vermeiden können, mit der konkreten Rechtsverletzung verknüpft werden. Es spricht vieles dafür, beide Überlegungen miteinander zu verbinden und im Begriff der – handlungsbezogenen – Rechtswidrigkeit aufgehen zu lassen.

3. Haftungsausfüllende Kausalität

Auf Rechtsfolgenseite bietet die haftungsausfüllende Kausalität ein Einfallstor für die Berücksichtigung haftungsbegrenzender Kriterien. Im gesamten Schadensrecht wird nicht nur ein bloß ursächlicher Zusammenhang zwischen Verletzungshandlung und Schaden verlangt. Die Ursache einer Handlung für den Erfolg ist vielmehr Voraussetzung für eine Ersatzpflicht. Sie bedarf aber, um eine unerträgliche Ausweitung der Schadensersatzpflicht zu vermeiden,

---

[55] s. unter III, Ziff. 2, lit. a

[56] Wiewohl diese Rechtsprechung im Ergebnis der Zustimmung verdient.

[57] s. unter III, Ziff. 2, lit. b

[58] für Handlungsunrecht in diesem Sinne Herbst/Lühmann, S. 195 f.; Steinberg/Lubberger, S. 395 f.; für Erfolgsunrecht Battis/Preschel, in JuS 1996, 43, 47; Krohn, S. 80; ders., VersR 1991, 1085, 1092; Ossenbühl, S. 478; ders., in NJW 1991, 1201, 1204; Schullan, VersR 1993, S. 283, 284

der Einschränkung durch wertende Zurechnungskriterien.[59] Diese erfolgt mit der auf eine Wahrscheinlichkeitsbetrachtung ausgerichteten Adäquanztheorie und der Theorie vom Schutzweck der Norm, die danach fragt, ob die verletzte Norm vor Schäden wie dem eingetretenen schützen sollte. Die wertende Zurechnung von Schadenspositionen findet auch im Bereich des Amtshaftungsanspruchs statt.

Es ist in diesem Zusammenhang darauf hinzuweisen, dass dem Schutzzweck im Bereich der Drittbezogenheit eine andere Aufgabe zukommt als im Bereich der haftungsausfüllenden Kausalität.[60] Beim Tatbestandsmerkmal der Drittbezogenheit legt der Schutzzweck der Norm den Kreis der geschützten Dritten und damit den persönlichen Schutzbereich der verletzten Amtspflicht fest.[61] Der Schutzzweck ist damit im Bereich der Haftung für hoheitliches Unrecht das maßgebliche Kriterium für die inhaltliche und personale Begrenzung der Haftung.[62] Im Bereich der haftungsausfüllenden Kausalität begrenzt der Schutzzweck der verletzten Norm den sachlichen Umfang des zu ersetzenden Schadens.[63]

In den Bereich der wertenden Zurechnung von Schadenspositionen fällt auch der Einwand des rechtmäßigen Alternativverhaltens.[64] Danach kann der Einwand, der Schaden wäre auch bei einer ebenfalls möglichen, rechtmäßigen Verhaltensweise entstanden, für die Zurechnung eines Schadenserfolgs beachtlich sein. Im Amtshaftungsrecht kann dieser Einwand insbesondere dann erheblich werden, wenn die Rechtswidrigkeit der schädigenden Amtshandlung darauf beruht, dass diese verfahrensfehlerhaft vorgenommen worden ist. In solchen Fällen kann sich die Behörde darauf berufen, dass bei ordnungsgemäßem Verfahren die gleiche Entscheidung hätte ergehen oder sie selbst eine fehlende Rechtsgrundlage hätte schaffen müssen.[65]

IV. Ergebnis

Der Tatbestand des § 1 Abs. 1 Bbg. StHG ist zweistufig und weist daher Ähnlichkeit mit den §§ 823 Abs. 2, 839 BGB auf. Er ist erfüllt, wenn die Ausübung öffentlicher Gewalt rechtswidrig erfolgte. Eine Beschränkung der Haftung durch die Einführung eines Verschuldenserfordernisses scheitert am Wortlaut des § 1 Abs. 1 Bbg. StHG. Auf tatbestandlicher Ebene kann die Haftung durch ein handlungsbezogenes Rechtswidrigkeitsverständnis eingegrenzt werden. Dagegen ist es nicht überzeugend, erhöhte Anforderungen an die Kausalität zwischen Rechtsverletzung und Schaden zu stellen. Die Beschränkung des Anspruchs auf zielgerichtete Eingriffe stellte einen Rückschritt dar. Eine darüber hinaus greifende Eingrenzung auf eine bestimmte Art von Eingriffen begegnet den gleichen Bedenken wie der Begriff der Unmittelbarkeit beim enteignungsgleichen Eingriff. Er öffnet gleichsam Tür und Tor für alle Arten von Zurechnungskriterien.

---

59 s. im 1. Teil unter C, II

60 Rinne/Schlick, in „Die Rechtsprechung des BGH zu den öffentlich-rechtlichen Ersatzleistungen", Beilage zu NJW 14/2002, S. II 12; a. A. Herbst/Lühmann, S. 209, wonach das zur Kausalität geforderte Kriterium des Schutzbereichs in der Prüfung des in § 1 Abs. 1 Bbg. StHG ungenannten Tatbestandsmerkmals des Drittbezugs der ausgeübten staatlichen Tätigkeit aufgehe.

61 Ossenbühl, in 50 Jahre BGH, Festgabe der Wissenschaft, S. 887, 892, 895

62 Ossenbühl, in 50 Jahre BGH, Festgabe der Wissenschaft, S. 887, 892

63 Ossenbühl, in 50 Jahre BGH, Festgabe der Wissenschaft, S. 887, 892

64 Tremml/Karger, Amtshaftungsprozeß, S. 42; Wurm, in Staudinger, § 839, Rn. 238; BGH, NJW 1998, 1307, 1308; a.A. Rinne/Schlick, in „Die Rechtsprechung des BGH zu den öffentlich-rechtlichen Ersatzleistungen", Beilage zu NJW 14/2002, S. II 16

65 BGHZ 96, 157, 171 f.; BGH, NJW 1995, 2778, 2780; BGHZ 143, 362, 365; dagegen gehöre die Frage, welchen Verlauf die Dinge bei pflichtgemäßem Handeln genommen hätten und wie sich die Vermögenslage des Klägers in diesem Fall darstellen würde, zum Ursachenzusammenhang zwischen Amtspflichtverletzung und dem geltend gemachten Schaden, vgl. BGHZ 146, 122, 128

Vor diesem Hintergrund ist ein handlungsbezogener Rechtswidrigkeitsbegriff mit seinem Sorgfaltsmaßstab näher bestimmt und aus dogmatischen Gründen vorzugswürdig. Was den Umfang der ersatzfähigen Schadenspositionen anbelangt, so empfiehlt sich der Rückgriff auf die aus dem Deliktsrecht bekannten Kriterien der Adäquanz und des Schutzzwecks.[66] Auch der BGH fragt beim Staatshaftungsanspruch danach, ob der *entstandene Schaden in den sachlichen Schutzbereich der verletzten Pflicht* falle.[67] Damit ist auch Übereinstimmung mit dem konkurrierenden Anspruch aus Amtshaftung erreicht. Auch hier wird der Umfang der ersatzfähigen Schadenspositionen aufgrund wertender Zurechnungskriterien ermittelt. Es ist kein Grund ersichtlich, weshalb Ansprüche aus § 1 Abs. 1 Bbg. StHG weiter gehen sollten.[68]

C. Historische Auslegung des § 1 Abs. 1 Bbg. StHG

I. Methodischer Hinweis

Die historische Auslegungsmethode stellt die Frage, welche Deutung denn der Regelungsabsicht des Gesetzgebers oder seiner eigenen Normvorstellung am meisten entspreche.[69] Im Bereich des als brandenburgischen Landesrechts fortgeltenden DDR-StHG gibt es gleichsam zwei historische Gesetzgeber.[70] Dies sind einmal der Gesetzgeber der vormaligen DDR, zum anderen die Vertragsparteien des Einigungsvertrags. Bei der Ermittlung und Untersuchung des Willens des Gesetzgebers der DDR ist auf das gänzlich andere rechtliche Umfeld zu achten, in das dieses Gesetz erlassen wurde. Das DDR-StHG ist von einer Ideologie und Konzeption getragen, die sich von der grundgesetzlichen Ordnungsidee deutlich unterscheidet.[71] Eine Auslegung muss sich daher von überholten Rechtsvorstellungen der DDR lösen.

Die historische Auslegung des DDR-StHG zeichnet sich durch die weitere Besonderheit aus, dass es ihr wegen der veränderten rechtlichen Rahmenbedingungen nicht um eine Ermittlung des Willens des DDR-Gesetzgebers geht. Es geht in erster Linie um die Frage, wie der haftungsbegründende Tatbestand konzipiert war und welche Folgerungen sich hieraus für die Frage nach dem Verständnis der Rechtswidrigkeit und der Haftungsbegrenzung ergeben. Methodisch handelt es sich dabei um eine Rechtsvergleichung. Die „klassische" historische Auslegung, die nach dem Willen des historischen Gesetzgebers fragt, untersucht die hierfür entscheidenden Intentionen der Partner des Einigungsvertrags.[72] Der ausdrückliche Verweis des Einigungsvertrags auf den Reformprozess des Staatshaftungsrechts in Deutschland und das Staatshaftungsgesetz von 1981[73] nimmt die Ergebnisse dieses Prozesses gleichsam in den Willen der Parteien des Einigungsvertrags auf und liefert weitere Aspekte für die Auslegung.[74]

[66] gegen eine solche Möglichkeit generell Krohn, VersR 1991, 1085, 1092
[67] BGH, NJW 2003, 1318, 1319
[68] so auch BGH, NJW 2000, 427, 430
[69] Larenz/Canaris, Methodenlehre, S. 149
[70] Genaugenommen müsste man sogar von drei historischen Gesetzgebern sprechen, da auch der brandenburgische Landesgesetzgeber Veränderungen am Bbg. StHG vorgenommen und es dadurch in seinen gesetzgeberischen Willen aufgenommen hat, vgl. Gesetz zur Neuordnung der ordentlichen Gerichtsbarkeit und zur Ausführung des Gerichtsverfassungsgesetzes (Art. 2) vom 14. 6. 1993, GVBl. I, S. 198.
[71] Ossenbühl, S. 474; ders., NJW 1991, 1201, 1202
[72] Herbst/Lühmann, S. 116
[73] s. im 2. Teil unter B
[74] Herbst/Lühmann, S. 117

II. Das Staatshaftungsgesetz der DDR vom 12.05.1969

Hintergrund für den Erlass des Staatshaftungsgesetzes vom 12.05.1969[75] war die Gewährleistung der „sozialistischen Gesetzlichkeit". Danach soll das sozialistische Recht als Ausdruck des Willens der herrschenden Klasse den Willen der Arbeiterklasse und des werktätigen Volkes widerspiegeln.[76] Dieser Wille, so wie er durch die marxistisch-leninistische Partei der Arbeiterklasse zum Ausdruck gebracht wurde, war gleichsam das Gesetz. Sozialistische Gesetzlichkeit bedeutete strikten Legalismus und Positivismus.[77]

Seinen normativen Niederschlag fand dieses Prinzip in Art. 19 der Verfassung der DDR. Mit diesem Grundprinzip der staatlichen Leitung im Sozialismus einher ging, dass allen Staatsorganen die Aufgabe zukam, bei der Erfüllung ihrer Aufgaben dieses zu wahren. Die Tätigkeit aller Staatsorgane hatte sich auf Grundlage der Gesetze und anderen Rechtsvorschriften zu vollziehen. Das Prinzip der Rechtssicherheit fand sich gleichfalls in Art. 19 der Verfassung der DDR wieder. Damit kam dem Prinzip der sozialistischen Gesetzlichkeit auch eine Disziplinierungsfunktion zu, da es den Vollzug des Willens von Partei und Staat sicherstellen sollte.[78] Die Wahrung der sozialistischen Gesetzlichkeit erforderte, dass den Bürgern bei einer Schädigung infolge einer ausnahmsweisen Missachtung dieses Prinzips durch staatliche Organe ein Anspruch auf Ersatz der entstandenen Schäden zuerkannt werden musste. Diese Haftung des Staates war in der Verfassung der DDR in Art. 104 festgelegt. Darin hieß es:

> *Abs. 1: Für Schäden, die einem Bürger oder seinem persönlichen Eigentum durch ungesetzliche Maßnahmen von Mitarbeitern der Staatsorgane zugefügt werden, haftet das staatliche Organ, dessen Mitarbeiter den Schaden verursacht hat.*
> *Abs. 2: Voraussetzungen und Verfahren der Staatshaftung werden durch Gesetz geregelt.*

Der Erlass des Staatshaftungsgesetzes erfolgte in Ausführung dieser Verfassungsbestimmung. Wegen der mehrfachen Änderungen soll zunächst der Wortlaut des haftungsauslösenden § 1 Abs. 1 des Staatshaftungsgesetzes der DDR in seiner ursprünglichen Fassung wiedergegeben werden:

> *Für Schäden, die einem Bürger oder seinem persönlichen Eigentum durch Mitarbeiter oder Beauftragte staatlicher Organe oder staatlicher Einrichtungen in Ausübung staatlicher Tätigkeit rechtswidrig zugefügt werden, haftet das jeweilige staatliche Organ oder die staatliche Einrichtung.*

Auch das Gesetz in seiner ursprünglichen Fassung knüpft allein an die Rechtswidrigkeit als haftungsbegründendem Merkmal an. Wie bereits dargelegt, gibt das Tatbestandsmerkmal der Rechtswidrigkeit selbst keinen Hinweis auf seine Verwendung.[79] Vielmehr ist dessen Bedeutung im Gesamtkontext der ursprünglichen Haftungsnorm durch Auslegung zu ermitteln.

Im Unterschied zur nunmehr geltenden Fassung des Staatshaftungsgesetzes fällt auf, dass der Haftungsrahmen des Staatshaftungsgesetzes der ehemaligen DDR auf Schäden an Leben, Gesundheit und persönlichem Eigentum beschränkt war. Letzteres war nach der Rechtsordnung

---

[75] GBl DDR I S. 34
[76] Lörler, Staatshaftungsrecht, S. 9
[77] Klein, in: Lörler/Klein, Verfassungsreform der DDR, S. 61
[78] Klein, in Lörler/Klein, Verfassungsreform der DDR, S. 61
[79] s. unter B, I

der DDR nur konsumtives Eigentum[80] und umfasste gemäß § 23 ZGB der DDR[81] die Arbeitseinkünfte und Ersparnisse, Gegenstände des persönlichen Bedarfs, die für die Berufsausbildung, Weiterbildung und Freizeitgestaltung erworbenen Sachen sowie Grundstücke und Gebäude zur Befriedigung der Wohn- und Erholungsbedürfnisse des Bürgers und seiner Familie.

Produktives Vermögen war nach der Rechtsordnung der vormaligen DDR Privatvermögen und als solches von der Staatshaftung ausgenommen.[82] Die Haftung richtete sich hier nach verschuldensabhängigen Bestimmungen des Privatrechts.[83] Auch die volkseigenen und die halbstaatlichen Betriebe sowie die sozialistischen Genossenschaften waren nicht ersatzberechtigt.[84] Wie die Auswahl der ersatzfähigen Schadenspositionen zeigt, kam dem Staatshaftungsgesetz damit in erster Linie eine soziale Funktion zu. Das Gesetz war Ausdruck sozialer Sicherheitsgarantien für den Bürger.[85] Ein Schutz des „Privateigentums" war daher nicht geboten, stand diese Form des Eigentums auch nicht im Einklang mit der sozialistischen Ideologie.

Eine weitere Beschränkung enthielt das Verständnis des Tatbestandsmerkmals „in Ausübung staatlicher Tätigkeit". Staatliche Tätigkeit war definiert als die vollziehend-verfügende Tätigkeit von Mitarbeitern und Beauftragten.[86] Der Inhalt dieser Tätigkeit bestand vor allem im schöpferischen Vollziehen des in den Gesetzen, anderen Rechtsvorschriften und Beschlüssen der Volksvertretung festgelegten staatlichen Willens, in dem die Interessen der Arbeiterklasse und der mit ihr verbündeten anderen Werktätigen zum Ausdruck kommen.[87] Trotz der relativen Unbestimmtheit dieses Begriffs[88] enthielt er eine Abgrenzung zur Rechtsprechung und zur Gesetzgebung. Ein durch gerichtliche Entscheidung verursachter Schaden wurde durch § 1 Abs. 4 DDR-StHG explizit von der Staatshaftung ausgenommen.

Daneben diente der Begriff auch der Abgrenzung von der „wirtschaftlichen Tätigkeit" des Staates, die nach hiesiger Diktion fiskalisches Handeln des Staates meint. Dieser Abgrenzung kam besondere Bedeutung zu, da 90 % der Betriebe volkseigen und damit verstaatlicht waren. Die Haftung richtete sich nach dem Zivilrecht.[89] Nach dem in § 3 Abs. 3 DDR-StHG angeordneten Grundsatz der Subsidiarität haben anderweitige Ersatzmöglichkeiten stets Vorrang. Dies betraf vor allem die Leistungen der Staatlichen Versicherung der DDR.

Zurecht wurde festgestellt, dass sich die DDR wegen des engen Anwendungsbereichs des Staatshaftungsgesetzes einen großzügigen Haftungsrahmen[90] gestatten konnte, der allein an die Rechtswidrigkeit anknüpfte und auf haftungsbeschränkende Maßnahmen verzichtete und verzichten konnte. Eine übermäßige Belastung des Staatshaushalts war durch eine aus sozialpolitischen Motiven eng umgrenzte Staatshaftung nicht zu befürchten.[91]

---

[80] Lörler, DtZ 1992, 135
[81] ZGB der DDR vom 19.6.1975, GBl. DDR I 465
[82] Lörler, DtZ 1992, 135, 136; Problematisch war die Abgrenzung zwischen persönlichem Eigentum und Privateigentum im Bereich des Handwerks und des Kleingewerbes. Hier sie auf die Vorschrift des Art. 14 Abs. 3 der Verfassung der DDR i. V. m. § 23 Abs. 2 ZGB der DDR verwiesen.
[83] Schullan, VersR 1993, 283, 284
[84] Lörler, NVwZ 1990, 830
[85] Duckwitz, NJ 1979, 480, 481
[86] Duckwitz, NJ 1989, 146
[87] Verwaltungsrecht (Autorenkollektiv), S. 30
[88] Büchner-Uhder, NJ 1991, 153, 154
[89] Ossenbühl, S. 464
[90] Lörler, DtZ 1992, 135, 136
[91] Auf einen daneben bestehenden Widerspruch zwischen Gesetzestext und Rechtswirklichkeit weist Christoph, NVwZ 1991, 536, 537, hin.

In der Praxis war die Bedeutung des Gesetzes gering. Dies nicht zuletzt deshalb, weil der Bürger für die Durchsetzung des Anspruchs bis 1989 auf den beschränkten Schutz durch den Verwaltungsweg verwiesen wurde.[92] Die Beschwerde gegen eine ablehnende Entscheidung war nach § 6 Abs. 3 S. 3 DDR-StHG[93] endgültig, die Möglichkeit einer gerichtlichen Nachprüfung der Verwaltungsentscheidung bestand zunächst nicht. Eine Diskussion über die Notwendigkeit haftungsbegrenzender Merkmale fand demzufolge nicht statt. Es gibt auch keine Anhaltspunkte dafür, dass für die Beurteilung der Rechtswidrigkeit neben der Rechtsverletzung die Frage des Sorgfaltsverstoßes des handelnden Amtswalters eine Rolle spielen sollte. Diese Diskussion wurde weder in der Bundesrepublik noch in der DDR geführt.

Der DDR-Gesetzgeber verstand unter Rechtswidrigkeit rechtswidriges Handeln. Die im Einigungsvertrag aufgehobene Präambel[94] bringt dies deutlich zum Ausdruck. Diese führt zum Zweck des Gesetzes aus:

> „... *Die Verantwortung der staatlichen Organe und staatlichen Einrichtungen für die volle Übereinstimmung der Tätigkeit ihrer Mitarbeiter mit der sozialistischen Gesetzlichkeit schließt die Haftung für Schäden mit ein, die Bürgern durch ungesetzliche Maßnahmen einzelner Mitarbeiter entstehen.*
> *Die gesetzliche Regelung der Staatshaftung dient der Vertiefung des Vertrauens der Bürger zu ihrem sozialistischen Staat, der weiteren Festigung des Verantwortungsbewusstseins der Mitarbeiter staatlicher Organe und staatlicher Einrichtungen sowie der Qualifizierung der staatlichen Tätigkeit. ...*“

Die Präambel nennt ausdrücklich die Tätigkeit der staatlichen Mitarbeiter und Organe, die in Übereinstimmung mit der sozialistischen Gesetzlichkeit erfolgen soll. Die Rechtswidrigkeit knüpft richtigerweise an das Verhalten der handelnden Hoheitsträger an. Es ist von einem erfolgsbezogenen Rechtswidrigkeitsverständnis auszugehen. Diese Auffassung wird auch in der Literatur vertreten. Die Rechtswidrigkeit, heißt es, sei nach objektiven Kriterien festzustellen. Sie liege vor, wenn für den Eingriff in Rechte der Bürger nach geltenden Gesetzen keine Grundlage vorhanden sei. Die Widerrechtlichkeit scheide hingegen aus, wenn das Handeln eines staatlichen Mitarbeiters oder Beauftragten auf gesetzlicher Grundlage beruhe.[95] Dies war insbesondere bei Eingriffen nach dem Baulandgesetz[96] der Fall, das eine Entschädigungszahlung anordnete, sowie nach dem Gesetz zum Schutz des Menschen vor übertragbaren Krankheiten,[97] das Eigentumseingriffe im Interesse des Seuchenschutzes gestattete. Daneben war die Rechtswidrigkeit ausgeschlossen, wenn dem handelnden Mitarbeiter oder Beauftragten staatlicher Organe oder Einrichtungen Rechtfertigungsgründe wie Notwehr, Notstand oder Selbsthilfe zur Seite standen.[98] Rechtswidrig seien dagegen solche Schäden, die auf ei-

---

[92] Das Wort Verwaltungsweg verschleiert, dass es einen Verwaltungsrechtsweg in der ehemaligen DDR nicht gab. Rechtsschutz gegen den Staat stand auch im Widerspruch zur sozialistischen Gesetzlichkeit, da der Staat stets den Willen der Arbeiterklasse ausführte. Eine gerichtliche Nachprüfung der Verwaltungsentscheidungen durch die ordentliche Gerichtsbarkeit wurde durch das „Gesetz über die Zuständigkeit und das Verfahren der Gerichte zur Nachprüfung von Verwaltungsentscheidungen“ vom 14. 12. 1988 (GBl. DDR I, S. 327) ermöglicht, das zum 1.9.1989 in Kraft trat. Es wurde ein neuer § 6 a eingefügt, wonach das Kreisgericht über Grund und Höhe eines Ersatzanspruchs nach Ausschöpfen des Beschwerdeweges entschied. An die Stelle der Kreisgerichte traten nach § 16 des Gesetzes zur Anpassung der Rechtspflege im Beitrittsgebiet vom 26. 6. 1992 (BGBl. I, S. 1147) die Landgerichte.

[93] Ersatzlos gestrichen durch Gesetz vom 14.12.1988 (s. vorige Fußnote)

[94] BGBl 1990 II Anl. II, Kap. III, Sachgebiet B, Abschnitt III Nr. 1 lit. a (S. 1168)

[95] Lübchen, NJ 1969, 394, 395

[96] Gesetz vom 15.6.1984, GBl. DDR I, 201

[97] Gesetz vom 20.12.1965, GBl. DDR I, 29

[98] §§ 352 ff. ZGB

nem gesetzwidrigen Verhalten, einer unrichtigen Anwendung des Gesetzes oder anderer Rechtsvorschriften, sowie auf grobem Ermessensmissbrauch beruhten.

Einen weiterführenden Standpunkt nimmt ein späterer Beitrag ein, wonach rechtswidrig jede Beeinträchtigung eines durch Gesetz oder andere Rechtsvorschriften geschützten subjektiven Rechts des Bürgers sei.[99] Es wurde gefragt, ob mit dieser Änderung des Blickwinkels die fehlende Drittbezogenheit in den Tatbestand zurückgeholt werde.[100] Diese Aussage ist weder richtig noch falsch. Ihr kommt lediglich klarstellende Bedeutung zu. Sie besagt, dass dem Rechtsverstoß auf Seiten des handelnden Amtswalters eine Rechtsverletzung auf Seiten des betroffenen Bürgers korrespondieren muss. Dies sind gleichsam die zwei Seiten derselben Medaille. Bei erfolgsbezogener Rechtswidrigkeit ist die Auffassung zutreffend, dass die Verletzung eines subjektiven Rechts die Rechtswidrigkeit indiziere.[101] Diese Klarstellung ist vor dem Hintergrund, dass § 1 Abs. 1 DDR-StHG die Drittbezogenheit nicht zu seinen Tatbestandsvoraussetzungen zählt, hilfreich.

In die falsche Richtung gehen freilich die weiteren Ausführungen, dass rechtswidrige Schadenszufügung, die zur Staatshaftung führe, einerseits vorliegen könne, wenn ein Mitarbeiter oder Beauftragter den Schaden unter Verletzung von Rechtsvorschriften verursache. Andererseits könne sie aber auch gegeben sein, wenn eine staatliche Tätigkeit zwar rechtmäßig ausgeübt, aber dennoch das Leben, die Gesundheit oder das persönliche Eigentum des rechtswidrig geschädigt worden sei.[102] Auf die Sinnlosigkeit der Trennung eines einheitlichen Lebensvorgangs in eine rechtmäßige Handlung und eine rechtswidrige Folge wurde bereits in aller Deutlichkeit hingewiesen. Damit setzt sich der Verfasser auch in Widerspruch zu der zustimmungswürdigen Aussage, dass stets ein subjektives Recht des Betroffenen verletzt sein müsse. Dies kann nämlich nur anhand des konkreten Rechtsverstoßes ermittelt werden. Das Bestehen einer Schadensposition löst für sich genommen keine Rechtsfolge aus, sondern nur dann, wenn die Voraussetzungen eines Haftungstatbestands vorliegen.

III. Die Übernahme des Staatshaftungsgesetzes der DDR im Einigungsvertrag

1. Die Änderungen des Haftungstatbestands

Das Staatshaftungsgesetz der vormaligen DDR galt nach Art. 9 Abs. 1 Satz 1, Abs. 2 des Einigungsvertrages[103] i. V. m. Anlage II, Kapitel III, Sachgebiet B: Bürgerliches Recht, Abschnitt III Nr. 1 seit dem 3. Oktober 1990 im gesamten Beitrittsgebiet als Landesrecht fort.[104] Die Weitergeltung dieses typisch sozialistischen Gesetzes[105] erforderte umfängliche Veränderungen. Der Kreis der geschützten Rechtsträger wurde auf juristische Personen erweitert. Auch der Kreis der geschützten Schadenspositionen musste geändert werden. Der Kreis der ersatzfähigen Schadenspositionen wurde auf das Vermögen und alle Rechte des Geschädigten erstreckt.[106]

---

[99] Verwaltungsrecht (Autorenkollektiv), S. 315; Duckwitz, NJ 1989, 146, 147
[100] Ossenbühl, S. 478, ders., NJW 1991, 1201, 1204
[101] Verwaltungsrecht (Autorenkollektiv), S. 216
[102] Duckwitz, NJ 1989, 146, 147
[103] Vertrag über die Schaffung einer Währungs-, Wirtschafts- und Sozialunion zwischen der Bundesrepublik Deutschland und der Deutschen Demokratischen Republik vom 18.5.1990 (BGBl. II, S. 537)
[104] BT-Drucksache 11/7817, S. 63
[105] Lörler, NVwZ 1991, 133, 137
[106] Einigungsvertrag vom 31.8.1990, Anlage II B, Kap III, Sachgebiet B, Abschnitt III (BGBl. II, S.1168); Weitere Änderungen betrafen die Neufassung des § 1 Abs. 4 DDR-StHG, der für eine Staatshaftung bei fehlerhaften Gerichtsentscheidungen auf die dafür bestehenden Gesetze und Rechtsverordnungen verweist, die Neufassung des § 2 DDR-StHG über die Mitwirkungspflicht des Geschädigten bei der Schadensvermeidung oder –reduzierung, die Neufassung des § 6 a DDR-StHG über das Gerichtsverfahren, die Streichung des § 7 DDR-StHG, der

Der Umfang des ersetzenden Schadens bestimmt sich nach § 1 Abs. 3 DDR-StHG nach den Vorschriften des Zivilrechts. Dies hat die gravierende[107] Folge, dass der Ersatzanspruch sich nicht nur auf den Ausgleich des positiven Schadens richtet, sondern auch den entgangenen Gewinn und Schmerzensgeld umfasst. Damit erwachsen dem Staat namentlich im Bereich der grundgesetzlich geschützten Gewerbefreiheit ganz neue Haftungsrisiken.[108] Ersatzfähig ist damit nicht nur der eingetretene Substanzverlust, sondern es sind auch solche Schäden zu entschädigen, die sich beispielsweise aufgrund einer verzögerten Erteilung einer Genehmigung ergeben haben. Zurecht wurde kritisiert, die Haftung führe damit über den Entschädigungsgrundsatz „Schutz des Erworbenen, nicht des erst zu Erwerbenden"[109] weit hinaus.[110]

Diese Veränderungen übertreffen bei Weitem, was eine rechtsstaatlich gebotene Anpassung des Haftungstatbestands verlangt hätte. Die Regelung der Staatshaftung nach dem durch den Einigungsvertrag modifizierten DDR-StHG wurde zurecht als die großzügigste in Deutschland bezeichnet.[111] Wegen dieser substantiellen Veränderungen des DDR-StHG könne auch von einer Weitergeltung im eigentlichen Sinne nicht mehr gesprochen werden. Vielmehr handle es sich um eine gesetzliche Neuschöpfung.[112] Mit Blick auf die wegen damals fehlender Gesetzgebungskompetenz des Bundes[113] geäußerten Zweifel an der Gültigkeit des Gesetzes[114] wurde zutreffend darauf verwiesen, dass die Volkskammer der DDR zur Wahrnehmung der Kompetenzen des Landesgesetzgebers befugt gewesen ist.[115] Im übrigen dürfte spätestens mit der Bezugnahme der Landesgesetzgeber[116] auf das StHG eine rechtsgültige Transformation nicht mehr angezweifelt werden.[117] Die Geltung des Gesetzes steht daher nicht mehr in Frage.

2. Schwächen der Modifizierung

Die Weitergeltung des DDR-StHG entsprach dem Wunsch der Deutschen Demokratischen Republik, das dort Erreichte, das auch aus der Sicht der Bundesrepublik Deutschland rechtspolitisch wünschenswert erscheint, bis zu der angestrebten Reform im geeinten Deutschland zu bewahren.[118] Dem ist im Grunde zuzustimmen. Das DDR-StHG normiert eine unmittelbare und verschuldensunabhängige Staatshaftung, die auch bereits Ziel erfolgloser Reformbestrebungen in der Bundesrepublik Deutschland war.[119] Gleichwohl ist die durch den Einigungsvertrag festgeschriebene Weitergeltung in mancherlei Hinsicht mangelhaft. Ein redaktioneller Mangel liegt in der Zuordnung des Staatshaftungsrechts zur Materie des bürgerlichen Rechts. Diese Sichtweise dürfte spätestens seit dem Urteil des Bundesverfassungsgerichts zum Staathaftungsgesetz von 1981[120] falsch sein.[121] Eine privatrechtlich zu wertende Staatshaftung

---

die Mitwirkung der Staatlichen Versicherung der DDR regelte, die Neuformulierung des § 9 DDR-StHG, der Regelungen über den Rückgriff enthielt und die Erstreckung der Staatshaftung auf Ausländer in § 10 DDR-StHG.

[107] Krohn, VersR 1991, 1085, 1092

[108] Krohn, VersR 1991, 1085, 1092

[109] BGHZ 111, 349

[110] Krohn, VersR 1991, 1085, 1092

[111] Lörler, NVwZ 1991, 133, 137

[112] Ossenbühl, S. 472; ders., NJW 1991, 1201, 1202

[113] Mit dem Gesetz zur Änderung des Grundgesetzes vom 27.10.1994 wurde dem Bund gemäß Art. 74 Nr. 25 GG die konkurrierende Gesetzgebungsbefugnis für den Bereich der Staatshaftung eingeräumt (BGBl. I, 3416).

[114] Ossenbühl, NJW 1991, 1201, 1202

[115] Lörler, DtZ 1992, 135; Schlotter, LKV 1993, 248, 250; Stäßler, NJW 1991, 2467

[116] Für Brandenburg ist hier § 10 Abs. 1 S. 2 Bbg. StrG zu nennen.

[117] Herbst/Lühmann, S. 111

[118] BT-Drucksache 11/7817, S. 63

[119] s. im 2. Teil unter B

[120] BVerfGE 61, 149

[121] näher hierzu Herbst/Lühmann, S. 107

steht dem Rechtsstaatsprinzip entgegen und bedeutet eine Rückkehr zur überwundenen Mandatstheorie.[122]

Nicht unproblematisch ist die Übernahme des DDR-StHG als Landesrecht in den neuen Bundesländern auch vor dem Ziel des Einigungsvertrages, eine umfassende Rechts- und Verfassungseinheit im wiedervereinigten Deutschland herzustellen.[123] Dabei ist zu berücksichtigen, dass eine Übernahme des DDR-StHG als Bundesrecht wegen der damals fehlenden Gesetzgebungskompetenz des Bundes für die Materie des Staatshaftungsrechts nicht möglich gewesen wäre. Gleichwohl ist dem Befund beizupflichten, dass – zumindest theoretisch – eine Haftungsschere[124] zwischen den neuen und den alten Bundesländern entstanden ist.[125] Die unterschiedliche Normierung der Staatshaftung hat aber vor dem Hintergrund der damals geltenden Gesetzgebungskompetenzen Bestand. Eine aus dem Prinzip der Rechtsvereinheitlichung abzuleitende Nichtigkeit der Überleitungsvereinbarungen zum DDR-StHG[126] widerspräche der föderalistischen Struktur der Bundesrepublik Deutschland.

Vor dem Hintergrund einer fehlenden Regelung der Staatshaftung für das gesamte Bundesgebiet sollte die Einführung einheitlicher Landesgesetze in den neuen Bundesländern vielmehr den Impuls geben, eine einheitliche Regelung für das gesamte Bundesgebiet zu schaffen. Ziel der Weitergeltung war damit nicht nur ein Anstoß für die Reform der Staatshaftung, sondern auch die damit einhergehende Rechtsvereinheitlichung im gesamten Bundesgebiet. Für die Auslegung des Bbg. StHG ist das mit dem Einigungsvertrag verfolgte Ziel der Rechtsvereinheitlichung dagegen von Bedeutung. Neben der Selbstverständlichkeit, dass eine Auslegung des Bbg. StHG nunmehr auf Basis des Grundgesetzes zu erfolgen hat, bedeutet dies auch, dass bei der Auslegung des Haftungstatbestands des § 1 Abs. 1 Bbg. StHG auf solche Grundsätze und Prinzipien zurückgegriffen werden kann und muss, die für die Amtshaftung und die übrigen Tatbestände staatlicher Unrechtshaftung entwickelt wurden.

Kernpunkt der Kritik an der Modifizierung des DDR-StHG durch den Einigungsvertrag ist die Ausdehnung des Kreises der Anspruchsberechtigten und der ersatzfähigen Schadenspositionen ohne gleichzeitige Einführung haftungsbeschränkender Merkmale. Bereits im Vorfeld des Einigungsvertrags wurde im Schrifttum darauf hingewiesen, dass sich die Rechtskonstruktion mit dem Übergang zu marktwirtschaftlichen Verhältnissen wohl nicht mehr aufrecht erhalten lassen werde.[127] Bei einer Erweiterung der Staatshaftung auf den Ersatz von Schäden der Privatwirtschaft werden einerseits der sozial determiniert großzügige Haftungsrahmen und andererseits die aus der Subsidiaritätshaftung resultierende Abwälzung des Schadens insbesondere auf die Versicherungen zu überprüfen sein.[128] Die sozial motivierte Beschränkung der Haftung für hoheitliches Unrecht auf bestimmte Rechtsgüter des Bürgers ist in der neugefassten Vorschrift des § 1 Abs. 1 Bbg. StHG nicht mehr enthalten[129] und auch aus rechtsstaatlichen Erwägungen nicht vertretbar.

---

[122] Schullan, VersR 1993, 283, 286
[123] Scholz, in Maunz/Dürig, Art. 23 a. F., Rn. 37
[124] Herbst/Lühmann, S. 109
[125] Dies zeigte sich besonders in der unterschiedlichen Rechtslage im Westteil und im Ostteil Berlins. Anstatt das DDR-StHG jedoch auf ganz Berlin auszudehnen, wurde es auch im Ostteil der Stadt durch Gesetz vom 21. 9. 1995 aufgehoben (GVBl. S. 607).
[126] Schullan, VersR 1993, 283, 287
[127] Lörler, NVwZ 1990, 830
[128] Lörler, NVwZ 1990, 830
[129] Schullan, VersR 1993, 283, 284

Trotzdem ist es nicht die Ausdehnung des Anwendungsbereichs, die bedenklich erscheint. Diese trägt vielmehr den geänderten Verhältnissen Rechnung. § 1 Abs. 1 Bbg. StHG erlaubt eine Haftung der Hoheitsträger für jeden Schaden, den ihre Amtswalter in Ausübung hoheitlicher Gewalt einer natürlichen oder juristischen Person rechtswidrig zufügen.[130] Der Verzicht auf jegliches haftungsbegrenzende Merkmal führt zur Gefahr einer Ausuferung der Staatshaftung und zu einer übermäßigen Berücksichtigung privater Belange gegenüber den Allgemeininteressen der öffentlichen Hand. Durch die Berücksichtigung haftungsbegrenzender Merkmale kann das Ziel einer ausgewogenen Verteilung der Schadenslasten erreicht werden. Die Notwendigkeit einer solchen Haftungsbegrenzung zeigt der Vergleich mit den engen Anspruchsvoraussetzungen des § 1 Abs. 1 DDR-StHG a. F. Vor dem Ziel der Rechtsvereinheitlichung im gesamten Bundesgebiet erscheint es naheliegend, für die Frage der Haftungsbegrenzung auf die anderen Institute der Staatsunrechtshaftung und das Schadensersatzrecht zurückzugreifen.

3. Aspekte des Reformprozesses

Zu den Gründen, die die Vertragsparteien des Einigungsvertrages bewegt haben, eine Fortgeltung des DDR-StHG in den neuen Bundesländern zu vereinbaren, heißt es in den Erläuterungen des Einigungsvertrages:

> *„Die Deutsche Demokratische Republik hat 1969 die unmittelbare und verschuldensunabhängige Staatshaftung für schädigende Folgen rechtswidrigen hoheitlichen Verhaltens gesetzlich eingeführt und damit anders als die Bundesrepublik Deutschland die Staatshaftung als Verantwortlichkeit für eigenes Unrecht von der bisher geltenden zivilrechtlichen Verantwortlichkeit des handelnden Amtswalters nach § 839 BGB gelöst. Dieser neue dogmatische Ansatz ist seit langem Ziel der Reformbemühungen um das Staatshaftungsrecht auch in der Bundesrepublik Deutschland. Er konnte jedoch trotz eines gesetzgeberischen Versuchs (vgl. Staatshaftungsgesetz vom 26.6.1981 bisher nicht verwirklicht werden (vgl. dazu BVerfGE 61, 149 ff.)“*[131]

Man glaubte, durch die Weitergeltung des DDR-StHG in den neuen Bundesländern der Reform des Staatshaftungsrechts in der Bundesrepublik einen Schritt näher gekommen zu sein.[132] Die Einführung einer unmittelbaren und verschuldensunabhängigen Staatshaftung war im Kern[133] Gegenstand der Staatshaftungsreform in der Bundesrepublik. Der im Einigungsvertrag modifizierten Fassung des § 1 Abs. 1 DDR-StHG wurde große Ähnlichkeit mit dem Staatshaftungsgesetz von 1981[134] bescheinigt.[135] Auch dieses sah eine Schadensersatzpflicht des Verwaltungsträgers für solche Schäden vor, die ein Bürger durch rechtswidriges Verhalten der öffentlichen Gewalt erleiden sollte. Der Tatbestand enthielt zudem die klarstellende Formulierung, dass die verletzte Rechtspflicht einem anderen gegenüber obliegen müsse. Eine Einschränkung auf bestimmte Rechtsgüter oder ersatzfähige Schadenspositionen war nicht vorgesehen. Schadensersatz war nach § 2 Abs. 1 StHG-DDR in Geld zu leisten.

Der zu ersetzende Schaden erfasste nach § 2 Abs. 3 StHG 1981 entgangenen Gewinn und den Nichtvermögensschaden im Falle einer Verletzung der körperlichen Unversehrtheit, der Gesundheit, der Freiheit oder einer schweren Verletzung der Persönlichkeit. Dieser war nach

---

[130] Schullan, VersR 193, 283, 284
[131] BT-Drucksache 11/7817, S. 63
[132] Christoph, NVwZ 1990, 536, 537
[133] Ossenbühl, S. 475; ders., NJW 1991, 1201, 1203
[134] im Folgenden: StHG 1981
[135] Christoph, NVwZ 1991, 536, 537

§ 7 StHG 1981 angemessen in Geld zu entschädigen. Auch auf Rechtsfolgenseite bestehen im Grundsatz keine Unterschiede zu § 1 Abs. 1 DDR-StHG.[136] Beide Gesetze enthalten Regelungen zur Schadensabwendungs- und Schadensminderungspflicht.[137] Beträchtliche Divergenzen ergeben sich aus den im StHG 1981 vorgesehenen Beschränkungen des Geldersatzes für Schäden, die auf dem Versagen einer technischen Einrichtung beruhen oder aus einem rechtswidrigen, nicht gegen die den Umständen nach gebotene Sorgfalt verstoßenden Grundrechtseingriff resultieren. Entgangener Gewinn und Nichtvermögensschäden werden gemäß § 2 Abs. 3 S. 2 StHG 1981 in diesen Fällen nicht ersetzt.

Der weite Haftungsrahmen des StHG 1981 erfuhr eine maßgebliche Einschränkung in erster Linie dadurch, dass der nach § 2 Abs. 1 S. 1 StHG 1981 zu leistende Geldersatz nach § 2 Abs. 1 S. 2 StHG 1981 entfällt, wenn die Pflichtverletzung auch bei Beachtung der bei der Ausübung öffentlicher Gewalt den Umständen nach gebotenen Sorgfalt nicht hätte vermieden werden können. Stellt die Pflichtverletzung einen Grundrechtseingriff dar, so war der Schaden gemäß § 2 Abs. 2 StHG 1981 auch bei Beachtung der nach Satz 1 gebotenen Sorgfalt zu ersetzen. Die Formulierung „den Umständen nach geboten“ deutet darauf hin, dass die Bestimmung des Sorgfaltsmaßstabs aufgrund objektiver Kriterien erfolgen sollte. Auf die persönlichen Fähigkeiten und Kenntnisse des handelnden Amtswalters kommt es nicht an. Die Parallele zu dem objektivierten und entindividualisierten Verschuldensmaßstab des § 839 BGB liegt auf der Hand.[138] In beiden Fällen geht es nicht um die Frage der persönlichen Vorwerfbarkeit einer Rechtsverletzung, sondern um die Nichteinhaltung einer Sorgfaltspflicht. Von einem Verschuldenserfordernis kann daher streng genommen in beiden Fällen nicht gesprochen werden.[139] Die Haftung knüpft in beiden Fällen an die Verletzung einer drittbezogenen Rechtspflicht und dem Verstoß gegen einen objektiven Sorgfaltsmaßstab an.

Eine derartige Beschränkung der Haftung sieht der Wortlaut des § 1 Abs. 1 DDR-StHG nicht vor. Durch den Verzicht auf haftungsbegrenzende Merkmale gewinnt die Staatshaftung eine Dimension, die weit über die Regelung hinausgeht, die der Bundesgesetzgeber mit dem gescheiterten Staatshaftungsgesetz von 1981 verwirklichen wollte.[140] Wegen des klaren Wortlauts des § 1 Abs. 1 DDR-StHG verbietet es sich, die notwendige Haftungsbeschränkung durch einen objektivierten Verschuldensmaßstab zu erreichen. Die Einführung einer allgemeinen Schutzklausel, die dem § 2 Abs. 1 StHG 1981 entspricht, wäre ein denkbarer Weg, die gebotene Haftungsbeschränkung zu erreichen.[141] Dies bedürfte aber eines Tätigwerdens des Gesetzgebers.

Das gleiche Ergebnis kann aber auch im Wege der Auslegung erreicht werden. Genau die Aspekte, die bei der Amtshaftung im Rahmen des Verschuldens und im StHG 1981 in der Schutzklausel des § 2 Abs. 1 StHG 1981 zu einer Begrenzung der Haftung führen sollen, berücksichtigt ein handlungsbezogener Rechtswidrigkeitsbegriff. Dieser verlangt die Verletzung einer Rechtspflicht und stellt darüber hinausgehend die Frage, ob der Schädiger die zur Vermeidung des Schadenseintritts erforderliche Sorgfalt eingehalten hat oder die Verletzung der Verhaltensregel objektiv sorgfaltswidrig war.

---

136 Herbst/Lühmann, S. 482

137 § 2 DDR-StHG, § 2 Abs. 4 StHG 1981. Das StHG 1981 differenziert diese Regelung zur Haftungsbefreiung wegen eines Mitverschuldens des Betroffenen in weiteren Vorschriften näher, vgl. Herbst/Lühmann, S. 484

138 zum Verschuldensmaßstab bei § 839 BGB ausführlich Ossenbühl, S. 72 ff.

139 missverständlich daher die Ausführungen bei Schullan, VersR 1993, 283, 285

140 Krohn, VersR 1991, 1085, 1092

141 Lörler, DtZ 1992, 135, 136

Von der Reduktionsklausel des § 2 Abs. 1 StHG-DDR unterscheidet sich eine handlungsbezogene Rechtswidrigkeit hinsichtlich der Frage der Beweislastverteilung.[142] Bei einem handlungsbezogenen Rechtswidrigkeitsverständnis gehört die Verletzung einer Sorgfaltspflicht zur Frage der Rechtswidrigkeit und damit zu den konstituierenden Merkmalen des Anspruchs. Die Beweislast trifft den Anspruchssteller. Bei der Regelung des § 2 Abs. 1 StHG 1981 führt die Einhaltung der nach den Umständen gebotene Sorgfalt zum Entfallen der Ersatzpflicht. Daher trifft die Beweislast den Anspruchsgegner, da es sich um einen für ihn günstigen Umstand handelt.[143] Diese Konstruktion überzeugt durch den praktischen Vorteil, dass es dem betroffenen Bürger, der den Anspruch stellt, oftmals schwerfallen wird, den Sorgfaltsverstoß schlüssig darzulegen und unter Beweis zu stellen. Dieser Nachteil kann im Rahmen eines handlungsbezogenen Rechtswidrigkeitsbegriffes dadurch korrigiert werden, dass an die Darlegungs- und Beweislast für den Sorgfaltsverstoß keine hohen Anforderungen gestellt werden.

IV. Ergebnis

Der Vergleich des § 1 Abs. 1 Bbg. StHG mit dem § 1 Abs. 1 DDR-StHG in seiner ursprünglichen Fassung zeigt die Notwendigkeit haftungsbeschränkender Merkmale. Aufgrund des rein sozialpolitisch motivierten engen Anwendungsbereichs des DDR-StHG war trotz des weiten Haftungsrahmens eine übermäßige Inanspruchnahme der öffentlichen Hand nicht zu befürchten. Diese Beschränkung des Anspruchs auf einen eng umgrenzten Kreis ersatzfähiger Schadenspositionen ist durch den Einigungsvertrag entfallen.

Die modifizierte Fassung des § 1 Abs. 1 DDR-StHG verpflichtete den Staat grundsätzlich zum Ersatz aller Schadenspositionen, die durch rechtswidriges hoheitliches Handeln verursacht wurden. Einen Hinweis auf eine mögliche Haftungsbeschränkung liefert der Einigungsvertrag, indem er auf den Reformprozess des Staatshaftungsrechts in der Bundesrepublik verweist. Das StHG 1981 und der ihm vorangehende Referentenentwurf von 1976 waren dem DDR-StHG im Kern ähnlich. Auch sie statuierten eine Haftung für rechtswidriges Verhalten der öffentlichen Gewalt. Eine Begrenzung des weiten Haftungsrahmens sollte dadurch erfolgen, dass bei Einhaltung der erforderlichen Sorgfalt die Haftung entfällt. Das gleiche Ergebnis kann auch über einen handlungsbezogenen Rechtswidrigkeitsbegriff erreicht werden, der die gleichen Erwägungen bereits beim Tatbestandsmerkmal der Rechtswidrigkeit vornimmt. Der maßgebliche Unterschied liegt in der Beweislast.

D. Teleologische Auslegungskriterien

I. Methodischer Hinweis

Die grammatikalisch-systematische und die historische Auslegung des § 1 Abs. 1 Bbg. StHG reichen nicht aus, um den Begriff der Rechtswidrigkeit bestimmen zu können. Wiewohl ein handlungsbezogenes Rechtswidrigkeitsverständnis vor allem vor dem Hintergrund des Reformprozesses des Staatshaftungsrechts in Deutschland vorzugswürdig scheint, so ist dieses Ergebnis nicht zwingend. Eine Auslegung gewinnt ihre Überzeugungskraft aber erst dann, wenn sie den Anspruch erheben kann, zutreffende, durch einsehbare Gründe hinreichend gestützte Erkenntnis zu sein.[144]

---

[142] Herbst/Lühmann, S. 484

[143] zu den Regeln der Beweilastverteilung Thomas/Putzo, Vorbem. § 284, Rn. 23; diese Regeln gelten allerdings nicht im verwaltunsgerichtlichen Verfahren. Dort gilt der Amtsermittlungsgrundsatz, vgl. Kopp/Schenke, VwGO, Vorbem. § 40, Rn. 22. Da für die Geltendmachung von Schadensersatzansprüchen für hoheitliches Unrecht die Zivilgerichte zuständig sind, kommen die Vorschriften der ZPO zur Anwendung.

[144] Larenz/Canaris, Methodenlehre, S. 135

Dabei geht es maßgeblich um die Frage, welche Zwecke der Gesetzgeber mit dem Gesetz verwirklichen wollte. Dabei kommt es nicht darauf an, dass er sich dieser bewusst war. Vielmehr geht es auch um diejenigen Zwecke, die er vernünftigerweise hätte berücksichtigen müssen, um zu einer sachgemäßen Regelung zu gelangen.[145] Dies sind einmal rechtsethische Prinzipien, die hinter einer Regelung stehen, in denen der Sinnbezug einer solchen auf die Rechtsidee fassbar, aussprechbar wird.[146] Unter diesen Prinzipien, an denen sich die Auslegung zu orientieren hat, kommt den in Verfassungsrang gesteigerten Prinzipien eine gesteigerte Bedeutung zu.[147]

Die Haftung des Staates für hoheitliches Unrecht ist in Art. 34 S. 1 GG verankert. Diese Vorschrift wurde als Konkretisierung des Rechtsstaatsgedankens bezeichnet.[148] Sie steht im engen Zusammenhang mir dem in Art. 20 Abs. 3 GG normierten Grundsatz der Gesetzmäßigkeit der Verwaltung und der Rechtsschutzgewährleistung in Art. 19 Abs. 4 GG. Eine Auslegung des § 1 Abs. 1 Bbg. StHG muss dem Rechtsstaatsprinzip Rechnung tragen. Während das Rechtsstaatsprinzip lediglich einen ausfüllungsbedürftigen Maßstab[149] darstellt, geben die Konkretisierungen des Rechtsstaatsprinzips in Art. 19 Abs. 4, Art. 20 Abs. 3 GG und Art. 34 S. 1 GG und deren Beziehung zueinander Aufschluss für die Auslegung des Begriffs der Rechtswidrigkeit in § 1 Abs. 1 Bbg. StHG.

Unter den teleologischen Auslegungskriterien kommt neben dem Rechtsstaatsprinzip dem Prinzip der Gleichbehandlung des Gleichartigen eine maßgebliche Bedeutung zu.[150] Die unterschiedliche Bewertung wertungsmäßig gleich liegender Tatbestände erscheine als ein Wertungswiderspruch, der mit der Idee der Gerechtigkeit im Sine des „gleichen Maßes" nicht zu vereinbaren sei.[151] Rechtssätze sind daher im Rahmen ihres Wortsinns so auszulegen, dass Wertungswidersprüche nach Möglichkeit vermieden werden. Dies kann nur dann erreicht werden, wenn § 1 Abs. 1 Bbg. StHG mit weiteren Instituten der Haftung für hoheitliches Unrecht verglichen wird.[152] Hieraus sich ergebende Zwecksetzungen und Bewertungen dürfen auch im Bereich des § 1 Abs. 1 Bbg. StHG nicht unterlaufen werden.

II. Das Rechtsstaatsprinzip

1. Einschlägige Konkretisierungen

Die Verpflichtung des Staates, für Unrecht gegenüber dem Bürger einzustehen, enthält Art. 34 S. 1 GG. In dieser Funktion ist er Bestandteil des Rechtsstaatsprinzips.[153] Verfassungsdogmatisch umfasst das Rechtsstaatsprinzip die Gesamtheit der Regeln, Grundsätze und Prinzipien, die im Grundgesetz ihren Niederschlag gefunden haben und als Ausprägung des Rechtsstaats gelten, indem sie staatliche Machtausübung rechtlich binden, organisieren und begrenzen.[154] Den zentralen Grundsatz des Rechtsstaatsgedankens stellt die Bindung der vollziehenden Gewalt an Recht und Gesetz dar, der in Art. 20 Abs. 3 GG zum Ausdruck kommt.[155]

---

[145] Larenz/Canaris, Methodenlehre, S. 153 f.
[146] Larenz/Canaris, Methodenlehre, S. 154
[147] Larenz/Canaris, Methodenlehre, S. 159
[148] s. im 2. Teil unter A, II
[149] Larenz/Canaris, Methodenlehre, S. 161
[150] Larenz/Canaris, Methodenlehre, S. 155
[151] Larenz/Canaris, Methodenlehre, S. 155
[152] s. im 2. Teil unter C und D
[153] Schnapp, in v. Münch/Kunig, Art. 34, Rn. 1; Wieland, in Dreier, Art. 34, Rn. 22; vgl. hierzu im 2. Teil, A
[154] Schulze-Fielitz, in Dreier, Art. 20 (Rechtsstaat), Rn. 36
[155] Schnapp, in v. Münch/Kunig, Art. 20, Rn. 43

Mit dem Prinzip der Gesetzmäßigkeit der Verwaltung wird kraft des Art. 34 GG die Verpflichtung verknüpft, einen durch rechtswidrige Ausübung öffentlicher Gewalt entstandenen Schaden, der durch die Wiederherstellung des rechtmäßigen Zustands nicht voll zu beseitigen ist, im Wege der Wiedergutmachung auszugleichen.[156] Durch die Rechtsschutzgewährleistung in Art. 19 Abs. 4 GG werden dem Bürger ausnahmslos Möglichkeiten der Wiederherstellung des rechtmäßigen Zustands durch die Inanspruchnahme primären Rechtsschutzes ermöglicht.[157] Der schadensersatz- bzw. entschädigungsrechtliche Sekundärschutz ist im Verhältnis zum verwaltungsgerichtlichen Primärrechtsschutz nachrangig. Damit sind die Ausprägungen des Rechtsstaatsprinzips benannt, die für eine Auslegung des Begriffs der Rechtswidrigkeit in § 1 Abs. 1 Bbg. StHG von Bedeutung sind.

a) Grundsatz der Gesetzmäßigkeit der Verwaltung in Art. 20 Abs. 3 GG

Art. 20 Abs. 3 GG enthält die Grundsätze vom Vorbehalt des Gesetzes und vom Vorrang des Gesetzes.[158] Diese postulieren eine strikte Rechtsgebundenheit der Verwaltung.[159] Die vollziehende Gewalt darf nicht negativ[160] gegen Rechtssätze verstoßen. Dies gilt auch im Bereich des schlicht-hoheitlichen Verwaltungshandelns.[161] Normsetzendes Verwaltungshandeln muss mit höherrangigem Recht in Einklang stehen.[162] Eingriffe in die Rechts- und Freiheitssphäre einzelner bedürfen positiv[163] einer gesetzlichen Ermächtigung. Die Rechtmäßigkeit eines Eingriffs erfordert neben den Voraussetzungen der Ermächtigungsgrundlage die Einhaltung allgemeiner verfassungs- und verwaltungsrechtlicher Grundsätze wie des Grundsatzes der Verhältnismäßigkeit, des Gebots der Rücksichtnahme oder des Vertrauensschutzgedankens. Diese müssen in den entsprechenden Eingriffstatbestand gegebenenfalls hineingelesen werden. Zudem können formelle Voraussetzungen zu berücksichtigen sein.

Die strikte Rechtsgebundenheit der Verwaltung hat zur Folge, dass ein Verstoß gegen Gesetze zur Rechtswidrigkeit des Verwaltungshandelns führt. Im Bereich normsetzenden Verwaltungshandelns hat dies grundsätzlich die Nichtigkeit der in Rede stehenden Verordnung oder Satzung zur Folge.[164] In den übrigen Fällen garantiert Art. 19 Abs. 4 GG ausnahmslos die Wiederherstellung des rechtmäßigen Zustands. Handelt die Behörde in Form eines Verwaltungsakts, so bedeutet dies in erster Linie die Aufhebung eines rechtswidrigen Verwaltungsakts oder die Verpflichtung zum Erlass des rechtmäßigen Verwaltungsakts.

Das Erfordernis einer strikten Gesetzesbindung der Verwaltung lässt ein Verständnis der Rechtswidrigkeit ausschließlich im erfolgsbezogenen Sinne zu. Entscheidend ist vor dem Hintergrund des Rechtsstaatsprinzips allein der Verstoß der vollziehenden Gewalt gegen das Gesetz. Die Frage, ob dem im Einzelfall handelnden Amtswalter ein Verstoß gegen eine Sorgfaltspflicht unterlaufen ist, ist ohne Bedeutung. Adressat des Rechtsstaatsprinzips ist nicht der einzelne Amtswalter. Zwar übt der Staat seine Gewalt durch diesen aus. Das Rechtsstaatsprinzip richtet sich an den Staat und verlangt eine generelle und unbedingte Einhaltung der Gesetze.

---

[156] Papier, in Maunz/Dürig, Art. 34, Rn. 82
[157] Papier, in Maunz/Dürig, Art. 34, Rn. 82
[158] Stern, Staatsrecht I, S. 802 ff.
[159] Stern, Staatsrecht I, S. 801
[160] Stern, Staatsrecht I, S. 803
[161] Schulze-Fielitz, in Dreier, Art. 20 (Rechtsstaat), Rn. 162
[162] Schulze-Fielitz, in Dreier, Art. 20 (Rechtsstaat), Rn. 87
[163] Stern, Staatsrecht I, S. 805
[164] Schulze-Fielitz, in Dreier, Art. 20 (Rechtsstaat), Rn. 87

b) Die Rechtsschutzgewährleistung in Art. 19 Abs. 4 GG

Das erfolgsbezogene Verständnis der Rechtswidrigkeit bleibt nicht ohne Folgen für die Auslegung des Art. 19 Abs. 4 GG. Hinsichtlich der einzelnen Normen und Werte, die das Rechtsstaatsprinzip ausmachen, herrsche ein Verhältnis gegenseitiger Einflussnahme und Rücksichtnahme.[165] Art. 19 Abs. 4 GG eröffnet den Rechtsweg, wenn jemand durch die öffentliche Gewalt in seinen Rechten verletzt wird. Die Anknüpfung an die Verletzung eigener Rechte des Betroffenen zeigt den individualschützenden Charakter des garantierten Rechtsschutzes. Es gehe um den Schutz des einzelnen Menschen und um den Schutz der mit seiner Person verbundenen Rechtsstellungen.[166] Das subjektive Recht des Klägers ist das Schutzziel des gerichtlichen Prüfungsauftrags.[167] Die Verletzung des Bürgers in eigenen Rechten setzt die Rechtswidrigkeit des angegriffenen Akts voraus.[168]

Die Rechtswidrigkeit einer hoheitlichen Maßnahme stellt einen Verstoß gegen den Grundsatz der Gesetzmäßigkeit der Verwaltung aus Art. 20 Abs. 3 GG dar. Wirksamen Rechtsschutz gegen rechtswidrige Eingriffe in subjektive Rechte gewährt Art. 19 Abs. 4 GG nur dann, wenn diese generell beseitigt oder aufgehoben werden. Dies erfordert ein identisches Verständnis der Rechtswidrigkeit in beiden Vorschriften. Das erfolgsbezogene Verständnis der Rechtswidrigkeit gilt damit auch im Anwendungsbereich des Art. 19 Abs. 4 GG.

Nicht jeder Verstoß gegen eine Rechtsnorm konstituiert eine Verletzung eigener Rechte. Vielmehr bedarf es einer spezifischen Bezogenheit des objektiven Rechtsverstoßes auf das subjektive Recht gerade des Klägers. Es bedarf gleichsam eines Brückenschlags von der Rechtswidrigkeit der hoheitlichen Maßnahme zum eigenen Recht des Klägers. Das subjektive Recht wurde definiert als die personalisierte und individualisierte Rechtsmacht, die Rechtsordnung zur Verfolgung eigener Interessen in Bewegung setzen zu können.[169]

Dies sagt einerseits aus, dass eine rein faktisch ermittelte Betroffenheit, die durch rechtswidriges hoheitliches Handeln verursacht wurde, nicht ausreicht, um gerichtlichen Rechtsschutz zu erlangen. Die geltend gemachte Position muss vielmehr auf Normen beruhen. Es muss sich zudem um rechtlich geschützte Individualinteressen handeln. Solche Individualinteressen liegen dann unproblematisch vor, wenn die als verletzt geltend gemachte Norm dem Kläger einen Anspruch einräumt. Dies ist nur in den wenigsten Normen ausdrücklich so zum Ausdruck gebracht. Die Ermittlung muss regelmäßig mit Hilfe der Schutznormtheorie erfolgen. Dieser kommt dann in zweifacher Hinsicht Bedeutung zu. Einmal hinsichtlich der Frage, ob die als verletzt geltend gemachte Norm ein subjektives Recht enthält und hinsichtlich der Frage der Verletzung des Klägers in diesem subjektiven Recht.

c) Art. 34 S. 1 GG

Nach Art. 34 S. 1 GG trifft die Verantwortlichkeit dafür, dass jemand in Ausübung eines ihm anvertrauten Amtes die ihm einem Dritten gegenüber obliegende Amtspflicht verletzt, grundsätzlich den Staat oder die entsprechende Anstellungskörperschaft. Zwischen Art. 19 Abs. 4 GG und Art. 34 S. 1 GG besteht Übereinstimmung vor allem dahingehend, dass als Voraussetzung primären bzw. sekundären Rechtsschutzes nicht die rechtswidrige Ausübung hoheitlicher Gewalt schlechthin ausreicht. Unterschiedlich ist jedoch die begriffli-

[165] Schmidt-Aßmann, in Maunz/Dürig, Art. 19 Abs. 4, Rn. 15
[166] Schmidt-Aßmann, in Maunz/Dürig, Art. 19 Abs. 4, Rn. 8
[167] s. im 2. Teil unter A, II, Ziff. 2, lit. b, c
[168] Schmidt-Aßmann, in Maunz/Dürig, Art. 19 Abs. 4, Rn. 153
[169] Schmidt-Aßmann, in Maunz/Dürig, Art. 19 Abs. 4, Rn. 118

che Fassung der weitergehenden Voraussetzungen. Während Art. 19 Abs. 4 GG von der Verletzung eigener Rechte durch die öffentliche Gewalt spricht, nennt Art. 34 S. 1 GG die Verletzung einer drittgerichteten Amtspflicht. Damit geht Art. 34 S. 1 GG einerseits über den Anwendungsbereich des Art. 19 Abs. 4 GG hinaus, da der Schutz auch gegen rechtsprechende Gewalt und Legislative reicht.[170]

Was den Rechtsschutz im Bereich der vollziehenden Gewalt anbelangt, so ist der auf Beseitigung des rechtswidrigen Zustands gerichtete, verwaltungsgerichtliche Primärrechtsschutz vorrangig.[171] Deshalb bestimmen auch Art und Maß des durch Art. 19 Abs. 4 GG gewährleisteten Primärrechtsschutzes den Rahmen für den Anwendungsbereich des Art. 34 S. 1 GG.[172] Wegen des gestuften Verhältnisses setzt die Geltendmachung eines Ersatz- oder Entschädigungsanspruchs die erfolgreiche Rechtmäßigkeitskontrolle im Rahmen des primären Rechtsschutzes voraus. Dies dient der immer wieder geforderten Kongruenz zwischen primärem und sekundärem Rechtsschutz.[173]

Für die Verletzung einer drittgerichteten Amtspflicht hat dies zur Folge, dass der Begriff nichts anderes aussagt als die Verletzung eines subjektiven Rechts. Beide Formulierungen meinen dasselbe, betrachten dies lediglich aus einem anderen Blickwinkel heraus. Knüpft der primäre Rechtsschutz als Individualrechtsschutz an die Verletzung eines subjektiven Rechts, so gilt für den sekundären Rechtsschutz nichts anderes.[174] Die Frage, ob eine drittgerichtete Rechtspflicht verletzt wurde, bestimmt sich wie die Verletzung eines subjektiven Rechts auch und vor allem nach der Verletzung einer Schutznorm.[175]

Die in diesem Zusammenhang weiterhin interessierende Frage ist die, ob auch im Bereich des Art. 34 S. 1 GG die Rechtswidrigkeit erfolgsbezogen zu verstehen ist. Dies würde einen Anspruch auf Ersatz oder Entschädigung für alle aus der Verletzung eines subjektiven Rechts sich ergebenden Schadenspositionen zur Folge haben. Der Wortlaut des Art. 34 S. 1 GG sieht grundsätzlich eine Verantwortlichkeit der öffentlichen Hand vor. Dies ist dahin zu verstehen, dass eine Verantwortlichkeit der öffentlichen Hand die Regel sein soll, aber nicht in jedem Fall die zwingende Folge der Verletzung eines subjektiven Rechts ist.

Da die grundgesetzlich gewährleistete Staatshaftung als unmittelbarer Ausdruck des Rechtsstaatsprinzips[176] zu verstehen ist, könnte man der Annahme anhängen, dass wie bei Art. 20 Abs. 3 GG, Art. 19 Abs. 4 GG eine erfolgsbezogene Sichtweise gelten müsste. Es ist aber zweifelhaft, ob das Rechtsstaatsprinzip im Bereich des Art. 34 S. 1 GG uneingeschränkte Geltung beanspruchen kann. Das Rechtsstaatsprinzip verlangt sicher,[177] dass rechtswidrige Eingriffe der öffentlichen Gewalt unterbleiben bzw. beseitigt oder aufgehoben werden. Der einseitigen Konzentration auf die „alles oder nichts"-Alternative des Primärrechtsschutzes[178] steht die Ausgleichsfunktion der Gewährung eines finanziellen Ersatzes gegenüber, bei der Interessen beider Seiten zu berücksichtigen sein können. Bei der Frage nach der materiellen Verantwortlichkeit des Art. 34 S. 1 GG für Schäden, die aus der Verletzung eines subjektiven Rechts folgen, muss daher der Rückgriff auf Prinzipien des Schadensersatzrechts möglich

---

[170] Papier, in Maunz/Dürig, Art. 34, Rn. 84
[171] in aller Deutlichkeit BVerfGE 58, 300, 322 ff.
[172] v. Danwitz, in v. Mangoldt/Klein/Starck, Art. 34, Rn. 28
[173] Bonk, in Sachs, Art. 34, Rn. 70
[174] Papier, in Maunz/Dürig, Art. 34, Rn. 85
[175] Papier, in Maunz/Dürig, Art. 34, Rn. 85
[176] v. Danwitz, in v. Mangoldt/Klein/Starck, Art. 34, Rn. 40
[177] Papier, in Maunz/Dürig, Art. 34, Rn. 85
[178] v. Danwitz, in v. Mangoldt/Klein/Starck, Art. 34, Rn. 41

sein, solange es bei einer grundsätzlichen Verantwortlichkeit der öffentlichen Hand bleibt.[179] Für den Bereich des Amtshaftungsanspruchs bestehen daher keine Zweifel, dass es dem Gesetzgeber möglich war, die Verantwortlichkeit des Staates auf rechtswidrig-schuldhafte Amtspflichtverletzungen zu begrenzen.[180]

2. Ergebnis

Die Verletzung des subjektiven Rechts ist der Dreh- und Angelpunkt des gerichtlichen Rechtsschutzes im Bereich des Staatshaftungsrechts.[181] Auf der Ebene des Primärrechtsschutzes, der auf Abwehr und Unterlassung unrechtmäßiger hoheitlicher Entscheidungen gerichtet ist, folgt dies aus Art. 19 Abs. 4 GG i. V. m. dem Prinzip der Gesetzmäßigkeit der Verwaltung. Nichts anderes gilt für den Folgenbeseitigungsanspruch, der zur Ebene des primären Rechtsschutzes zu zählen ist. Seine Rechtsgrundlage findet er im einschlägigen Freiheitsgrundrecht i. V. m. dem Grundsatz der Gesetzmäßigkeit der Verwaltung. Er ist so eng mit dem Abwehr- und Unterlassungsanspruch verknüpft, dass man zurecht von einem einheitlichen grundrechtlichen Schutzanspruch auf Unterlassung, Abwehr und Beseitigung hoheitlichen Unrechts sprechen kann.[182] Dieser umfassende Anspruch hat zur Folge, dass die Rechtsweggarantie des Art. 19 Abs. 4 GG auch für den Folgenbeseitigungsanspruch gilt. Voraussetzung für die gerichtliche Geltendmachung ist auch hier die Verletzung eines subjektiven Rechts.

Der sekundäre Rechtsschutz, der auf Kompensation gerichtet ist, knüpft an Art. 34 S. 1 GG an. Die Verletzung einer drittbezogenen Amtspflicht ist gleichbedeutend mit der Verletzung eines subjektiven Rechts. Dies fordert der untrennbare Zusammenhang zwischen Art. 19 Abs. 4 und Art. 34 S. 1 GG, deren gemeinsame Klammer das Rechtstaatsprinzip bildet. Der konstitutionelle Kontext der Staatshaftung führt bei § 1 Abs. 1 Bbg. StHG zu der Konsequenz, dass der Anspruch auf Schadensersatz die Verletzung eines eigenen Rechts des Klägers voraussetzt,[183] also nicht bloß einen objektiven Normverstoß, wie dies das Thüringische Oberlandesgericht in seinem Urteil vom 21.05.2002 anzunehmen scheint.[184] Die Verletzung des eigenen Rechts stellt das rechtliche Bindeglied zwischen dem rechtswidrigen hoheitlichen Handeln und der tatsächlichen Beeinträchtigung beim Kläger dar. Insoweit bedarf es aus verfassungssystematischen Gründen einer berichtigenden Auslegung des Wortlauts des § 1 Abs. 1 Bbg. StHG in dem Sinne, dass das Tatbestandsmerkmal rechtswidrig zu lesen ist als „durch Verletzung einer drittgerichteten Rechtspflicht".[185] Auffassungen, wonach eine Beschränkung der Haftung durch die Drittbezogenheit aufgrund des Wortlauts des § 1 Abs. 1 Bbg. StHG nicht erfolgen dürfe, sind abzulehnen.[186]

Auch die Rechtsprechung, vor allem des BGH, geht, abgesehen von dem genannten Urteil des Thüringischen Oberlandesgerichts, nicht von einer objektiven Rechtswidrigkeitshaftung aus, sondern fordert *einen individuell begünstigenden Schutzzweck* der verletzten Rechtsnorm,[187]

---

[179] Papier, in Maunz/Dürig, Art. 34, Rn. 86
[180] v. Danwitz, in v. Mangoldt/Klein/Starck, Art. 34, Rn. 95; Papier, in Maunz/Dürig, Art. 34, Rn. 86; Wieland, in Dreier, Art. 34, Rn. 39
[181] zum Begriff des Staatshaftungsrechts jüngst Ossenbühl, in „50 Jahre BGH, Festgabe der Wissenschaft", S. 887, 889
[182] Ossenbühl, in „50 Jahre BGH, Festgabe der Wissenschaft", S. 887, 889
[183] Maurer, S. 779
[184] Thüringisches OLG, OLG-NL 2002, 280, 282
[185] Herbst/Lühmann, S. 216 ff.
[186] so wohl auch Wurm, in „FS 50 Jahre BGH, Bundesanwaltschaft und Rechtsanwaltschaft beim BGH", S. 267, 269
[187] OLG Brandenburg, LKV 1999, 242, 243

oder stellt die Frage in den Mittelpunkt, ob die *wahrzunehmenden Amtspflichten drittgerichtet waren.*[188] Leider geht die Rechtsprechung nicht so weit, von der Verletzung eines subjektiven Rechts zu sprechen. Vermutlich hängt dies mit der Rechtswegzuweisung zu den Zivilgerichten zusammen. Es sei noch auf die Ungenauigkeit hingewiesen, dass es sich bei der Verletzung eines subjektiven Rechts nicht um ein Kriterium der Haftungsbegrenzung handelt, sondern um ein die Haftung konstituierendes Merkmal, das der verfassungsmäßigen Ausgestaltung des Rechtsschutzes als Individualrechtsschutz verpflichtet ist.

Was die Frage nach dem Verständnis der Rechtswidrigkeit angeht, lässt sich mit Blick auf Art. 34 S. 1 GG nur negativ formulieren, dass dieser, anders als Art. 19 Abs. 4 GG, kein Verständnis der Rechtswidrigkeit im Sinne von Erfolgsunrecht voraussetzt. Dieser verlangt lediglich die grundsätzliche Verantwortlichkeit des Staates für rechtswidriges Handeln der öffentlichen Hand. Dieser Anforderung kann, wie die Institute des Staatshaftungsrechts zeigen, auf unterschiedlichste Weise Rechnung getragen werden. Hintergrund aller haftungsbegrenzenden Merkmale ist die Berücksichtigung von Verantwortungsbereichen zur gerechten Verteilung von Schadenslasten. Vor diesem Hintergrund stellt sich die Frage, ob es daher im Rahmen des § 1 Abs. 1 Bbg. StHG nicht geboten erscheint, diese Haftungsbegrenzung im Wege eines handlungsbezogenen Rechtswidrigkeitsverständnisses herbeizuführen. Dies kann aber nicht aus der Vorschrift des Art. 34 S. 1 GG heraus beantwortet werden, sondern nur aus einer Zusammenschau der einfachgesetzlichen Haftungstatbestände.

III. § 1 Abs. 1 Bbg. StHG im „System“ der Haftung für hoheitliches Unrecht

1. Methodischer Hinweis

Im folgenden soll der einfachrechtliche Kontext untersucht werden, in den die Vorschrift des § 1 Abs. 1 Bbg. StHG eingebettet ist. Von einem „System“ des Staatshaftungsrechts kann dabei streng genommen nicht gesprochen werden, wenn man hierunter ein auf dogmatischen Gesichtspunkten beruhendes, strukturiertes Aufbauprinzip versteht. Eine derartige Systematisierung muss versagen, da das Staatshaftungsrecht seiner rechtlichen Substanz und seiner Grundlage nach im wesentlichen Richterrecht darstellt.[189] Ein solcher Versuch soll auch nicht unternommen werden. Vielmehr geht es darum, aus einer ganzheitlichen Betrachtung einzelner Haftungsinstitute Aussagen über deren Reichweite zu treffen. Eine so ermittelte Tendenz könnte denn auch den Ausschlag geben für die Auslegung des Tatbestandsmerkmals der Rechtswidrigkeit in § 1 Abs. 1 Bbg. StHG.

Diese Erwägungen erfolgen mit dem Ziel, Wertungswidersprüche mit gleichliegenden Tatbeständen zu vermeiden.[190] Dabei sollen insbesondere diejenigen Anspruchsinstitute des sekundären Rechtsschutzes analysiert werden, die wie § 1 Abs. 1 Bbg. StHG auf Kompensation gerichtet sind. Dabei kann es nicht mit der Feststellung sein Bewenden haben, die Rechtswidrigkeit werde in all diesem Instituten – mit Ausnahme der Staatshaftung im europarechtlichen Kontext – erfolgsbezogen verstanden.[191] Es geht nunmehr darum, zu zeigen, wie die einzelnen Tatbestände den Ausgleich zwischen rechtsstaatlich Gebotenem und einer gerechten Verteilung der Schadenslasten vornehmen.

---

[188] BGH, NJW 2000, 427, 430; BGH, NJW 2003, 1318, 1319
[189] Ossenbühl, S. 2 ff.; ders., in „50 Jahre BGH, Festgabe der Wissenschaft“, S. 887, 888
[190] Larenz/Canaris, Methodenlehre, S. 155
[191] s. im 2. Teil unter C und D

2. Der Amtshaftungsanspruch, § 839 BGB, Art. 34 GG

a) Der Verschuldensmaßstab

Auf die Ähnlichkeit von Staatshaftungs- und Amtshaftungsanspruch wurde bereits hingewiesen. Durch die bisher für § 1 Abs. 1 Bbg. StHG erzielten Erkenntnisse treten die Ähnlichkeiten beider Tatbestände noch stärker zutage. Im Rahmen der haftungsausfüllenden Kausalität kommt es bei beiden Ansprüchen zu einer wertenden Zurechnung von Schadenspositionen. Auf Tatbestandsebene knüpfen beide an die Verletzung einer drittbezogenen Rechtspflicht an. Für die Ermittlung des persönlichen Anwendungsbereichs im Rahmen der Drittgerichtetheit und der ersatzfähigen Schadenspositionen im Bereich der haftungsausfüllenden Kausalität spielt die Lehre vom Schutzzweck der Norm eine entscheidende Rolle. Nochmals sei darauf hingewiesen, dass sie in beiden Fällen unterschiedliche Aufgaben erfüllt.[192]

Der Anspruch aus § 1 Abs. 1 Bbg. StHG geht insoweit aber über den Amtshaftungsanspruch hinaus, als dieser kein Verschulden erfordert. Das Verschuldenserfordernis erklärt sich aus der persönlichen Beamtenhaftung, die § 839 BGB als Sonderfall des Deliktsrechts begründet. Die Eigenhaftung des Beamten wird durch Art. 34 S. 1 GG auf die Träger öffentlicher Gewalt übergeleitet. Eine Haftung der öffentlichen Hand kann daher nur dann bestehen, wenn die Voraussetzungen des § 839 BGB vorliegen.[193] Eine Haftung nach § 839 BGB, Art. 34 GG setzt daher streng genommen voraus, dass ein konkret feststellbarer Beamter eine ihm vorwerfbare Fehlleistung erbracht hat.[194] Es gilt der zivilrechtliche Verschuldensmaßstab des § 276 BGB.[195] Als Schuldformen kommen Vorsatz und Fahrlässigkeit in Betracht.[196]

Es versteht sich von selbst, dass sich das Verschulden nur auf die Amtspflichtverletzung, nicht auch auf den eingetretenen Schaden beziehen muss. Dies gilt, soweit es um die Verletzung solcher Pflichten geht, die den Schutz des Lebens und der Gesundheit Dritter bezwekken, auch für den Schmerzensgeldanspruch.[197] Ein Amtsträger handelt vorsätzlich, wenn er sich bewusst über eine Amtspflicht hinwegsetzt. Zum Vorsatz gehört nicht nur die Kenntnis der Tatsachen, aus denen sich die Pflichtwidrigkeit objektiv ergibt, sondern auch das Bewusstsein der Pflichtwidrigkeit. Der Amtswalter muss mit der Möglichkeit eines solchen Verstoßes rechnen und diesem zumindest billigend in Kauf nehmen.[198] Der Vorsatz kann sowohl durch Tatsachenirrtum als auch durch Rechtsirrtum ausgeschlossen sein.

Der für die Fahrlässigkeit in § 276 Abs. 1 S. 2 BGB aufgestellte Maßstab der verkehrserforderlichen Sorgfalt wird insoweit modifiziert, als dieser nicht an den konkret handelnden Amtswalter und die nach dessen Leistungsniveau zu erwartende Sorgfalt, sondern an den

---

192 s. unter B, III, Ziff. 3

193 Ossenbühl, S. 72; Papier, in Maunz/Dürig, Rn. 218; Wurm, in Staudinger, § 839, Rn. 195

194 Ossenbühl, S. 72

195 Wurm, in Staudinger, § 839, Rn. 195

196 Die Feststellung der Schuldform hat über den Tatbestand des § 839 Abs. 1 S. 1 BGB hinaus Bedeutung für das Verweisungsprivileg in § 839 Abs. 1 S. 2 BGB, das Richterspruchprivileg in § 839 Abs. 2 S. 1 BGB, die Rückgriffshaftung des Beamten nach Art. 34 S. 1 GG, § 46 Abs. 2 BRRG, vgl. Ossenühl, S. 73; Tremml/Karger, Amtshaftungsprozeß, S. 37

197 Tremml/Karger, Amtshaftungsprozeß, S. 37; Wurm, in Staudinger, § 839, Rn. 196. Eine Ausnahme besteht, wenn ein Beamter in einer den Tatbestand des § 826 BGB erfüllenden Weise durch Ausübung seiner Amtsgewalt einem Dritten Schaden zufügt. Die Verletzung einer drittbezogenen Amtspflicht ist in diesem Fall nur dann zu bejahen, wenn der Amtsmissbrauch in dem Bewusstsein erfolgt, diesem Dritten schädigen zu können; das gleiche gilt für eine an sich wertneutrale Amtshandlung, die trotz Erkennbarkeit einer Schadenszufügung vorgenommen wird, vgl. Wurm, in Staudinger, § 839, Rn. 197

198 BGHR § 839 Abs. 1 S. 1, Vorsatz 1 und 2

pflichtgetreuen Durchschnittsbeamten[199] in dessen Situation angelegt wird. Für die Beurteilung der Fahrlässigkeit kommt es nach der Rechtsprechung des BGH auf die Kenntnisse und Fähigkeiten an, die für die Führung des übernommenen Amts im Durchschnitt erforderlich sind.[200] Der Sorgfaltsmaßstab ist ein objektiv-abstrakter, kein individuell-subjektiver.[201] Fahrlässigkeit ist gegeben, wenn der Beamte nach den so ermittelten Sorgfaltsanforderungen hätte erkennen können und müssen, dass er seiner Amtspflicht zuwider handelt.[202] Auf die persönlichen Einsichts- und Handlungsmöglichkeiten des handelnden Beamten kommt es nicht an. Es ist das große Verdienst der Rechtsprechung, diese objektiven Sorgfaltsstandards für zahlreiche Bereiche begründet und weiterentwickelt zu haben.[203] Dabei gelten für die Mitglieder kommunaler Vertretungskörperschaften keine milderen Maßstäbe.[204]

Die an die Sorgfaltspflicht zu stellenden Anforderungen richten sich danach, was bei dem Sachverhalt, den der Beamte nach seiner Kenntnis der Dinge als gegeben ansehen konnte, von einem pflichtgetreuen Durchschnittsbeamten, nicht aber von einem ideal vollkommenen Musterexemplar erwartet werden darf.[205]

Grundsätzlich sind an die Sorgfaltspflicht aber strenge Anforderungen zu stellen, wobei die Anforderungen variieren können, ob es sich etwa um eine Fachbehörde handelt oder nicht. Regelmäßig ist Fahrlässigkeit anzunehmen, wenn ein Beamter klare und unzweideutige Vorschriften nicht oder nicht richtig anwendet.[206] Jeder Beamte muss die für sein Amt erforderlichen Rechts- und Verwaltungskenntnisse besitzen oder sich verschaffen.[207] Bei der Gesetzesauslegung und Rechtsanwendung hat er die Gesetzes- und Rechtslage unter Zuhilfenahme der ihm zu Gebote stehenden Hilfsmittel sorgfältig und gewissenhaft zu prüfen und danach aufgrund vernünftiger Überlegung sich eine Rechtsmeinung zu bilden. Nicht jeder Rechtsirrtum begründet aber einen Schuldvorwurf. Wenn die nach sorgfältiger Prüfung gewonnene Rechtsansicht des Amtsträgers als rechtlich vertretbar anzusehen ist, kann aus einer Missbilligung dieser Auffassung durch die Gerichte ein Schuldvorwurf nicht hergeleitet werden.[208] Die Verneinung des Schuldvorwurfs setzt demnach voraus, dass die letztlich als unzutreffend erkannte Rechtsmeinung nicht nur vertretbar, sondern auch aufgrund sorgfältiger rechtlicher und tatsächlicher Prüfung vorgenommen worden ist.[209] Von seiner früheren Rechtsprechung, wonach ein Beamter dann nicht schuldhaft handelt, wenn ein mit mehreren Rechtskundigen besetztes Kollegialgericht sein Verhalten objektiv als berechtigt angesehen hat, ist der BGH abgerückt.[210] Nach der neueren Rechtsprechung bildet die Auffassung, nach der das Verschulden durch ein Präjudiz eines Kollegialgerichts möglicherweise verneint werden muss, nur noch eine Richtlinie, von der abgewichen werden kann.[211]

---

[199] BGHZ 73, 161, 164; 106, 323, 330; Papier, in Maunz/Dürig, Art. 34, Rn. 225; Wurm, in Staudinger, § 839, Rn. 203
[200] BGH, NVwZ 2001, 709, 711; BGHZ 134, 268, 274; 117, 240, 249
[201] Papier, in MüKo, § 839, Rn. 284
[202] BGH, VersR 1964, 311; 1967, 1151
[203] ausführlich zu den Sorgfaltstandards Wurm, in Staudinger, § 839, Rn. 545-743
[204] BGHZ 106, 323, 330
[205] Wurm, in Staudinger, § 839, Rn. 204
[206] Wurm, in Staudinger, § 839, Rn. 204; zur unrichtigen Gesetzesauslegung durch Verwaltungsbehörden ausführlich, Rn. 209 ff.
[207] BGHZ 117, 240, 249
[208] BGH, NVwZ 2001, 465, 468; 2000, 1206, 1208; BGHZ 119, 365, 369 f.
[209] BGHZ 119, 365, 369 f.
[210] zur sog. Kollegialgerichts-Richtlinie Wurm, in Staudinger, § 839, Rn. 216 ff.; Ossenbühl, in „50 Jahre BGH, Festgabe der Wissenschaft", S. 887, 895 f.; Papier, in MüKo, § 839, Rn. 286
[211] BGHZ 134, 268, 274; BGH, NVwZ 1990, 499, 500; 1987, 258, 259 f.

Eine weitergehende Objektivierung des in § 276 Abs. 1 S. 2 BGB niedergelegten Maßstabs, wonach fahrlässig handelt, wer die im Verkehr erforderliche Sorgfalt außer Acht lässt, erfolgt dadurch, dass durch die Anerkennung eines Organisationsverschuldens auf die Feststellung des individuell verantwortlichen Amtsträgers verzichtet worden ist. Schon das Reichsgericht hatte entschieden, dass der Geschädigte den einzelnen Amtsträger, der ihm gegenüber die Pflichtverletzung begangen hat, nicht konkret zu bezeichnen oder in anderer Weise zu individualisieren braucht.[212] Zwar erfordert das Wesen der übergeleiteten Haftung, dass der gesamte Haftungstatbestand in der Person irgendeines Amtsträgers erfüllt ist.[213] Dazu bedarf es aber nicht der Feststellung der konkreten Person. Es reicht vielmehr aus, wenn irgendein Amtsträger in seiner Person den gesamten Haftungstatbestand erfüllt hat. Weitergehende Darstellungen werden auch dem Geschädigten vielfach nicht möglich sein, da sich die Interna des Behördenbetriebs regelmäßig seiner Kenntnis verschließen. Schon das Reichsgericht betonte, dass bei Unmöglichkeit, die verantwortlichen Einzelpersonen festzustellen, den hierdurch begründeten Nachteil nicht der außerhalb der staatlichen Organisation stehende Dritte, sondern der Staat zu tragen habe.[214]

Das Verschulden wird damit nicht mehr auf eine einzelne, konkrete Person bezogen, sondern dem schlechten Funktionieren des Verwaltungsapparates insgesamt zugerechnet.[215] Das Verschulden werde gleichsam anonymisiert und damit letztlich denaturiert.[216] Eine Behörde ist in personeller und sachlicher Hinsicht so auszustatten und zu organisieren, dass sie ihren Pflichten gegenüber Dritten nachkommen kann. Eine Überlastung wegen Personalmangels oder mangelnde Anweisung und Information der Amtsträger wegen Überforderung der Behördenleitung schließen eine schuldhafte Amtspflichtverletzung daher nicht aus,[217] selbst wenn der tätig gewordene Beamte subjektiv nach bestem Wissen und Gewissen gehandelt hat.[218]

Eine noch weitere Objektivierung des Verschuldens wird dadurch vollzogen, dass die Rechtsprechung von der Tatsache der Amtspflichtverletzung unmittelbar auf das Vorhandensein eines Verschuldens des entsprechenden Amtswalters schließt.[219] Dies bedeutet eine maßgebliche Erleichterung für den Kläger, der die Darlegungs- und Beweislast für das Vorliegen einer schuldhaften Amtspflichtverletzung trägt.[220] Für den Beweis einer schuldhaften Amtspflichtverletzung genügt im allgemeinen die Darlegung und gegebenenfalls der Beweis eines Sachverhalts, der nach dem regelmäßigen Ablauf der Dinge die Folgerung begründet, dass ein Beamter schuldhaft seine Amtspflicht verletzt hat. Ein Anscheinsbeweis kommt insbesondere dann zum Tragen, wenn als Folge des Handelns oder Unterlassens des Amtsträgers ein ordnungsgemäßer Zustand festgestellt wird, der erfahrungsgemäß nur auf einer Vernachlässigung der erforderlichen Sorgfalt bei der Erfüllung seiner Amtspflicht beruhen kann.[221]

Diese Beweiserleichterung mittels der Rechtsfigur des prima-facie-Beweises wurde dahingehend bewertet, dass sie letztlich auf eine Verschuldensvermutung hinauslaufe.[222] Eine solche Schuldvermutung mit der Folge einer Beweislastumkehr[223] oder einer Fiktion des Verschul-

---

212 RGZ 100, 102
213 Wurm, in Staudinger, § 839, Rn. 229
214 RGZ 100, 102
215 Ossenbühl, S. 77
216 Ossenbühl, S. 77
217 Papier, in MüKo, § 839, Rn. 289
218 Wurm, in Staudinger, § 839, Rn. 228
219 RGZ 125, 85
220 Tremml/Karger, Amtshaftungsprozeß, S. 198 f.
221 Tremml/Karger, Amtshaftungsprozeß, S. 199
222 Ossenbühl, S. 76; Papier, in Maunz/Dürig, Art. 34, Rn. 222
223 Papier, in MüKo, § 839, Rn. 279

dens[224] zu Lasten des Beklagten wurde von der Rechtsprechung allerdings bislang nicht anerkannt.[225] Eine Verschuldensvermutung greift aber in der Tat dann, wenn durch eine Amtspflichtverletzung zugleich der Tatbestand des § 836 BGB verwirklicht worden ist. Dann gilt auch bei § 839 BGB die Verschuldensvermutung des § 836 BGB.[226]

b) Das Kriterium des Vertrauensschutzes

In der Rechtsprechung des BGH ist im Rahmen des Schutzzwecks der verletzten Norm zunehmend das Kriterium des Vertrauensschutzes durch Amtshaftung in den Mittelpunkt getreten, bei dem es um die Frage geht, ob und in welchem Umfang sich ein betroffener Bürger auf hoheitliche Planungen verlassen und dementsprechend Investitionen treffen kann. Das Kriterium tauchte zunächst in der Altlastenrechtsprechung des BGH auf.[227] Dabei sah der BGH die Amtspflicht, keine ungesicherten Vertrauenstatbestände zu schaffen, dann als verletzt an, wenn die Gemeinde bei der Planaufstellung die an gesunde Wohn- und Arbeitsverhältnisse zu stellenden Anforderungen gemäß § 1 Abs. 5 S. 2 Nr. 1 BauGB nicht mit der gebotenen Sorgfalt ermittelt und nicht mit dem ihnen zukommenden Gewicht bei der Aufstellung des Bebauungsplans berücksichtigt hat.[228]

Erfasst sind vor allem solche Schadensfälle, die dadurch entstehen, dass der betroffene Bürger im Vertrauen auf den Bestand oder Fortbestand einer hoheitlichen Maßnahme, namentlich eines Bebauungsplans, wirtschaftliche Dispositionen trifft, die sich später als nutzlos erweisen, etwa weil das im Bebauungsplan als Bauland ausgewiesene Gelände durch Altlasten unbenutzbar ist.[229] Entscheidende Bedeutung kommt in diesen Fällen der Verknüpfung zwischen Vertrauensschutz und getroffener Disposition zu. Im Gegensatz zu den herkömmlichen Amtshaftungsfällen wird der Schaden nicht unmittelbar durch die Amtspflichtverletzung verursacht. Der rechtswidrige Hoheitsakt löst vielmehr erst die Investitionen des Betroffenen aus, die ihrerseits den Schaden herbeiführen. Die Tatbestandssystematik beginne daher zu verrutschen.[230] Die Rechtsprechung zum Vertrauensschutz hat der BGH auch auf andere Bereiche ausgedehnt.[231]

Da die höchstrichterliche Rechtsprechung von der Amtspflicht ausgeht, keine ungesicherten Vertrauenstatbestände zu schaffen, wird durch diese Definition der Amtspflicht der Vertrauensschutz zum Bestandteil des objektiven Haftungstatbestands. Damit stellt sich die Frage, unter welchen tatsächlichen Voraussetzungen ein amtshaftungsrechtlich relevanter Vertrauensschutz angenommen werden kann. Dabei kommt es maßgeblich auf den Schutzzweck öffentlich-rechtlicher Genehmigungen an. Mit einer Genehmigung wird für den Antragsteller ein Vertrauenstatbestand dahingehend geschaffen, dass der Durchführung seines Vorhabens keine öffentlich-rechtlichen Hindernisse entgegenstehen und dass er dementsprechend wirtschaftlich disponieren kann.[232] Mit der Erteilung einer Genehmigung werden dem Antragsteller dagegen nicht alle übrigen wirtschaftlichen Risiken abgenommen. Die Ausgrenzung dieser Risiken ergibt sich aus dem Entscheidungsinhalt der Genehmigung. Diese Risiken hat der Antragsteller vielmehr gleichsam als Preis für die von ihm in Händen gehaltene Rechtspo-

[224] Dagtoglou, in Bonner Kommentar, Art. 34, Rn. 191 a. E.
[225] Tremml/Karger, Amtshaftungsprozeß, S. 199
[226] BGH, NJW-RR 1990, 1500; BGH, NJW 1965, 962, 963
[227] BGHZ 106, 323; 108, 224; 110, 1; 116, 215; 123, 363
[228] BGHZ 106, 323
[229] Ossenbühl, S. 51
[230] Ossenbühl, in „50 Jahre BGH, Festgabe der Wissenschaft“, S. 887, 893
[231] BGHZ 117, 83, 90; 122, 317, 322 (Baugenehmigung); BGHZ 134, 268, 276 (atomrechtliche Genehmigung)
[232] Ossenbühl, S. 51

sition zu tragen. Eine Haftung der Behörde für nutzlose Aufwendungen kann sich daher nur dann ergeben, wenn diese vom Vertrauensschutz der erteilten Genehmigung umfasst sind.

Damit stellt sich die Frage, welche Reichweite dieser behördliche Vertrauenstatbestand besitzt. Dabei spielt einmal das Kriterium der Schutzwürdigkeit des Vertrauens auf Seiten des Adressaten der Genehmigung eine Rolle. Während der BGH derartige Erwägungen zunächst im Rahmen des Mitverschuldens nach § 254 BGB berücksichtigt hat, änderte er seine Rechtsprechung später dahin, dass die Schutzwürdigkeit des Vertrauens des Adressaten auf eine ihn begünstigende hoheitliche Äußerung nicht erst eine Frage des mitwirkenden Verschuldens des Klägers im Sinne des § 254 BGB, sondern bereits eine solche der objektiven Reichweite des dem Kläger durch das Amtshaftungsrecht gewährten Vermögensschutzes sei.[233] Entfällt nach Lage des Falls ein schutzwürdiges Vertrauen des Betroffenen, so liegt der geltend gemachte Schaden von vornherein außerhalb des Schutzbereichs der verletzten Amtspflicht. Entscheidend ist für den BGH der wertende Gesichtspunkt, dass Vertrauensschutz als haftungsbegründender Faktor bei amtspflichtwidrigem Erlass hoheitlicher Akte nur so weit gehen könne, als gerade der zu Schützende in Ausnutzung eines solchen Vertrauens Schaden erleide.[234]

Die Kritik an dieser Rechtsprechung richtet sich nicht gegen eine Berücksichtigung von Vertrauensschutzgesichtspunkten aus § 48 Abs. 2 VwVfG, sondern gegen deren Berücksichtigung im Rahmen des objektiven Haftungstatbestands der Amtshaftung. Damit werde die Unterscheidung zwischen objektivem und subjektivem Tatbestand wenn nicht aufgehoben, so doch verwischt.[235] Von größerem Interesse ist, dass eine derartige subjektive (Ein)Färbung dieses Tatbestandsmerkmals[236] auch durch das Verhalten der Behörde erfolgen kann. Hinsichtlich des Sorgfaltsmaßstabs, den die öffentliche Hand bei der Schaffung einer Verlässlichkeitsgrundlage zu beachten hat, führt die Rechtsprechung im Bereich der Altlastenfälle aus: Was die planende Stelle nicht „sehe“, und was sie nach den gegebenen Umständen auch nicht zu „sehen“ brauchte, könne von ihr nicht berücksichtigt werden und brauche von ihr auch nicht berücksichtigt werden.[237] Es bestehe keine uferlose Prüfungspflicht „ins Blaue hinein“.[238] Der BGH stellt ausdrücklich klar, dass ein solcher Planungsfehler bereits auf der Tatbestandsebene und nicht erst beim Verschulden gewisse Elemente der Vorwerfbarkeit enthalte.[239]

Damit bleibt der BGH bei seiner überzeugenden Linie, dass im Grundsatz das Baugrundrisiko beim Eigentümer verbleibt. Eine Überwälzung dieses Risikos auf die öffentliche Hand könne erst dann stattfinden, wenn sie durch einen von dieser selbst geschaffenen Zurechnungstatbestand gerechtfertigt werde. Dies sei dann der Fall, wenn eine aus Altlasten resultierende Gesundheitsgefahr im Genehmigungszeitpunkt unter Anlegung eines objektiven Sorgfaltsmaßstabs erkennbar gewesen sei.[240] Die Frage, ob ein solcher vertrauensbegründender Zurechnungstatbestand geschaffen wurde, begreift der BGH als zum Schutzzweck der Norm gehörend. Das Bestehen einer drittgerichteten Rechtspflicht oder die Reichweite der Drittgerichtetheit hängen danach davon ab, ob die handelnde Behörde die außer Acht gelassenen Umstände hätte kennen können oder müssen.

---

233 seit BGHZ 117, 83, 90; näher hierzu Detterbeck/Windthorst/Sproll, S. 142 ff.
234 BGHZ 134, 268, 296
235 Ossenbühl, in „50 Jahre BGH, Festgabe der Wissenschaft“, S . 887, 894; ders., S. 52 ff., nach dessen Ansicht der amtshaftungsrechtliche Vertrauensschutz ein Kausalitätsproblem darstellt, vergleichbar den Veranlassungsfällen
236 Detterbeck/Windthorst/Sproll, S. 144
237 BGHZ 113, 367, 371
238 BGHZ 113, 367, 371
239 BGHZ 113, 367, 371
240 BGH, NJW 2000, 427, 431

c) Ergebnis

Was das Verschulden als Tatbestandsvoraussetzung des Amtshaftungsanspruchs anbelangt, so ist dieses weitestgehend eliminiert. Die Frage der persönlichen Vorwerfbarkeit spielt bei diesem objektivierten und entindividualisierten Verschuldensmaßstab[241] keine Rolle mehr. Von seinem ursprünglichen Sinngehalt bleibt nur noch der Name. Dem Verschulden kommt als haftungsbegründendem Merkmal nahezu keine eigenständige Bedeutung mehr zu. Vielmehr gibt es nur noch Auskunft über die Verletzung der erforderlichen Sorgfalt, ohne hier die Fähigkeiten und Kenntnisse des konkret handelnden Amtswalters in die Beurteilung einzubeziehen. Der Amtshaftungsanspruch ist in die Nähe einer originären und objektiven Staatshaftung gerückt worden.[242] Für die Haftung entscheidend ist die Verletzung einer drittgerichteten Rechtspflicht und der Verstoß gegen Sorgfaltsstandards, die die Rechtspflicht in der konkreten Situation gebietet.

Entscheidendes Kriterium ist der Schutzzweck der verletzten Norm. Dieser bestimmt Umfang und Reichweite konkreter Rechtspflichten im Einzelfall. Dabei soll es innerhalb dieses Tatbestandsmerkmals unter Anlegung eines objektiven Maßstabs auch darauf ankommen, was die Behörde hätte erkennen können oder müssen, wie die Rechtsprechung zur Verlässlichkeitsgrundlage zeigt.

Dies wirft die Frage auf, ob es glücklich ist, die Frage nach dem Schutzzweck und damit der Drittrichtung der verletzten Amtspflicht von Überlegungen abhängig zu machen, ob die Behörde ihr rechtsfehlerhaftes Handeln hätte erkennen können. Vor dem Hintergrund, dass der Verletzung einer drittgerichteten Amtspflicht die Verletzung eines subjektiven Rechts des Betroffenen korrespondieren muss, kann diese Frage nur verneint werden. Die Verletzung eines subjektiven Rechts kann nicht davon abhängen, ob der handelnde Amtswalter dies erkennen konnte oder hätte können. Die Frage der Drittrichtung einer Rechtspflicht sollte sich immer aus der Vorschrift heraus ergeben, ohne bereits auf den konkreten Einzelfall abzustellen. Gleichwohl kann innerhalb der Rechtswidrigkeit neben der Verletzung eines subjektiven Rechts die Verletzung von Sorgfaltsstandards gefordert werden, etwa bei handlungsbezogenem Rechtswidrigkeitsverständnis.

Zusammenfassend lässt sich sagen, dass der Amtshaftungsanspruch in die Nähe einer originären und objektiven Staatshaftung gerückt worden ist.[243] Für die Haftung entscheidend ist die Verletzung einer drittgerichteten Rechtspflicht und der Verstoß gegen Sorgfaltsstandards, die die Rechtspflicht in der konkreten Situation gebietet. In der Sache handelt es sich bei der Amtshaftung daher um eine Rechtswidrigkeitshaftung. Eine Begrenzung der Haftung erfolgt durch die Aufstellung von Sorgfaltstandards, die teilweise die Rechtspflicht nicht nur begrenzen, sondern auch definieren. Dieser Maßstab überzeugt deshalb, da von niemand mehr erwartet werden kann, als die Einhaltung einer nach Lage des Falles erforderlichen Sorgfalt. Der Inhalt der Haftung ist damit im Kern gleichbedeutend einer dem handlungsbezogenem Rechtswidrigkeitsbegriff folgenden Haftung. Für den Tatbestand des § 1 Abs. 1 Bbg. StHG bedeutet dies, das ein handlungsbezogener Rechtswidrigkeitsbegriff eine über den Amtshaftungsanspruch hinausgehende Haftung vermeiden würde.

---

[241] Papier, in MüKo, § 839, Rn. 288
[242] Ossenbühl, S. 73
[243] Ossenbühl, S. 73

3. Verschuldensunabhängige Haftung im Polizei- und Ordnungsrecht

Die gleichen Maßstäbe setzt der BGH auch im Bereich der verschuldensunabhängigen Haftung nach § 39 Abs. 1 lit. b NW OBG[244] an. Allerdings bedurfte es hier nicht des Umwegs über eine zunehmende Objektivierung und Entindividualisierung des Verschuldens, da die Vorschrift des § 39 Abs. 1 lit. b. NW OBG dieses Tatbestandsmerkmal nicht kennt. In einer Entscheidung, die ebenfalls den Bereich der Altlasten betraf, führte der BGH aus, dass nach dem Schutzzweck von Baugenehmigungen eine Sonderbetrachtung hinsichtlich der Gefahren geboten sei, die sich aus dem Baugrund des Empfängers ergäben. Insoweit stehe bei der Genehmigungsentscheidung nicht die Kenntnis öffentlich-rechtlicher Vorschriften und deren richtige Anwendung im Vordergrund, sondern die Kenntnis des konkreten Gefahrenpotentials. Wenn bei sorgfältiger und gewissenhafter Prüfung des Bauvorhabens in dieser Richtung keine Hinderungsgründe für die Erteilung der Genehmigung zutage getreten seien, verschaffe eine in Unkenntnis des doch vorhandenen Gefahrenpotentials erteilte Baugenehmigung dem Bauherrn keine „Verlässlichkeitsgrundlage" dahin, das Grundstück unbeschadet erst später entdeckter Gefahrenherde für bauliche Zwecke uneingeschränkt nutzen zu können.[245]

Auffällig ist, dass der BGH bei seiner Argumentation, wann eine Haftung der öffentlichen Hand in Betracht kommt, im Bereich des § 39 Abs. 1 lit. b NW OBG und dem Amtshaftungsanspruch identisch verfährt. Neben der Rechtswidrigkeit der Maßnahme bedarf es einer Verletzung von Sorgfaltsstandards, um die Verantwortung der öffentlichen Hand zu begründen. Teilweise kann auch erst durch die Bestimmung der Sorgfaltsstandards die Reichweite einer Rechtspflicht bestimmt werden. In diesen Fällen können also Sorgfaltsstandards und Drittgerichtetheit nach der Auffassung des BGH nicht voneinander getrennt betrachtet werden. Es wurde bereits darauf hingewiesen, dass die Verletzung eines subjektiven Rechts aber nicht von der Verletzung irgendwelcher Sorgfaltsstandards abhängen kann. Der Rechtsprechung des BGH ist beizupflichten, dass Sorgfaltsstandards ein geeignetes Abgrenzungskriterium für die Verteilung von Schadenslasten sind. Dogmatisch Klarer und sauberer wäre die Verortung im Bereich der – handlungsbezogenen – Rechtswidrigkeit.

4. Der enteignungsgleiche Eingriff

Der enteignungsgleiche Eingriff unterscheidet sich bereits deshalb maßgeblich vom Anspruch aus § 1 Abs. 1 Bbg. StHG, als dieser nur Eingriffe in das von Art. 14 GG geschützte Eigentum umfasst.[246] Nach der Rechtsprechung kommt ein Anspruch aus enteignungsgleichem Eingriff dann in Betracht, wenn in eine als Eigentum geschützte Rechtsposition von hoher Hand unmittelbar eingegriffen wird, wenn die hoheitliche Maßnahme unmittelbar eine Beeinträchtigung des Eigentums herbeiführt und dem Betroffenen dadurch ein besonderes, den anderen nicht zugemutetes Opfer für die Allgemeinheit abverlangt wird.[247] Neben der Rechtswidrigkeit der Maßnahme, die auch das Sonderopfer für den Betroffenen indiziert,[248] wird die Haftung vor allem durch das Merkmal der Unmittelbarkeit begrenzt. Während eine präzise, konsistente und in allen Fällen praktikable Bestimmung des Unmittelbarkeitserfordernisses[249] noch nicht gelungen ist, besteht Einigkeit dahingehend, dass das Tatbestandsmerkmal der

---

[244] Diese Vorschrift entspricht § 38 Abs. 1 lit. b Bbg. OBG.

[245] BGHZ 123, 191, 196 ff.

[246] In Sachsen-Anhalt wurde das DDR-StHG durch das Gesetz zur Änderung des Staatshaftungsgesetzes vom 24. 8. 1992 (GVBl S. 655) derart weitreichend modifiziert, dass an Stelle der umfassenden Rechtswidrigkeitshaftung eine gesetzliche Ausformung des enteigungslgleichen Eingriffs trat, vgl. Ossenbühl, S. 473.

[247] BGHZ 125, 19, 21; 117, 240, 252

[248] Ossenbühl, S. 258

[249] Papier, in MüKo, § 839, Rn. 46

Unmittelbarkeit ein Kriterium für die wertende Zurechnung der Schadensfolgen nach Verantwortungsbereichen und Risikosphären ist.[250]

Der vielfach kritisierten Unbestimmtheit des Unmittelbarkeitserfordernisses[251] ist der BGH dadurch entgegengetreten, dass er die Unmittelbarkeit als einen inneren Zusammenhang zwischen hoheitlichem Handeln und Schadensfolge beschreibt.[252] Dieser innere Zusammenhang soll dann gegeben sein, wenn sich in den Auswirkungen eine typische Gefahr verwirklicht hat, die aus der Eigenart der hoheitlichen Maßnahme selbst folgt.[253] Die Funktion des Unmittelbarkeitsmerkmals liegt darin, nach Verzicht auf einen gezielten Eingriff in den Schutzbereich des Art. 14 GG die Reichweite des Tatbestands gegenüber sonstigen, für einen Dritten sich nachteilig auswirkenden hoheitlichen Maßnahmen zu begrenzen.

Der Tatbestand des enteignungsgleichen Eingriffs hat damit aus seiner Entwicklung heraus einen anderen Weg der Haftungsbegrenzung beschritten, als dies bei den vorstehend behandelten Anspruchsinstituten der Fall ist. Er stellt für die Frage der materiellen Verantwortlichkeit nicht auf eine Verletzung von Sorgfaltsstandards ab, sondern auf den Zusammenhang zwischen Schaden und Schadensursache. Was aber genau hinter den Begriffen der typischen Gefahr und der Eigenart der hoheitlichen Maßnahme steht, ist noch nicht gesagt. Damit ist lediglich zum Ausdruck gebracht, dass eine Maßnahme wie die getroffene regelmäßig mit Schäden wie den eingetretenen verbunden ist.

Das wiederum heißt aber auch, dass die Haftung deshalb besteht, weil die Behörde die Möglichkeit des Schadenseintritts hätte erkennen und deshalb Vorkehrungen treffen müssen, die Maßnahme in einer die Gefahr ausschließenden Art und Weise durchzuführen. Diese Erwägungen zum Kern der Unmittelbarkeit lassen den Unterschied zwischen diesem Tatbestandsmerkmal und der Verletzung von Sorgfaltsstandards weniger gravierend als zunächst vermutet erscheinen. Das entscheidende Kriterium für die Ersatzpflicht ist auch hier, ob die handelnde Behörde Sorgfaltsstandards verletzt hat, auch wenn dies nicht ausdrücklich so gesagt wird.

In die gleiche Richtung gehen Erwägungen, dass der Begriff klarere Konturen gewinnen könnte, wenn für die Haftungssituation unterschieden werde zwischen der Gefährdungshaftung und der Haftung für rechtswidriges Staatshandeln mit der Haftungsbegrenzung nach dem Schutzzweck der Norm.[254] In der Tat ist kein Kriterium ersichtlich, dass eine Überwälzung der Schadenslasten auf die öffentliche Hand besser und klarer rechtfertigen könnte, als die Frage nach der Erkennbarkeit und Vermeidbarkeit. Nichts wesentlich anderes steht offenbar auch hinter dem Kriterium der Unmittelbarkeit, seit dieses nicht mehr als Kausalitätskriterium verstanden wird. Die Frage, ob sich dieser Tatbestand dann als eine Gefährdungshaftung oder als eine Rechtswidrigkeitshaftung darstellt, wobei die Frage nach dem Schutzzweck der Norm zu stellen ist, ist dann zweitrangig. Diese dogmatische Frage spielt im Bereich verschuldensunabhängiger Tatbestände ohnehin keine Rolle. Erwägungen zur Erkennbarkeit der Gefahr, bei der Gefährdungshaftung der typischen Gefahr, können nur im Zusammenhang mit der Rechtswidrigkeit angestellt werden, sei es im Schutzzweck, in der Unmittelbarkeit oder durch einen handlungsbezogenen Rechtwidrigkeitsbegriff.

---

[250] BGHZ 125, 19, 21; Ossenbühl, S. 250
[251] Steinberg/Lubberger, S. 362 ff.; Ossenbühl, S. 251; Papier, in MüKo, § 839, Rn. 46 f.
[252] BGHZ 125, 19, 21
[253] BGHZ 102, 350, 358
[254] Steinberg/Lubberger, S. 366 f.

5. Haftung der EG und mitgliedstaatliche Haftung

Maßgebliches Kriterium der Haftungsbegrenzung ist hier die hinreichend qualifizierte Rechtswidrigkeit. Rechtswidrigkeit bedeutet auch hier die Verletzung einer drittgerichteten Amtspflicht, wiewohl die Anforderungen an die Schutznorm weniger hoch sind als im nationalen Recht.[255] Entscheidendes Kriterium der Haftungsbegrenzung ist im Bereich der außervertraglichen Haftung nach Art. 288 Abs. 2 EG und der mitgliedstaatlichen Haftung der hinreichend qualifizierte Verstoß.

Wiewohl dieser zunächst ein Sammelbecken für jegliche Art von haftungsbegrenzenden Kriterien zu sein schien, orientiert sich die Rechtsprechung des EuGH zunehmend dahin, dass das Fehlverhalten der Organe und nationalen Behörden für den hinreichend qualifizierten Verstoß entscheidend sein soll.[256] Die Berücksichtigung von Kriterien wie Willkür, Vorsätzlichkeit des Rechtsverstoßes, fehlende Begründung, Abwägungsdefizite, fehlende Rücksichtnahme auf Gemeinwohlinteressen, bewertet den Rechtsverstoß letztlich vor dem Hintergrund, was der handelnde Beamte oder das handelnde Organ pflichtgemäßer Weise hätten tun müssen. Die so fallgruppenweise Berücksichtigung von Fehlverhalten im Zusammenhang mit der Rechtswidrigkeit kommt im Kern dem relativ nahe, was der handlungsbezogene Rechtswidrigkeitsbegriff in methodisch sauberer Weise verlangt. Auf die Verwendung des Begriffs des hinreichend qualifizierten Rechtsverstoßes kann daher verzichtet werden und lediglich von Rechtswidrigkeit gesprochen werden. Übereinstimmung besteht auch hinsichtlich der Beweislast. Verwirrung stiftet der EuGH jedoch durch die Verwendung von Begrifflichkeiten wie Vorsatz und Fahrlässigkeit, die beim Tatbestandsmerkmal der Rechtswidrigkeit fehl am Platze sind. Gleichwohl kann die dahinter stehende Überlegung dahingehend formuliert werden, dass das handelnde Organ oder der Beamte sein Fehlverhalten hätte erkennen und vermeiden können. Damit hat er eine Sorgfaltspflicht verletzt.

6. Ergebnis

Eine Beschränkung der Haftung erfolgt bei allen vorstehend erörterten Haftungsinstituten letztlich durch die Frage nach der Verletzung eines in der konkreten Situation geforderten Sorgfaltsmaßstabs, auch wenn dies nicht immer auf den ersten Blick erkennbar wird. Für die Beschränkung der Verantwortlichkeit bietet sich dieses Merkmal daher auch im Rahmen des § 1 Abs. 1 Bbg. StHG an. Dies hätte den außerordentlichen Vorzug, dass dieser Tatbestand allen in diese Richtung geäußerten Befürchtungen zum Trotz nicht den Rahmen der bisherigen Haftung für hoheitliches Unrecht sprengen und eine Haftung des Staates für die Folgen hoheitlichen Unrechts ungeahnten Ausmaßes zur Folge hätte. Das Kriterium bietet einen sachgerechten Anhaltspunkt für eine gerechte Verteilung der Risikobereiche und damit der Schadenslasten. Auch der BGH scheint in dieses Richtung zu steuern, wenn er betont, dass im Bereich des § 1 Abs. 1 Bbg. StHG nicht allein die aus einer etwaigen Gefährdung der Standsicherheit folgende Rechtswidrigkeit einer Baugenehmigung haftungsbegründend sei. Hinzukommen müsse vielmehr eine Vernachlässigung des objektiven Sorgfaltsstandards durch die Baugenehmigungsbehörde.[257]

Die dabei zu lösende Frage ist, an welcher Stelle des haftungsbegründenden Tatbestands der Verstoß gegen eine Sorgfaltspflicht aufgehängt werden soll. Eine Verortung bei der Frage nach dem Schutzzweck scheint mit Blick auf den Amtshaftungsanspruch naheliegend, birgt aber die Gefahr einer Überfrachtung und Verwässerung dieses Merkmals. Zudem hat diese

---

[255] s. im 2. Teil unter D, I, Ziff. 3, lit. b, II, Ziff. 5, lit. a

[256] s. im 2. Teil unter D, I, Ziff. 3, lit. e

[257] BGH, NJW 2000, 427, 431

Verortung den großen Nachteil, dass damit der Begriff des subjektiven Rechts im sekundärrechtlichen Bereich anders definiert wäre als im Bereich des primären Rechtsschutzes. Dies scheint vor der verfassungsrechtlichen Bedeutung dieses Begriffs nicht hinnehmbar. Das Bestehen einer Rechtspflicht und deren Umfang sind daher immer abstrakt festzustellen.

Den Erwägungen zur Frage einer Sorgfaltsverletzung soll vielmehr im Bereich der Rechtswidrigkeit selbständige Bedeutung zukommen. Dies kann auf zwei Wegen geschehen. Einmal kann einem handlungsbezogenen Rechtswidrigkeitsbegriff gefolgt werden. Dies würde bedeuten, dass der Verstoß gegen eine Sorgfaltspflicht zur Bejahung der Rechtswidrigkeit erforderlich ist und daher der Anspruchssteller die Beweislast für die Verletzung der Sorgfaltspflicht trägt. Die andere Möglichkeit ist der erfolgsbezogene Rechtswidrigkeitsbegriff, wonach die Verletzung einer Rechtspflicht als tatbestandlicher Erfolg die Rechtswidrigkeit indiziert, die öffentliche Hand diese aber durch den Nachweis verkehrsrichtigen Handelns ausräumen kann. Diese Lösung kommt dem Rechtsschutz begehrenden Bürger insoweit entgegen, als dieser nicht die Darlegungs- und Beweislast für den Sorgfaltsverstoß trägt. Andererseits wurde aber bereits auf den dogmatischen Mangel dieser Konstruktion hingewiesen, die einem Rechtfertigungsgrund ähnelt ohne einer zu sein.[258] Einer derartigen Beweislastumkehr ist daher eine Absage zu erteilen. Die Beweislast für die Sorgfaltswidrigkeit des in Rede stehenden Verhaltens ist beim Anspruchssteller zu belassen. Diesem könnte aber mit einem Anscheinsbeweis, wie dies in § 839 BGB, Art. 34 GG praktiziert wird,[259] entgegengekommen werden.

Als abschließendes Ergebnis kann festgestellt werden, dass im Haftungstatbestand des § 1 Abs. 1 Bbg. StHG einem handlungsbezogenen Rechtswidrigkeitsbegriff der Vorzug zu geben ist.

---

[258] s. im 1. Teil unter B, II, Ziff. 2

[259] s. unter III, Ziff. 2, lit. a

Vierter Teil
Zusammenfassender Überblick

Zum Abschluss der Arbeit sollen kurz die wesentlichen Ergebnisse im Hinblick auf das eingangs erklärte Ziel, den Begriff der Rechtswidrigkeit im Staatshaftungsrecht zu präzisieren, zusammengefasst werden.

Im Kontext der Schadensersatzansprüche aus unerlaubter Handlung hat sich die einzig richtige Erkenntnis durchgesetzt, dass Gegenstand des Rechtswidrigkeitsurteils stets nur menschliches Verhalten sein kann. Dies gilt in gleicher Weise für das Staatshaftungsrecht. Dabei macht es auch nicht den geringsten Unterschied, ob man einem erfolgs- oder einem handlungsbezogenem Rechtswidrigkeitsbegriff folgt. Die vorwiegend im Zivilrecht beheimatete Diskussion um das treffende Rechtswidrigkeitsverständnis unterstreicht, dass dem Rechtswidrigkeitsurteil mehr als nur die Feststellung zukommt, die Frage eines Normverstoßes zu klären. Der als Tatbestandsmerkmal fungierenden Rechtswidrigkeit kommt maßgebliche Bedeutung zu, wenn es um die Weite der Haftung geht.

Auch wenn der Unterschied zwischen Erfolgs- oder Handlungsunrecht im Ergebnis nicht so signifikant ausfällt, wenn der Tatbestand neben der Rechtswidrigkeit noch an ein Verschulden anknüpft, so bedeutet ein handlungsbezogenes Rechtswidrigkeitsverständnis auch dann eine weitere Hürde zur Bejahung einer Haftung dem Grunde nach. Bei verschuldensabhängigen Tatbeständen zöge dies regelmäßig eine unbillige Risikoverschiebung zu Lasten des Geschädigten nach sich. Vollkommen anders stellen sich die Dinge im Bereich der verschuldensunabhängigen und der Gefährdungstatbestände dar. Hier kann ein handlungsbezogenes Rechtswidrigkeitsverständnis geboten sein, um einer Überdehnung der haftungsrechtlichen Verantwortung des Schädigers zu begegnen.

Das schlagende Argument für eine Haftungsbegrenzung durch Sorgfaltsstandards ist, dass mehr als sorgfaltsgemäßes Handeln von niemanden erwartet werden kann. In der Sache genauso verfährt die Rechtsprechung, die allerdings dem Schädiger die Beweislast für sein sorgfaltsgemäßes Handeln auferlegt. Diese Konstruktion begegnet vor allem dogmatischen Mängeln.

Im Staatshaftungsrecht sind die Überlegungen zum vorzugswürdigen Verständnis der Rechtswidrigkeit überlagert von verfassungsrechtlichen Erwägungen. Im Bereich des Staatshaftungsrechts bedeutet Rechtswidrigkeit, wie die Zusammenschau der Vorschriften in Art. 19 Abs. 4 GG und Art. 34 S. 1 GG ergibt, immer die Verletzung einer drittbezogenen Rechtspflicht. Diese Formulierung meint die Verletzung des Betroffenen in eigenen Rechten.

Zur Ermittlung dieser Rechtspflicht findet die Schutznormtheorie Anwendung. Obwohl Art. 34 S. 1 GG eine Konkretisierung des Rechtsstaatsprinzips darstellt, verlangt er keine Haftung des Staates dem Grunde nach für alle Schäden, die aus der Verletzung einer drittgerichteten Amtspflicht resultieren. Da die Norm lediglich eine grundsätzliche Verantwortlichkeit anordnet, bleibt Raum für Aspekte einer gerechten Verteilung der Risiko- und Schadenslasten. Danach erlaubt Art. 34 S. 1 GG ein erfolgs- oder handlungsbezogenes Rechtswidrigkeitsverständnis.

Die Institute des nationalen Haftungsrechts folgen einem erfolgsbezogenen Rechtswidrigkeitsbegriff. Eine Begrenzung der Haftung erfolgt außerhalb der Rechtswidrigkeit durch Beschränkung des Anspruchs auf Eingriffe in bestimmte Rechtsgüter, erhöhte Anforderungen an die Kausalität und durch die Festsetzung von Sorgfaltsstandards. Die Staatshaftung im europäischen Kontext verlangt neben dem Normverstoß dessen hinreichende Qualifikation durch weitere Kriterien wie Schwere des Verstoßes, Zahl der Betroffenen oder an Willkür grenzendes Verhalten. In jüngerer Zeit ist die Tendenz der Rechtsprechung zu beobachten, diese Vielfalt des Kriterien einzudämmen und das Fehlverhalten eines Hoheitsträgers den entscheidenden Ausschlag geben zu lassen.

Was § 1 Abs. 1 Bbg. StHG anbelangt, so ist eine Haftungsbegrenzung aufgrund der tatbestandlichen Weite der Vorschrift dringend geboten. Neben den unkalkulierbaren Folgen für den Fiskus muss eine solche Beschränkung auch vor dem Ziel des Einigungsvertrags erfolgen, die Rechtseinheit im gesamten Bundesgebiet herzustellen. In der DDR waren Überlegungen zu einer Beschränkung der Haftung obsolet, da das DDR-StHG nur bei einem eng umgrenzten Kreis von Rechtsgütern Anwendung fand.

Auf Rechtsfolgenseite kann eine Begrenzung der ersatzfähigen Schadenspositionen im Rahmen der haftungsausfüllenden Kausalität erfolgen. Auf tatbestandlicher Seite bietet sich zur Haftungsbegrenzung ein handlungsbezogener Rechtswidrigkeitsbegriff an. Der Wortlaut der Vorschrift lässt dieses zu. Darüber hinaus erreichte man damit sogar weitgehende Konformität mit dem Amtshaftungsanspruch, der im Rahmen des objektivierten Verschuldens mit den gleichen Maßstäben operiert. Auch eine Übereinstimmung mit der europarechtlichen Jurisdiktion wäre damit erreicht. Der Anspruch aus § 1 Abs. 1 Bbg. StHG würde sich so in das „System" des nationalen und europarechtlichen Staatshaftungsrechts einfügen.

Literaturverzeichnis

Aust, Manfred/Jacobs, Rainer/ Pasternak, Dieter	Die Enteignungsentschädigung, 5. Auflage, Berlin, 2002.
Autorenkollektiv	Verwaltungsrecht (DDR), Berlin-Ost, 1988.
Albers, Carsten	Die Haftung der Bundesrepublik Deutschland für die Nichtumsetzung von EG-Richtlinien, Baden-Baden, 1995.
Bachof, Otto	Die verwaltungsgerichtliche Klage auf Vornahme einer Amtshandlung, 2. Aufl., Tübingen, 1968.
v. Bar, Christian	Entwicklungen und Entwicklungstendenzen im Recht der Verkehrs(sicherungs)pflichten, JuS 1988, S. 169 – 174.
ders.	Verkehrspflichten, Köln, Berlin, Bonn, München,1980.
ders.	Entwicklung und rechtsstaatliche Bedeutung der Verkehrs(sicherungs)pflichten, JZ 1979, S. 332 – 337.
Battis, Ulrich/Preschel, Christina	Der praktische Fall – Öffentliches Recht: das verseuchte Grundstück, JuS 1996, S. 43 – 47.
Bauer, Hartmut	Altes und Neues zur Schutznormtheorie, AöR 1988, S. 582 – 631.
Bender, Bernd	Staatshaftungsrecht,, 3. Auflage, Heidelberg, Karlsruhe, 1981.
Bernert, Günther	Die Leerformel von der „Adaequanz", AcP 169 (1969), S. 421 – 442.
Bettermann, Karl August/ Nipperdey, Hans Carl/ Scheuner, Ulrich	Die Grundrechte, Bd. III/2, 2. Auflage, Berlin – West, 1972 (Nachdruck der 1. Auflage, 1959).
Bettermann, Karl August	Zur Lehre vom Folgenbeseitigungsanspruch, DÖV 1955, S. 528 – 536.
Boujong, Karlheinz	Staatshaftung für legislatives und normatives Unrecht in der neueren Rechtsprechung des Bundesgerichtshofs, in Faller, Hans Joachim/Kirchhof, Paul/Träger, Ernst (Hrsg.), Verantwortlichkeit und Freiheit, Festschrift für Willi Geiger zum 80. Geburtstag, Tübingen, 1989, S. 430 – 444.
Brox, Hans	Allgemeines Schuldrecht, 26. Auflage, München, 1999.
Brüggemeier, Gert	Prinzipien des Haftungsrechts, Baden-Baden, 1999.
Büchner-Uhder, Willi	Staatshaftungsgesetz als Landesrecht der neuen Bundesländer, NJ 1991, S. 153 – 155.
Bundesminister der Justiz (Hrsg.)	Referentenentwurf eines Gesetzes zur Änderung und Ergänzung schadensersatzrechtlicher Vorschriften, Bonn, 1967.
Der Bundesminister der Justiz/ Der Bundesminister des Inneren (Hrsg.)	Reform des Staatshaftungsrechts, Kommissionsbericht, Bonn, 1973.

Bundesminister der Justiz/ Bundesminister des Innern (Hrsg.) — Reform des Staatshaftungsrechts, Gesetz zur Änderung Grundgesetzes, Staatshaftungsgesetz, Bonn, 1976 (zit. Referentenentwürfe).

Bundesministerium der Justiz (Hrsg.) — Gemeinsame Arbeitsgruppe des Bundes und der Länder zur Neuregelung der Staatshaftung, Bericht, Modelle, Materialien, Bonn, 1987 (zit. Modelle).

Bydlinski, Franz — Probleme der Schadensverursachung nach dem deutschen und österreichischem Recht, Stuttgart, 1964.

v. Caemmerer, Ernst — Wandlungen des Deliktsrechts, in: v. Caemmerer, Ernst/Friesenhahn, Ernst/Lange, Richard (Hrsg.), Hundert Jahre deutsches Rechtsleben, Festschrift zum hundertjährigen Bestehen des deutschen Juristentages, Bd. II, Karlsruhe, 1960, S. 49 – 150 = Gesammelte Schriften, Band 1, Rechtsvergleichung und Schuldrecht, S. 452 – 553.

ders. — Das Problem des Kausalzusammenhangs im Privatrecht, in: Verhandlungen des 43. Deutschen Juristentages mit Gutachten von Hermann Lange und Referaten von Hauss und Wilburg, München, 1960.

ders. — Schadensbegrenzung, in Glossner, Ottoarndt/ Reimers, Walter (Hrsg.), Festschrift für Martin Luther, München, 1976, S. 31 – 38.

Canaris, Claus-Wilhelm — Schutzgesetze – Verkehrspflichten – Schutzpflichten, in ders./Diederichsen, Uwe (Hrsg.), Festschrift für Karl Larenz zum achtzigsten Geburtstag, München, 1983, S. 27 –100.

Christoph, Karl-Heinz — Die Staatshaftung im beigetretenen Gebiet, NVwZ 1991, S. 536 – 541.

Czaja, Astrid — Die außervertragliche Haftung der EG für ihre Organe, Baden-Baden, 1996.

Comes, Heinrich — Zum Begriff des „gesteigerten Risikos“ im Recht der unerlaubten Handlungen, NJW 1972, S. 2022 – 2026.

Cornils, Matthias — Schadensersatz oder Entschädigung ? Zur Legitimität richterrechtlicher Dekonstruktion des DDR-Staatshaftungsgesetzes, LKV 2003, S. 206 – 210.

ders. — Der gemeinschaftsrechtliche Staatshaftungsanspruch, Baden-Baden, 1995.

Däubler, Wolfgang — Die Reform des Schadensersatzrechts, JuS 2002, S. 625 – 630.

v. Danwitz, Thomas — Die gemeinschaftsrechtliche Staatshaftung der Mitgliedstaaten – Entwicklung, Stand und Perspektive der Europäischen Haftung aus Richterhand –, DVBl. 1997, S. 1 – 10.

Deckert, Martina R. — Die Verkehrspflichten, Jura 1996, S. 348 – 354.

Detterbeck, Steffen/ Windthorst, Kay/ Sproll, Hans-Dieter — Staatshaftungsrecht, München, 2000.

Deutsch, Erwin — Allgemeines Haftungsrecht, 2. Auflage, Köln, Berlin, Bonn, München, 1996.

ders. — Fahrlässigkeit und erforderliche Sorgfalt, Köln, Berlin, Bonn, München, 1995.

ders. — Das „allgemeine Lebensrisiko" als negativer Zurechnungsgrund, VersR 1993, S. 1041 – 1046.

ders. — Aufklärungspflicht und Zurechnungszusammenhang, NJW 1989, S. 2313 – 2314.

ders. — Gefahr, Gefährdung, Gefahrerhöhung, in Paulus, Gotthard/Diederichsen, Uwe/Canaris, Claus-Wilhelm (Hrsg.), Festschrift für Karl Larenz zum siebzigsten Geburtstag, 1973, S. 885 – 904.

ders. — Zurechnung und Haftung im zivilen Deliktsrecht, in Juristische Fakultät der Georg-August-Universität Göttingen (Hrsg.), Festschrift für Richard M. Honig, Göttingen, 1970, S. 33 – 52.

ders. — Begrenzung der Haftung aus abstrakter Gefährdung wegen fehlender adäquater Kausalität ?, JZ 1966, S. 556 – 559.

ders./Ahrens, Hans-Jürgen — Deliktsrecht, 4. Auflage, Köln, Berlin, Bonn, München, 2002.

Diehr, Uwe — Der Staatshaftungsanspruch des Bürgers wegen Verletzung des Gemeinschaftsrechts durch die deutsche öffentliche Gewalt, Frankfurt/Main, Berlin, Bern, New York, Paris, Wien, 1997.

Dreier, Horst (Hrsg.) — Grundgesetz Kommentar, Tübingen, 1998.

Duckwitz, Günther — Sozialistische Gesetzlichkeit und Staatshaftung, NJ 1979, S. 480 – 482.

ders./Schulze, Gerhard — Anforderungen an Verwaltungsentscheidungen in Staatshaftungsangelegenheiten, NJ 1989, S. 146 – 149.

Dunz, Walter — Fremde Unrechtshandlungen in der Kausalkette, NJW 1966, S. 134 – 137.

Enneccerus, Ludwig/Lehmann, Heinrich — Recht der Schuldverhältnisse, 15. Bearbeitung, Tübingen, 1958.

Enneccerus, Ludwig/Nipperdey, Hans Carl — Allgemeiner Teil des Bürgerlichen Rechts, 15. Auflage, Tübingen, 1959.

Erichsen, Hans-Uwe (Hrsg.) — Allgemeines Verwaltungsrecht, 11. Auflage, Berlin, New York, 1988.

Esser, Josef — Kausalitätsbegriff und Rechtswidrigkeitszusammenhang, Karlsruher Forum (Beiheft zur Zeitschrift VersR), 1959, S. 20 – 27.

ders./Schmidt, Eike — Schuldrecht, Band I, Allg. Teil, Teilband 2, 8. Auflage, Heidelberg, 2000.

ders./Weyers, Hans-Leo — Schuldrecht, Band II, Besonderer Teil, Teilband 2, 8. Auflage, Heidelberg, 2000.

Fätkinhäuser, Saskia — Die staatliche Haftung für die rechtswidrige Erteilung, Versagung und Verzögerung von Baugenehmigungen im Land Brandenburg, Potsdam, 2002.

Fetzer, Rhona — Die Haftung des Staates für legislatives Unrecht, Berlin, 1993.

Fikentscher, Wolfgang — Schuldrecht, 9. Auflage, Berlin, 1997.

Fraenkel, Michael — Tatbestand und Zurechnung bei § 823 Abs. 1 BGB, Berlin, 1979.

Frowein, Jochen Abraham/ Peukert, Wolfgang — Europäische Menschenrechtskonvention, EMRK-Kommentar, 2. Auflage, Kehl, Straßburg, Arlington, 1996.

Fuß, Ernst-Werner — Grundfragen der Gemeinschaftshaftung, in Börner, Bodo/Ipsen, Hans-Peter/Kaiser, Joseph H./Much, Walter/ Ophüls, C. F./Roemer, Walter, Schmidt, Reimer/Strauss, Walter/Zweigert, Konrad (Hrsg.) Europarecht, 3. Jahrgang, München, 1968, S. 353 – 370.

Geiger, Jutta — Der gemeinschaftsrechtliche Grundsatz der Staatshaftung, Baden-Baden, 1997.

dies. — Die Entwicklungen eines europäischen Staatshaftungsrechts, Das Francovich-Urteil und seine Folgen, DVBl. 1993, S. 465 – 474.

van Gerven, Walter/Zuleeg, Manfred (Hrsg.) — Schriftenreihe der Europäischen Rechtsakademie Trier, Band 12: Sanktionen als Mittel zur Durchsetzung des Gemeinschaftsrechts, Köln, 1996.

Gottwald, Peter — Kausalität und Zurechnung – Probleme und Entwicklungstendenzen des Haftungsrechts –, Karlsruher Forum (Beiheft zur Zeitschrift VersR), 1986, S. 3 – 31.

ders. — Schadenszurechnung und Schadensschätzung, München, 1979.

Grabitz, Eberhard/Hilf, Meinhard — Das Recht der Europäischen Union
Band II EUV/EGV, 19. Ergänzungslieferung, München 2002 (zit. *Bearbeiter*, in Grabitz/Hilf).

Greb, Klaus — Der einheitliche gemeinschaftsrechtliche Staatshaftungsanspruch in Deutschland als Teil des Europäischen Verwaltungsrechts, Aachen, 2002.

Grzeszick, Bernd — Rechte und Ansprüche: eine Rekonstruktion des Staatshaftungsrechts aus den subjektiven öffentlichen Rechten, Tübingen, 2002.

v. der Groeben, Hans/Thiesing Jochen/Ehlermann, Claus-Dieter — Kommentar zum EU-/EG-Vertrag, fünfte, neubearbeitete Auflage, Baden-Baden, 1997,
Band 5, Art. 210-248 EGV, Art. H-S EUV
(zit. *Bearbeiter*, in v. der Groeben/Thiesing/Ehlermann).

Hagen, Horst — Die Drittschadensliquidation im Wandel der Rechtsdogmatik, Frankfurt/Main, 1971.

Hager, Günter — Zum Begriff der Rechtswidrigkeit im Zivilrecht, in: Bickel, Dietrich/Hadding, Walther/Jahnke, Volker/Lüke, Gerhard (Hrsg.) „Recht und Rechtserkenntnis", Festschrift für Ernst Wolf, Köln, Berlin, Bonn, München, 1985, S. 133 – 142.

Hanau, Peter — Kausalität der Pflichtwidrigkeit, Göttingen, 1971.

Heidenhain, Martin — Amtshaftung und Entschädigung aus enteignungsgleichem Eingriff, Tübingen, 1964.

Henke, Wilhelm — Das subjektive öffentliche Recht, Tübingen, 1968.

Herbst, Elke/Lühmann, Hans — Die Anwendung der Staatshaftungsgesetze in den neuen Ländern, LKV 1998, S. 49 –53.

dies. — Die Staatshaftungsgesetze der neuen Länder – Kommentar, Berlin, 1997.

Herdegen, Matthias — Die Haftung der Europäischen Wirtschaftsgemeinschaft für fehlerhafte Rechtssetzungsakte, Berlin, 1983.

ders./Rensmann, Thilo — Die neuen Konturen der gemeinschaftsrechtlichen Staatshaftung, ZHR 1997, S. 522 – 555.

Honsell, Heinrich — Herkunft und Kritik des Interessebegriffs im Schadensersatzrecht, JuS 1973, S. 69 – 75.

Huber, Ulrich — Normzwecktheorie und Adäquanztheorie, JZ 1969, S. 677 – 683.

ders. — Zivilrechtliche Fahrlässigkeit, in Forsthoff, Ernst/Weber, Werner/Wieacker, Franz (Hrsg.), Festschrift für Ernst Rudolf Huber, Göttingen, 1973, S. 253 – 290.

Isensee, Josef/Kirchhof, Paul (Hrsg.) — Handbuch des Staatsrechts, Band VI, Freiheitsrechte, 2. Auflage, Heidelberg, 2001 (zit. *Bearbeiter*, in HdbStR VI).

Ipsen, Hans-Peter — Europäisches Gemeinschaftsrecht, Tübingen, 1972.

Jarass Hans D./Pieroth, Bodo — Grundgesetz für die Bundesrepublik Deutschland, 5. Auflage, München, 2000 (zit. *Bearbeiter*, in Jarass/Pieroth, GG).

Jarass, Hans D. — Grundfragen der innerstaatlichen Bedeutung des EG-Rechts: die Vorgaben des Rechts der Europäischen Gemeinschaft für die nationale Rechtsanwendung und die nationale Rechtsetzung nach Maastricht, Köln, 1994.

Jellinek, Walter — Schadensersatz aus Amtshaftung und Enteignungsentschädigung, JZ 1955, S. 147 – 149.

ders. — Verwaltungsrecht, 3. Auflage, Berlin, 1931.

Jung, Herbert — Die sogenannte Gesamtursache, AcP 170 (1970), S. 426 – 436.

Keuk, Brigitte — Vermögensschaden und Interesse, Bonn, 1972.

Klein, Eckart/Lörler, Sighart — Überlegungen zur Verfassungsreform in der DDR, hrsg. von der Jakob-Kaiser-Stiftung e. V., Königswinter, 1990.

Kleinwefers, Herbert/ Boujong, Karlheinz — Moderne Entwicklungen im Staatshaftungsrecht, Bemerkungen zur Amtshaftung im Bereich der Versicherungsaufsicht, in Hauss, Fritz/Schmidt, Reimer (Hrsg.), Festschrift für Ernst Klingmüller, Karlsruhe, 1974, S. 219 – 234.

Kötz, Hein/Wagner, Gerhard — Deliktsrecht, 9.Auflage, Neuwied, Kriftel, 2001

Kopp, Ferdinand O./ Schenke, Wolf-Rüdiger — Verwaltungsgerichtsordnung, 12. Auflage, München, 2000.

Koziol, Helmut — Rechtmäßiges Alternativverhalten – Auflockerung starrer Lösungsansprüche, in: v. Bar, Christian/Fischer, Gerfried/Spickhoff, Andreas/Taupitz, Jochen, Festschrift für Erwin Deutsch, Köln, Berlin, Bonn, München, 1999, S. 179 – 188.

ders. — Österreichisches Haftpflichtrecht, Allgemeiner Teil, 2. Auflage, 1980.

Kreft, Friedrich — Öffentlich-rechtliche Ersatzleistungen, 2. Auflage, Berlin, New York, 1998.

Krohn, Günter — Enteignung, Entschädigung, Staatshaftung, Köln, 1993.

ders. — Zum Stand des Rechts der staatlichen Ersatzleistungen nach dem Scheitern des Staatshaftungsgesetzes, VersR 1991, S. 1085 – 1093.

Kühne, Jörg-Detlef — Die Reichsverfassung der Paulskirche, Vorbild und Verwirklichung im späteren deutschen Rechtsleben, 2. Auflage, Neuwied, Kriftel, Berlin, 1998.

Lässig, Curt Lutz — Offene Fragen bei der Geltendmachung von Ansprüchen nach dem Staatshaftungsgesetz, LKV 1999, S. 81 – 89.

Lange, Heinrich — Herrschaft und Verfall der Lehre vom adäquaten Kausalzusammenhang, AcP 156 (1957/58), S. 114 – 136.

Lange, Herrmann — Schadensersatzrecht, 2. Auflage, Tübingen, 1990.

ders. — Umfang der Schadensersatzpflicht bei einem Verkehrsunfall, Methoden der Schadensbegrenzung – BGHZ 58, 162, JuS 1973, S. 280 – 284.

ders./Hagen, Horst — Wandlungen des Schadensersatzrechts, Heidelberg, 1987.

Larenz, Karl — Lehrbuch des Schuldrechts, 1. Band, Allgemeiner Teil, 14. Auflage, München, 1987.

ders. — Zum heutigen Stand der lehre von der objektiven Zurechnung, in Juristische Fakultät der Georg-August-Universität Göttingen (Hrsg.) Festschrift für Richard M. Honig, Göttingen 1970, S. 79 – 90.

ders. — Hegels Zurechnungslehre und der Begriff der objektiven Zurechnung, Leipzig, 1927, Neudruck Aachen, 1970.

ders. — Rechtswidrigkeit und Handlungsbegriff im Zivilrecht, in v. Caemmerer, Ernst/Nikisch, Arthur/Zweigert, Konrad (Hrsg.), Vom Deutschen zum Europäischen Recht, Festschrift für Hans Dölle, 1. Band, Tübingen, 1963,

S. 169 – 200.

Larenz, Karl/Canaris, Claus-Wilhelm — Lehrbuch des Schuldrechts, 2. Band, Besonderer Teil, 2. Halbband, 13. Auflage, München 1994.

dies. — Methodenlehre des Rechts, 3. Auflage, Berlin, Heidelberg, New York, 1995.

Leisner, Walter — Gefährdungshaftung im öffentlichen Recht ?, VVDStRL 20 (1963), S. 185 – 240.

Lörler, Sighart — Anwendungsprobleme des Staatshaftungsrechts in den neuen Ländern – dargestellt am Beispiel Brandenburgs, DtZ 1992, S. 135 – 138.

ders. — Das öffentliche Recht im Einigungsvertrag, NVwZ 1991, S. 133 – 137.

ders. — Die Staatshaftung in der DDR, NVwZ 1990, S. 830 –834.

ders. — Das Staatshaftungsrecht und seine Anwendung, Potsdam-Babelsberg, 1981.

Lübchen, Gustav-Adolf — Die gesetzliche Regelung der Staatshaftung – eine weitere Garantie für den Rechtsschutz der Bürger, NJ 1969, S. 394 – 399.

Lühmann, Hans — Die staatshaftungsrechtlichen Besonderheiten in den neuen Ländern, NJW 1998, S. 3001 – 3005.

v. Mangoldt, Hermann/Klein, Friedrich/Starck, Christian — Das Bonner Grundgesetz, 4. Auflage, München, 2000 (zit. *Bearbeiter*, in v. Mangoldt/Klein/Starck, GG)

Mädrich, Matthias — Das allgemeine Lebensrisiko, Berlin, 1980.

Maurer, Hartmut — Allgemeines Verwaltungsrecht, 13. Auflage, München, 2000.

Medicus, Dieter — Bürgerliches Recht, 18. Auflage, Köln, Berlin, Bonn, München, 1999.

ders. — Schuldrecht I, Allg. Teil, 13. Auflage, München, 2002.

Merger, Christian-Friedrich — Über die Identität des Rechtsgrundes der Staatshaftungssachen und einiger Verwaltungsstreitsachen, in Bachof, Otto/Drath, Martin/Gönnewein, Otto/Walz, Ernst (Hrsg.), Forschungen und Berichte aus dem Öffentlichen Recht, Gedächtnisschrift für Walter Jellinek, München, 1955, S. 347 – 360.

Mertens, Hans-Joachim — Verkehrspflichten und Deliktsrecht – Gedanken zu einer Dogmatik der Verkehrspflichtverletzung – VersR 1980, S. 397 – 408.

ders. — Der Begriff des Vermögensschadens im Bürgerlichen Recht, Stuttgart, 1967.

Michaelis, Karl — Rechtswidrigkeit als Haftungsgrund bei der Amtshaftung, in Paulus, Gotthard/Diederichsen, Uwe/Canaris, Claus-Wilhelm (Hrsg.), Festschrift Karl Larenz, München, 1973, S. 927 – 960.

v. Münch, Ingo/Kunig, Philip (Hrsg.) — Grundgesetz-Kommentar, 5. Auflage, München, 2001 Band 1, Art. 1 – 19, Band 2, Art. 20 - 69 (zit. *Bearbeiter,* in v. Münch/Kunig,GG).

Münzberg, Wolfgang — Verhalten und Erfolg als Grundlagen der Rechtswidrigkeit und Haftung, Frankfurt, 1966.

Mugdan, Benno — Die gesamten Materialien zum Bürgerlichen Gesetzbuch für das Deutsche Reich, Neudruck der Ausgabe Berlin, 1899, Aalen, 1979.

Neuner, Robert — Interesse und Vermögensschaden, AcP 133 (1931), S. 277 – 314.

Nickel, Heiko — Zur Regelung und Geltung des modifizierten Staatshaftungsgesetzes der Deutschen Demokratischen Republik im Land Brandenburg, Potsdam, 1999.

Niebaum, Gerd — Die Herausforderungsfälle und ihre Wertungskriterien, NJW 1976, S. 1673 – 1674.

Nipperdey, Hans Carl — Tatbestandsaufbau und Systematik der deliktischen Grundtatbestände, NJW 1967, S. 1985 – 1994.

ders. — Rechtswidrigkeit, Sozialadäquanz, Fahrlässigkeit, Schuld im Zivilrecht, NJW 1957, S. 1777 – 1782.

Nüßgens, Karl/Boujong Karlheinz — Eigentum, Sozialbindung, Entschädigung, München, 1987.

Obermayer, Klaus — Zur Rechtsstellung des Nachbarn im Baurecht und zum Folgenbeseitigungsanspruch, JuS 1963, S. 110 – 116.

Olivet, Peter — Der verantwortungsbezogene Rechtswidrigkeitsbegriff im öffentlichen und bürgerlichen Recht, Berlin, 1996.

Ossenbühl, Fritz — Staatshaftungsrecht, in Canaris, Claus-Wilhelm/Heldrich, Andreas/Hopt, Klaus, J./Roxin, Claus/Schmidt, Karsten/Widmaier, Gunter (Hrsg.) „50 Jahre BGH, Festgabe der Wissenschaft", Bd. III: Zivilprozeß, Insolvenzrecht, öffentliches Recht, München, 2000, S. 887 – 923.

ders. — Öffentliches Recht in der Rechtsprechung des BGH, NJW 2000, S. 2945 – 2953.

ders. — Staatshaftungsrecht, 5. Aufl., München, 1998.

ders. — Das Staatshaftungsrecht in den neuen Bundesländern, NJW 1991, S. 1201 – 1208.

ders. — Der Anspruch wegen rechtswidriger Eigentumsverletzung (enteignungsgleicher Eingriff) – eine Zwischenbilanz, in Faller, Hans Joachim/Kirchof, Paul/Träger, Ernst, (Hrsg.), Verantwortlichkeit und Freiheit, Festschrift für Willi Geiger zum 80. Geburtstag, Tübingen, 1989, S. 475 – 500.

ders. — Abschied vom enteignungsleichen Eingriff ?, NJW 1983, S. 1 – 7.

Palandt, Heinrich — Bürgerliches Gesetzbuch, 61. Auflage, München, 2002, (zit. *Bearbeiter,* in Palandt).

Peine, Franz-Joseph — Allgemeines Verwaltungsrecht, 5. Auflage, Heidelberg, 2000.

Petersen, Jens — Beweislast bei Gesundheitsbeeinträchtigungen durch Emissionen und nachbarliche Duldungspflicht, NJW 1998, S. 2099 – 2100.

Pietzko, Gabriele — Der materiell-rechtliche Folgenbeseitigungsanspruch, Berlin, 1994.

Pfab, Susanne — Staatshaftung in Deutschland, München, 1997.

Rabel, Ernst — Das Recht des Warenkaufs, Zeitschrift für Ausländisches und Internationales Privatrecht, Sonderheft des neunten Jahrgangs, Berlin, 1936.

Rebmann, Kurt (Hrsg.) — Münchener Kommentar zum Bürgerlichen Gesetzbuch,
Bd. 2 Schuldrecht, Allg. Teil: §§ 241-432, FernAbsG, 4. Auflage, München, 2001,
Bd. 5 Schuldrecht Bes. Teil III: §§ 705-853, Partnerschaftsgesellschaftsgesetz, Produkthaftungsgesetz, 3. Auflage, München, 1997 (zit. *Bearbeiter,* in MüKo)

Reichsgerichtsrätekommentar — Band II, 1. Teil, §§ 241 – 413 BGB, 12. Auflage, Berlin, New York, 1976,
Band II, 5. Teil, §§ 812 – 831 BGB, 12. Auflage, Berlin, New York, 1989,
(zit. *Bearbeiter,* in. RGRK).

Rinne, Eberhard/Schlick, — Die Rechtsprechung des BGH zu den öffentlich-Wolfgang rechtlichen Ersatzleistungen, Beilage zu NJW 14/2002.

Rother, Werner — Haftungsbeschränkung im Schadensrecht, München, Berlin, 1965.

ders. — Adäquanztheorie und Schadensverursachung, NJW 1965, S. 177 – 183.

Roussos, Kleanthis — Schaden und Folgeschaden, Köln, 1992.

Rupp, Hans Heinrich — Grundfragen der heutigen Verwaltungsrechtslehre, 2. Auflage, Tübingen, 1991.

Sachs, Michael (Hrsg.) — Grundgesetz Kommentar, 3. Auflage, München 2003 (zit. *Bearbeiter,* in Sachs, GG).

Schack, Haimo — Der Schutzzweck als Mittel der Haftungsbegrenzung im Vertragsrecht, JZ 1986, S. 305 – 314.

Scherzberg, Arno — Mittelbare Rechtssetzung durch Gemeinschaftsrecht – Richtlinien als Instrument der europäischen Integration, Jura 1992, S. 572 – 578.

Schlotter, Frank — Das Gesetz zur Änderung des Staatshaftungsgesetzes in Sachsen-Anhalt, LKV 1993, S. 248 – 251.

Schröer, Leopold — Finden die Vorschriften in § 839 BGB und Art. 34 GG auf Pflichtverletzungen kirchlicher Beamter Anwendung, JZ 1958, S. 422 – 426.

Schulin, Bertram — Der natürliche – vorrechtliche – Kausalitätsbegriff im zivilen Schadensersatzrecht, Berlin, 1976.

Schullan, Rudolf — Zur Staatshaftung in den neuen Bundesländern, VersR 1993, S. 283 – 287.

Schwarze, Jürgen — Europäisches Verwaltungsrecht, Band I, Baden-Baden, 1988.

Schweitzer, Michael (Hrsg.) — Europäisches Verwaltungsrecht, Wien, 1991.

Siebert, W./Jürgen F. Baur (Hrsg.) — Bürgerliches Gesetzbuch mit Einführungsgesetzen und Nebengesetzen, begr. v. Hans Th. Soergel,
Bd. 2, Schuldrecht I (§§ 241 – 432), 12. neubearb. Auflage, Stand: Juli 1990, Stuttgart, Berlin, Köln, 1990,
Bd. 5/2, Schuldrecht IV/2 (§§ 823 – 853), Produkthaftungsgesetz, Umwelthaftungsgesetz, 12. neubearb. Auflage, Stand: Frühjahr 1998, Stuttgart, 1999,
(zit. *Bearbeiter*, in Soergel).

Sourlas, Paul — Adäquanztheorie und Normzwecklehre bei der Begründung der Haftung nach § 823 Abs. 1 BGB, Berlin, 1974.

Stathopoulos, Michael — Bemerkungen zum Verhältnis von Fahrlässigkeit und Rechtswidrigkeit im Zivilrecht, in Canaris, Claus-Wilhelm/Diederichsen, Uwe (Hrsg.) Festschrift für Karl Larenz zum achtzigsten Geburtstag, München 1983, S. 631 – 648.

Staudinger, J. von — Staudingers Kommentare zum Bürgerlichen Gesetzbuch mit Einführungsgesetz und Nebengesetzen,
Buch 2, Recht der Schuldverhältnisse,
§§ 249 – 254 / von Gottfried Schiemann, 13. Bearb., Berlin, 1998,
§§ 255 – 314 / von Claudia Bittner, Neubearb., Berlin, 2001,
§§ 823 – 825 / von Johannes Hager, 13. Bearb., Berlin, 1999,
§§ 839, 839 a / von Michael Wurm, 13 Bearb., Berlin, 2002
(zit. *Bearbeiter*, in Staudinger).

Steffen, Erich — Der normative Verkehrsunfallschaden, NJW 1995, S. 2057 – 2063.

ders. — Verkehrspflichten im Spannungsfeld von Bestandsschutz und Handlungsfreiheit, VersR 1980, S. 409 – 412.

Steinberg, Rudolf/Lubberger, Andreas — Aufopferung – Enteignung und Staatshaftung, Baden-Baden, 1991.

Stern, Klaus/Sachs, Michael — Das Staatsrecht der Bundesrepublik Deutschland,
Band I:
Band III/1: Allgemeine Lehren der Grundrechte, München 1988

Stoll, Hans — Unrechtstypen bei Verletzung absoluter Rechte, AcP 162 (1963), S. 203 – 236.

ders. — Kausalzusammenhang und Normzweck im Deliktsrecht, Tübingen, 1968.

ders. — Haftungsfolgen im Bürgerlichen Recht, Heidelberg, 1993.

Sträßer, Martin
Noch einmal: Das Staatshaftungsrecht in den neuen Bundesländern, NJW 1991, S. 2467 – 2468.

Tremml, Bernd/Karger, Michael
Der Amtshaftungsprozess, München, 1998.

Triantafyllou, Dimitris
Zur Europäisierung des subjektiven öffentlichen Rechts, DÖV 1997, 192 – 200.

Tröndle, Herbert/Fischer, Thomas
Strafgesetzbuch und Nebengesetze, München, 2003.

Villiger, Mark E.
Handbuch der Europäischen Menschenrechtskonvention (EMRK), 2. vollständig neu bearbeitete Auflage, Zürich, 1999 (zit. Handbuch).

Welzel, Hans
Ein unausrottbares Mißverständnis ? Zur Interpretation der finalen Handlungslehre, NJW 1968, S. 425 – 429.

ders.
Das deutsche Strafrecht, 5. Auflage, Berlin, 1956.

Westermann, Harm Peter (Hrsg.)
Erman Bürgerliches Gesetzbuch, Bd. 1: §§ 1 – 853, 10. Auflage, Köln, 2000 (zit. *Bearbeiter,* in Erman).

Weyreuther, Felix
Empfiehlt es sich, die Folgen rechtswidrigen hoheitlichen Handelns gesetzlich zu regeln (Folgenbeseitigung und Folgenentschädigung) ?, Gutachten zum 47 DJT, 1968, Bd I, Teil B, München 1968.

Wieacker, Franz
Rechtswidrigkeit und Fahrlässigkeit im Bürgerlichen Recht, JZ 1957, S. 535 – 537.

Wiethölter, Rudolf
Der Rechtfertigungsgrund des verkehrsrichtigen Verhaltens, Karlsruhe, 1995 (Nachdruck der Ausgabe von 1960).

Wolf, Hans J./ Bachof, Otto Stober, Rolf
Verwaltungsrecht, 6., neubearbeitete Auflage, Band 2, München, 2000.

Wolf, Joseph Georg
Der Normzweck im Deliktsrecht, Göttingen, 1962.

Wurm, Michael
Öffentlich-rechtliche Ersatzleistungen, in Geiß, Karlmann/Nehm, Kay/Brandner, Hans Erich/Hagen, Horst (Hrsg.), Festschrift aus Anlaß des fünfzigjährigen Bestehens von Bundesgerichtshof, Bundesanwaltschaft und Rechtsanwaltschaft beim Bundesgerichtshof, Köln, Berlin, Bonn, München, 2000, S. 267 – 277.

Zippelius, Reinhold
Erfolgsunrecht oder Handlungsunrecht ? NJW 1957, S. 1707 – 1708.

ders.
Die Rechtswidrigkeit von Handlung und Erfolg, AcP 157 (1958/59), S. 390 – 398.

Zoepfl, Heinrich
Grundsätze des allgemeinen und monarchischen Staatsrechts, 3. Auflage, Leipzig, 1846.

Potsdamer Rechtswissenschaftliche Reihe

Herausgegeben von Univ.-Prof. Dr. Dieter C. Umbach, VRLSG a.D.

Die Bände 1-12 sind beim Springer-Verlag erschienen.

Band 13 Christian Liedtke: Die Verklarung. Entwicklung und Bedeutung eines Institutes aus dem Seehandelsrecht. 2002

Band 14 Thomas Palm: Akteneinsicht im öffentlichen Recht. Eine Darstellung der Voraussetzungen für die Gewährung von Akteneinsicht in behördlichen und in gerichtlichen Verfahren. 2002.

Band 15 Markus Schuback: Die Ausweisung nach dem Ausländergesetz in der Rechtsprechungskonzeption der Gerichte. Unter besonderer Berücksichtigung verfassungsrechtlicher und völkerrechtlicher Maßstäbe. 2003.

Band 16 Hansjürgen Tuengerthal: Zur Umsetzung von EG-Richtlinien und staatengerichteten EG-Entscheidungen in deutsches Recht und Überprüfung der Umsetzung der Fleischhygienegebührenrechtsakte der EG. 2003.

Band 17 Bettina Wehrisch: Die Beteiligungsrechte der Personalvertretung bei der Einstellung und Kündigung von wissenschaftlichen Mitarbeitern an Universitäten. 2003.

Band 18 Ernst Benda / Dieter C. Umbach: Stasi-Akten und das Persönlichkeitsrecht von Politikern. Unter Mitwirkung von Franz-Wilhelm Dollinger. 2004.

Band 19 Wolfgang Jakob: Rechtswidrigkeit im Staatshaftungsrecht. Die Bedeutung des Handlungsunrechts für die Begrenzung der Haftung bei verschuldensunabhängigen Tatbeständen. 2004.

www.peterlang.de

Kolibri 360 GmbH
Ferdinand-Jühlke-Straße 7
99095 Erfurt, Deutschland
produktsicherheit@kolibri360.de

Druck:
CPI Druckdienstleistungen GmbH
im Auftrag der
Kolibri 360 GmbH
Ferdinand-Jühlke-Str. 7
99095 Erfurt